赵馥洁文集

第二卷

赵馥洁 著

价值的历程
——中国传统价值观的历史演变

中国社会科学出版社

图书在版编目（CIP）数据

赵馥洁文集. 第二卷，价值的历程：中国传统价值观的历史演变／
赵馥洁著. —北京：中国社会科学出版社，2022.5
ISBN 978 - 7 - 5203 - 8996 - 9

Ⅰ. ①赵…　Ⅱ. ①赵…　Ⅲ. ①价值（哲学）—中国—文集
Ⅳ. ①B2 - 53

中国版本图书馆 CIP 数据核字（2021）第 172806 号

出 版 人	赵剑英	
责任编辑	朱华彬	
责任校对	张爱华	
责任印制	张雪娇	

出　　版	中国社会科学出版社	
社　　址	北京鼓楼西大街甲 158 号	
邮　　编	100720	
网　　址	http://www.csspw.cn	
发 行 部	010 - 84083685	
门 市 部	010 - 84029450	
经　　销	新华书店及其他书店	

印刷装订	北京市十月印刷有限公司	
版　　次	2022 年 5 月第 1 版	
印　　次	2022 年 5 月第 1 次印刷	

开　　本	710×1000　1/16	
印　　张	20.75	
插　　页	2	
字　　数	299 千字	
定　　价	128.00 元	

前　　言

这部文集是我平生从事哲学教学和研究的记录。我与哲学结缘始于1960年，这一年夏天，我高中毕业报考大学时选择了哲学专业。当时，考哲学专业必须加试数学，而我的数学学得并不好，尽管如此，我还是报考了哲学。

那一年，在我的家乡富平县招收哲学专业学生的大学只有西北政法学院，于是我毫不犹豫地报考了这所院校。入学后，适逢大学贯彻落实"高教六十条"，教学秩序良好，读书气氛浓郁，师生关系融洽，同学关系和谐，总之，学习环境非常好。1964年毕业后，我留校从事教学工作。这时，社会主义教育运动（"四清运动"）开始，我被抽调到农村参加"社教"，直到1966年8月下旬即"文化大革命"已开始两个多月才回到学校。回校后因为学校已停课"闹革命"，所以，我未从事任何教学工作。直到1972年5月，西北政法学院遵照上级指示停办、解散。解散时，学校的教职人员被分配到陕西多所高校和机关单位，我被分配到陕西师范大学。到师大后我先在宣传部工作数月，9月师大开始招收工农兵大学生，我即到政教系哲学教研室教学。当时由于旧教材不能用，又无新教材，政教系的马克思主义哲学课主要是辅导学生选读马克思主义经典著作，我先后辅导学生读的著作有：马克思的《关于费尔巴哈的提纲》、恩格斯的《反杜林论》、列宁的《哲学笔记》（选）和《国家与革命》、毛泽东的《实践论》《矛盾论》。收入本文集第七卷的哲学讲义，有的就是当时为教学而写的。

在师大工作七年后，适逢"文化大革命"结束，西北政法学院复校，我又于1979年5月被调回。复校后的西北政法学院设置了法律系和政治理论系，政治理论系又设立了哲学和经济学两个专业，我被安排在哲学专业从事教学工作。此年9月政法学院招收了复校后的首届大学生，我即给这一年级哲学专业的学生讲授马克思主义哲学课。1980年9月我由教研室派往武汉大学哲学系进修，有幸跟萧萐父、唐明邦、李德永等先生学习中国哲学史，期满归来后我就专心从事中国哲学史的教学和研究。开设的课程主要有"中国哲学（史）原著选读""中国哲学史研究法"（包括史料学）等。20世纪80年代初，价值哲学在中国蔚然兴起，我即将自己的治学重点确定为中国传统哲学价值论研究，我给哲学专业的硕士研究生开设了"价值哲学研究""中国传统哲学价值论研究"等课程，撰写关于中国传统哲学价值论的论文，参加有关价值哲学的学术会议，特别是申报了1989年的国家社会科学基金课题：中国传统哲学价值论研究。1991年由陕西人民出版社出版了该课题的最终成果——《中国传统哲学价值论》。该书出版后受到了学术界的关注和鼓励，1994年12月该书获陕西省社会科学优秀成果一等奖，1995年9月荣获国家教委全国高等学校人文社会科学研究优秀成果二等奖。此后，我继续在这一领域进行探索和拓展：一是深化对中国传统哲学价值论之思维特征的研究，发表了一系列探讨中国哲学中价值论与本体论、认识论、历史观、人性论相融通的论文，这些论文合编为《中华智慧的价值意蕴》一书，该书由中国政法大学出版社于2002年出版。二是探索了中国传统价值观的历史演变，并以此报批了陕西省社会科学基金项目，其最终成果为《价值的历程——中国传统价值观的历史演变》一书，该书由中国社会科学出版社于2006年出版。

作为陕西的学者，我十分关注陕西历史上的哲学遗产，因此在研究中国传统哲学价值论的过程中，我把张载及其关学作为自己治学的重要内容，既将关学研究作为一门课程给哲学专业的研究生开设，又撰写发表了不少学术论文，这些论文运用的仍然是价值论方法，其主题则聚焦于关学的基本精神，在此基础上撰成《关学精神论》一书，该书 2015 年由西北大学出版社出版。其后，我又编著了《关学哲人诗传》一书，于 2020 年 1 月由陕西人民出版社出版，在这次汇编文集时我对上述两部著作进行了增订、修改和充实，取名"关学研究"。

在从事教学和研究的同时，我还参与了诸多社会性学术活动和学术组织工作，兼任了一些学会的职务，参加了多次学术会议，举办过多场学术讲座，撰写了不少有关学术发展和社会发展的论文、评论、发言、讲话，这方面的成果汇集成了《哲苑耘言》和《中华文化的价值观念》两个论文集。

阅读和吟咏诗词是我平生的爱好，也是我业余调剂精神生活的重要方式，我的诗词习作曾编为《静致斋诗》，于 2015 年由上海中西书局出版，今又增入新作，辑成《静致斋诗稿》收入文集。静致斋是我的书斋名，此文集中冠以"静致斋"的著述还有《静致斋哲话》，这是我多年来写的哲理性札记，因记述的所感所思为零散无主线、零碎无体系、零杂无统摄的随时心得，类似古代的诗话、词话、文话之属，故名曰"哲话"。与上述著作一起编入文集第八卷的还有我为《中国儒学辞典》《中国儒学百科全书》所写的辞条的汇总，因为所撰写的条目都是按主编所分派的任务而定的，亦属于无系统之作，故以"静致斋释辞"名之。

需要说明的是，在将上述著述收录本文集时，我尽量按照现在的出版要求进行了修改，特别是修改了一些现在看来不合时宜的内容，补充完善了脚注的版本信息，改用最新的版本等。同时，一些原来常用的词语包括一些地名等专有名词，则保留了原著的用法，未做更改，这样更能体现时代感。

从进入大学算起，我在哲学这片园地里已经耕耘了整整 60 年，从留校任教到现在，也已度过 56 年。回顾半个多世纪的治学历程，回望自己在教学和科研方面所留下的雪泥鸿爪，真可谓浮想联翩，感慨良多！而凝结到一点就是：虽然逝者如斯夫，人生的时光已进入桑榆晚景，然而对我来说，思想和学业都还行进在漫漫的长路上！书籍在阅读的路上，文章在撰写的路上，著作在修改的路上，讲义在充实的路上，诗词在推敲的路上……既有的一切，都还没有达到自己所期望的高标准，还未进入自己所追求的高境界。自己已经形成的学术观点和治学成果，都还有待深化、拓展和完善。学术研究只有无限绵延的进路和不断升高的阶梯，但却没有顶峰，永远都不能达到"会当凌绝顶"的境地。所谓的至善之域、至美之境，其实都是学人们持续努力的志向和不懈追求的理想。既然人生和治学永远都处在一个不断追求、不断提升的过程中，那么，自己几十年来所感所思所写而形成的这些著作，只可放在思想认识和学术探索的历史过程中去阅读，只能当作一道在旅途中未臻至境的风景去观赏。在这个意义上，方可引用李白"却顾所来径，苍苍横翠微"之诗句，来表达自己的自慰之情和自觉之识！

本文集的编辑出版是西北政法大学和西北政法大学哲学与社会发展学院的无量功德。学校和学院为了推进学科建设，弘扬学术创新，积累学术成果，延续学脉传承，在经费十分困难的情况下，决定筹措资金，编辑出版这部文集，实在令人感戴无既。学校的孙国华书记、杨宗科校长及其他各位领导十分关心、大力支持文集的编辑出版，并尽力帮助解决困难；哲学与社会发展学院的周忠社书记、寇汉军书记、山小琪院长，亲自领导文集的编辑出版工作，郭明俊副院长负责各项具体事务包括落实手稿录入、清样校对、联系出版等诸多繁重而琐细的事宜。在此，我首先对西北政法大学各位领导和哲学与社会发展学院各位领导表示诚挚的感谢！博士生朱风翔为收集论文、择取编排、校勘文字、编订目录，付出了巨大辛劳；博士生张雪侠为哲学讲义的文稿修正、文字校对等做了大量工作；博士生李伟弟为《静致斋诗稿》的编目和繁简字体的转换和统一，反复编排核对；我的硕士生刘亚玲研究员，多年前就认真仔细地阅读和校对了《静致斋哲话》；哲学与社会发展学院的不少硕士研究生也参加了繁重的手稿录入和清样校对工作。对这些为文集付出过辛勤劳动和珍贵汗水的青年学子们，我特表衷心谢意！而文集所凝结的中国社会科学出版社大力支持的珍贵情义和责任编辑朱华彬先生精心编校的辛勤劳绩，更值得铭记、致谢和赞佩！

　　最后，我为能给中国哲学的学术发展尽一点绵薄之力而由衷地感到高兴，也诚恳欢迎读者不吝批评指正！

赵馥洁

2021 年 11 月 27 日

于西北政法大学静致斋

目　　录

导　　论

价值观（或价值观念）是人们从自身需要出发而确立的关于价值追求、价值目标和价值标准、价值选择的观念，其核心是价值标准。具体地说，价值观是主体对客体有无价值、价值大小以及主体根据什么标准和运用什么方式评估、选择和实现价值的一种稳定的看法、态度和观点。一个民族的价值观，是在社会实践的基础上，经过长期的历史积淀而形成的，它有一个发生、发展的演变过程。中华民族的价值观，同任何民族的价值观一样，是历史的产物，是跨越了漫长曲折的历史道路，经历了波澜壮阔的历史场面，才凝结于民族的文化心理结构之中的。

（一）价值观念演变的历程

中华民族的价值观，其源头可以追溯到夏、殷时代。虽然人作为主体所具有的对象意识和自我意识（既意识到自己生产、劳动活动的对象，又意识到自身的需要、本性和力量）从人类最初形成的时候就开始确立，价值意识作为人所具有的意识，也是从"人猿相揖别"的时候就萌芽了，但人们要将这些意识形成明确的思想观念则经历了漫长的时间。中华民族从夏代进入文明时代开始，就逐渐形成了比较明确的价值观念，此后经历了殷周奴隶时代、从战国开始至鸦片战争的封建时代和从鸦片战争至辛亥革命的半封建半殖民地时代，价值观念随着社会历史的步伐，不断发生演变，呈现出一个一个的历史阶段。如果我们以每个时期具有时代特色和新意的价值本位观念为标志，可以将中华民族价值观念的演变历程分为以下九个阶段。

（1）"敬德"的提出。夏、殷时代，"上帝""帝""帝命""天""天命"的观念是占统治地位的主导观念，在当时的人们看来，上帝、天命有"福善祸淫""降之百祥""降年有永"等绝对权威，人间的"祸""善""年"（寿命）等价值都是由天命决定的，而且政治权力的更替，道德规范的制定都取决于天。因此，人们都以"受命"为最高的价值目标，以"恪谨天命""祈天永命"为实现价值理想的根本途径。这些神秘的宗教观念，本质上还不是一种真实的价值观念，西周统治者修正了殷商以"天帝""天命"为绝对价值的观念，提出了以"敬德保民"来实现价值，它虽然并没有改变天命观念的主导地位，但却是一种理性的真实的价值观念，标志着中华民族价值观念的自觉，可以说是中国传统价值观的最初形式。

（2）"人道"的争鸣。随着西周末年"怨天"思潮的兴起，怀疑天命，重视人道，向往人间"乐土"的价值观念不断发展，春秋以至战国，是中华民族传统价值观的重大变革时代。从春秋初年季梁提出"夫民，神之主也"的观念，颠倒了神与民的价值地位开始，中经春秋晚年子产提出"天道远，人道迩"的论断，到战国时期的百家争鸣，各派思想家几乎都申说了自己的价值观体系。虽然他们的具体价值取向各异，但有一个殊途同归的凝聚点，就是"贵人"。儒家倡道德、墨家言功利，法家重权力，道家崇自然，都是从不同侧面弘扬人的价值。春秋战国时代乃是中华民族传统价值观的奠基时代，形成了"天地之性（生）人为贵"这一中华民族价值观的主旋律。

（3）"纲常"的树立。秦统一中国，建立了中央集权的封建帝国，从此中国的封建时代延续了二千余年。秦汉时代，价值观变革的最大成果是营造了以君主权力为核心的"三纲五常"价值观念系统，董仲舒"君人者，国之元"的政治思想和"三纲五常"的道德原则以及"罢黜百家，独尊儒术"的文化主张，可以视为以"纲常"价值观统一百家学派价值观念的标志，从此这种价值观一直延续到封建社会的终结，成为传统政治价值观的核心，也是整个价值观体系中的重要观念。

（4）"自然"的崇尚。魏晋是中国历史上一个重大变化时期，无论经济、政治、文化和整个意识形态都经历了转折，中央集权分解，经学崩溃，"纲常"衰落，随着旧价值的动摇。以门阀士族为代表的地主阶级形成了一种新的价值取向，这就是"任自然"。在崇尚自然的观念的指导下，他们重视对人生的执着和对人格的品评，在人生无常的哀伤和人生短促的喟叹中深藏着对人生、生命、内在人格的强烈欲求和留恋。"对酒当歌，人生几何""努力爱春华，莫忘欢乐时""俯仰自得，游心太玄"，都表现了人对自己生命意义的重新发现和把握；对人的才情、气质、风貌的品评，也展示了对人的内在精神人格的赞赏。汉代为君国建功立业的观念和以三纲五常为操守的意识，已不再被一些知识分子所看重，价值观念发生了深刻的变化。

（5）"万善"的同归。隋唐时期的价值观，其主导方面仍是沿袭儒家的三纲五常。但由于封建制正由前期向后期过渡，新兴贵族与旧日豪门由斗争而趋于联合，意识形态内部也由"儒、释、道"三教相争而走向融合，于是在儒家正统价值观继续存在的同时，儒释道三家价值观念兼容并举，"万善同归"。儒家的仁义道德、佛教的般若智慧、道教的生命眷恋形成了鼎立之势。三教鼎立的价值观念格局，大大开阔了人们的价值视野。

（6）"天理"的营造。宋元明时期，价值观演变的标志就是封建伦理道德的升值和强化，道学家们把儒家的道德价值绝对化，提高到了"天理"的高度，以"存天理，灭人欲"的价值标准，确定价值目标，选择价值对象。这个时期的价值观，其核心内容固然是汉以来儒家纲常伦理的旧调重弹，但其价值思维方式和价值实现途径，却吸取了佛、老的思想，使封建伦理道德价值既有坚实的本体论依据，又有精巧的哲学思辨形态，从而成为后期封建社会价值观的正宗，"革欲复理""崇义非利""尊王贱霸""循公灭私"就是它的基本信条。

（7）"利欲"的萌动。从明末至清中叶，随着资本主义萌芽的发展和封建社会的衰落，中华民族的价值观又经历了一次变革。针对宋明以来统治阶级竭力宣扬的道德绝对主义，早期启蒙思潮兴起，李贽、方以智、黄宗羲、王夫之、戴震等思想家和一些文学家，抨击封建专制，批判"以理杀人"，扫荡空谈学风，主张"理存乎欲""欲遂其生""合私成公""且任物情""各从所好"，把人欲、情感、个性的价值，提到了重要地位，使长期被封建统治者压抑、排斥的人的感情、利欲、事功等价值，得到了一定的弘扬。他们甚至把"有情之人"和"有情之天下"作为理想人格和理想社会，的确突破常格，别开生面，在价值世界中吹进了一股"更新而趋时"的气息，正如史著所云："至正德、嘉靖间而古风渐渺"（《博平县志》），顺情畅欲的新观念，"相率成风"（《博平县志》）。

（8）"人权"的伸张。19 世纪初叶，由于资本主义因素的增强和国内外矛盾的激荡，有近代意识的新的价值观念又滋长出来，特别是鸦片战争以后，中国社会出现了"大变局"，从而使中华民族的价值观发生了一次深刻的变革。从鸦片战争到五四运动的近八十年间，新的观念层出不穷，但最能体现中国近代时代精神的价值观，就是"尊人权"。太平天国、戊戌变法、辛亥革命都从不同角度，采用不同形式，在不同程度上宣扬了"人权"观念。

（9）"个性"的解放。五四运动高举科学和民主的旗帜，高喊"打倒孔家店"的口号，对传统价值观进行批判。其价值观重估的核心命题是主张个性解放。

（二）价值观念演变的规律

价值观念属于社会意识形态，它是以人们的需要（首先是利益需要）为依据的，而人们的需要和利益，归根结底是由生产力和生产关系的发展决定的。所以中华民族传统价值观的演变遵循着社会存在决定社会意识、经济基础决定上层建筑这个普遍的历史规律。同时，上层建筑内部其他因素的变化对价值观念也有影响。其规律性主要表现为以下四点。

（1）社会经济的发展（特别是经济形态的变化）是价值观演变的最终根源。由殷周到战国，价值观由崇天命到尊人道，是奴隶经济向封建经济发展的表现；漫长的封建时代，价值观念的变化根源也在于社会的经济制度的调整和经济自身的发展；明末清初和鸦片战争以后重利欲、重情感、重个性的观念，也是资本主义经济因素发展的观念表现。

（2）国家政治权力对价值观的演变起着重大控制作用。无论是春秋战国之前的天命价值观，还是秦汉以后漫长封建社会中价值观的演变，国家的政治权力都起着重大作用。董仲舒的以君权价值为核心的三纲五常观念，隋唐时代佛教价值观的流行，宋明时代以"存理灭欲"为理论形式的道德价值观都是封建统治者直接倡导并利用行政权力推行的。而一些与封建统治者提倡的价值观相违背的观念，则受到国家权力和舆论的排斥和压抑，秦始皇的"焚书坑儒"、汉武帝的"罢黜百家"、唐武宗的"灭佛"、清朝政府的"文字狱"，都具有对统治者所认为的"异端"价值观念进行严格限制的意义。

（3）哲学对价值观的演变起着重要的导向作用。中国传统哲学是以价值论、价值观为核心的哲学，中国传统哲学探索客观规律的最终归宿是为了给人们提供一个价值导向，就对社会国家而言是探求"治国平天下"之道，就对个人而言是寻求"安身立命"之所，总之是追求理想社会和理想人格。中国哲学的这种特点，使其在中华民族价值观念的形成和演变过程中发挥了十分重要的作用。不仅知识层，即使普通人的价值观念也受着这种哲学的指导。封建社会的文化、教育政策，始终将儒家经典作为教材，就是发挥这种哲学导向作用的突出表现。而普通人的价值意识中深刻地渗透着哲学家所弘扬的价值观念。世俗价值观的主流与占统治地位的哲学价值观是统一的。比较而言，中国古代自然科学的发展对价值观的影响不大。

（4）封建社会价值观的演变形式是围绕着一个轴心左右震荡。儒家倡导的道德价值观在汉以后的封建社会中是中华民族价值观的轴心，其他的价值观念则是围绕着这个轴心震荡，但始终不能取代，也不会远离这个轴心。道家的自然、生命价值观，佛家的解脱、智慧价值观，以及明末清初的个性、情感价值观，都在一定历史时期发生过影响，但都从属于并受制于儒家的价值观念。

（5）价值观念的演变的内在动力是各种观念连续不断的矛盾冲突和融合。中国古代的价值观争论是贯彻封建社会始终的。这种争论，在先秦时期表现为"百家争鸣"，秦汉以后，在意识形态上表现为占统治地位的主导价值观与非主导价值观的争论；在学派上表现为儒法之争、儒道之争和儒释之争；在问题上表现为义利之辨、德力之辨、义生之辨、理欲之辨、天人之辨、群己之辨等。各家各派在矛盾冲突中也有吸取和融合。正是这种冲突和融合，成了价值观念演变的内在动力。

（三）中华民族价值观念演变的特征

中华民族价值观演变的主要特征有以下四点。

（1）价值观念演变的实质是民族主体性的演变。价值观集中表现着主体对客体的主导和支配能力，即集中表现着人的主体性。中华民族价值观念的演变反映了中华民族的主体性在历史上经过了一个由强到弱再由弱到强的变化过程，宋以前是强化过程，宋以后是弱化过程，辛亥革命以后是民族主体性的振兴过程。

（2）价值观念演变的基点始终以人自身的价值为本位。中华民族不执迷于宗教的彼岸价值，也不执着于物的价值。价值观演变历程上的每个环节都可视为对人的价值的某一侧面的认定和弘扬。因此，主张以人为主体、以人为本，既反对"神本"也反对"物本"，是中国传统价值观的基本特征。

（3）价值观念演变的主题基本上是提高人的精神素质特别是道德素质，因而在漫长的传统社会中，价值观念无论如何演变，从总体上却存在着忽视物质财富价值、自然知识价值和科学技术价值的倾向。明清之际，功利、工具等物质价值曾一度升值，但不久即被清政府所推动的"天理"价值洄流所遮蔽。近代以降，科技价值日渐受到重视，到"五四"时期，才明确提出了"科学"口号，作为价值观念的主旋律。

（4）价值观念演变的方式是在继承传统的前提下进行革新，在维护主体的前提下进行汲取，从而使儒家所确立的价值观念核心如仁义、中和、自强等意识，在长期的历史演变中，不绝如缕地持续下来，至今仍积淀于中华民族的文化心理之中，成为民族精神的核心内容。这种核心价值观念的持续，对于中华民族的群体凝聚和民族生命力的维系起了极其重大的作用，使中华民族能够永立于世界民族之林而"其命维新"。

一　"敬德"的提出

——西周的价值自觉

《诗·文王》曰："周虽旧邦，其命维新。"《易·象》云："汤、武革命，顺乎天而应乎人。"都说明，西周初期，进行了一场社会变革。这场社会变革，涉及经济、政治、文化、思想诸多领域，而尤以价值观念的自觉最为深刻。可以说它是一切社会变革的凝聚焦点和深层结构。西周的价值自觉不仅对当时的社会进步有重大意义，而且对中华文化的发展和中国传统价值观的历史演变有深远影响。西周的价值自觉集中体现在"敬德"观念的提出上，主要内容包括价值主体、价值规范、价值取向和价值评价四个方面。

（一）价值主体的换位

价值是客体与主体之间的一种关系，是作为客体的对象、事物，与作为需要者的主体之间的一种特定关系。在这种关系中，主体是价值形成的动因，是价值的决定者和主导者。因此，价值自觉的首要问题是价值主体的变化。随着一种价值主体转变为另一种价值主体，价值的规范、标准、取向、实现方式等也就随之转变。历史上，一切重大的社会变革，从价值论的角度来考察，莫不首先引起价值主体的变化。西周时期的价值自觉，也首先表现在价值主体的换位上。

殷商时代，由于社会生产力处于低级发展阶段，人和人之间以及人和自然之间的关系还很狭隘，人的认识的无知领域还极其宽广，因之，殷人有浓厚的鬼神崇拜观念。《礼记·表记》评论殷人的思想特点时说："殷人尊神,率民以事神,先鬼而后礼。"证之以殷墟卜辞,这种说法是符合实际的。殷人崇拜的神灵,既有天神,也有祖先神。于天神有上帝、日、东母、西母、风、云、雨、雪等,于祖先神有先王、先妣、名臣(如伊尹、伊陟、巫咸、师盘)等。此外,殷人还有对山、岳、河、川等自然神的崇拜。鬼神崇拜的根本意义在于求福和免祸。福为一切幸福之总名,《礼记·祭统》云:"福,备也,备者百顺之名也,无所不顺者之谓备。"福既为百顺之名,可见它指的是人的各种需求要得到满足的状态,而人的需要的满足即是价值,所以福也就是一切价值的总称。在殷人看来,人的一切幸福,即一切价值,都是由天神及祖先神灵主宰的,人的需求要得到满足,价值要得到实现,必须祈祝于神灵,然后才能受其赐予。甲骨文中所言福、禄,为数不少,莫不与天神及祖先有关,或为其所赐,或向其祈求,而非通过人的努力能得而有者。为了向神灵求福,殷人用大量的牛,羊、犬、豕为祭物,有时一次祭祀多达"五百羊""五百牛""千牛""三百犬"之数;甚至还大量用人为牺牲,一次可多至"千人"之数,由此可见殷人尊神先鬼达到何等程度。通过祭拜鬼神实现价值,说明殷人并不认为人是价值主体,而将价值主体定位于天神和祖先神灵的身上,神鬼成了一切价值的源泉,崇拜、祭祀鬼神就成为人实现价值目标的唯一途径。

在现实的价值生活中,人是价值的唯一主体,所谓价值只能是相对于人的主体需要而言,这是毫无疑问的客观事实,也是唯物主义价值论的基本原理。然而,在人们的价值观念中,却并非在任何时代、在任何人的意识中都能坚持这一真理。殷人以鬼神为价值主体,就是在当时历史条件下对价值主体的虚幻的、歪曲的反映,它表明,价值观念(包括价值主体观念)如其他哲学观念一样,最初也只能在宗教形式中形成。殷人以虚幻的宗教形式表达的价值主体意识所导致的直接观念误区,就是将价值的享有主体与价值的创造主体分离,价值(福)的享有者是人,而价值的创造者是神。于是,人的占卜、祭祀活动就成为沟通两种主体的桥梁，也是成为价值实现的途径。殷墟发掘的甲骨文差不多皆为占卜所用，就充分表明，殷人是以占卜这种形式来追求其价值目标，来实现其价值理想的。价值世界在殷人的观念中是一个神秘的世界。

在周人灭商、推翻殷朝统治的革命过程和周政权建立、巩固的过程中，周人进行的价值革命所解决的首要问题，就是实现价值主体的换位，即将以鬼神为价值主体朝着以人为价值主体的方向转换。周人的价值主体换位观念，主要包括以下内容。

（1）对天神价值主体之永恒性的动摇。周人继承殷人观念，也承认天神是重要的价值主体、价值本源，但他们怀疑天神作为价值主体的永恒性，认为天命作为价值主体是可以改变的，这就是（《诗经·大雅·文王》）所说的"天命靡常"。即天赐予谁以价值，没有绝对性，没有固定的对象，它既可以降福于商，也可以赐福于周，周之代商，就是天命改变的结果。周人这种观念的直接政治意义是为周人夺政权制造理论根据，但其价值意义却是对天神价值主体地位的动摇。在周人看来，任何人把自己的价值满足唯一地寄托于神灵，以为自己总是"有命在天"，最终是靠不住的，因为"天不可信"（《尚书·君奭》）。

（2）对人的价值主体性的肯定。殷人把价值实现的希望完全寄托于鬼神，周人则在"天命靡常"观念的前提下，为人在价值实现中的作用和功能拓出了一席之地。他们认为，人的主观因素、能动作用，对于价值实现有着重要意义，它是对天命这一价值源的辅助力量。《尚书·蔡仲之命》云："皇天无亲，惟德是辅。"周人所谓的"德"，是从人己双方立论，即《说文》所说的"外德于人，内德于己"。"外德于人"指施人以恩泽而受到人的爱戴；"内德于己"指通过修养而养成高尚的道德素质。二者统一起来，就是"尽人事"之义，即后世所谓的"道德"。周人既以"德"为承受天命的主观条件，为实现价值的主体因素，于是反复强调"敬德""明德""修德"，如《尚书·君奭》："天不可信，我道惟宁王德延"；《尚书·召诰》："惟王其疾敬德，王其德之用，祈天永命。"他们认为，夏、商之所以"早坠厥命"，其根本原因在于"不敬厥

德"(《尚书·召诰》)，就是说，不发挥人的积极能动性，必然导致价值
失落。由此可见，周人对人在价值实现中的主体地位，已有了比较明确
的认识，"惟德是辅""以德配天"思想的提出，是由"天"的价值主体
地位向"人"的价值主体地位转换的关键环节。

（3）对民在价值实现中的重要作用的承认。与肯定人的价值主体性
相联系，周人进而认识到了作为被统治者的普通民众对于价值创造、价
值维护的重用作用。周人"以德配天"观念中的"敬德"意识，虽然主
要是对统治者提出的要求，目的在于肯定统治者的价值主体性，但由于
"德"的内涵之一是施恩于人，所以"敬德"就内在地包含着关怀民众
的意义。不仅如此，周人还明确提出，在价值的维系上，民情和天命是
一致的，上天对于价值的态度，从民情上可以表现出来，《尚书·康诰》
云："天畏棐忱，民情大可见。"并进一步指出，不知民情就不能妄论天
命，"弗造哲，迪民康，矧曰其有能格知天命？"（《尚书·大诰》）《左
氏春秋》《国语》引《尚书·太誓》曰："民之所欲，天必从之。"《孟
子·万章》引《尚书·太誓》曰："天视自我民视，天听自我民听。"即
使《尚书·太誓》篇晚出，所引不是周初人的语言，但此种观念，周初
人当已有之。由于周人看到了民的作用，所以一方面提出"当于民监"
（《尚书·酒诰》），即把民众作为检查自己言行的镜子；另一方面主张
"用康保民"（《尚书·康诰》），即通过关心民众疾苦使民众安康来治
民。尽管周人"保民"的目的在于"乂民"，但其中渗透的价值主体意
识的萌芽，仍是十分可贵的。

"天命靡常""惟德是辅""用康保民"，是西周初期，进行价值主体
转换的三大主要观念，在三大观念中"敬德"是核心。它的根本意义在
于重视人在价值实现中的重要作用。尽管西周时的周人在价值主体问题
上还没有完全超出以天帝为价值主体的总体系，但已在价值主体由天向
人的换位过程中迈出了一大步，为春秋战国时期人的价值主体地位的确
立奠定了基础。

（二）价值规范的设立

价值规范是关于价值的规定、范型、尺度的总称，它具有价值导向和价值评价双重作用。一种新的价值规范的制定和设立，是价值观念变革的重要标志，必然引起社会价值取向的变动。西周初年，与价值主体的换位相适应，价值规范也发生了变化，这一变化的内容是以周礼为核心的价值规范的设立。

周礼诚然与夏殷之礼有某种继承关系，如孔子所云："殷因于夏礼""周因于殷礼"（《论语·为政》）。但周礼的革新意义更为突出，史云周公"制礼作乐"，就是从创制的意义上着眼的。柳诒徵先生云："周之文化，以礼为渊海，集前古之大成，开后来之政教。"① 也充分肯定了周礼在文化史上的创设意义。

那么，从价值规范的视角来观照，周礼的新义何在呢？

1. 规范含义的明确性

"礼"字从珏从豆，字形象征着在器皿里盛着双玉，用以祭祀祖先和天神。据说夏、殷时代都有礼，但时代久远，文献不足，详细内容难以考察。仅可从后人记述中窥其大略，《尚书·君奭》云："殷礼陟配天，多历年所"；《礼记·表记》云：殷人"率民以事神，先鬼而后礼"。这说明，殷礼的基本特征是祭祀性，它主要用于祭祀鬼神和祖先的宗教活动，严格说来，它不过是一种祭祀仪式。而周礼则不同，"周人尊礼尚施，事鬼神而远之，近人而忠焉。"（《礼记·表记》）"尊礼尚施""近人而忠"就是重人事、重人伦、重视人与人的关系。周礼超出了夏殷的祭祀领域，而进入了人们现实的社会生活，成为调节人伦关系、维护社会秩序的典章制度。这就是周礼别于殷礼的根本标志。作为典章制

---

① 柳诒徵：《中国文化史》上册，中国大百科全书出版社 1988 年第 1 版，第 121 页。

度的周礼,其实也就是保证各种价值得以实现的规范。周代统治者对礼的价值规范的意义有着明确的认识,他们认为"礼,人之干也,无礼,无以立。"(《左传·昭公七年》)以礼为人实现价值、安身立命的根本,由此可见,周礼的创制意味着价值规范的明确化。从殷礼向周礼的转变,是神权向人文的转变,是价值规范由模糊性向明确性的转变。周礼是中国价值演变史上形成的第一个价值规范。

2. 规范对象的普适性

作为价值规范,周礼的制约对象是十分广泛的,贯彻于社会生活的各个领域,"行之以货力、辞让、饮食、冠昏、丧祭、射御、朝聘"(《礼记·礼运》)等社会活动的各方面。周礼在这些领域所起的作用,是通过制约人们的行为而调节人与人的关系,从而使人们的行为和关系具有价值、具有意义。《礼记·曲礼》云:"教训正俗,非礼不备。分争辨讼,非礼不决。君臣上下,父子兄弟,非礼不定。宦学事师,非礼不亲。班朝治军,莅官行法,非礼威严不行。祷祠祭祀,供给鬼神,非礼不诚不庄"。就是说,在教化、司法、伦理、教育、政治、宗教等领域,礼都是一种价值准则,是衡量价值有无、大小、程度的尺度,它引导人们确立价值方向,阻止人们陷入价值误区,帮助人们矫正价值失范。不仅广阔的社会活动领域是礼所规范的对象,即使个人的行为、表现,也不能超越于礼的规范之外,孔子不但主张在治国中"齐之以礼",而且还强调个人的"言、听、视、动"都要合于礼。《周礼》《仪礼》虽然不是西周时的著作,但其所论述的礼的规范对象和领域,则基本上反映了西周时的实况。对周礼作为价值规范的普遍性,外国学者也有较为深入地认识,德国人夏德说:《周礼》对于"国民之教养,实居重大的位置","其关于公共生活及社会生活,详细说明,与陶冶后代之国民,具有非常之势力。因袭之久,世人因此详细之规定,殊不能任意而行,社会万般之生活,无论一言一行,无不依其仪式"。法国人俾优更深刻地认识到了周礼规范中蕴含的价值意义,他说:周礼种种"详细的规矩,其主要之目的，惟在使人除去公私之生活上放纵粗野之行动，使肉体与道德共具有一定不变之性格"①。可见，周礼是政治生活、经济生活、社会生活、家庭生活各种行为规范的准则，其意义在于使社会各领域的活动价值化。

3．规范功能的秩序性

周礼作为价值规范，包括形式和内容两个方面，其形式为"仪"，即各种礼仪和仪式；其内容是贯彻血缘宗族原则和政治等级原则，即"亲亲"和"尊尊"。内容和形式统一在功能上就是"别贵贱，序尊卑"，从而形成一种贵贱有别、尊卑有等、亲疏有则、上下有秩的社会秩序。建立稳定的社会秩序是灭商之后西周统治者努力追求的理想，也是亟待解决的一个社会问题。《尚书·洪范》载：周灭商后，周武王访问商朝的政治家箕子："惟天阴骘下民，相协厥居，我不知其彝伦攸叙。""彝伦攸叙"即次叙（治理）其民的常理大道，箕子即以洪范九畴为答。这说明，周初统治者非常重视通过把握治世原则来建立安定的社会秩序。后来，周公"制礼"，才真正解决了这一问题，实现了这一目标。礼之所以能发挥稳定社会秩序的功能，是由于礼将尊爵固定化和将权力明确化的结果。商代的礼器上只铭记祖妣，而周代的礼器上便明确铭记着专政所有权形式与统治权力的内容，《诗》《书》言礼也含有颂扬所有权的含义。王国维说，周之"制度、典礼之专及大夫士以上者，亦未始不为民而设也"，即谓其属于宗法贵族所专有。由此看来，礼作为价值规范，具有鲜明的阶级性和政治性，它是维护宗法制度和贵族专政的工具，是为建立有利于统治者利益的社会秩序服务的。

4．规范内涵的道德性

周人以礼作为普遍性的价值规范，旨在建立一种等级森严、权力集

---

① 转引自柳诒徵《中国文化史》上册，中国大百科全书出版社 1988 年版，第 187 页。

中的理想社会。然而,礼之所以能够使贵贱有等,尊卑有序,贫富轻重皆有所称,其基本原因在于礼具有明显的道德色彩。礼在本质上是以道德为基础,依道德来确定的。礼的道德性,包含两个方面的含义:一是它对处于不同社会地位的人有着不同的道德要求,君臣、父子、兄弟、夫妇、师生、长幼、尊卑、贵贱,各有自己的道德准则,言、听、视、动都要严格遵守,《礼记·曲礼》对此作了明确详细地规定,甚至连仆人为主人驾车应遵守什么行为方式这样的小事都有详细说明;二是它以道德品格决定人的社会地位,一个人有什么样的德行就有什么样的社会地位,道德和社会地位是相称的。荀子说:"礼者,贵贱有等,尊卑有序,贫富轻重皆有称者也,……德必称位,禄必称用。"(《荀子·国富》)就是说,一个人有什么样的德行,就有什么样的地位、俸禄和生活方式。上述两个方面结合起来,充分显示了礼所蕴含的道德价值。王国维说:"周之制度典礼,实皆为道德而设。……周之制度典礼乃道德之器械,而尊尊、亲亲、贤贤、男女有别四者之结体也。"[①] 尽管他把周人的制度典礼笼统说成从属于道德,失之偏颇,但他看到了礼的道德内涵,却是符合历史实际的。

总之,价值规范的设立乃是西周价值自觉的重要内容。由于价值规范内在地包含着价值标准,因此,它的设立对人们的价值取向和价值评价,有极其重大的影响。周礼作为一种新的价值规范,深刻地改变了人们的价值生活,促进了价值观念的演变。

(三)价值取向的转变

与价值规范的创立相适应,周人的价值取向也发生了明显的转变。由于主体需要的多样性、多层次性,所以在任何时代人们的价值选取方向总是多维的,然而,不同的历史时期,在以多种需求为基点的多维取

---

① 王国维:《殷周制度论》,载《王国维文集》第 4 卷,中国文史出版社 1997 年第 1 版,第 55 页。

向中，人们的主导取向则是不同的，而价值主导取向的不同，又形成了不同时代的社会本位价值的不同。因此，考察一个时代的价值取向的转变，也即是考察其主导价值取向或本位价值与以前的时代有何区别。

关于殷、周价值取向的不同，前人多有论述，其中尤以《礼记·表记》和《汉书·董仲舒传》的观点具有代表性：

《礼记·表记》云："夏道尊命，……殷人尊神，……周人尊礼。"

《汉书·董仲舒传》云："夏尚忠，殷尚敬，周尚文。"

"尊命""尊神""尊礼"与"尚忠""尚敬""尚文"，可以说是对夏、殷、周三代价值主导取向的高度概括。前者从尊崇的客体对象言，后者从主体的态度、活动言，二者是统一的。周人"尊礼""尚文"与殷人"尊神""尚敬"，是两种不同的价值取向，它表明了殷、周之际价值观念的重大变化。

"礼"是规范，"文"是"礼"的形式，二者的核心内容则是"德"。"尊礼""尚文"的内涵就是崇尚道德价值。在周人看来，道德是最重要、最基本的价值，它是其他一切价值的基础。

（1）"敬德"才能"受命"。周代统治者总结殷亡的教训，认为殷人由于"惟不敬厥德乃早坠厥命"（《尚书·召诰》），周公说，殷纣初期，统治者还能重视德行，勤勉为政，可是到了末世，政事荒废，贤人藏匿，百姓流离失所，陷于痛苦的深渊。由此而导致了"天既遐终大邦殷之命"。而周人由于"敬德"所以才承受了天命。可见，"天不可信""命不于常"，能否"受命"的关键在于是否"敬德"。根据这种认识，周公反复告诫周朝的君臣，"疾敬德"，"敬所作不可不敬德"；只要"敬德"就能"受命"。他说："其德之用，祈天永命"（《尚书·召诰》）；"文王武王敷大德于天下"，所以，"上帝集厥命于文王"。后继者应该大力发扬文王、武王这种"敬德"的光荣传统。在周初的统治者看来，"德"乃是贯通天人的中介，因此，"敬德受命"乃是道德的首要价值。在这种"德命"统一的观念中，已经包含着中国传统哲学将"必然"与"应然"合为一体，并以"应然"作为"必然"的条件的思想萌芽，这就为后世哲人奠定了思考价值问题的基本思路。

（2）"明德"可达"至治"。"德"的兴废既然是夏、商、周更替的历史基因，当然就具有重要的政治价值。虽然"德"在周代之前，已含有政治意义，但周人的贡献在于进一步明确和提高了德的政治价值。依周公之见，德是一个综合概念，融信仰、道德、行政、政策、刑罚于一体。从《尚书·康诰》看来，敬天、继祖、尊王、怜民、惠民、保民、新民、勤勉、谨慎、孝友、慎罚等都可包括于"德"之中。周公把这种德政原则称为"明德慎罚""敬德保民"。周公认为，只要"明德""敬德"，就会政权巩固，社会安宁，民众康乐，达到"至治"。所谓"至治馨香，感于神明，黍稷非馨，明德惟馨"（《尚书·君陈》）。周初的"明德"政治观，是由殷代神权政治向政权政治转变的重要标志，是儒家"为政以德"观念的渊源，《大学》的"大学之道，在明明德、在亲民、在止于至善"的宗旨目标和格致、诚意、正心、修身、齐家、治国的层次程序正是西周"明德"可达"至治"的价值观念的发展和总结。

（3）"崇德"能成贤人。周人不仅重视道德的政治价值，而且开始认识到道德的人格意义。西周时期，人们已明确提出了"崇德象贤"（《尚书·微子之命》）的观念。并用这种观念，促使统治阶层中的人们进行个人的道德修养。所谓"德音无良，胡能有定"（《诗经·日月》），"我有嘉宾，德音孔昭"（《诗经·鹿鸣》），"乐只君子，德音是茂"（《诗经·南山》）。具体地说，他们要求统治者在貌、言、视，听、思等方面都要严格修养，做到"貌曰恭，言曰从，视曰明，听曰聪，思曰睿"，如果这些方面都达到标准，就会具备"肃"（严肃）、"乂"（善治）、"哲"（明智）、"谋"（多谋），"圣"（成圣）等优秀品格（《尚书·洪范》）。他们要求有作为的人发展才能，提高德行，成为对国家有用的人，所谓"人之有能有为，使羞其行而邦其昌"（《尚书·洪范》）。他们提出，在选拔人才时要把道德品行放在第一位，重视那些有高尚品德的贤人，坚持"所宝惟贤""建官惟贤""任官惟贤材"和"推贤让能"的原则。周人这种"崇德象贤""佑贤辅德"的价值观念，是后世儒家学者崇尚道德人格，赞扬"君子""贤人""圣人"的思想源头。文王、周公之所以受到儒家的高度赞颂，称为"圣人"，其主要原因在于他们有崇高的道德境界。《尚书》《诗经》中颂扬文、武、周公，如"惟文王、武王敷大德于天下""文王之德之纯""彰周公之德"等，莫不以"德"作为崇高人格的标志，后代儒者对之进一步弘扬光大。

（4）"好德"就是幸福。把"好德"作为幸福的一项重要内容，是周初道德价值观的又一特征。《尚书·洪范》中箕子把"五福""六极"作为九畴之一传授给武王，"五福"是"寿""富""康宁""攸好德""考终命"；与"五福"相对立的"六极"是"凶短折""疾""忧""贫""恶""弱"，虽然，五福、六极是一项奖励和惩罚的统治方针，但却内含人们的价值取向。它说明在周初，人们已经重视生命、富裕、康宁、道德和长寿善终的人生价值。而尤以"攸好德"作为幸福之一种，充分表明了当时人们对道德的重视。如前所述，幸福乃是主体需要满足后的状态，五福中之寿、富、康宁、考终命表达的乃是人的生存需要、安全需要等较低层次的需要，而道德则表达了人的高层次的精神需要。这说明，随着社会的发展，主体的需要也在发展、提高，周人的"以德为福"观念蕴含着对主体需要的深入认识，也表现了从主体需要角度体认道德价值的高度自觉性，这对后代儒家价值观念的影响是至为深远的。孔子的"仁者静""仁者寿""仁者不忧"；孟子的"仁，人之安宅也"等观念，都与西周"以德为福"观念有着内在的联系。

西周时期对道德的"承命""治世""成人""得福"等重大意义的认识，充分说明道德是西周的本位价值，是主导的价值取向。在由殷商时的天命虚幻价值向现实价值观的演变过程中，道德是周人树立的价值支柱。

随着道德主导价值取向的明确，西周时期的价值实现原则也表现了以道德为纲的精神。《周礼·地官》"师氏"条将周人的德分为三："一曰至德，以为道本；二曰敏德，以为行本；三曰孝德，以知逆恶。"这里的"道"，是指人道，人道可以视为人类社会价值系统的总体，它包括社会价值的各个要素,"至德"乃是实现整个社会价值的基础;这里的"行",指人的一切行为和活动的价值,"敏德"乃是实现人的行为和活动的价值的基础;这里的"逆恶"指人伦关系的负价值,即违背宗法秩序的人伦关系,而"孝德"则是判别这种负价值并将其转变为正价值的标准和基础。周人以"德"为"本"来实现整个社会价值,充分表现了由殷人的主要依靠崇敬"上帝""天命"实现价值向主要依靠人力以实现价值的转变,这种转变是价值主体换位的又一重要内容。它标志着中华民族已经明确地认识到人的主体的力量,明确地觉悟到在价值实现问题上的主体性原则。后来儒家的创始人孔子提出的"人能弘道,非道弘人"(《论语·卫灵公》);孟子提出的"人也者,仁也,合而言之,道也"(《孟子·尽心下》);荀子提出的"制天命而用之"(《荀子·天论》),以及《中庸》的"道不远人",《易传》的"自强不息",都可以说是周人"至德以为道本"观念的进一步扩充和发展,并从此奠定了中国儒家价值观在价值实现问题上的基本思想。

(四) 价值评价的自觉

价值评价是价值观念中的重要内容,价值只有通过评价才会被人们所认识,才会提高人们价值追求的自觉性和价值取向的明确性。周人的价值更新,在评价上的突出特点是对评价活动、评价标准的高度自觉和一系列评价范畴的建立及其应用。

1. 人物评价的制度化

西周价值评价的自觉,首先表现在对人物的评价上,而人物评价又集中反映在谥法的制定上。《仪礼·士冠礼》说:"古者生无爵,死无谥。"《礼记·檀弓》说:"死谥,周道也。"所谓爵,就是统治阶级内部的等级关系在法律上的规定,诸侯之爵有公、侯、伯、子、男五等,诸侯以下之爵有卿、大夫、士三等。所谓谥,就是人死后,以其生时的行为事迹所立的称号，目的在于劝善彰德。西周之前的夏、殷时代，人在生时就有称号，死后沿用。周时才制定谥法，为死者加称。《史记·秦始皇本纪》云："太古有号无谥，中古有号，死而以行为谥。"说明谥法乃周人的新创。西周诸王，从文、武、成、康，至夷、厉、宣、幽，其中当有号，亦有谥。谥法虽然是周礼的一项内容，但其中蕴含的观念则是对人的评价。《白虎通义》云："谥者，别尊卑，彰有德也。"《礼记·表记》："先王谥以尊名。"陈澔注云："谥以尊名，为美谥以尊显其声名也。"可见，以人的生前行迹为据死后谥以称号，实质是给人物以评价，通过评价，肯定、表扬某种人生价值。从宋苏洵所著《谥法》的解释来看，这种评价的特征十分鲜明，例如"克定祸乱曰武""安民立政曰成""温柔好乐曰康""仪容恭美曰昭""布德执义曰穆""安心好静曰夷""杀戮无辜曰厉""动静乱常曰幽"，等等。这些评价，性质上有善有恶，内容上有事迹、德行、性格、仪表等方面。周代制定谥法，尽管其加谥对象属于统治阶层人物，特别是君主，但它将人物评价的制度化，在价值观的演变史上具有重要意义，表明了西周时期，价值评价的高度自觉性。

2. 人事评价的先验化

周人对人事活动的评价，可以《周易》为代表，易乃占卜之书，其八卦和六十四卦，当在西周以前颇为古老的年代即已创成，但卦爻辞却是殷末周初的学者所撰。《周易》撰成于西周，是最为学者所接受的看法。卦辞、爻辞分别表明各卦各爻的寓意，它的一个突出特色是用占验词来表示该卦、该爻所寓含的对事物、现象或褒或贬的义理。所以，它本身就是一种价值判断。由于这种价值判断既不是对以往事件的评价，也不是对现实事物的评价，而是通过占筮活动，对未来事件的一种先验性的评价，所以带有浓厚的神秘色彩。周易所占筮的范围相当广泛。据统计，卦爻辞所载人事包括行旅、战争、享祀、饮食、渔猎、牧畜、农业、婚媾、居处及家庭生活、妇女孕育、疾病、赏罚讼狱等，其中关于行旅、战争的最多。周易对这些人事活动作先验性评价，是通过占断辞来表现的。主要的术语是，"吉""凶""悔""吝""无咎"等。"吉"乃事物美善吉祥之称，孔颖达《周易正义》："辞之吉者，是得之象。"卦爻辞言吉，意谓行为美善而有所得。"凶"与"吉"之义相反，意谓行为有所偏失不当而致凶险，孔颖达《周易正义》："凶者，是失之象。""悔"犹言悔恨，事过之后由于未达预期目的而心中有所悔恨，孔颖达《周易正义》："悔者，其事已过，有所追悔也。""吝"犹言憾惜，谓行事有小疵而心生遗憾、忧虞之情，李鼎祚《周易集解》："吝，疵也。""咎"含有灾病、罪过之义，"无咎"犹言弥补过失、免遭咎害，李鼎祚《周易集解》："凡'无咎'者，忧中之喜，善补过者也。"此外，还有"利"——和谐有利，"亨"——亨通顺畅，"厉"——危险有害，等等。这些术语，从人事评价的方式看，约有四个角度：一是事件结果的评价，如吉、凶；二是事件过程的评价，如利、亨、厉；三是主体行为的评价，如咎、无咎；四是主体心理反应的评价，如悔、吝。从评价的性质看，约有三种：一是正价值，如吉；二是负价值，如凶；三是中性价值，如无咎。周易所评价的人事活动，是当时社会生活的实际反映，其评价形式虽然是先验的、神秘的，但却充分体现了周人对人事评价的高度重视，表现了当时人们对有价值的人事活动的积极追求。周易的趋利避害，求吉免凶观念，是人们价值意识自觉的表现，也是对评价活动的深入认识。

3. 社会评价的普遍化

对社会的自觉评价，在西周时也广泛地展开了，《尚书》中的周书，是春秋之前周王朝的历史记录。周初统治者为了巩固统治，对历史的经验教训进行总结，对治国安民之策进行探讨，在总结历史经验和探讨治世方略的过程中，他们对夏、殷、周的政治、君主、大臣等进行了明确的评价。例如，他们以"敬德保民"为标准，批评殷代后期的君主（主要指殷纣王）"从耽乐""纵淫泆""受用妇言""荒腆于酒"；"心疾狠，不畏死"；"不知稼穑之艰难，不闻小人之劳"；"俾暴虐于百姓，以奸宄于商邑"，结果导致了殷的灭亡。而赞美周初的文王、武王、周公"明德慎罚""徽柔懿恭"；"怀报小民，惠鲜鳏寡"；"庶邦享作，兄弟方来"。歌颂西周初年的政治是"穆穆在上，明明在下，灼于四方，罔不惟德之勤，故乃明于刑之中，率乂于民棐彝"（《吕刑》）。由此，他们要求后代的统治者"以觐文王之耿光，以扬武王之大烈"（《立政》）。《尚书》中的这些评价，虽然仅及于政治领域，但评价的标准明确，内容具体，表现了社会评价的高度自觉性。与《尚书》的重在政治评价相比，《诗经》的社会评价就更为广泛了。它通过诗歌艺术的形式，不但如实地反映了西周时期的社会生活的各个方面，而且对社会的经济、政治、军事、外交等活动，劳动、婚姻、爱情、友谊、娱乐等生活，人生、人格、道德等问题，都展开了广泛的价值评价。评价的形式，或歌颂，或表扬，或赞美，或倾慕，或追求；或谴责，或控诉，或批评，或讽刺，或反抗。例如，雅、颂诗中既有对周代君臣文王、武王、成王、宣王、周公等人才德、治略、政局的颂扬，又有对周厉王、周幽王荒淫生活、苛政暴虐的尖锐批评，还有对周代先祖政绩的历史评价。《七月》《甫田》《载芟》《良耜》《无羊》《斯干》《伐檀》《硕鼠》等诗中，既有对劳动人民从事农业、牧业、建筑等辛勤劳动的歌颂，也有对贵族阶级残酷经济剥削的反抗。在大量关于爱情婚姻的诗篇中，既有对诚挚、热烈、纯朴、健康感情的赞美和向往，也有对不幸婚姻和女性悲惨命运的同情和激愤。此外，还有对政治压迫的控诉，对行役困苦的悲叹；对"窈窕淑女"的赞美，对"洵美且武"勇士的颂扬；对"与子同袍"友谊的咏唱，对"有孝有德"道德的称颂；对"淑人君子"人格的赞赏，对"不稼""不猎"贵族的讽刺。这些诗篇虽然是形象的而不是抽象的，是感情的而不是理性的，是艺术的而不是义理的，但其中所蕴含的价值色彩十分鲜明，评价意识相当自觉，评价范围极其广泛。

4. 评价标准的道德化

评价标准是否明确和稳定是价值评价水平高低的重要标志。西周时期价值评价上的一个重大进步，就是评价标准的明确、稳定和统一。从《尚书》《诗经》《周易》来看，西周时价值评价的最新标准是"德"，无论是社会评价还是人格、人事评价，区分善恶、好坏、是非、优劣的标准，虽然还沿用殷商时代的"天命"标准，但"德"却是周人提出的新标准。《尚书》的政治评价、《周易》的人事先验评价、《诗经》的社会活动评价，都把"德"作为尺度。《尚书》倡"崇德""好德""慎德""昭德""明德""敬德""怀德""显德""惟德是辅""明德慎罚"；《诗经》赞"德音是茂""怀德维宁""维德之基""顺德之行""敬明其德""克广德心"；《周易》言"食旧德""尚德载""恒其德"充分表明了以德为评价标准的普遍性和重要性。价值评价标准和价值取向是一致的，以德为统一的评价标准，乃是周人道德价值取向在评价上的贯彻。将殷商时期的天命标准转向道德标准，是周代价值观革新的重要内容之一，它为后代儒家确立"义以为上"为标准奠定了思想基础，并通过儒家的发展而对中华民族的价值评价，产生了深远的影响。

西周时期是中国社会的第一次大变革，外在的礼乐制度和内在的道德观念是这次变革的最大成果。从价值观上来看，价值主体的换位，价值规范的确立，价值取向的转变和价值评价的自觉，标志着中华民族的价值观念已开始由虚幻神秘的天命世界中解脱出来，向现实社会的人文世界迈进。尽管天命的迷雾还没有被完全扫荡，但人文的精神已经放射出耀眼的光辉，照亮了人们的价值征程。从此，中华民族的价值追求和价值创造，在漫长的历史道路上，虽然在不同时代有着不同的取向，但都立足大地、着眼现实，在人世间满足自身的需要，实现自己的理想。

二 "人道"的争鸣
——春秋战国时期的价值冲突

西周是中国奴隶社会的全盛时期，而春秋战国则是奴隶社会衰落和向封建社会转变的时期。在这五个半世纪的历史中，没有统一的价值观念，各阶级、阶层、集团、国家的人们，以及他们在思想上的代表人物，都从自身的利益和需要出发，确定自己的价值取向，提出自己的价值观念，于是，社会上形成了激烈的价值冲突。《庄子·天下篇》说："天下之人，各为其所欲焉，以自为方。"《汉书·艺文志》说："时君世主，好恶殊方"；"九家之术，锋出并作，各引一端，崇其所善"。这正是对春秋战国时代价值冲突的生动写照。在诸多的价值观念体系中，儒、墨、道、法是其著者，他们围绕着天人、群己、义利、德力等问题，展开了激烈的争辩。在争辩中，贯穿着一条红线，突出了一个主题，就是"天道远，人道迩"，即人道的升值。百家学者共同鸣奏着提升人的价值的时代强音，而对如何提升人的价值却存在着分歧。所以说，春秋战国是围绕着人的价值进行争鸣的时代，是价值观念冲突的时代。

（一）王道衰微、礼崩乐坏的时世

西周建立后，经过了三百年相对稳定的时期，到了公元前770年，周平王东迁时，西周王朝发生了危机，历史发生了重大转折。从此，春秋战国时代开始了。

春秋战国是中国历史发生大变革的时期，从生产、生活到思想观念，从经济基础到上层建筑,可以说是"溪云初起日沉阁,山雨欲来风满楼",社会的各个领域都经历着深刻的变化过程。

首先,由于各诸侯国大片土地的开发,铁制农具的出现,牛耕的使用,以及农田水利工程的兴建,使生产力有了巨大的发展。西周初年,在边陲分封的诸侯国,多是地广人稀,大片土地尚未开垦,到春秋时期,已被垦为良田,并采取了先进耕作技术。春秋时期,铁制农具已经出现,但农具形体尚小,使用也不普遍,到战国时期,铁器已成为主要农具,并广泛使用。牛耕作为一种新的农耕方式,出现于春秋后期,用以排灌的大型农田水利工程的兴建也始于春秋后期,到战国时有了更迅速的发展,引漳工程、都江堰、郑国渠,都是战国时著名的引渠灌溉工程。而且,从春秋到战国,农业技术也日益进步,耕种时已能根据土地的干湿、软硬区分先后,注意到旱田保墒和湿田排水,讲究掌握耕作时节,重视种植的行列、疏密和抵抗农作物的害虫。此外,手工业和商业也有了迅速的发展。农业是整个古代世界的决定性的生产部门,春秋战国时期农业生产力水平的提高,是生产力发展的重要标志。

生产力的发展,必然引起生产关系和社会制度的变化。春秋战国时期,生产关系和社会制度的变化,突出表现在:

(1)土地私有制的拓展。周代以前,古代中国的土地是公有,也即"王"有,所谓"溥天之下,莫非王土"。即使在西周,相当长一段时间中,土地也仍然是公有的。从西周末年开始,情况发生了变化,土地公有制度日薄西山,土地私有制出现。在历史上,土地私有制的正式出现是以鲁宣公十五年(前594)的"初税亩"为标志的,实行"初税亩"意味着对"私田"的合法性的承认。到了春秋末年,土地税制已基本完成,以井田制为形式的土地公有制已经崩解了。随着土地私有制度的确立,土地便成为一种商品,可以自由买卖。战国时期,各国先后变法,土地私有制得到了进一步的巩固和拓展。

(2)郡县制的形成。西周时期,政权的组织形式是分封制,分封制的具体内容是"天子建国,诸侯立家"(《左传·桓公二年》)。分封的结果是造成了由天子、诸侯、卿、大夫所组成的各级封君，大小封君有着严格的尊卑等级和隶属关系，而且，封君是世袭的。春秋时期，郡县制产生。郡县制是由中央政府任命郡县首长，郡县首长对郡县只有法定的行政权，而没有所有权，而且郡县首长不是世袭的，可以随时免职。郡县制的形成，一方面强化了各诸侯内部的中央集权；另一方面导致了周王朝政治权威的失落，周王成了名义上的天下之主。

（3）多元政治中心产生。与私有制的拓展、郡县制的建立、等级制的解体相适应，西周时单一政治中心的格局日渐消失。王室式微，诸侯相争，列国鼎立，权力分解，"礼乐征伐自天子出"的一元政治权力中心，被"礼乐征伐自诸侯出"的多元政治中心所取代。并列多元的政治格局的形成，必然导致称雄称霸的争斗局面，春秋五霸，战国七雄，就是多元政治中心的突出表现和斗争结果。

（4）礼乐制度的破坏。周礼的主要内容是亲亲尊尊，强调君臣之义，父子之亲。可是，春秋之世，竟然"臣弑其君者有之，子弑其父者有之"，僭越之事，层出不穷，非礼之举，屡见不鲜，篡夺之风，愈演愈烈。祭祖时用唱雍诗来撤除祭品，以周礼只有天子才能做，但鲁国三个卿大夫却俨然"以雍彻"；每列八人，合计六十四人的舞蹈，以周礼只有天子才能享用，然而鲁国的季氏公然"八佾舞于庭"；祭祀名山大川以周礼只有天子才有此资格，而鲁国季氏竟然"旅于泰山"。此外，齐国的田氏获取齐国的政权，鲁国的季叔氏、叔孙氏、孟孙氏瓜分了鲁国公室，违礼行为由等级秩序层次发展到了政治权力层次。因此，孔子当时哀叹"天下无道""礼崩乐坏"，司马迁后来记叙"孔子之时，周室微而礼乐废"（《史记·孔子世家》）。社会经济、政治制度的变化是阶级结构变化的结果，反过来，制度的变化又促使了阶级结构的变化。春秋战国之世，西周的奴隶主贵族阶级由于奴隶和平民的反抗斗争而受到了沉重打击。在激烈的阶级斗争中，贵族衰败，庶人大批迁升，原有的阶级发生了分化，于是产生了一个全新的地主阶级。这个阶级在土地私有制的基础上，进行权力的争夺和占有，成了新的统治阶级。而与地主阶级相对应，同时也出现了农民阶级。于是，原来由奴隶主贵族与奴隶、平民构成的结构，逐渐被地主和农民两个主要阶级构成的结构所代替。同时，随着商业和手工业的发展，还出现了相当多的工商业主和工民。春秋战国时期，阶级结构的另一个突出变化是士阶层的突起，这个士阶层中既有一部分是原来的旧贵族中的士，也有一部分是旧贵族中的统治者在社会动荡中下降为士，还有不少是平民、地主或其他小生产者上升为士。他们结合起来形成了一个士的群体，在社会上发挥着文化教育和建构思想理论的重大作用。阶级结构的变化直接影响着阶级斗争的形势。新旧贵族之间、贵族与平民之间、奴隶主贵族与新兴地主阶级之间、地主与农民之间、农业地主和工商业主之间都存在着矛盾和斗争。而依附于不同阶级或阶层的士则成为其代言人，成为各阶级进行思想斗争的主将。

由生产力发展而引起的经济、政治、阶级等方面的变化和矛盾斗争必然在思想观念特别是价值观念上反映出来。百家争鸣、处士横议、学派林立、学说论争就是社会大动荡、大变化的表现；天人之辨、群己之辨、义利之辨、德力之辨等，就是当时价值观念矛盾冲突的主要内容。西周时建构的以"礼乐"为形式，以"德"为内容的主导价值体系，在新的历史条件下解体了，而代之以五光十色、绚丽多彩、缤纷交织的多元价值世界。

（二）多元价值体系的建构

在激烈变革的历史舞台上，以崛起的士阶层为骨干，春秋战国兴起了诸子之学。他们各讲其学，相互诘难，演出了波诡云谲，光彩夺目的思想场面，在中国文化思想史上写下了光辉的篇章。西汉司马谈将"诸子"概括为阴阳、儒、墨、名、法、道德六家，论述了他们"所从言之异路"，后来刘歆又将诸子归纳为儒、墨、道、名、法、阴阳、农、纵横、杂、小说等十家，分析了他们"各引一端，崇其所善"的不同价值取向以及他们之间"相灭相生""相辅相成"的关系。无论是六家还是十家，诸子之学在哲学观点、价值观念、思维方式上确有差异则是符合事实的。从建构价值观念体系的标准来看，其中理论较为系统而影响又较为深远的，当是儒、墨、道、法四家。

1. 儒家的道德价值论

孔子及其所创立儒家学派，是西周礼乐文化和道德价值观的继承和发扬者。其学说从春秋末到战国末经孔子、孟子、荀子的建构和阐发，形成了较为完整的体系，孔、孟、荀三位大师，虽然在具体的价值观念上有分歧，但其基本的价值取向则是共同的。概括言之，儒家的价值取向是"仁义"道德，《吕氏春秋·不二篇》早就用"孔子贵仁"来表述儒家祖师的价值观。儒家的仁义道德价值观，突出表现在孔子"君子义以为上"（《论语·阳货》），"好仁者无以尚之"（《论语·里仁》）；孟子"何必曰利？亦有仁义而已矣"（《孟子·梁惠王上》），"仁也者人也"（《孟子·尽心下》）；和荀子"人有气、有生、有知，亦且有义，故最为天下贵也"（《荀子·王制》）等言论中。儒家之所以把仁义道德作为至高无上的价值，就在于在儒家看来：首先，仁义道德乃是人的本性，是人之所以为人的根本标志，是人之所以"为贵"的根据。用孔子的话说是"民之于仁也，甚于水火"（《论语·卫灵公》）；用孟子的话说是"仁，人之安宅也。义，人之正路也"（《孟子·离娄上》），"仁，人心也"（《孟子·告子上》）。其次，仁义道德乃是实现其他价值的基础、工具和手段。人如果具备了"仁者爱人"的崇高道德，不但可以形成一种宽阔、安定、和谐、愉悦的精神境界，所谓"仁者静""仁者乐""仁者不忧""仁必有勇""仁则荣""仁者安"，而且还可以以此为基点去求知、去审美、去为政、去结群，实现"以仁守智"的智慧价值、"里仁为美"的审美价值、"为政以德"的政治价值和"以义结群"的社会价值，所以，儒家认为仁义是高于一切价值的崇高价值。仁义价值取向，体现在理想人格的塑造和理想社会的设计上，就是"君子""圣人"

人格和"仁政""德治"的社会。

仁义既是崇高的价值目标，因之也是人们进行其他价值选择的唯一标准。孔子明确指出，在现实生活中进行价值选择必须坚持"义然后取"（《论语·宪问》）的根本原则。就是说，凡是符合仁义道德的就是有价值的，可以选取，否则就是无价值的，应该舍弃。"杀身成仁""舍生取义""见利思义""择善而从""唯义所在""持义不挠"等价值选择活动和方向，都是"义然后取"的具体贯彻。

"义以为上"的价值理想，究竟如何实现呢？孔子提出，它必须通过人自强不息地充分发挥其主体能动性去实现。他说："人能弘道，非道弘人"（《论语·卫灵公》）；又说："为仁由己，而由人乎哉？"（《论语·颜渊》）"我欲仁，斯仁至矣"（《论语·述而》）。他坚信，人人都有实现仁义道德价值的足够力量，"有能一日用其力于仁矣乎。我未见力不足者。"（《论语·里仁》）"人能弘道""我欲"则至、"由己"则成，"其力"足用，就是儒家关于价值实现的基本思想。这充分表现了儒家立足现实，积极努力，刚健有为，奋发进取的精神。

儒家的价值论就是由"义以为上"的价值取向论、"君子"人格和"仁政"社会的价值理想论、"义然后取"的价值选择论和"人能弘道"的价值实现论所构成的理论体系。这一体系显然是西周"敬德"价值观的进一步发展，它表明，儒家希望在"礼崩乐坏"的时代，恢复西周时期的价值精神，以此来拯救社会危机，重整价值秩序。

2. 墨家的功利价值论

墨家的创始人是墨翟，是小生产者的思想代表。他汲取了孔子的一些价值观念，也重视"义"的价值，但又纠正了儒家的唯仁义道德是取的偏颇，提出"兼相爱，交相利"的价值观。从表面上看，这一价值观包括贵义和崇利两个取向，但予以深究即可以看出墨家在义利兼取的观念中更重视功利的价值。不但在于他们赋予"义"以"利"的含义，明确指出"义可以利人"，故为"天下之良宝也"（《墨子·耕柱》）。甚至直接用"利"规定"义"，作出"义，利也"（《墨子·经上》）这种定义性判断，将"义"的价值归结为利益价值。而且，更重要的在于墨子反复申明他的一切主张和活动的最高宗旨是"必务求兴天下之利"（《墨子·兼爱下》）。所以《荀子·非十二子》用"上功用"描述墨家价值观的特征。

墨家之所以把"为功""利民"作为最高的价值取向，并非完全出于他们作为小生产者的朴素感情，而主要与他们对功利在社会诸价值中所处地位的认识有关。他们认为功利是其他一切价值的基础和核心。它制约着其他价值的存在及作用。

第一，对于人的生存来说，墨家认为，人类最根本的需要就是生存，而"衣食之利"乃是满足生存需要的首要条件，"民，生为甚欲"（《墨子·尚贤下》），"衣食者，人之生利也"（《墨子·节葬下》）。当社会上的物质财富能满足人们的生存所需时，人民就会"适身体，和肌肤"，"增气充虚，强体适腹"，使生命得以维持，使社会得以存在；反之，则"饥寒冻馁之忧至"。

第二，就仁义道德与利益的关系而言，墨家提出，利益是仁义道德的内在实质或核心内容，一切高尚道德必须以对他人或对社会有利为其准则，如果离开了"利人""利国家""利百姓""利天下"的内容，仁义就成了毫无意义的空言虚语。墨家崇尚"兼爱"，但不是仅将"兼爱"局限于道德感情层次，而是把"兼爱"和"交利"紧密结合，将"爱人"和"利人"同提并举，认为"爱、利不相为内、外"，道德和利益是融合一体的。这就克服了儒家离开利益价值谈道德，甚至将道德与利益对立起来的偏颇。

第三，对于治理国家来说，墨家认为，"富国利民"是"善政"的根本标志。如果某个国君和政权，它所进行的活动和采取的政策，能"上利乎天，中利乎鬼，下利乎人"，那么就是"圣王""善政"，反之，则是"暴王""恶政"。墨子反复指出"圣王为政"，"其兴利多矣"；"圣王之道，天下之大利也"（《墨子·节用上》）。

第四，墨子还提出，要把"中民之利"作为"言论"的价值标准。在墨子关于言论标准的"三表法"中，第三表即是"发以为刑政，观其中国家百姓人民之利"（《墨子·非命上》），意思是说，某种言论是否是真理，是否有价值，其判定标准是将它运用于政治活动，看它能否给国家、百姓、人民带来利益。凡是"中民之利"的，就是真理，就有价值；反之，则无价值可言。进而，墨子还主张用"中民之利"的标准对人们的言论进行选择，凡"动利"者"取之"，凡"动害"者"舍之"。

第五，在对人的行为评价上，墨家主张将动机和效果结合起来，进行评价，所谓"合志功而观焉"（《墨子·鲁问》）。在"志功"统一中，他特别强调要重视效果。他说，在"功皆未至"的时候，要看动机；而当其"功至"即效果已出现的情况下，则应主要以效果为标准作为评价，而效果的内涵依然是"万民被其利"。

由此看来，墨家通过"生"与"利"、"义"与"利"、"政"与"利"、"言"与"利"、"志"与"功"等价值关系的讨论，明确而系统地阐述了他们"为功""利民"的价值取向。

墨家的功利价值取向体现在理想人格的塑造上，就是崇尚"兼士"人格，这种人格最基本的特征是把"利人即为"作为人生的最高宗旨，并倡导一种"言必信""行必果""言行合"的求实精神；墨家的功利价值观表现在理想社会的设计上，就是追求一个奉行"兼爱交利"道德、实行"尚同"制度和"尚贤"政治、推行"尚质"文化的"尚同"社会。

墨家的功利价值取向直接决定了他们的价值选择原则。这一原则就是"利而取之""利中取大""害中取小"。墨子说，在进行价值选择的时候"吾将正求与天下之利而取之"（《墨子·兼爱下》）。《墨子·大取》说："利之中取大，非不得已也；害之中取小，不得已也。所未有而取焉，是利之中取大也；于所既有而弃焉，是害之中之取小也。"又说："害之中取小，非取害也，取利也。"可见，"利而取之"是最高宗旨，"利中取大"是优选原则，"害中取小"是代价原则。

与功利价值取向相适应，墨家提出了"赖力者生"的价值创造论，他们认为，天下的一切价值都是靠人的强力劳动创造的。"力"是创造经济价值的源泉，"赖其力者生，不赖其力者不生"（《墨子·非乐上》），强力劳动就可以创造物质财富，满足人们温饱、富裕的生存需要，而不强力劳动则必然"财用不足"；"力"是创造政治价值的基础，只要每一个从事治理国家的官员都努力工作，辛勤劳动，勤于政务，就会形成"富其国家，众其人民，治其刑政，定其社稷"的政治局面。墨子是中国历史上最早用劳动观点说明价值创造的思想家，他比孔子的"人能弘道"观念更深刻更具体地阐明了人在价值创造中的主体能动性问题。

墨家在建构其价值理论体系的过程中，对孔子所代表的儒家思想中的忽视功利价值的唯道德主义，束缚人的能动性的天命观残余和轻视体力劳动，过分讲究礼仪形式的贵族气味，进行了深入的批评。由此而拉开了战国时期百家争鸣的序幕。当然墨家的价值观也有自身的缺点，例如他们"尊天""事鬼"，过分强调简朴，轻视艺术审美价值等观念，都是不合时宜的。墨家是当时那些勤劳朴实、艰苦朴素、善良敦厚、乐于助人、勇于奉献的劳动者的价值观念的代言人。

3. 道家的自然价值论

以老、庄为代表的道家，既有哲人智慧又有诗人气质，他们以"冷眼向洋看世界"的清醒和"热风吹雨洒江天"的激情，关照社会，眷注人生，提出了以"自然无为"为核心的价值观念体系。道家认为，"自然无为"应是人生和社会最高的价值取向。所谓"自然无为"，指的是一种没有私求，对外界不妄加干预的处世态度；顺任自然，不强制自身的存在状态；自由自在，不受束缚的精神境界。这三层含义统一于"自然"。无私求、不妄作、不强制是顺应自然的状态和过程，而无束缚的自由则是顺应自然的结果。"自然"是指存在状态而言，"无为"是指主体态度而言，二者侧重不同，实质则一，"无为"即"自然"，"自然"

即"无为"。老子说:"人法地、地法天、天法道、道法自然。"(《道德经》道经第二十五章)这句话可视为道家价值论的总纲。

道家认为自然无为的态度、状态和境界对于人的生存和发展有着重要的意义,它既是高于其他一切价值的至上价值,也是实现其他一切价值的基础价值。其意义在于:

其一,自然无为可以"全生保身",维护人的生命价值。老子珍惜生命,但却反对对生命过分执着的"自贵""自重"态度,认为只有采取"后其身而身先,外其身而身存""以其不自生,故能长生"(《道德经》第七章)的自然无为方式,才能达到全生保身的目的。庄子把顺任自然、恬淡无为的养生之道概括为"为善无近名,为恶无近刑,缘督以为经,可以保身,可以全生,可以养亲(身),可以尽年"(《庄子·养生主》)。

其二,自然无为可以使人复归纯朴的本性,维护人性的本质状态。他们认为社会文明的发展,使贪欲、争夺、自私、欺诈愈演愈烈,人性已严重地异化,只有顺自然,行无为,人性才能"复归于朴"。庄子称之为"无为复朴"(《庄子·天地》)。

其三,自然无为是达到精神自由的途径和方式。老子说"无为而无不为"(《道德经》第三十七章),庄子说"逍遥乎无为之业"(《庄子·大宗师》),"无不为""逍遥"是自由,"无为"是自然,通过自然无为,就可以达到"物莫之伤""死生无变于己""登高不慄,入水不濡,入火不热""乘云气,御日月而游乎四海之外"这种绝对自由的精神境界。

其四,自然无为可以实现天下大治的政治价值。老、庄认为治理天下大治的基本原则是"无为而治",老子说:"为无为则无不治"(《道德经》第三章);庄子云:"顺物自然,而无容私焉,而天下治矣"(《庄子·应帝王》)。所谓"无为而治",就是坚守自然之道,不怀私欲,不用私智;顺应民性,不加干预,不加强制。亦即"处无为之事,行不言之教"(《道德经》第二章)。

自然无为的价值目标体现在人格上，是"至人"。"至人"的基本特征是以"法天贵真"为人生宗旨，以"无己无为"为处世态度，以"用心若镜"为认知方式，以"遗物离人"为独立意志，以"游心无穷"为精神境界。而这一切都体现着自然无为的精神。自然无为的价值目标扩展在社会上，是"至德之世"。"至德之世"是不需要政治、经济、军事机构的自然社会，是以朴素民性为基础的素朴社会，是没有贵贱、尊卑、主奴、智愚之别的平等社会，是不受任何社会规范束缚和制约的自由社会。而这些特征都是以自然无为为核心的。

道家以自然无为为目标和理想，因之，除自然无为具有价值以外，道家对现实社会生活中的具体事物有无价值，并没有固定的标准。老子和庄子，特别是庄子，对价值的评价和选择采取的是一种相对主义态度，认为价值和非价值，正价值与负价值，高价值与低价值并非天悬地隔，截然对立的东西，其区分只是相对的。所谓"以道观之，物无贵贱"（《庄子·秋水》）；"厉与西施，恢诡谲怪，道通为一"（《庄子·齐物论》）；"是亦彼也，彼亦是也；彼亦一是非，此亦一是非"（《庄子·齐物论》）。这种相对主义的价值评价和选择标准，诚然认识到了价值相对性和主体需要的相对性，但却会走向取消判断标准，甚至取消价值的地步，否定价值评价和选择在实际生活中的重要性。所以，具有严重的消极性。

道家对自然无为价值理想的实现途径也提出了自己不同凡响的观点。在他们看来，儒、墨、法诸家以及普通的人们，所追求的价值都是"有为"价值，是低层次的价值，严格说来都不是价值。而对"有为"的价值，当然只能通过"有为"的途径去创造、去争取、去追求。但是，对于"自然无为"的价值，则只能采取"自然无为"的态度和方式。于是，"自然无为"既是价值目标，也是价值实现的途径。老子把这种价值实现的方式概括为"为道日损"。他说："为学日益，为道日损。损之又损，以至于无为。无为而无不为。"（《道德经》第四十八章）就是说，要不断地去减少和磨损人们的私欲、私智，即"绝巧弃利""绝仁弃义"

"绝圣弃智",从而与大道合一,实现价值。这种价值实现论显然与儒家"人能弘道"、墨家"赖力者生"的观点是对立的,它既有超越世俗价值的批判精神,又有弱化人的主体能动性的严重缺陷。

道家的价值观,是作为儒、墨、法的对立面出现的,它反映的文化心态比较复杂。既喷发着强烈的批判精神,又表现着顺世随俗、不思进取的消极态度。因而,它对社会产生的作用也有着二重性。

4. 法家的权力价值论

法家是春秋战国时期新兴势力的思想代表,它是适应封建土地关系的产生发展和封建制度在各诸侯国的相继建立而兴起的。法家是一个实践性很强的学派,春秋时的管仲,战国时的李悝、吴起、商鞅、慎到、申不害、韩非,都程度不同、形式不一地参与了当时的变法活动。这些变法,虽然道路曲折,但却效果显著,对社会发展起了重大作用。法家思想虽与儒、墨、道、名等家有某种渊源关系,但其宗旨却大不相同。法家从人性本恶、世变道异、因时立法的观点出发,认为价值观念是随时代的发展、历史的演进而变化的,在他们所处的时代,应该重视实力价值。韩非说:"上古竞于道德,中世逐于智谋,当今争于气力。"(《韩非子·五蠹》)由于法家讨论价值问题,重在政治领域,所以实力价值的具体内涵即是君主权力。后世学者常用法、术、势来概括法家尤其是韩非的理论体系,一般地说,此看法无可非议。然而,就三者的关系来看,君主权力则处于中心地位,它决定和制约着法和术,法和术都为它服务,正如韩非所云:三者"皆帝王之具也"(《韩非子·宪法》)。因此,可以将法家的价值层次列为:君←势(权)←法←术。概括言之,可称为"权力价值系统"。

法家对君主权力价值的论述,在中国思想史上可以说是最为系统的。其要点是:(1)君主是人间的最高价值。他是天道的化身、百姓的救星、天地的匹配、国家的心脏;(2)权力是统治臣民,控制天下的资本和凭借。它是君主地位的保障,君主威严的基石和统治力量的源泉。所谓"势者，胜众之资也"（《韩非子·八经》）。（3）"法制"是治世的法宝，它的价值在于"公正""平直""齐一""明分"，即代表公众利益，体现平等原则，统一民众行为，划定权利界限。（4）"术数"是御臣的工具，是君主监督臣属的真实活动、考核官吏的才能和政绩，并据以对官吏进行选任、赏罚的基本方法。"君""势""法""术"四种价值要素在君主权力的基础上相统一，构成了一个完整的价值体系。

法家依据其权力、法治价值取向，塑造了"法术之士"的理想人格。以韩非所论，"法术之士"应该以"公义"为宗旨，"去私心行公义""去私行引公法"，全力维护君主所代表的利益和体现这种利益的法律；应该发扬"变古"精神，成为"变古"革新、"当时立法"的勇士；应该具有"远见而明察"的能力、"强毅而正直"的品质和"处实去华""名实俱至"的实干精神。这显然是与儒家道德型人格、墨家侠义型人格和道家隐士型人格不同的一种政法型人格。法家崇尚的社会理想是一种"法治"社会，这种社会的政治特征是中央集权君主专制主义；经济特征是以农业为本、以工商业为末的"农本"经济；文化格局是"以法为教，以吏为师"的"法吏"文化和"息文学而明法度"（《韩非子·八说》）的文化专制主义；社会生活原则是"缘道理而从事""行情实而去礼貌"，（《韩非子·解志》）即处实去华、好质恶文、任理少欲的生活方式。

功利是权力的基础和目标，法家依据君权至上的价值取向，提出了"功利尽举"的价值标准论和"尽力务功"的价值实现论。在价值标准上，他们把"功利"作为实行赏罚、评价言行、区分善恶和评价艺术的唯一的绝对的标准。凡是能满足其功利欲望，符合于功利要求的，他们才承认其有价值，否则，则无价值。这与墨家在"兼爱交利""义利兼顾"的统一中强调功利价值相比，乃是一种狭隘的功利主义。在价值实现上，法家强调和重视"实力"的作用，他们所说的"力"指的是物质性的"气力""勇力""功力"。在法家看来，人类生存需要的物质条件要靠"力"来创造，"事力而养足"；国家的富强不依德教而靠经济实力和军事实力,"能越力于地者富,能起力于地者强"(《韩非子·心度》);一切功利、功业要靠强力劳作才能实现,"人力尽而功名立"(《韩非子·用人》)。甚至认为道德目标也只能通过强力控制、强力制裁才能达到,所谓"德生于力"(《商君书·靳令》)。这种"尽力务功"的观点,虽然有强力治世、暴力御民的严重片面性,但其实力兴国、劳力致富、众力立功的思想都十分可贵,是对人的能动精神和社会物质力量的高度弘扬。

法家的价值观念,不及儒家宽厚,不及墨家公正,不及道家超脱;但却比儒家实际,比墨家开阔,比道家积极。在先秦诸子中,法家最具有开拓革新、积极进取和生气勃勃的精神,他们所设计的法治社会,尽管也有缺陷,但在当时历史条件下,比儒家的"德化仁政",墨家的"兼爱王国",道家的"自然乐园",都更有现实性和必然性,后来中国历史的发展也证明了这一点。

儒、墨、道、法的价值观体系,虽然还不足以呈现春秋战国时期价值世界的全貌,但却可以展示当时价值结构的主要格局,先秦时期的价值冲突,也主要是在儒、墨、道、法之间发生的。当然,各家内部的不同派别之间,大同中也有小异,认同中也有分歧。儒、墨、道、法所建构的价值理论体系,标志着中华民族价值理论的形成,奠定了中华文化价值观念的基础,其影响是极为深远的。

(三)价值取向的论辩

春秋战国的价值观念冲突主要是通过价值取向的争论表现出来的,从春秋后期以至战国末期,这种辩论一直激烈地进行着。价值观上的争辩与当时诸侯之间争霸、争雄斗争相辉映,共同构成了一幅"万鼓雷殷地,千旗火生风"的历史画面。诸子们争论的主要价值问题是:

1. 义利之辨

"义"就是道义,是道德规范和道德原则的总称,表示着道德价值、道义价值和精神文明价值；"利"就是功业、利益，是一切物质利益价值和实际功业价值的统称。义利之辨的中心问题是道德价值与物质利益价值何者更重要的问题，即何者对主体的生存和发展具有更根本的意义。春秋战国时期的义利之辨，可以概括为"重义轻利""崇利简义""义利兼重"和"义利双弃"四派观点。

儒家义利观的基本倾向是重义轻利。孔子虽然不完全否定"利"的价值，但主张"义以为上""见利思义""义然后取"，认为"义"的价值地位高于"利"，重于"利"。后来，孟子明确提出："何必曰利？亦有仁义而已矣"（《孟子·梁惠之上》），这就从重义轻利走向崇义非利了。战国后期的荀子基本上沿着孔子的思路论义利，并说得更为明确而全面。他认为："义与利者，人之所两有也。虽尧舜不能取民之好义，然而能使其欲利不克其好义也。虽桀纣亦不能去民之好义，然而能使其好义不胜其欲利也。"（《荀子·大略》）在"义利两有""利不能去""义不可克"的前提下，荀子主张"先义后利""重义轻利""以义胜利"。他说："先义而后利者荣"（《荀子·荣辱》），"重义轻利行显明"（《荀子·成相》），"义胜利者为治世"（《荀子·大略》）。可见，从孔子到荀子，先秦儒家在义利观上的基本观点是重义轻利，认为道德价值高于物质利益价值。

墨家不同意孔门儒家的义利观，他们认为义利应该兼重，应该统一。一方面，义利各有其自身的价值。"义"的价值在于治世，"天下有义则生，无义则死，有义则富，无义则贫，有义则治，无义则乱"（《墨子·天志上》）；"利"的价值在于为人类生存创造条件，为国家富强奠定基础，"国家富，财用足，百姓皆得暖衣饱食，便宁无忧"（《墨子·天志中》）。另一方面，义与利的价值是相互统一的。"义"可以端正到"利"的方向，统率"利"的价值，"义，正也"（《墨子·天志下》）；"利"能够充实"义"的内容，充当"义"的基础，"义可以利人"（《墨子·耕柱》）。由此，后期墨家明确地将二者统一于一个整体中，"义，利也""爱，利不相为内外""义利不义害"（《墨子·大取》）。墨家之所以主张义利统一,原因在于,他们所谓的"利"乃是公利即"天下、国家、百姓之利",这样,谋公利,即是行正义;行正义,亦即兴天下之利,正义与公利是完全统一的。墨家义利兼重、义利统一的观点,是针对儒家的重义轻利观念而发的。墨子在《非儒》篇中,尖锐地批评了孔子高谈"仁义"但却不"务兴天下之利"的言论,认为"其道不可以期世,其学不可以导众","则可以疑矣"!

　　法家对儒、墨两家的义利观都持批判的态度。韩非认为,儒、墨两家都谈"仁义"之价值,而不讲功利,是"邪之蠹也",应该"除之"。他们提出,在价值取向上应该"崇利简义",即"功利尽举""功用为的""不慕仁义"。其主要理由是,人们的价值观是随历史的发展而变化的,仁义道德虽然在古代有重要价值,但"当今"之世,是为财利而争夺的时代,再去崇尚仁义不但不合时宜,而且还有危害,所谓"仁义用于古,不用于今也"(《韩非子·五蠹》)。而且,从人的本性来看,法家认为人性好利,"安利者就之,危害者去之"(《韩非子·奸劫弑臣》),所以在价值选择上,"贵仁者寡,能义者难"(《韩非子·五蠹》)。总之,崇仁贵义既不合世情也违背人性,只有崇利简义才是正确的价值取向。进而,法家指出,无论对于国家而言,还是对于个人而言,功利都有益而仁义皆有害。对国家,若"计之长利"则能使"民用""官治""国富""霸业成",若"慕仁义"则"不能正国""不负于乱";对个人,若能尽力致功,功当其事,就能受奖赏,得官爵,享富贵,实现个人的价值;若崇尚仁义,就会使人"美仁义之名而不察其实",求虚誉之声而不事其力,懒于做事,惰于用力,"功臣惰其业""农夫惰于田","战士惰于阵",从而导致个人的价值失落。法家对功利价值的推崇,可以说在先秦诸子中无出其右,他们是中国古代最早的一批功利主义者,也是对道义价值批评得最严厉的学者,其产生的实际影响,在秦代可谓立竿见影。

　　如果说,儒墨法在如何对待义利价值上,虽有分歧,但还是各有所取的话,那么道家则立足于自然无为的价值立场,对义利一概加以排斥,完全否定二者的价值意义，明确提出了"绝仁弃义""绝巧弃利"（《老子》第十九章）的义利双弃论。他们认为义利不但不是价值，而且是一种负价值，因为义利与作为世界本原和价值源泉的天道是完全对立的，天道的本性是"无为"，而义利却是"有为"的产物，是"毁道德以为仁义"（《庄子·马蹄》）的结果；义利是人性异化的表现，人的本性是自然无为，素朴无欲的，而追求仁义道德和物质利益则源于人们的自私心和占有欲，突出表现了人性的异化；义利是历史倒退的产物，上古之世人们循天道，顺自然，既不受道德束缚，又不受财利引诱，后来由于历史倒退，人们背离了"大道"，才去追求义利，所谓"失道而后德，失德而后仁，失仁而后义"（《老子》第三十八章），"争归于利，不可止也"（《庄子·马蹄》）；义利是社会的祸害，社会上一切争夺残杀、欺诈虚伪、战乱动荡、犯罪堕落，莫不是追求利益而引起的，也莫不是打着仁义的招牌而进行的，既然如此，就必须"绝仁弃义""绝巧弃利"，只有如此才能顺应天道，复归人性，返回至德之世，消除人间祸害。

春秋战国时代的义利之辨主要是在儒墨之间、儒法之间进行的，在墨法之间也存在着义利之辨的内容，而道家的义利双弃论则是对儒、墨、法的全面批判。或者说儒与道、墨与道、法与道之间，都存在着义利观的冲突。

2. 德力之辨

德力是标志道德价值和实力价值的一对范畴，在个人，它表现为道德品质与气力、能力的关系；在社会，它表现为道德教化与经济实力、强权实力、军事实力的关系。当德力相对并列时，二者往往表示实现某种目标的工具价值。在春秋战国时期，德力问题大都和义利、王霸结合进行。先秦时期的德力之辨，既在学派之间展开，也在学派内部进行，在儒家内部，对德力价值的看法也不一致。

孔子是德力问题的最早提出者，也是尚德轻力论的倡导者。他说："骥不称其力，称其德也"（《论语·宪问》）。意思是说，称赞千里马，并非赞美它的气力,而是赞美它的品德。这句比喻性的话,后来成为儒家尚德轻力的观点渊源。当然,孔子的德力观并非仅仅以此为据,他的"崇德""尚德"和"轻力"观念,在《论语》中随处可见。例如,在个人修养上,他强调"据于德,依于仁";在人格评价上,他认为"君子怀德";在政治原则上,他主张"为政以德";在社会理想上,他期望"民德归厚"。而对于"力",孔子虽然也肯定其价值,但认为无论是行政权力,法制强力,个人勇力,军事武力,其价值都在道德之下。孟子继承发展了孔子的重德轻力观,着重从政治领域讨论德力价值。他认为德和力分别是实行王道政治和霸道政治的工具和手段。他说:"以力假仁者霸,……以德引仁者王"(《孟子·公孙丑上》)。孟子提倡王道,反对霸道,于是将德与力对立起来,尚德而非力。

和孔、孟儒学尚德轻力观念相反,以商鞅、韩非为代表的法家却主张"务力废德"。韩非认为"古人呕于德","当今争于力"(《韩非子·八说》),尚德与尚力两种价值取向,表现了古今之别,时代之异。时处当今之世,依然崇尚德的价值,违背了历史趋势,不符合时代要求。因此,务力废德是历史的必然。韩非高度评价了"力"(包括经济实力、军事武力、政治权力、法治威力、刑罚暴力、君主势力、个人能力等)的价值,并竭力贬低"德"的意义,他指出:对于国家的富强来说,"能越力于地者富,能起力于敌者强"(《韩非子·心度》),"国力多,而天下莫之能侵也"(《韩非子·饰令》);对于国家的治理来说,"明仁义爱惠之不足用,而严刑重罚之可以治国也"(《韩非子·奸劫弑臣》);对于个人的价值实现来说,"人力尽而功名立"(《韩非子·用人》),"好力者其爵贵"(《韩非子·心度》)。若"务以仁义"之德,就不可能"有富之宝","有贵之尊"。他还尖锐地批判了儒家尚德轻力而造成的国家弱、衰、乱的恶果,说"成欢以太仁弱齐国,卜皮以慈惠亡魏王","偃王仁义而徐亡,子贡辩智而鲁削","慕仁义而弱乱者,三晋也,不慕仁义而治强者,秦也。"(《韩非子·内储说上》)可见,法家的务力废德论是针对儒家的崇德非力论而发的。

然而，并非所有的儒家学者都持崇德非力之说，先秦儒家的殿军、法家韩非和李斯的老师荀子，在德力观上却独树一帜。他既不像孔、孟那样偏颇，也不像商、韩那样极端。在伦理价值上，他奉行重德轻力，略同于孔、孟，认为"君子以德，小人以力。力者，德之役也"（《荀子·富国》）。以君子、小人的社会等级来区别德、力的价值的高低层次。可是在政治价值上，他却主张"全力凝德"，王、霸并用。"全其力，凝其德。力全则诸侯不能弱也，德凝则诸侯不能削也"（《荀子·王制》）。他说，王霸是两种各具特征的政治模式和政治路线，王道以礼义道德为最高宗旨，而霸道则不废道德但更重视强力，所谓"粹而王，驳而霸"（《荀子·强国》）。把德力混杂、义利交用作为霸道的特征。虽然在荀子看来霸不如王，但他认为王、霸皆有其自身的价值，他说"隆礼尊贤而王，重德爱民而霸"（《荀子·大略》）；"王者富民，霸者富土"（《荀子·王制》）；"义立而王，信立而霸"（《荀子·王霸》）。所以，他不主张像孟子那样尊王抑霸。荀子的德力观，虽然仍然保持着德高于力的儒家精神，但却较明确地肯定了力的价值，这在先秦德力观中十分值得珍视。

虽然在儒家内部也存在着德力之辨，但先秦时期的德力之辨主要是儒法之争。这是因为，儒法分别代表着保守与革新两种社会势力，作为新兴地主阶级的法家要进行变法，要富国强兵，要强化权力和法制，就必然崇尚物质力量，依靠物质力量，同当时的保守势力进行斗争。所以，春秋战国时的德力之辨，是价值观念的冲突和不同政治立场的社会集团之间的冲突。

3. 群己之辨

群己问题是指社会价值和个体价值的关系问题。它主要包括社会群体利益与个人利益，社会群体共性与个体特性两重关系。群与己在处世态度上也可以表述为"兼"与"独"，因为重群体价值则会兼利天下，重个体价值则求独善其身。春秋战国时期的群己之辨，主要存在于儒、墨、法与道家之间，儒、墨、法都从不同角度，在不同程度上重视群体价值，而道家则"贵己""贵独"，崇尚个体价值。

儒家孔、孟、荀在群己价值上的观点基本是一致的，一方面他们都肯定个体价值，甚至重视个体价值；另一方面却一致认为群体价值高于个体价值，主张个体要服从群体。孔子认为，应该尊重个人意志的独立性，推崇个体人格的尊严性，他说："三军可夺帅也，匹夫不可夺志也。"（《论语·子罕》），"为仁由己，而由人乎哉？"（《论语·颜渊》）而且，越是在险恶严峻的环境里，越能显示个体特立人格的光辉，"岁寒，然后知松柏之后凋也"（《论语·子罕》）。当"天下无道"时，宁保持其独立人格，也绝不随波逐流，同流合污，所谓"天下有道则见，无道则隐"（《论语·泰伯》），"道不行，乘桴浮于海"（《论语·公冶长》）。然而，就个体与群体的价值比值而言，孔子认为群体高于个体，人应该兼善天下，努力维护社会群体的利益和尊严，用"仁""礼""忠""孝""悌""敬""信"等道德规范约束自己，做到"仁以为己任""克己复礼""己所不欲、勿施于人""己欲立而立人，己欲达而达人"，甚至在必要时候"杀身成仁"。以此来承担为群体服务的责任，实现"修己以安人"的崇高理想。孟子比孔子更重视个体价值，他认为每个人都有自身的崇高价值，即"人人有贵于己者"（《孟子·告子上》）。由承认个体的价值出发，孟子主张培养个人的"至大至刚"的"浩然正气"，使自己成为一个有独立人格的"大丈夫"，他说："居天下之广居，立天下之正位，行天下之大道；得志，与民由之，不得志，独行其道。富贵不能淫，贫贱不能移，威武不能屈；此之为大丈夫。"（《孟子·滕文公下》）孟子还坚信"人皆可以成尧舜"。然而，孟子对群体价值似更为尊重，他以"老吾老以及人之老，幼吾幼以及人之幼"的"仁政"为自己的崇高理想，要人们"善与人同，舍己从人"，主张"兼善天下"的人生态度。可见，孟子的观念是在重群的前提下，坚持"为群"和"贵己"统一，"兼善"与"独善"并举，概括言之，就是"得志泽加于民，不得志修身见于世。穷则独善其身，达则兼善天下。"（《孟子·尽心上》），荀子对群体价值的论述更为充分明确，他把"人能群"作为人与动物区别的重要标志，作为人之所以"可贵"的根据，由此而提出了"明分使群""善群则生""善群则和"和"群居和一"等一系列贵群观念。高度肯定了社会群体的价值。同时，荀子也主张尊重个体，他说，"重己役物""正己不倾""独立不畏"乃是每一个体的价值所在，如何使个体有价值，完全取决于自己，"君子能为可贵，不能使人必贵己；能为可信，不能使人必信己；能为可用，不能使人必用己"（《孟子·非十二子》）。可见，荀子也是"贵群"和"贵己"统一论者。

如果说，儒家在群己价值关系上，着眼于在"贵群"前提下，实现"贵群"与"贵己"的统一的话，墨、法和道家则各执其一端而"贵"之。墨家倡"兼爱"，主"尚同"，道德上提出"兼以易别"，政治上追求"同以去异"。"兼""同"是保障群体价值的重要条件，为了保障它的实现，墨子竭力反对重"吾身"的"别"和重独立的"异"，用群体的整体价值湮没了个体价值。法家倡"壹权"，主"齐一"，大力申说"用一之道"，主张："一民之轨"，希望通过"一政""一法"的法治，达到"万民一从""一国使齐"的高度统一。这就在群体整体价值的规范下，使"个人之个性为国家吞灭净"①。道家与法家、墨家正好相反，高扬个体之价值，甚至将个体价值置于群体之上。老子反复声明"我独异于人"，说"众人熙熙"，"我独泊兮"；"俗人昭昭，我独昏昏"；"俗人察察，我独闷闷"；"众人皆有余，而我独若遗"；"众人皆有从，而我独顽且鄙"（《庄子》第二十章）。庄子说："出入六合，游乎九州，独往独来，是谓独有，独有之人，是谓至贵。"（《庄子·在宥》）这些"独"字，充分表现了道家尊重个性，尊重个体独立的价值取向。"独有之人，是谓至贵"可以作为道家对群己价值的宣言。《吕氏春秋·不二篇》云："阳子贵己"。《汉书·艺文志》论道曰："清虚以自守，卑弱以自持"。"阳子"即先秦道家杨朱，"贵己""自守""自持"，可谓是对道家重视个体价值的准确概括。

---

① （清）梁启超：《先秦政治思想史》，东方出版社1996年版，第236页。

春秋战国时期的群己之辨，蕴含的内容相当丰富，在道德上关系到公私问题，在社会生活中关系到规范与自由的关系问题，在法律上关系到权利与义务的关系问题，在政治上关系到集中与分散的关系问题。所以，它是一个可以引申出许多价值问题的范畴。对中华民族的价值观念的影响也是多方面的。

4. 天人之辨

天人之辨在价值观上包括两个层次的问题：一是重自然（天）与重人为（人）的争辩；二是"天人合一"与"天人相分"的争辩。在第二层意义上它实质是人与自然之间应该建立什么样的关系才有价值的问题。

（1）"无为"与"有为"的争辩。

关于重自然无为还是重人的有为的争辩，在春秋战国时主要表现为道家与儒、墨、法的争辩。

道家崇尚自然无为，他们认为自然无为乃是天的存在方式或是天的存在状态，也是作为宇宙本原的"道"的根本特性。老子云："道法自然"（《道德经》第二十五章），"道常无为"（《道德经》第三十七章）；庄子曰："无为而尊者，天道也"（《庄子·在宥》）。而"有为"乃是人的一种处世态度和方式，"有为而累者，人道也"（《庄子·在宥》）。天与人的对立就是无为与有为的对立。道家主张，人要达到绝对自由境界，实现崇高的价值理想，应该舍有为而为无为，即舍人任天，"天而不人"（《庄子·列御寇》）。老子要人"处无为之事""行不言之教"。庄子也反复赞颂"无为"的优越性，"无为为之之谓天"，"无为言之之谓德"，"无为而万物化"，"无为也则用天下而有余"（《庄子·天地》）。这种崇无为而弃有为，重天舍人的价值观念，固然包含着顺应自然法则、反对任意妄为的合理性，但却忽视了人的主体能动作用，庄子明确反对以人助天的能动性，"不以心损道，不以人助天，是之谓真人"（《庄子·大宗师》），"无以人灭天，无以故灭命，无以得殉名。谨守而勿失，是之谓返其真"（《庄子·秋水》）。正是在这一点上，荀子批评道家"蔽于天而不知人"（《荀子·解蔽》）。

儒、墨、法对于在无为与有为的意义上评价天、人，其观点与道家是对立的。他们共同的看法是应该弘扬人的主体能动性，行积极有为之道，与天地参，辅助和改造自然，以满足人的需要，实现人的各种价值目标。儒家尽管有"死生有命，富贵在天"的天命观残余，但却不依赖于天命的恩赐，认为"人能弘道"，主张"自强不息"，倡导通过主观努力，养成"君子"人格，建成"德政"社会。墨子尖锐批评天命论，主张"非命"，认为生产劳动是人类区别于自然的标志，也是人类生存的基础，提出"赖其力者生"的光辉命题，以"力"与"命"相对立。法家虽然接受了道家尊道循理的观念，主张按客观规律办事，但并不以规律（"道""理"）束缚人、限制人，而是相信人能认识规律、驾驭规律，充分肯定了人的能动性，高度赞扬人的能动精神，倡导"尽力务功"的人生态度，弘扬建功立业的人生价值。儒家的"人能弘道"，墨家的"赖力者生"，法家的"尽力务功"，都是崇"有为"而黜"无为"的价值取向，体现了"人与天地参"的精神，与道家特别是庄子"天而不人"的观念相去甚远。由此可见，以"无为"与"有为"为内容的"天人之辨"，主要是关于采取什么样的人生态度才有价值的辩论，这种争辩主要在儒、道之间展开，同时也是墨与道、法与道价值冲突的内容之一。

（2）"天人合一"与"天人相分"的争辩。

关于"天人合一"与"天人相分"的争论，在先秦主要出现在儒家荀子与孔、孟、老、庄之间。尽管孔、孟、老、庄对天人合一的理解并不相同，故他们之间也有争论，但他们都是天人合一论者，而荀子则是中国古代天人相分思想最早的系统阐发者。

孔子从人本学立场出发，认为天与人是相通的。一方面，天赋人以德，所谓"天生德于予""天之未丧斯文也"。另一方面，人应该"知天""则天"，所谓"五十而知天命"，"唯天为大，唯尧则之"。论述虽不系统，但天人合一的观念却很鲜明。这显然是对西周时期"以德配天"观念的继承,其特点是以"德"为天人合一的中介。孟子在继承孔子仁学思想的基础上,第一次提出了"尽其心者,知其性也;知其性,则知天矣"(《孟子·尽心上》)的"天人合一"说。在此基点上,他还提出了"存心养性事天"(《孟子·尽心上》)的主张。孟子认为人性是善的,其内容是"仁、义、礼、智"四端,要使这四端形成完美的善德,就必须认识到善德既具有人性的先验性,又具有天道的必然性,从而自觉地培养和发展善德,达到与天合一的境界。可见,天人合一的基础是仁义礼智四德,而天人合一的境界是实现善德的完美。可见,孟子也是以"德"作为天人合一中介的,但比孔子深入了一步,即将"德"人性化。与孟子的人性天道同一说相近,《中庸》提出"天命之谓性,率性之谓道,修道之谓教。""唯天下之至诚,为能尽其性;能尽其性,则能尽人之性;能尽人之性,则能尽物之性;能尽物之性,则可以赞天地之化育;可以赞天地之化育,则可以与天地参矣。"又说:"诚者天之道也,诚之者人之道也。"《中庸》的"尽性参天"说所包含的价值内容比孟子更为丰富,它不但以"诚"作为尽性的基础,作为天人合一的中介,更重要的是在"诚"的基础上高扬了"人与天地参"的主体精神。战国时期儒家学者所撰的《易传》,进一步沿着弘扬主体精神的思路前进,提出了"夫大人者,与天地合其德,与日月合其明,与四时合其序,与鬼神合其吉凶。先天而天弗违,后天而奉天时。天且弗违,而况于人乎?况于鬼神乎?"(《周易·文言传》)这里的"德",与孟子的善(仁义)和《中庸》的"诚"相比,含义更为丰富,天地之德就是生生不息地生长发展万物,日新月异地使世界不断更新,《周易·系辞》云:"天地之大德曰生";又云:"日新之谓盛德。""生"和"新"就是天人合一的价值内涵,其在人生价值上的表现就是提高道德、建功立业,"盛德大业至矣哉"。由此看来,春秋战国时儒家的天人合一价值观念中的具体内涵是"德""善""诚""生""新",表现了一种积极的道德精神和能动精神,所以儒家追求人与自然和谐统一的关系(天人合一),反对主、客对立的思路,并没有取消人的主体性,反而是对"人与天地参"

的主体性的充分肯定和积极弘扬。当然，这种观念的形成，从春秋末期（孔子）到战国晚期（《易传》），有一个日渐丰富和发展的历史过程。

道家的天人合一观念与儒家大异其趣。他们所主张的天人合一，实质上是"与天为一"（《庄子·达生》）、"人与天一"《庄子·山木》。所谓"人与天一"就是彻底消除天与人的对立，而实现天与人的绝对同一。即使人的生存方式和活动方式与天的存在状态、运行法则相一致，所谓"天地与我并生，而万物与我为一"（《庄子·齐物论》）。道家认为，只有"与天为一"，人才能摆脱社会经济、政治、军事、文化的枷锁，突破利益、技术、道德、知识的束缚，而进入自由、平等、愉悦的理想境界，"大泽焚而不能热，河汉沍而不能寒，疾雷破山，飘风振海而不能惊"（《齐物论》），"生死无变于己"，"物物而不物于物"。这当然是一种最有价值的境界。那么，如何达到这一境界呢？道家认为，"天而不人"即"自然无为"是实现"与天为一"的根本条件和最佳途径。在道家看来，道的法则是"自然"，天的本性是"自然"，人的本性也是"自然"，老子说："人法地，地法天，天法道，道法自然。"（《道德经》第二十五章）"自然"是人、地、天、道的共同法则，因之，也是天人合一的中介。可见，道家天人合一的内涵是自然。

如果说儒家的天人合一的思维方式是把天合于人，即使天具有与人相同的仁义道德；那么，道家天人合一的运思路径是把人合于天，即使人具有与天同一的自然特性。不同的运思路径，表达了不同的致思趋向、价值追求，儒家要通过天人合一弘扬道德价值，道家要沿着天人合一达到自然境界。不同的致思趋向，体现着不同的主体精神，儒家积极有为，与天地参；道家消极无为，与天地一。与天地参，则要求人发挥能动性；与天地一，则启示人重视规律性。

荀子是儒家大师之一，可是在天人关系上他却与孔、孟的价值意识不同。他是中国思想史上，最早明确而系统地论述"明于天人之分"的哲人。荀子的"天人之分"论，包括本体论、价值论两个层次。在本体论层次上，他指出"天行有常""天有常道""地有常数"（《天论》），即天地运行是不依人的主观意志为转移的客观物质过程。关于这一点，已被中国哲学史著作讨论较多，本书存而不论。这里着重阐述荀子"天人之分"论的价值观意义。在这一层次上，荀子提出的基本观点是人应该"明于天人之分"；应该"制天命而用之"（《天论》），即明确认识天人的不同职分，充分发挥人的能动性，利用规律，改造自然，治理社会。他认为，形成这种天人关系具有十分重要的价值。其根本价值在于，能真正确立人的主体地位，高度施展人的主体能动性。在天人相分的关系中，天职与人职界限分明，人就会明白哪些事人能做、应做，哪些事人不能做、不应做。从而，去利用天地，驱使万物，人的主体地位就会在宇宙间真正得到确立，"如是，则知其所为，知其所不为矣，则天地官而万物役矣"（《天论》）。在主体地位真正确立的基础上，人就能正确地发挥能动作用，"不与天争职"；靠自己的力量去创造生存条件，"强本而节用，则天不能贫；养备而动时，则天不能病；循道而不贰，则天不能祸"（《天论》）；不靠天赋，全靠自己的主观努力去实现完美人格，"君子敬其在己者而不慕其在天者"（《天论》）。总之，"明于天人之分，则可谓至人矣"（《天论》）。

荀子依据他对"天人之分"这种价值关系的看法，深刻地批评了孟子和庄子推崇天、赞颂天、期待天，放弃人的天人合一观念。他认为孟、庄所建构的乃是天与人的非价值关系，与"天人相分"的价值观相比，其错误和局限性是显然易见的，"大天而思之，孰与物畜而制之！从天而颂之，孰与制天命而用之！忘时而待之，孰与应时而使之！因物而多之，孰与骋能而化之！思物而物之，孰与理物而勿失之也。愿于物之所以生，孰与有物之所以成！故错人而思天，则失万物之情"（《天论》）。显然，荀子认为，孟、庄"思天""颂天""待时"的天人观是一种否定人的能动性（"错人"）的观点，它远不及"骋能""制天""理物""应时"的天人观合理和优越。

荀子"天人之分"的价值观，在先秦哲学中独放异彩，它触及了孟子"知性知天"特别是庄子"人与天一"的"天人合一"观念的要害，然而荀子并没有提出实现"骋能""制天""理物""以治"这种价值的科学方法，甚至提出"唯圣人为不求知天"（《天论》）的错误看法，这显然是将"天人相分"绝对化了。他批评了庄子"不知人"的片面性，而自己又染上了"不知天"的片面性，虽然瑕不掩瑜，但终归美中不足。

（四）人道的升值

春秋战国时期的价值取向不一，儒家崇道德，墨家尚功利，道家法自然，法家重权力，他们在义利、德力、群己、天人等问题上展开了激烈的争论。然而，当时的价值冲突，却并非如《庄子·天下篇》所云："贤圣不明，道德不一"，"皆有所明，不能相通"，"百家往而不返"。而是矛盾中有统一，争辩中有贯通，冲突中有共识。这贯穿于百家之学中的共同趋向就是人道的升值。义、利、德、力、群、己、天、人都是主体整体需要的各个侧面的对象化，都是环绕着人这个主体中心而展开的价值维度，这些价值类型的共同的归宿点就在于提升人道的价值。"人道"实质上就是人的价值，"人道"的升值即"人的价值"的升值。之所以用"人道"这个概念，是因为在先秦哲学中"人道"一词含有人应该遵守的社会规范的含义，而人应该遵守的社会规范即人的价值具体化。例如，《礼记·丧服四制》："恩者仁也，理者义也，节者礼也，权者智也。仁义礼智，人道具矣。"就是说，仁义礼智乃是人的价值的全部内容，是人的价值之所在。在春秋战国时期的哲学中，诸子百家的共同价值趋向就是人道的升值，即提高人的价值。在孔子儒学形成之前，许多智者就展开了对宗教天命观的批判，关注人事、重视人的价值，形成了一股思想解放潮流。这股潮流，既是对西周时期"敬德保民"的价值观念的进一步发展，又是对百家争鸣时代人道升值思潮的推动。例如，公元前706年，隋国的季梁说："夫民，神之主也。是以先王先成民，而后致力于神。"（《左传·桓公六年》）公元前662年，虢国的史嚚说：

"国将兴,听于民;将亡,听于神。神,聪明正直而壹者也,依人而行"。(《左传·庄公三十二年》)他们虽然没有否定神的存在,但已明确地颠倒了神与人的价值地位,置人的价值于天(神)之上。稍后,周内史叔兴在公元前645年,解释宋国陨石降落、六鹢退飞时明确指出,这种奇异的自然现象"是阴阳之事",与人事无关,人事的"吉凶由人"。鲁大夫臧文仲在公元前639年,反对鲁僖公打算烧死活人以祭天求雨时说,这种祭天的行为并不能消除旱灾,只有发动人力修理城郭、增产节约才是抗旱的正确途径。叔兴、臧文仲已经把实现价值目标("取吉""抗旱")的主体完全转移到了人的身上。值得注意的是,季梁"民为神主"、史嚚"国兴在民"、叔兴"吉凶由人"和臧文仲"旱备在人"的重人观念,都是在同尊崇天命的迷信观念的斗争中提出的,这说明"人道"的升值也是春秋时期价值冲突的核心内容。

时至春秋末和战国时期,提升人的价值的观念更加活跃,理论也更为系统。儒、墨、道、法四家,都着眼于人的升值,但是对如何提升人的价值,以什么为基点确立人在宇宙中的崇高价值地位,各派学者,视角各异,于是形成了几种不同的人道升值论:

1. 以仁义立人的儒家

孔子虽然承认天命,相信天命,认为"道之将行也与,命也;将废也与,命也。"(《论语·宪问》)"获罪于天,无所祷也。"(《论语·八佾》)并要求人们"知天命""畏天命",甚至自诩"天生德于予"(《论语·卫灵公》),"天之未丧斯文也"(《论语·子罕》)。并自称"五十而知天命"(《论语·为政》)。但是,从整个思想倾向来看,孔子并不着重于对天命神灵的依赖,他"不语怪力乱神",要人们"敬鬼神而远之",引导人们关心现实的人间生活,说"未知生,焉知死";"未能事人,焉能事鬼",表现了鲜明的重人意识。《论语·乡党》载:一次马厩失火,孔子退朝归来,急问"伤人乎?"不问马,极其关怀人的生命价值。不但如此,孔子还提出了"天地之性(生)人为贵"(《论语·孝经》)的光辉命题。

"亚圣"孟子也承认天命，说"莫之为而为之者，天也；莫之致而致之者，命也"（《孟子·万章上》）。但是孟子从性善论出发，认为人人都生而具有善性，因而"人人有贵于己者"。他不但重视个人的独立的人格价值，而且特别重视民在国家政治生活中的作用，提出了"民为贵，社稷次之，君为轻"（《孟子·尽心下》）这一蕴含着民本精神的光辉思想，影响极为深远。

在先秦儒家中，荀子否定天命观的思想最为鲜明。他认为天是自然现象，并无神秘意志，不值得"大天而思之""从天而颂之"。进而，明确提出人"最为天下贵也"（《荀子·王制》）。

可见，孔、孟、荀都认为"人贵"，都明确肯定人的宝贵价值。那么，儒家确立和提高人的价值的支点是什么呢？《周易·说卦》："立人之道曰仁与义"最能概括地表述儒家的人道升值论。意思是说，仁义道德是确立和提升人道即人的价值的轴心和支点，或者说，人的根本价值在于仁义道德。儒家之所以"以仁义立人"，原因在于，在儒家看来，第一，仁义是人与万物区别的标志。孔子说，人和犬马对其父母"皆能有养"，由此不能区别人与动物，人与动物的区别在于人对父母不但有养之能，而且有"敬"之德，这"敬"之德正是动物所不具备的。荀子明确地以"义"作为人与万物区别的标志，并进而以此为人的价值依据。"水火有气而无生，草木有生而无知，禽兽有知而无义，人有气有生有知，亦且有义，故最为天下贵也。"（《荀子·王制》）第二，仁义是人的共同心理。孟子说："心之所同然者何也？谓理也义也。圣人先得我心之所同然耳。"（《孟子·告子上》）又说："恻隐之心，人皆有之，羞恶之心，人皆有之，恭敬之心，人皆有之，是非之心，人皆有之。恻隐之心，仁也；羞恶之心，义也；恭敬之心，礼也；是非之心，智也。"（《孟子·告子上》）"虽存乎人者，岂无仁义之心哉。"（《孟子·告子上》）这是从仁义是人人具有的共性这一角度，说明仁义立人的意义。第三，仁义是人的"安身立命"之所，即是人的精神家园。孟子曰："仁，人心也。"（《孟子·告子上》）又曰："仁，人之安宅也。义，人之正路也。旷安宅而弗居，舍正路而不由。哀哉！"（《孟子·离娄上》）仁义就是人的心灵意境、精神境界和生存方式，离开了这一安身立命之所，人就处于失去精神家园的悲哀境地。第四，仁义是人的本质规定。孔子说："仁者，人也"（《论语·中庸》）；孟子也说："仁也者，人也"（《孟子·尽心下》）"仁，人心也"（《孟子·告子上》）。把仁视为人本身，视为人心本身，以"仁"等于"人"的等式，表明仁是人的根本价值所在。儒家的上述理论观点明确地告诉人们，人是"仁义"的载体，"仁义"是人的本质，人在宇宙中的价值地位就是靠仁义道德支撑的，离开了仁义道德，人的价值大厦就会崩坍。正由于儒家主张"立人之道曰仁与义"，所以他们反复要求人们"居仁由义""克己复礼为仁"，甚至要人们去"杀身成仁"，"舍生取义"。认为仁义对于人来说，比生命还要宝贵，"民之于仁也，甚于水火"（《论语·卫灵公》）。希望通过人人养成崇高的仁义道德，以提高人的价值。

2. 以劳力生人的墨家

墨家一方面承认"天志"，一方面又否定"天命"；一方面"敬天""明鬼"；一方面又"尚功""崇力"。这种矛盾观念，是由墨家处于小生产者的社会地位而决定的。小生产者是劳动者，他们相信劳动的力量，赞扬劳动的伟大，同时他们又深感在社会的汪洋大海之中势单力薄，特别是在争斗激烈、群雄蜂起的大动荡时代，更觉得生计艰难，力不从心。于是，在相信勤劳维生的同时，也希望有超人间的力量（"天志"）来作自己的坚强后盾，作自身利益的保护者。但是，从总的思想倾向来看，墨家也是着力于人的价值的提升，也是以人道的升值为立论主旨的。

墨家提升人的价值，凝结在其"赖其力者生，不赖其力者不生"的命题中。"力"指劳动，主要是生产劳动；"生"指生存、生活，着重指人的物质生活条件。墨子认为，劳动是人与动物区别的标志，是人类的特点。动物完全靠大自然所赋予的形体和本能进行活动，依靠利用现成的自然条件维持生存，而人则要依靠自身的强力劳动维持生存，进行生活。"今之禽兽，麋鹿、飞鸟、贞虫，因其羽毛以为衣裘，因其蹄爪以为绔屦，因其水草以为饮食，故虽使雄不耕稼树艺，雌亦不纺绩织纴，衣食之财，固已具矣。今人与此异者也，赖其力者生，不赖其力者不生。"（《墨子·非乐上》）

依靠强力劳动维护生存，是人异于动物的特点，因而也是人的价值所在，是提高人的价值地位的根本途径。首先，墨子指出，"力"可以创造丰富的物质财富，特别是粮食和衣物，为人类提供充足的物质生活条件。从而克服饥寒冻馁对人的生命的威胁。"强必富，不强必贫；强必饱，不强必饥"；"强必暖，不强必寒"（《墨子·非命下》），"贱人不强从事，即财用不足"（《墨子·非乐上》）。如果农夫辛勤劳动，"早出暮入，耕稼树艺"，那就会"多聚菽粟"；如果妇女辛勤劳动，"夙兴夜寐，纺绩织纴"，那就能"多治麻丝"。总之，"以时生财，固本而用财，则财用足"（《墨子·七患》）。其次，墨子认为，"力"可以提高人的社会地位，给个人带来荣耀，即促使个人价值的实现。他说，对于每个人来说，劳动都是确立自身价值的基础，"强必贵，不强必贱；""强必荣，不强必辱"（《墨子·尚同中》）。最后，墨子提出，"力"也是提升人类社会秩序价值和国家政治价值的杠杆。从历史经验看，"天下之治也，汤武之力也"（《墨子·非命下》）；从现实社会看，"强必治，不强必乱；强必宁，不强必危"（《墨子·尚同中》）；只有靠社会各级管理者强力劳作，"王公大人，早朝晏退，听狱治政"，"士君子竭股肱之力，亶其思虑之智，内治官府，外收敛关市山林泽梁之利"（《墨子·非乐上》），那就能"富其国家，众其人民，治其刑政，定其社稷"（《墨子·尚同上》）。总之，在墨家看来，人的生存荣通，社会的安宁，政治的优化，都必须通过强力劳动才能实现。

为此，墨子要求人们"强力"劳动，反对"贪于饮食，惰于作务"的懒人哲学；批判"立命怠事"的命定思想。他说，懒惰作风只会导致人的价值失落，天命迷信必然动摇人的价值支柱。人的一切价值的提升，"天下皆曰其力也，也不能曰我见命焉"（《墨子·非命中》）。墨子"以力生人"的观点，今天看来，还是相当粗糙的，但他却用劳动观点深刻揭示了人的价值源泉，真正发现了人的价值基础，其开拓之功，可光耀史册。

3. 以大道化人的道家

道家崇尚自然，主张无为，但却并不否认人的价值，而是沿着与儒、墨不同的路径，来提升人的价值。老子认为，人是宇宙间崇高、伟大的存在，"道大，天大，地大，人亦大。宇中有四大而人居其一焉"（《道德经》第二十五章）。这里的"大"，非指形体言，乃指价值言，意谓道、天、地、人都是伟大的存在。但是，老子认为，人的伟大，只是就本然言，而非指现实言。若就现实性言，在他所处的时代，人的伟大价值已经失落了。这种失落的具体表现是物欲横流，诈伪成风，争斗不断，社会危机。当时的人们，私心膨胀，贪得无厌，把自己的私欲看得高于一切，疯狂地追逐物欲、名利、声望、权力，"不知足""不知止"。而为了满足物欲，就要靠私智，用技巧，走捷径，于是社会上就形成了一种虚伪、欺诈的风气，所谓"智慧出有大伪"。私欲无厌必然导致争斗，而诈伪智巧又为争斗提供了得力的手段。争斗的结果就造成了严重的社会危机，"田甚芜，仓甚虚""国家昏乱""六亲不和""奇物滋起""盗贼多有"。在这种条件下，世界处处埋伏着危险，生命随时受到威胁，安全系数极低，性命很难保全，"人之生，动之死地亦十有三"。总之，人的价值可以说失落殆尽了。老子指出，人的价值失落乃是历史衰退，社会蜕化的表现。

为了复归人在宇宙间的伟大价值，道家提出必须效法和遵从大道，以道为人的价值复归的基础。而道的根本原则是"自然无为"，所以效法道就是效法自然。老子说的"人法地，地法天，天法道，道法自然"（《道德经》第二十五章）就是道家提升（复归）人的价值的纲领。

"道"为什么可以提升人的价值呢？其一，道是"上德"境界的体现。老子把"德"分为"上德""下德"两个层次，道是"上德"境界的体现。所以，人如果能与道合一，就可以达到"上德"层次，成为具有最高道德素质的人；其二，道是"圣人"人格的基石。老子说"圣人抱一（道）为天下式"（《道德经》第二十三章）；"圣人处无为之事"（《道德经》第二章）。如果人们得道，从道，效法自然，奉行无为，就会成为完美的"圣人"，达到理想的人格水准。其三，守道是事业成功的方式。老子认为，人的主体能动性不是表现在主观任意的盲目蛮干上，事业的成功也并非取决于人的肆意拼搏和狂妄争斗，而关键在于人能按照道的规律，顺应自然法则去作为，即"辅万物之自然而不敢为"（《道德经》第六十四章）。以此方式和态度去行动作为，必然会达到建功立业的目的，即"无为而无不为"（《道德经》第四十八章）。其四，道是实现社会理想的途径。理想社会是人的价值实现的条件，也是人的价值的表现，道家认为，以道为治世法则，"无为而治"，就会达到"其政闷闷，其民谆谆"、自然素朴，平安自由的社会境界。总之，"道"是达到"上德"境界、圣人人格、功成事遂、无为而治的唯一正确途径，只有"道"才会使人的价值得到复归，得到提高。

由于"道"是人的价值的源泉和动力，所以道家要人们"尊道""贵道""保道""守道""闻道""进道""同于道""从事于道"。而人"同于道""从事于道"的过程，也就是被道所化的过程，老子曰："道常无为而无不为，侯王若能守之，万物将自化"（《道德经》第三十七章），"我无为而民自化"（《道德经》第五十七章）。庄子曰："泉涸，鱼相与处于陆，相呴以湿，相濡以沫，不如相忘于江湖，与其誉尧而非桀也，不如两忘而化其道。"（《庄子·大宗师》）以道化人，人化于道，就是道家的人道升值论。

道家的人道升值论，与儒、墨所主张的把人从动物提升到人，即从低价值层次提升到高价值层次不同，而是指使人复归到人本来固有的价值特性。而其提升或复归人的价值的支点，既不是作为道德的"仁义"，也不是作为劳动的"力"，而是作为宇宙本体的"道"。这充分表现了道家将本体论与价值论相统一的特征。

4. 以法制治人的法家

法家论人，既不同于孔、孟儒家的人性本善论，也不同于老、庄道家的人性自然论。他们认为，趋利避害、利己谋私、乐佚恶劳是人皆有之的本性，"民之情莫不欲生而恶死，莫不欲利而恶害"（《管子·形势解》）；"人莫不自为也"（《慎子·因循》）；"夫民之性，恶劳而乐佚"（《韩非子·心度》）。法家对人性的这些看法，可以概括为"人性好利论"。

既然人性好利，那么，人与人之间的关系就是赤裸裸的利害关系。韩非对人际的利害关系作了淋漓尽致的描绘，他说，父子之间"用计算之心以相待也"，君臣之间"以计合者也"，君民之间"不养恩爱之心"；夫妻相争"急利其也"，兄弟相残"其利大也"；医生治病是由于"利所加也"，渔夫持鳝是因为"利之所在"（见《韩非子》的《六反》《备内》等篇）。总之，一切人际关系都是以利害为基础的，在儒家"父慈子爱，君惠臣忠，兄友弟恭，夫义妇顺，朋友有信"的温情脉脉的"仁爱"纱幕背后，法家却发现了冷冰冰的"利欲"之争。

人性好利自私，当然谈不到什么价值。那么，如何使人具有价值，又如何提升人的价值呢？有人说，法家不承认人的价值，也不着眼于提高人的价值，甚至还扼杀人的价值。其实，这种看法是表面的。在法家看来，人的争利自私本性固然不可改变，但并不等于容许和放纵人的活动和作为的非价值化。问题在于，怎样"因人之情"即依据人的本性，探索可行的道路，运用合理的方式，使人的活动价值化。法家认为，儒家"以仁义立人"，用道德来确立人的价值是不符合人性的，因而也是行不通的，必须顺应人情，因势利导，才能使人的活动具有价值。既然人皆有趋利避害的本性，那么只有"立民所欲，以求其功"，"立民所恶，以禁其邪"（《管子·君臣上》）；"赏莫如厚，使民利之；誉莫如美，使民荣之；诛莫如重，使民畏之；毁莫如恶，使民耻之"（《韩非子·八经》）。而能发挥这种赏罚功能和作用的，就只能是法律。可见，法家"因人之情"而知"赏罚可用"；知"赏罚可用"而明"以法治人"。这就是法家确立和提升人的价值的独特方式。

法是由权力机关所颁布的强制性规范，对于提高人的价值来说，其意义约有三点：一曰明于公私之分，"去私心行公义"。法家认为，法所代表的是"公私""公义""公心"，它是和私相反的公共规范。推行法制，把人们的行为和活动纳入法的轨道，就会使公私分明、公义大行。法的赏，"必出于公利"（《韩非子·八经》）；法的罚，"以公法而诛之"（《韩非子·孤愤》）。当人们的"私心"被导向"公义"的范围，就会使"公善"行为受到鼓励和奖赏，使"私恶"损众之人受到惩罚，从而公义得以伸张，行公义者的价值得到确立。尽管法家所谓的"公利""公义"并不是社会的整体利益而是统治阶级、统治者的利益，即"人主之公利"，但它所体现的"公法废私"的精神，至今仍有积极价值。二曰弘扬"平直"精神，维护权利平等。法家以法为"天下之程式""万事之仪表"，即对于适用的对象坚持同一标准，平等要求，不偏向，不倾斜，不屈从，"法之所加，智者弗能辞，勇者弗敢争。刑过不避大臣，赏善不遗匹夫"（《韩非子·有度》）。这对于维护人们在权利和义务上的平等，确立统一的行为评价标准，无疑具有积极意义。它可保证人们在"不失其平"的法律面前，公平竞争，实现价值。三曰打击邪恶势力，优化社会秩序。由于法是一种强制性规范，因之它对禁暴抑邪，维持正常、安定的社会秩序方面，能起到道德所起不到的作用。法家把这种强制性叫作"禁"。韩非说："古之善守者，以其所重禁其所轻，以其所难止所易"；通过强制性的"禁"，使"暴者守愿，邪者反正。大勇愿，巨盗贞，则天下公平"（《韩非子·守道》）。从而，达到"君子与小人俱正，盗跖与曾、史俱廉"（《韩非子·守道》），人们都能遵守共同的价值准则，达到共同的价值水平。总之，法的公正、平等、禁邪功能，都表明它是维护人的价值，提升人的价值的有效工具。可见，"以法治人"不但不是对人的价值的损害，恰恰是对人的价值的保护和确立。

然而，法家通过"以法治人"来提升人的价值，着眼于对人的外在行为的制约性端正，而不是善美心灵的升华，也不是精神境界的探索，更不是主体能动性的开发。所以他们所追求的人的价值，是外在的而非内在的，是行为的而非精神的，是低位的而非高层的。因此，与儒、道、墨家的人道升值论比较，法家就显得强度有余而弹性不足，理性充沛而感性欠缺。

儒、墨、道、法各以其对人的价值的理解和对当时人道现状的估量，提出了自己提升人的价值的主张。各家见仁见智，乐山乐水，各有千秋，互有短长，综而观之，共同构成了一幅从不同侧面，以不同基点支撑人的价值的宏伟蓝图。从此以后，中华民族就以此为蓝本，不断建构自己的人的价值大厦。

春秋战国时期的价值争鸣，为中华民族的价值观举行了奠基礼。当时所形成的价值观念体系和提出的价值问题，是尔后价值观念选择和进一步发展的理论基础，是其后两千年间价值观念的思想源泉。儒、墨、道、法的价值取向，义利、德力、群己、天人等问题的争辩，关于人的价值的种种观点和提升人的价值的种种主张，至今仍在中华民族的文化心理结构中活跃着。在现代化进程中，无论对传统价值观，是弘扬还是批判，是继承还是革新，是转换还是重建，春秋战国这"文化轴心时代"形成的价值观念，都是开发的资源，研读的"元典"，阐释的"文本"。

三 “纲常”的树立

——汉代的价值抉择

　　“秦王扫六合，虎视何雄哉！”公元前221年，秦始皇统一中国，建立了中国历史上第一个中央集权的封建专制主义国家。过了十五年，西汉王朝取秦而代之，使中央集权的专制制度更加成熟和巩固。秦汉时代是统一的时代，政治统一与文化统一相辅而行，随着中央集权的封建制度的形成，中华文化共同体也基本形成了。统一集权的大帝国的建立，给新兴的地主阶级提出了确立统治思想、建立主导性价值观的历史任务。面对先秦以来“百家争鸣”“各崇所善”的多种价值观念，统治者通过反复比较、几经选择，终于在汉武帝时，采纳董仲舒的建议，罢黜百家，独尊儒术，终于确立了以儒家思想为统治思想。在儒家思想的指导下，董仲舒营造了“三纲五常”，以作为与中央集权的封建专制主义和大一统的政治格局相适应的主导价值观念。从此，“三纲五常”成了两汉时期以至整个中国封建时代不可动摇的价值准则。

（一）价值选择的曲折道路

　　从秦始皇统一中国建立秦王朝，至汉武帝确立独尊儒术的国策，其间八十余年，是封建统治者进行价值观念选择的时期。其选择的必要性乃是由历史本身提出的，统治者的主观意愿不过是对历史必然性的反映罢了。

　　秦始皇作为新兴地主阶级的代表，适应了生产力发展和以土地私有制为核心的封建社会经济基础建立的要求,"振长策而御宇内",用了不到十年的时间统一了中国。秦王朝建立后,除加强国家机器建设外,采取了一系列统一的措施,如统一货币、统一度量衡,车同轨、书同文等。政治、经济、交通、文化的统一,必然要求意识形态的统一,尤其是一元主导的价值观念的确立。在当时,秦统治者的价值选择显然是经过比较的,儒家以仁义为价值核心,它所代表的保守势力和礼乐文化与打击旧贵族的新兴地主阶级的利益是背道而驰的,它不但不会被作为统治思想,而且还是被禁被毁的对象,"焚书坑儒"就是对儒家思想的清洗;墨家提倡功利主义价值又反对儒家,主张尚同政治又反对氏族血缘,按道理说与秦王朝的功利主义、专制主义、反儒政策有不少契合之处,但他们的"兼爱"精神、贤人路线、侠士作风、俭朴生活、非攻政策、"尊天"观念,显然与秦统治者的价值取向南辕北辙,所以也只能给以"侠以武犯禁"的批判;道家崇尚自然无为,追求"小国寡民"的理想和超脱自由的境界,与秦始皇刚毅勇猛、开拓进取的精神和雄壮威武的气度,大相径庭;吕不韦的《吕氏春秋》"兼儒墨,合名法",取百家之长。以"无为"为核心,而综合百家精华;备万物古今之事,且具大一统意图,本应是秦始皇统一思想的理论依据。但吕氏其书,理论上失之于"杂",吕氏其人,政治上败之于"奸"。因而,他所绘制的价值蓝图随着吕不韦集团的被诛灭而被弃之如敝屣。经过比较权衡,秦始皇对法家思想情有独钟,奉为圭臬。

秦始皇选择法家思想,出于理论和实践两方面的考虑。从理论言,法家崇尚急功近利,主张君主集权,强调严刑峻法,追求专制政体,倡导实干作风,这与秦始皇及其所代表的新兴地主阶级的利益是符合的,与这个阶级在创业时期所表现的精神气质也是一致的;以实践言,在战国之初,秦国的经济文化都很落后,秦孝公任用商鞅,实行变法,功效卓著,使国力跃居七雄之首。其后,法家人物李斯又辅佐秦始皇,实行富国强兵之策,横扫六合,统一全国。历史和现实的实践经验,大大强化了秦始皇对法家思想的认同。因此,当他接触到集法家学说之大成者韩非的著作时，情不自禁叹赏："得见此人与之游，死不恨矣！"

然而，法家具有革新精神和理智态度的价值观念，并没有成为秦王朝坚不可摧的精神支柱，而使其江山永固，万世一统。反而，经过短短的十余年之后，在农民起义的武器批判下，秦王朝毁于一旦。究其原因，尽管是多方面的，但法家价值观固有的弊端及秦始皇对它的扭曲，无疑是原因之一。法家价值观中本来就尊君权而轻民意、尚法律而轻道德、崇功利而贱文化、主严峻而少宽容，到了秦王朝君臣手里，就更加向极端化倾斜，君主独断，严刑峻法，残酷剥削压迫百姓，压抑言论学术自由。这种专制，岂能长久！

秦朝二世而亡，给两汉统治者提出了重新选择价值观念的历史任务和慎重选择价值观念的经验教训。于是，汉代的统治者在建国初期的七十多年中，进行了任务艰巨、道路曲折的选择主导性价值观念的活动。

1. 对法家的价值观的批判

总结秦王朝兴亡的经验教训，是汉初统治者和思想家向自己提出的首要课题。思考这一问题的目的在于，避免汉王朝重蹈秦二世而亡的覆辙，以期长治久安，帝业永垂。秦朝是以法家为主导思想的，而且是被秦始皇歪曲和阉割了的法家思想，因之，总结秦亡的教训就集中在对秦所奉行的法家思想特别是价值观念的批判上。

汉初批判秦代法家价值观念的代表人物，前有陆贾，后有贾谊。陆贾在汉高祖刘邦初定天下时，就与有法家倾向的刘邦发生过一场争论。史称："陆生时时前说称《诗》《书》，高帝骂之曰：'乃公居马上而得而之，安事《诗》《书》？'陆生曰：'居马上得之，宁可以马上治之乎？且汤武逆取而顺守之，文武并用，长久之术也。……乡使秦已并天下，行仁义，法先圣，陛下安得而有之？'高帝不怿而有惭色。"（《史记·郦生陆贾列传》）陆贾明确地指出，秦崇力非德、尚武轻文的价值观念是导致速亡的重要原因。他主张，"行仁义，法先圣""德（文）力（武）并用"的价值观念。后来陆贾献给刘邦《新语》一书，进一步指出秦亡的教训在于"蒙恬讨乱于外，李斯法治于内，事逾烦，天下逾乱，法逾滋而奸逾炽，兵马益设而敌人逾多。秦非不欲治也，然而失之者，举措太众，刑罚太极故也"（《新语·无为》）。就是说，秦所崇尚的是极端功利主义。过了十余年，政论家、文学家贾谊作《过秦论》，继续总结秦代兴亡的经验教训，分析秦亡的原因，他说："秦王怀贪鄙之心，行自奋之智，不信功臣，不亲士民，废王道而立私权，禁文书而酷刑法，先诈力而后仁义，以暴虐为天下始。"这是对秦代崇力非德、崇利非义的价值取向的进一步批判。

从陆贾、贾谊对法家价值观的批判可以看出，西汉初年的思想界，意在进行一次价值观念上的转换，即从秦代的功利主义、暴力主义的价值观向新的价值观转换。汉初的统治者，为了营造新的上层建筑和价值体系，也在着力于这一问题的思考。通过对秦亡教训的总结，他们也认识到必须对体现秦代价值观误区的一些法律进行废除。例如，汉惠帝四年废除秦挟书律，汉高后元年废除秦夷灭三族罪及"妖言"（过误言论）令、汉文帝前二年废除秦父母、妻子、同产连坐法等。这就从思想和实际两个方面，矫正了秦代的价值观念，为建立新的价值观扫清了道路。

2. 黄老价值观的崇尚

汉初对秦代价值观的批判是和营造新的价值观相辅相成的。破旧立新，以新代旧是进行价值选择的两个方面。面对天下初定的社会形势，统治者提出的价值导向，首先必须有利于战乱之后的社会安定和遭受战乱破坏的生产力的恢复和发展，同时还必须缓和各种矛盾以增强民众对新王朝的信任感和向心力。为了适应这种需要，统治者采用了黄老之学作为指导思想。

黄老之学是秦汉之际假托黄帝立言以阐发老子学说并综合吸收阴阳、儒、墨、名、法之学形成的新道家理论体系。因其尊崇黄帝、老子，故汉代称作"黄老之术"或"黄老道德之术"，后人称之为"黄老之学"。此说在战国末期已经出现，当时的一些道家学者如河上丈人、鹖冠子等，以早期道家理论为基础，"因阴阳之大顺，采儒、墨之善，撮名法之要"（司马谈《论六家要旨》），提出了一套实现全国统一、巩固统治阶级政权的战略和策略学说，以适应当时国家走向统一，百家趋于合流的历史趋势。时至汉初，黄老之学出现了极盛局面。

汉初黄老之学的主要价值观念是：（1）"刑德相养"。黄老之学认为在统治的方式上，不应该像法家那样重刑而轻德，而要在坚持法治的同时，重视道德教化的作用。"道生法。法者，引得失以绳而明曲直者也"（《经法·道法》）。"是非有分，以法断之；虚静谨听，以法为符"（《经法·明理》）。但是，用法必须"守度"，如果"过极失当""变恒过度"就会"天将降殃"。同时，也不能只用法，而应该"刑德相养"（《十六经·姓争》），重视德化，"先德后刑顺乎天"（《十六经·观》）。（2）"清静无为"。黄老之学坚持道家的治世原则，强调"清静自正，无为自化""知雄守雌，守柔曰强"的态度。陆贾在《新语》中说："君子之为治也，块然若无事，寂然若无声，官府若无吏，亭落若无民。"就是主张朝廷官吏不苛扰人民，以便安定社会生活。（3）"生财富民"。无为而治并不是无所事事，毫无目的，黄老之学提出应该把"财生民富"作为价值目标，无为而治只是实现这种目标的手段，"节民力以使则财生，赋欲有度则民富"（《经法·君正》）。（4）"养神重生"。黄老承袭了先秦道家的生命价值观，提出应该从调养形、神两个方面特别是通过养神，以珍惜生命的价值。"凡人之所生者神也，所托者形也。神大用则竭，形大劳则敝，形神离皆死。死者不可复生，离者不可复反，故圣人重之。由是观之，神者生之本也，形者生之具也。"（《史记·自序》引司马谈《论六家要旨》）总之，"刑德相养"的统治方式、"清静无为"的治世原则、"生财富民"的经济目标和"养神重生"的生命意识等价值观念，对于汉初的社会现实来说，显然是十分必要的，所以得到了统治者的崇尚。

汉初黄老之学的学者如陆贾、盖公和司马谈等人都受到当权者的尊重，他们的思想也多被采纳。在统治层中如丞相曹参、陈平和参与文、景两朝朝政的窦太后都"好黄帝老子言"。官学结合、朝野互用，从而使黄老思想在学术上成为"显学"，思想上成为主导。由于黄老思想的应时性和合世性，以及统治者对它的采用，使其在汉初的实际政治生活中起了重要的历史作用，也取得了好的效果。《史记》云："参为汉相国，清静极言合道。然百姓离秦之酷后，参与休息无为，故天下称其美矣。"（《曹相国世家》）老百姓也赞美道："萧何为法，顜若画一，曹参代之，守而勿失。载其清静，民以宁一。"（《曹相国世家》）对于汉初"文景之治"盛世的出现，黄老之学的价值观念，显然是有其功效的。

然而，随着社会的稳定，时代的发展和统治者拓展功业的追求，黄老之学的"无为"观念由于其"守雌贵柔"的消极性，已不再适应新的要求了，于是统治者不得不进行新的价值选择。

3. 儒家价值思想的独尊

先秦的儒家学说，惨遭秦始皇的"焚坑"之祸后，受到了沉重的打击。汉初儒者，在较宽松的政治环境中，首先着力于"焚书"之余的儒家典籍的收集、整理，同时也竭力向统治者宣传其思想，以求成为新意识形态的主导。但是，汉王朝的开创者刘邦颇有以法黜儒的气势，而其后继者窦太后、文帝、景帝等则由于选用黄老无为思想作为指导方针，对儒家也颇反感。儒家在法、道两家的夹黜下，不得不处于被屈的地位。然而统治者的个人喜好并不能从根本上决定一个时代价值选择的方向，儒家价值观在汉初运不逢时的根本原因在于先秦的旧儒学"不达时务"，即不能适应当时社会的客观要求，当时急需的是与民休息，恢复生产，安定社会，原始儒家的德教为先、礼仪至上的价值取向显然不合时宜。

到了汉武帝时代，经过几十年休养生息，生产恢复，财富增长，民务稼穑，天下晏然。于是，亟须强化意识形态。同时，由于汉初所封之同姓王，其势力日增，足以抗拒中央，吴楚七国之乱即是实例，由此可见其强化中央集权实行大一统之重要性。以国外言之，其时异族林立，掠扰三边，构成外患，既宜有以教化之，亦宜有以慑服之，此亦要求加强中央政权建设。此时，标榜"无为而治"的黄老之学显然不适合形势发展的需要了，而行道德教化，建大一统秩序和强化中央政权，正是儒家思想的特长。可见儒家价值地位的上升，乃是历史的必然。

公元前 135 年（汉武帝建元六年），好黄老之术的窦太后卒，武帝任用喜儒学的田蚡为丞相，延文学儒者数百人，黜黄老、刑名百家之言，标志着盛行汉初的黄老之学作为统治阶级主导思想的终结。明年，汉武帝亲自策问贤良文学，董仲舒、公孙弘皆对策。董仲舒在《天人三策》中提出，大一统是"天地之常经，古今之通义"，请"诸不在六艺之科、孔子之术者，皆绝其道"。武帝采纳其建议，罢黜百家，独尊儒术。

董仲舒所提供的儒家思想，与先秦儒家已有所不同。它是以儒家为中心，而又吸取黄老之学，糅合阴阳、名、法各家所精心构筑的封建思想体系。其总体特征是：强调积极有为，主张全面"更化"；强调思想统一，主张德主刑辅；重建天上神权，宣扬天人感应。作为这一思想体系之核心的价值观念就是"三纲五常"，"三纲"即君为臣纲、父为子纲、夫为妻纲，"五常"即仁、义、礼、智、信。

"三纲五常"价值观念体系的树立，标志着取得政权后的新兴地主阶级价值观念选择的完成。它是在汉初七八十年的价值观念斗争中，在儒与法、儒与道的矛盾冲突中，而逐步实现的。儒家的价值观念，经过艰难曲折的道路，上升为汉代占统治地位的主导价值观这一事实，对中国价值观的历史演变，影响甚为深广久远。

（二）"三纲五常"的价值意蕴

"三纲五常"于西汉时形成，但它是长期历史积淀的结果。近似三纲的观念，在先秦典籍中就已出现。商周统治者反复强调"王"的权威，要臣民和属国绝对服从。周公批评"不孝不友"为"元恶"，实际上肯定了父权。春秋战国时期，各国国君权力增长，尊君思想随之产生，孔子尊君，言论昭然；《管子》论君臣关系，主从分明，"明主在上位，有必治之势，则群臣不敢为非。……明主操必胜之数，以治必用之民；处必尊之势，以制必服之臣"（《管子·明法解》）。荀子也肯定君主在天下是"势位至尊"。而明确把君臣、父子、夫妇从诸种人伦关系中凸显出来，并以处理此三种关系的原则为主要道德规范的是韩非，他说："臣事君，子事父，妻事夫，三者顺则天下治，三者逆则天下乱。此天下之常道也。"（《韩非子·忠孝》）随后吕不韦也提出："凡为治必先定分：君臣、父子、夫妇。君臣、父子、夫妇六者当位，则下不逾节，而上不苟为矣，少不悍辟，而长不简慢矣。"（《吕氏春秋·处方》）他还特别强调臣对君、子对父的绝对服从，"父虽无道，子敢不事父乎？君虽不惠，臣敢不事君乎？"（《吕氏春秋·恃君览》）成书于战国末至汉初的《仪礼》还明确提出了"三至尊"的观念，"君，至尊也"，"父，至尊也"，"夫，至尊也"（《仪礼·丧服》）。时至董仲舒"三纲"思想才达到成熟，并首次提出了"三纲"概念。他说："天为君而覆露之，地为臣而持载之；阳为夫而生之，阴为妇而助之；春为父而生之，夏为子而养之。王道之三纲，可求于天也。"（《春秋繁露·基义篇》）这里虽然还未有"君为臣纲，父为子纲，夫为妻纲"的语句（此语句最早见于东汉时班固编的《白虎通义·三纲六纪》："三纲者何谓也？谓君臣、父子、夫妇……故《含文嘉》曰：'君为臣纲，父为子纲，夫为妻纲。'"）但"三纲"的具体内容是十分明确的，在董仲舒的著作里对"三纲"的论证也颇为详细。

关于"五常"其内含的道德规范，在董仲舒之前就颇为流行。仁、义、礼、智、信等概念在《论语》中已多次出现，先秦的其他著作中亦多有之。然而，将其系列化，始于孟子。孟子认为仁、义、礼、智是四个基本的道德准则，分别起源于每个人生而具有的"恻隐之心""羞恶之心""辞让之心"和"是非之心"，并规定了四德的实质内容："仁之实，事亲是也；义之实，从兄是也；智之实，知斯二者弗去是也；礼之实，节文斯二者是也。"（《孟子·离娄上》）孟子的"四端"说中虽然没有"信"，但孔孟都认为"信"是一重要的道德规范，它不但是交友之道，所谓"朋友有信"（《孟子·滕文公上》），而且还是立身之道和立国之道，所谓"人而无信，不知其可也"（《论语·为政》）；"民无信不立"（《论语·颜渊》）。董仲舒以孔孟的论述为基础，并予以发展，将"仁义礼智信"概括为"五常"："夫仁、谊（义）、礼、知（智）、信五常之道，五者所当修饬也。"（《举贤良对策一》）并以之与"三纲"相配，形成"三纲五常"这一系统的道德准则和价值体系。

由此可见，"三纲五常"是历史发展的产物，是价值观念和道德规范长期积淀的结果。它以儒家观念为基础，同时还汲取了法家的观念，因之，它是一个内容丰富的价值观念体系。

从价值论的角度来考察，"三纲五常"的价值意蕴主要是：

1. 注重人伦的社会价值观

三纲五常都是处理人与人关系的准则，中国古代思想家特别是儒家非常重视人与人的关系即"人伦"。他们从诸多的人伦关系中提出君臣、父子、夫妇、兄弟、朋友五种关系作为人生基本的永久性的关系，谓之"五伦"，认为这些人际关系是任何人无法逃避也不应逃避的。如果这些关系都调整好了，处理好了，社会就会形成合理的秩序，即"彝伦攸叙"。于是，他们规定出种种道德规范要求人们去践履，如孟子云："使契为司徒，教以人伦：父子有亲，君臣有义，夫妇有别，长幼有序，朋友有信。"（《孟子·滕文公上》）汉儒提出"三纲"，是在五伦中突出了君臣、父子、夫妻三伦作为核心，这不但明确了五伦的重点，而更为重要的是强化了君臣、父子、夫妻三种关系的社会功能和力量。当然，作为五常的仁、义、礼、智、信也是处理人际关系的道德准则。这样一来，在人与神、人与自然、人与人的三大价值关系中，就把人与人的关系作为最重要的价值确定下来，把人们的价值取向不是导向天国、导向自然，而是导向社会本身。"三纲五常"所追求的价值，不是宗教价值，也不是自然价值，而是以人伦为核心（以君臣、父子、夫妻三伦为重点）的社会价值。

2. 君权至上的政治价值观

在"三纲"中，"君为臣纲"居其首。君臣关系属于人伦之一，但其关系已越出道德领域，而是进入政治领域。"君为臣纲"的基本含义是：君是臣的准则。就是说，臣民必须绝对地尊崇君主、服从君主、忠于君主。之所以要如此，董仲舒指出，这是由君主在国家政治生活中所处的主体地位决定的，"君人者，国之本也。夫为国，其化莫大于崇本"（《春秋繁露·立元神》）。"身以心为本，国以君为主。"（《春秋繁露·通国身》）"《春秋》之法，以人随君"，"缘臣民之心，不可一日无君"，"故屈民而伸君"（《春秋繁露·玉杯》）。这种君臣关系的制度化，就是君主专制的中央集权政治制度，也即董仲舒所说的"大一统"制度。在这样的政治价值观中，已经淡化了孟子的"民为贵，社稷次之，君为轻"的民本意识。"民本"变为"君本"，表现了封建地主阶级维护中央集权君主专制的政治价值取向。

3. 尊卑等级的秩序价值观

"三纲"所规定的君臣、父子、夫妻关系，是一种严格的尊卑等级关系，君、父、夫的地位尊贵而臣、子、妻的地位卑下，臣、子、妻应该从属于君、父、夫，做他们的奴隶。虽然，"五常"的道德乃是君臣、父子、夫妻，都应该遵守的，双方都应承担一定的道德义务，即应该互相爱护、互相扶助，君、父、夫也应讲仁爱之德。即先秦儒家所主张的"君义臣忠"。但是，董仲舒突出强调的是单方面的服从关系。尊卑等级地位决定了臣、子、妻单方面的服从关系，单方面的服从，又维护和强化了尊卑等级地位。在董仲舒及汉儒看来，这种尊卑等级的基本社会秩序是最好的，亦即最有价值的社会秩序。

4. 重视家国的群体价值观念

"三纲"关系中，君是国之本即国家的基础和代表，父是家之主即家庭的主体和代表。因此，对君、父、夫的服从就是对国和家的服从。而且，由于"君为臣纲"居于三纲之首，所以家对国也是服从关系。于是，就个人与群体的关系而言，每个个人都得服从于家、国这两个群体组织，承担对于家、国的一切责任。这里显然是一种群体价值高于个体的价值观念。由于单向服从关系的确定，每个个人就只有义务而无权利。这样一来，先秦孔孟儒学所具有的"匹夫不可夺志""人人有贵于己者"的个体价值意识就被弱化了。君所代表的政权、父所代表的族权、夫所代表的夫权成了束缚个体价值的桎梏。

5. 重义轻利的道德价值观

"三纲五常"是政治和道德相结合的规范，特别是对人伦道德准则和道德规范的高度概括。董仲舒指出，"三纲"在国家的地位是"王道"，"王道之三纲可求于天"。所谓"王道"就是实行仁政的基本原则，也即治国的基本原则；关于"五常"，董仲舒也认为是"王者所当修饬"的治国的根本方法和工具。可是，在"三纲五常"的治国纲领中，只提出了政治特别是道德价值目标而无其他价值目标，特别是没有关于作为国家和民生基础的物质生产、物质利益的价值地位，显然，董仲舒重视的乃是道德价值。若从董仲舒关于"义"与"利"即道德价值和物质利益价值的论述来看，这种重道德的价值取向更是十分鲜明。尽管董仲舒也承认"义"与"利"二者对人都有价值，"天之生人也，使之生义与利。利以养其体，义以养其心。心不得义不能乐，体不得利不能安"（《春秋繁露·身之养重于义》）。然而，在二者的比值天平上，董仲舒认为"义重于利"，"体莫贵于心，故养莫重于义。义之养生人大于利矣。"然而，他把这种观点概括为一个公式："正其谊（义）不谋其利，明其道不计其功"（《汉书·董仲舒传》）。由此可见，"三纲五常"内在地蕴含着重义轻利的观念，它本身就体现着重义轻利的道德价值观。

"三纲五常"作为一个内涵丰富的价值观念体系，虽然其基本思想是对先秦儒家价值观的继承，但在新的历史条件下，为了适应时势的需要，以董仲舒为代表的汉儒对先秦儒家价值观作了重大的改造和发展。从而，使这一价值观体系具有了新的特征：

（1）"天人感应"的神秘性。"王道之三纲可求于天"，"道之大原出于天，天不变道亦不变"（《汉书·董仲舒传》），是董仲舒表述"三纲"与"天"的关系的基本命题。就是说，"三纲五常"的价值体系来源于天，天是它的最终根源和最高原则。在董仲舒看来，"天"是至高无上、主宰一切的人格神，它支配着自然界和社会上的一切事物，而且，天同人一样有思想、有感情、有意志、有道德。因而，人间的人伦关系和价值体系都是源于天的。"天子受命于天，诸侯受命于天子；子受命于父，臣妾受命于君，妻受命于夫。诸所受命者，其尊皆天也，虽谓受命于天亦可。"（《春秋繁露·顺命》）不但三纲"受命于天"，五常"仁义制度之数，尽取之天"（《春秋繁露·基义》）。天既然是三纲五常的"大原"，那么，也就能充当其在人间实现的监护。董仲舒认为在"天人感应"的神秘机制之中，天对人间特别是"人君"是否遵循"三纲五常"，能够直接发现并予以扶持或谴责。"国家将有失道之败，而天乃先出灾害以谴告之；不知自省，又出怪异以警惧之；尚不知变，而伤败乃至。以此见天心之仁爱人君而欲止其乱也，自非大无道之世者，天尽欲扶持而安全之。"（《举贤良对策一》）价值源于神秘的天"本原"之中，又实现于"天人感应"的神秘关系之中，这是董仲舒对先秦儒家价值观的重大发展，而这种发展是以向商周时期"先帝""天命"的复归为形式的。这种价值神秘化的意义在于，用超人间的"天"和神秘的"天人感应"强化了三纲五常的价值威力，美化了三纲五常的价值形象。三纲五常的神秘性特征从西汉到东汉，不但毫不褪色，而且涂得更加浓厚，如班固编的《白虎通义》，简直把"三纲"纳入宗教神学的天罗地网中了。

（2）"阴阳五行"的必然性。与神秘性相适应，董仲舒所代表的汉儒，还用阴阳、五行的学说论证三纲五常。阴阳、五行观念是先秦哲学中的重要内容，它揭示的是宇宙的发展规律问题。阴阳观念表明，宇宙间的万物都内在地包含着阴、阳两个方面，二者相反相成，推动事物发展；五行观念表明，水、火、木、金、土是构成宇宙万物的五种基本元素，它们之间相生相克、互相制约，决定着自然界和人类社会诸种现象的内在关系及其运行过程。董仲舒以阴阳论"三纲"，他说："君臣、父子、夫妇之义，皆取诸阴阳之道。君为阳、臣为阴；父为阳、子为阴；夫为阳，妻为阴。"（《春秋繁露·基义》）又说："天下之尊卑随阳而序位，……阳贵而阴贱，天之制也。"（《春秋繁露·天辨在人》）他又用五行论"五常"，认为木"尚仁"、金"尚义"、水"尚礼"、火"尚智"、土"尚信"，"五常"与"五行"相配，"五行"决定着"五常"。这种类比式论证，不仅进一步使三纲五常具有神秘色彩，更重要的是，把三纲五常说成了与宇宙结构、宇宙规律相符合的必然性法则。本来，"三纲五常"作为价值规范，乃是人根据自身的需要而提出的，是"应然"规范，而经董仲舒将其与阴阳五行相配，"应然"规范就变成了"必然"法则。于是"价值"与"本体"合一，"应然"与"必然"贯通，三纲五常成为永恒的"天道"、绝对的准则。

（3）"人道参天"的能动性。"阴阳五行"是天道，"三纲五常"是人道，二者是相通的。因此，人遵循"三纲五常"，就是发挥人的能动性，与天相参。在董仲舒"道出于天""天人感应"的天人关系论中，天固然"有喜怒之气，哀乐之心"，有"爱利"万物、"养成"万物、"谴告"人君的能动性，但人也不是消极被动的，人有"父兄子弟之亲，有忠信慈惠之心，有礼义廉让之行，有是非逆顺之治，文理灿然而厚，知广大有而博，唯人道为可以参天"（《春秋繁露·王道通三》）。在董仲舒看来，实现三纲五常，本身就是人的能动性的表现，即"人道参天"的表现。他要求人们在这一价值目标的指引下，发扬孔子倡导的"人能弘道"的精神，去"强勉行道"，"强勉行道，则德日起而大有功，此皆可使还至而有效者也"（《汉书·董仲舒传》）。由此可见，三纲五常的价值体系具有重视人的主体能动性的特征。

（4）"忠、孝、顺"义务的单向性。"三纲"讲的君臣、父子、夫妻关系，在儒家的原始观念中，每一关系的双方都应相互承担道德义务，即不但臣、子、妻对君、父、夫应尽道德义务，君、父、夫亦应对臣、子、妻尽道德义务。孔子讲："君君、臣臣、父父、子子"，就是说君要像君，臣要像臣、父要像父、子要像子，每一方都应遵守自己的道德，承担对对方的义务，例如"君使臣以礼，臣事君以忠"。孔子反对的"君不君、臣不臣、父不父、子不子"的混乱现象，指的是君与臣、父与子双方都违背了道德。尽管孔子强调的重点是臣、子方面的义务，但他并没有将其片面化和单向化。可是，到了董仲舒手里，用"君为臣纲，父为子纲，夫为妻纲"来规定君臣、父子、夫妻关系，道德义务就成了臣对君尽忠，子对父尽孝，妻对夫顺从的单向义务，从而使先秦儒家所倡导的相对性人伦关系变成了君、父、夫一方享有绝对特权，而臣、子、妻一方绝对守其分位，遵其道德，行其义务的绝对性关系。而这样一来，就避免了双向义务的相对关系中的不安定因素，使君、父、夫的统治地位更加稳定。

总之，从三纲五常的内容和特征可以看出，汉代统治者所选择的价值体系是融社会价值（人伦）、政治价值（尊君）和道德价值（仁义礼智信）为一体的价值系统。是以宗教（天）、自然（阴阳五行）、社会（人伦）三根支柱为支撑，以天人合一（"天人感应"）的间架为建构方式，以维护中央集权的专制政体为终极目标，而建构起来的价值大厦。这一价值大厦乃是汉代封建社会上层建筑的核心和灵魂，它对维护、巩固封建社会，将发生巨大的作用。

（三）"纲常"价值观的巩固和强化

三纲五常观念的提出，虽然适应了社会现实的需要，有着坚实的社会基础。然而，由于社会上还存在着其他多种价值观念，特别是道家和法家的价值观念，这就必然会对儒家的纲常观念形成冲击。同时，受压迫、受统治的阶级和阶层，也经常会背离主导性的纲常观念甚至对其提出挑战，动摇其统治地位。因此，两汉时期的统治者，为了维护三纲五常观念的主导地位，并使其在人们的思想中发挥切实的导向作用和调节功能，就不断地对三纲五常进行巩固和强化。从西汉中期到东汉后期，这种巩固和强化，经历了四个重要环节。

1. 以"重义"观念巩固

汉武帝初登帝位，就采纳了董仲舒的建议，独尊儒术。然而，汉武帝本人是一个功利意识极强而又具有雄才大略的人，思想上有浓厚的法家观念，加之由于对匈奴的全国性战争的影响，所以武帝在重大政策和朝廷用人上，实际上依然是"重法轻儒"。武帝晚年对他好大喜功所造成的社会危机有所觉悟，提出对基本国策进行调整，然而没有完成就去世了。汉昭帝始元六年（前81），大将军霍光采纳了杜延年的建议就盐、铁、酒官营专卖问题召开会议进行讨论，这就是有名的盐铁会议。

盐铁会议是就武帝以后的国家政策和政治指导思想展开辩论的一次会议。辩论的双方，一方是从武帝时期长期当政的法家代表人物御史大夫桑弘羊，一方是儒家思想的忠实信徒贤良文学六十余人。这场辩论，是在新的历史条件下，又一次儒法两家的价值观念争论。桓宽谈到这次会议的争论主题时说："余睹盐铁之义，观乎公卿、文学贤良论，意指殊路，各有所出，或上仁义，或务权利。"（《盐铁论·杂论》）"上仁义"还是"务权利"即义利之辨正是盐铁会议上价值观争论的焦点。

桑弘羊坚持盐铁国营政策的价值观根据是法家的崇利简义论。针对贤良文学们批评盐铁国营是"利蓄而怨积，地广而祸构"，桑弘羊明确指出，功利价值比道德（仁义）价值更为重要，更有意义。因为：（1）财利是国家富强的基础。桑弘羊说："商君相秦也，……外设百倍之利，收山泽之税，国富民强，器械完饰，蓄积有余。是以征敌伐国，攘地斥境，不赋百姓而师之赡。故利用不竭而民不知，地尽西河而民不苦"（《盐铁论·非鞅》）。（2）富有是实现个人价值的条件。针对文学们"贵何必财，亦仁义而已矣"的看法，桑弘羊反驳说："子贡以著积显于诸侯，陶朱公以货殖尊于当世。富者交马，贫者赡马。故上自人君，下及布衣之士，莫不戴其德，称其仁"（《盐铁论·毁学》）。如果一个人"内无以养，外无以称，贫贱而好义，虽言仁义，亦不足贵也"（《盐铁论·毁学》）。（3）利益是人们共同追求的目标。针对文学们"古者贵德而贱利，重义而轻财"的观点，桑弘羊认为"天下攘攘，皆为利往，赵女不择丑好，郑姬不择远近，商人不愧耻辱，士戎不爱死力，士不在亲，事君不避其难，皆为利禄也"《盐铁论·毁学》）。（4）仁义教化无益于治甚至有害。桑弘羊指出，儒者空谈仁义，对于治世安国不但无功而且有害，"孔子修道鲁、卫之间，教化洙、泗之上，弟子不为变，当世不为治，鲁国之削滋甚"。"儒者之安国尊君，未始有效也"（《盐铁论·论儒》）。即使仁义道德有一定价值，那也只是适于古代而不适于今世，"时异各有所施"，"今欲以敦朴之时，治抗弊之民，是犹迁延而拯溺，揖让而救火也"（《盐铁论·大论》）。时过境迁，"道尧、舜之德无益于治"（《盐铁论·遵道》）。桑弘羊这一系列观点，对于"三纲五常"中的仁义道德价值观念，无疑是巨大的冲击，是严重的动摇。充分说明，在当时，董仲舒提出的主导价值观还没有得到统治集团中所有当权者的认同。

面对桑弘羊的挑战，贤良文学们高举崇义轻利的旗帜，进行了尖锐的批判。他们提出的基本观点有：一曰贵德贱利是"常道"。文学说："古者贵德而贱利，重义而轻财，……庠序之教，恭让之理，粲然可得而观也。"（《盐铁论·错币》）"圣王之治也，不离仁义，故有改制之名，无变道之实。上自黄帝，下及三王，莫不明德教，谨庠序，崇礼义，立教化。此百世不易之道也。"（《盐铁论·遵道》）二曰礼义道德是"国基"。针对桑弘羊以工商为治国之本的主张，文学们提出："礼义者，国之基也；而权利者，政之残也。"（《盐铁论·轻重》）对民众要立足于"防淫佚之原，广道德之端"，"导民以德则归厚"（《盐铁论·本义》）。只有实行"抑末利而开仁义"的德治，才可能达到"教化可兴而风俗可移"的盛世。三曰"崇利简义"是败政。文学们指责桑弘羊"崇利而简义，高力而尚功"。说这种治国方针，会滋长人们的求利思想，引起民心和民俗的败坏，是"开利孔为民罪梯也"，"犹人之病水，益水而疾深"。总之，贤良文学们认为应该树立"贵何必财，亦仁义而已矣""远浮利，务民之义"这样的价值观念。

贤良文学们对桑弘羊观点的批判，虽然未直接涉及"三纲五常"问题，但他们运用儒家"重义轻利"，"仁政德治"的传统观念，对"崇利简义"的法家价值观进行驳斥，有力地回应了法家思想的又一次挑战，维护了儒家的基本思想。这就从重视仁义道德的原则高度巩固"三纲五常"观念。由于汉昭帝和霍光实质上接受了贤良文学们的观点，所以，从此以后，儒家思想及其三纲五常观念的统治地位进一步巩固了。

2. 以"贵礼"经学巩固

汉代儒学采取了经学形式，即以解释儒家经典，阐发思想。独尊儒术之后，经学迅速发展。在经学中，由于对经书的解释和学者们对经、传的理解不同，经常发生分歧。例如，《春秋》经，有《公羊传》《谷梁传》《左氏传》三传，前二者详于解释经文之义例，后者详于春秋事实之叙述。前汉时，公羊春秋与谷梁春秋虽然皆为今文经学，但由于二者的主要精神有异，经学家的理解不一，所以常常发生争论，弄得众说纷纭，莫衷一是，甚至形成门户之见。汉宣帝为了平息争论、团结各派，建立统一的经学。于是，就于甘露元年（前53），召开了一次评《公羊传》《谷梁传》同异的会议。《公羊》学派和《谷梁》学派各派五位学者参加，集中讨论了三十多个问题。从武帝至宣帝九十多年间，《公羊》学派一直占有优势，董仲舒就是春秋公羊学的代表人物。所以，会议初始，《公羊》家坚持继续维护其传统优势，有意贬低《谷梁》家的地位，但由于名儒萧望之和汉宣帝的支持，会议终于使《谷梁》学家也获得了与《公羊》学相并列的地位。过了两年，宣帝又于石渠阁召集会议，令各派代表人物讲论五经的同异。会议围绕五经中的一些疑难问题展开讨论，由萧望之"平奏其议"，宣帝亲自裁定评判。会议形成了一些共同结论，除保留原有的博士外，又增加了梁丘《易》、大小夏侯《尚书》《谷梁春秋》四家博士。《谷梁》学派的地位又一次得到提升。

春秋公羊派与春秋谷梁派的争论，以及汉宣帝对谷梁派的支持，绝不是单纯的学术问题，而是与当时的现实政治问题和思想观念问题密切相关的。

《公羊春秋》的主要精神是强调"大一统"，所以它适应了汉代初期实现统一的需要，得到统治者的崇尚。但《公羊春秋》中却贯穿着"大义灭亲"的严刑峻法思想，这就为法家思想留下了余地。事实上，汉武帝虽在思想上尊儒，但其内外政策都打着深深的法家烙印，具有强烈的功利意识，这里显然与《公羊》学的影响有关。《公羊》学的这种特征，尽管加强了中央集权和等级制度，但却削弱了儒家的宗法情谊和宽厚仁爱。以价值观念言之，它虽然有利于"三纲五常"中政治价值层面的弘扬，但却轻视了其中的伦理道德价值。而《谷梁春秋》学却正是以重礼义教化，重宗法情谊为主旨的。例如《谷梁传》云："孝子扬父之美，不扬父之恶。""己废天伦，而忘君父，以行小惠，曰小道也"。又云："《礼》，妇人谓嫁曰归，反曰来归，从人者也。妇人在家制于父，既嫁制于夫，夫死从长子。妇人不专从，必有从也。"这些观点，充分体现了"多特言君臣、父子、兄弟、夫妇，与夫贵礼贱兵、内夏外夷之旨"（钟文丞《谷梁补注·论传》）的特征。可见，《谷梁》学具有加强宗法礼仪的控制的功能。这就是汉宣帝支持《谷梁》学的根本原因所在。他的目的，显然是为了纠正长期处于统治地位的《公羊》学由于强调法制所引起的弊病，转而"引先王礼宜于今日而用之"（《汉书·王贡两龚鲍传》），即以儒家的贵礼思想和礼仪制度，巩固和加强"三纲五常"价值体系。

自甘露元年召开"平《公羊传》、《谷梁传》同异"会议和甘露三年召开"杂论五经同异"的石渠阁会议之后，西汉统治者才真正把礼治思想和礼制建设提到了首位，使重视君臣、父子、兄弟、夫妇伦常之礼的礼教精神，日渐向社会扩大和深入。从此，重"大一统""行赏罚"的公羊春秋精神和"重天伦""贵礼治"的谷梁春秋精神，相辅相成，共同成为"三纲五常"的精神支柱。

3．以谶纬迷信强化

两汉时，谶纬流行，至西汉哀、平之世，更加泛滥。谶或谶语，是神预示人间吉凶祸福的启示或隐言；纬，相对于经而言，也是对经书的解释，其特点是对经书作神学性解释。谶纬相合构成了汉代神学迷信的集大成，是儒学的粗俗的神学形式。西汉末期，社会阶级矛盾和政治矛盾极端尖锐，各种势力为了达到自己的目的，大量编制谶纬，使其大肆泛滥。王莽篡汉利用过谶纬，以后刘秀即东汉帝位也引用谶语，作为受命根据。于是，他于中元元年宣布"图谶于天下"，使谶纬上升为国宪，享有神圣的地位，但为时不久，就跌入深谷。

汉代儒生所撰著的纬书，涉及内容颇多，有元气、阴阳、五行、八卦、天文、历数、历史、地理、乐理、医学、文字等等。但其中心思想是阴阳五行、天人感应、三纲五常。关于三纲五常，纬书论及的主要问题有：（1）神化人伦。纬书反复宣扬"逆天地，绝人伦，则天汉灭"；"逆天地，绝人伦，则蚊蚕兴"；"逆天地，绝人伦，当夏雨雪"；"逆天地，绝人伦，则二日出争"。把人伦与天地并列，说成是至高无上的神意。（2）昭明三纲。董仲舒虽然提出了三纲五常观念，但并没有关于"三纲"的明确用语，《礼纬·含文嘉》则首次昭明："君为臣纲，父为子纲，夫为妻纲。"这是历史上最早说明三纲的文句。（3）卦定五常。《易纬·乾凿度》在宇宙生成论的基础上，提出了天地、万物、人伦皆"以八卦为体"的新观念。认为八卦排列是一个固定的结构，一切都是由它决定的，五常也以八卦体为根据。"八卦之序成立，则五气变形，故人生而应八卦之体，得五气以为五常，仁义礼智信是也"。并具体地说：万物始于"震"，"震"为东方之卦，"故东方为仁"；成于"离"，"离"为南方之卦，"故南方为礼"；入于"兑"，"兑"为西方之卦，"故西方为义"；渐于"坎"，"坎"为北方之卦，"故北方为信"；"四方之义皆统中央，故乾坤艮巽，位在四维。……故中央为智"。（4）天主尊卑。纬书认为人间的贵贱、尊卑等级，都是由天所规定的，所以圣王必须"承天"来安排人间的等级秩序。"故圣王法承天，以法授事焉"，"尊卑各有等"，"君臣有差，上下皆次"，"贵贱有等，上下有顺"（《乐纬·叶图徵》）。

纬书以神学的形式所阐发的这些观点，显然是对董仲舒以"天人感应"论述三纲五常的进一步神秘化、神圣化。从而，使三纲五常更加具有不可抗拒的"神力"。由于纬书受到统治者的支持，在民间广为流传，所以神化了的三纲五常观念就更加深入人心。

4. 以法典形式强化

东汉时期，谶纬盛行，儒家经义更加宗教化，同时古文经学兴起与今文经学辩论，政治思想和学术领域出现了极其复杂的矛盾。为了解决这些矛盾，以免"章句之徒，破坏大体"，动摇三纲五常的基本原则。汉章帝于建初四年（79），接受了杨终的建议，召开了白虎观会议，其目的是"简省章句""共正经义"，即统一经学。

参加会议的有今文学者，也有古文学者，还有兼通今古文的学者。会议讨论的"经义"，内容涉及社会、礼仪、风习、国家制度、伦理道德等诸多方面，但贯穿其中的红线是加强三纲五常的宗法统治和君主专制制度。会议中的各派观点，由班固汇编成书，即著名的《白虎通义》。

从《白虎通义》一书来看，它综合谶纬和今古文经学，对三纲五常作了明确统一的论证和规定。

首先，对纬书提出的"君为臣纲，父为子纲，夫为妻纲"，作了更具体的规定和解释。它说："纲者，张也。纪者，理也。大者为纲，小者为纪，所以强理上下，整体人道也。人皆怀五常之性，有亲爱之心，若罗网之有纪纲而万目张也。"（《白虎通义·三纲六纪》）这种解释，特别强调了三纲五常"强理上下，整体人道"的功能。

其次，提出了"三纲六纪"的道德律。《白虎通义·三纲六纪》说：

"三纲者何谓也？谓君臣、父子、夫妇也。六纪者，谓诸父、兄弟、族人、诸舅、师长、朋友也。故今文嘉曰：'君为臣纲，父为子纲，夫为妻纲'。又曰'敬诸父兄，六纪道行，诸舅有义，族人有序，昆弟有亲，师长有尊，朋友有旧。'"并认为"三纲法天地人，六纪法六合"。这里显然是对"三纲"中三大人伦关系的进一步扩展和补充，增强了三纲五常的宗法性。

再次，进一步神化和加强了君权。它反复论证君权是神授的，"王者父天母地，为天之子也"，"帝王德合天地"（《号》）。反复强调君主的独尊地位，"君，群也，天下所归心"（《三纲六纪》）、"王者，往也，天下所归往"（《号》）。反复宣扬君与臣的统治与服从关系，"火、阳，君主之象也，水、阴，臣之义也"（《五行》），"君之威命所加，莫敢不从"（《嫁娶》）。

复次，用天地自然法则论证纲常伦理。《白虎通义》坚持自然之天与人伦道德的合一，把人间的纲常伦理秩序都说成是由天地自然法则设定的。例如，"天道所以左旋，地道右周何？以为天地动而不别，行而不离，所以左旋右周者，犹君臣阴阳相对之义"（《天地》）。又如："五行者何谓也？谓金木水火土也。言行者，欲言为天行气之义也。地之承天，犹妻之事夫，臣之事君也。谓其位卑，卑者亲事，故自周于一行，尊于天也。"（《天地》）

最后，对夫权作了更加绝对的规定，进一步贬抑妇女的地位。《白虎通义》通过字义的解释和自然的秩序，论证夫为妻纲，强化男尊女卑观念。"男女谓男者任也，任功业也。女者如也，从如人也。在家从父母，既嫁从夫，夫没从子也。《传》曰'妇人有三从之义也。'""夫妇者何谓也？夫者扶也，扶以人道者也。妇者服也，服于家事，事人者也。"（《嫁娶》）"夫有恶行，妻不得去者，地无法去天之义也。"（《嫁娶》）

《白虎通义》的上述观点，可以说是调动了宗教神学、官方经学、庸俗字学、世俗迷信等各种思想意识工具，来强化三纲五常的价值准则。由于白虎观会议是由皇帝亲临裁定的，因而就具有权威法典的性质。如此把神权与君权结合起来，强化三纲五常，是汉代统治者和经学家为强化主导价值观所做的最大一次努力。

汉代统治者，运用多种方式，巩固和强化三纲五常的历史过程表明，三纲五常的确是两汉时期的本位价值观念，是封建社会意识形态的核心。在中国封建社会上升时期，它对于统一思想，凝聚民众，稳定封建等级制度，巩固中央集权的封建专制，以及安定社会秩序，都起着积极的作用，因此它是适应当时社会发展需要的时代精神。对于封建统治者而言，它的重要性无异于一条精神生命线。所以，汉代的统治者后来把它称为神圣不可侵犯、永世不能更改的"纲常名教"。汉献帝说："夫君臣父子，名教之本也。"认为名教是"盖准天地之性，求之自然之理，拟议以制其名"，提出要"因循以弘其教"（《后汉书·献帝传》）。所谓"名教"，就是只管"名"，不责"实"。不管君、父、夫实际上是怎样的人，他们都有这些"名"给他们的权利；他们的臣、子、妻，对于他们都有绝对服从的义务。封建统治者认为，"名"是永恒不变的，所以"名教"也是永恒不变的。"三纲五常"经过不断强化而发展成为"名教"，就会日渐成为一种僵化的价值观念，日渐成为束缚个性、束缚思想的精神枷锁，它的积极作用就会减少，消极作用就会增加。于是，也就必然会遇到严峻的挑战，遭受严重的危机。

（四）正统价值观的批判

汉代统治者之所以对三纲五常不断巩固和强化，除了三纲五常对维护封建制度有重大作用而外，还因为社会上存在着背离它，甚至反对它的价值观念。随着三纲五常的不断神学化、法典化和名教化，它的迷信性、僵化性、教条性的一面也就愈加鲜明，对人们思想的束缚也日益严重。于是，东汉时期，特别是中后期，一些思想清醒的刚正之士，就对正统的价值观展开了批判，形成了一股"疾虚妄"的批判性思潮。在这些思想家中著名的有王充、王符、崔寔、荀悦、仲长统等人。说他们有批判思想，并非说他们在价值观念上，与三纲五常完全对立，而是说他们对三纲五常的神秘化、绝对化、片面性、教条性有所批判或弱化，而提出了一些合理的有利于社会发展的价值观念。

这些思想家对正统价值观的批判，集中在三个问题上：

一是扫除蒙在三纲五常上的神学迷雾。在东汉时期，三纲五常价值体系本身并没有丧失生命力，只是由于蒙在它之上的神学迷雾日益荒诞，从而使它的真实形象和实际作用受到损害。王充等人的批判首先着眼于对君权神授、天人感应、谶纬迷信的澄清。王充把天还原为自然之天，认为天是"含气之自然"，因此既不授权与君也不能谴告人君，天人之间不存在神秘的感应关系，君主也不是受命于天的"圣贤"。仲长统也认为，"人事"与"天道"无关，人间的吉凶祸福，"唯人事之尽耳，无天道之学也"。君主权力不是什么"当天命"得到的，而是先靠武力、才智取得政权，尔后，又依靠国家机器使"贵在常家，尊在一人"。这就从根本上否定了君权神授的理论。王充还提出，仁义礼智信五常也并非是由天命、神意安排的，而是人禀受自然之气形成的，"禀气有厚泊，故性有善恶也"（《论衡·率性篇》）。这诚然犯了把五常道德强加于自然的错误，但却扫除了"五常"之性受命于天的神秘性。批判思潮对三纲五常的天命神权观念的扫荡，尽管还很肤浅，但对动摇三纲五常的天命基础，将其还原为人间的伦理规范，安置于现实社会基础之上，具有重要意义。在现实的社会生活中人们是否接受和实践三纲五常的价值原则，并不在于这些原则是否具有"道之大原出于天"的神威，而在于它是否适应社会发展的需要，是否有其现实的经济基础。王充显然对此有所体认，他说："传曰：'仓廪实，民知礼节；衣食足，民知荣辱'。让生于有余，争起于不足。谷足食多，礼义之心生；……礼义之行，在谷足也。"（《论衡·治期》）这种看法，虽然还不是对道德起源和形成的科学解释，但他把道德状况与人们的物质生活状况相联系的思路无疑是正确的，是与董仲舒"王道之三纲可求于天"的神学起源论完全对立的。

二是矫正人伦关系中的绝对服从原则。汉代儒学在君臣、父子、夫

妻人伦关系的处理原则上，突出强调臣、子、妻对君、父、夫的绝对服
从，甚至将这种服从绝对化到"君不名恶，臣不名善；善皆归于君，恶
皆归于臣"（《春秋繁露·阳尊阴卑》）的程度。具有批判精神的思想家
对此也颇有异议。王符指出，君主并非都是善的，而是有"明君"和
"暗君"之分，"国之所以治者，君明也，其所以乱者，君暗也"（《潜
夫论·明暗》）；"人君之称莫大于明"（《潜夫论·明忠》）。他指责当时
的一些君主是"暗君俗至"，昏庸无能。他认为，明君应具备"兼听"
"纳谏""任贤使能""修身正心"等品德。他说，"人君常有过"，因此
要接受臣下的批评，使臣下能敢于直接发表意见，广开言路。如果不愿
接受臣下批评，"处世不得直其行，朝臣不得直其言"，那么就会走到
"俗化之所以败，暗君之所以孤"的绝境（《潜夫论·贤难》）。仲长统
也提出，君臣上下都应实称其名、才称其位、能任其职，"一伍之才，
才足以长一伍也；一国之君，才足以君一国者也；天下之王，才足以王
天下者也。"（《群书治要》引）这就从"才"的角度，纠正了"善归于
君，恶归于臣"的偏颇。关于君臣关系，荀悦在《申鉴》中认为，二者
对于统治天下都是不可缺少的，所以应该建立一种互相信赖、彼此合作
的"两立"关系。"或问'政治之要，君乎？'曰：'两立哉！非天地不
生物，非君臣不成治。首之者天地也，统之者君臣也。'"就是说，政治
不是君主个人的单独活动，君不离臣，臣不离君，二者相辅相成，共同
为治。成书于东汉中期的《太平经》，是原始道教的主要典籍，内容庞
杂，它一方面维护君主的权威；另一方面又提出君臣同心携手的主张。
认为君臣应该是相须相补的关系，"君须臣，乃能成治；臣须君，乃能
行其事"。并特别强调臣对君的辅佐，它说，君主不过是一个人而已，
必须听取臣的意见才能进行决策，而且臣的智慧也可能超过君主，"臣
智悉过其君，能为帝土师，其教若父，故师父事之"。因此，"君与臣合
心并力，各出半力，区区思同，乃成太平之理。"这种君臣互补、君臣
合心并力的观点，虽然与"君为臣纲"的原则不悖，但对限制君主的绝
对专制，确有积极意义。关于父子关系，批判思潮中也有不少真知灼见，

仲长统说，"父为子纲"就是要求子对父尽孝，但不能把"孝"教条化，以为孝就是"无违"。在一定情况下，违和不违都可以是孝，"父母不好学问，疾子孙为之，可违而学也；父母不好善士，恶子孙交之，可违而友也；士友有患故，待己而济，父母不欲其行，可违而往也。故不可违而违，非孝也；好违，亦非孝也，其得义而已也"（《群书治要》引）。"得义"就是把握孝德的精神，采取灵活的态度，因事制宜，不可拘守。以上"君有明暗论""君臣两立论""君臣合心论"以及"孝亦可违论"，尽管都还没有背离"三纲"的基本原则，但却对统治者和官方儒学把君臣、父子关系向臣、子绝对服从的单方面强化，是一种矫正和缓解，它有利于使绝对化人伦关系向相对性方面转化，这在当时的历史条件下，无疑是一种进步观念。

三是揭露名教纲常与社会现实的矛盾。东汉后期，君主昏庸，外戚弄权，官吏腐败，接二连三的党锢之祸，使得王朝的统治发生了严重的危机，整个上层建筑运转不灵，国家的情况一天比一天败坏。被神化了的三纲五常再也起不到统一民众思想，调整社会矛盾，维护社会秩序的作用。于是，名教纲常与社会现实之间的严重脱节甚至矛盾冲突的现象充分暴露。君不君、臣不臣、父不父、子不子的现实与君为臣纲、父为子纲的要求背道而驰，不仁、不义、无礼、无信的道德滑坡与仁义礼智信的五常规范形成反差。范晔在《后汉书·儒林列传》中论东汉中后期的政局时说："自桓灵之间，君道秕僻，朝纲日陵，国隙屡启，自中世以下，靡不审其崩离。"面对这种局面，具有理性精神的批判思想家们，志意蕴愤，痛心疾首，对社会政治危机激烈抨击，对纲常与现实的矛盾大胆揭露，放言高论，无所顾忌。他们首先指出，纲常破坏的主要原因，在于身居统治地位的君主。王权用自己的行为践踏了"君为臣纲"的原则和"五常"道德规范。因此，昏暗之主是造成"纲常"危机的罪魁祸首。崔寔说："凡天下之所以不治者，常由人主承平日久，俗渐弊而不寤，政寝衰而不改，习乱安危，逸不自睹；或荒耽嗜欲，不恤万机；或耳蔽箴诲，厌伪忽真；或犹豫歧路，莫适所从；或见信之佐，括囊守禄；

或疏远之臣，言以贱废；是以王纲纵弛于上，智士郁于下，悲夫！"（《全后汉文》卷四十六）仲长统说："彼后嗣之愚主，见天下莫敢与之违，自谓若天地不可亡也。乃奔其私嗜，骋其邪欲，君臣宣淫，上下同恶。目极角抵之观，耳穷郑卫之声。入则耽于妇人，出则驰于田猎。荒废庶政，弃亡人物，澶漫弥流，无所底极。信任亲爱者，尽佞谄容说之人也；宠贵隆丰者，尽后妃姬妾之家也。使饿狼守庖厨，饥虎牧牢豚，遂至熬天下之脂膏，斫生人之骨髓。"（《后汉书·仲长统传》）王符说："君不明则百官乱而奸宄兴。"（《潜夫论·爱日》）总之，他们都认为，由于人主昏聩荒淫，才造成了"王纲纵弛""朝纲日陵"。而人主之所以昏聩荒淫，则是由于将"君为臣纲"绝对化既形成了高度的中央集权专制，又引起了君主私欲膨胀、独断专行，过分夸大了君权在社会上的地位，"见天下莫敢与之违，自谓若天地之不可亡也"。这虽然没有明确批评"三纲"本身，但已间接地触及了"君为臣纲"的绝对化所造成的社会后果。

不但"君不君"，而且"臣不臣"，批判者们还深刻揭露了外戚擅权、宦官持政、官僚集团贪污腐败所引起的政治危机。仲长统说："权移外戚之家，宠被近习之竖，亲其党类，用其私人，内充京师，外布列郡，颠倒贤愚，贸易选举，疲驽守境，贪残牧民，挠扰百姓，忿怒四夷，招致乖叛，乱离斯瘼。"（《后汉书·仲长统传》）又说："其官益大者罪亦重，位益高者罪亦深"（《潜夫论·本政》）。不但权贵之臣不守"三纲"，"今者刺史、守相，率多怠慢，违背法律，废忽诏令，专情务利，不恤公事。"（《潜夫论·三式》）"令长守相不思立功，贪残专恣，不奉法令，侵冤小民"（《潜夫论·考绩》）。而且，利用手中的权势，加渴马守水、饿犬护肉一样，贪婪而又残暴地对百姓恣意掠夺，致使"百姓创艾，咸以官为忌讳，遁逃鼠窜"（《全后汉文》卷四十六）。

君臣如此，父子关系也非尽合纲常。汉代为了贯彻"父为子纲"特重孝道，提倡孝道，在选举制度中特设孝廉一科，自西汉至东汉，坚持不辍。数百年中，确也出现了许多孝行纯正之人，然降及东汉中叶以后，所谓孝廉者，徒为虚名。尤其到东汉末年，"选用失于上"，"贡举轻于下"，孝廉皆多名不符实之辈，当时的民谣云："举秀才，不知书；察孝行，父别居。"（《抱朴子外篇·审举》）纲常在父子之间的崩坏可见一斑。

夫妻关系乃是三纲中单方面服从义务最为严重的伦常。然而，也并非在现实中无背离之事。王符揭露东汉末世风凋敝时说："妇人不修中馈，休其蚕织，而起学巫祝，鼓舞事神，以欺诬细民，荧惑百姓妻女。赢弱疾病之家，怀忧愤愤，易为恐惧。"（《潜夫论·浮侈》）如此不守妇道，绝非特例。

总之，汉末世局，正如崔寔所云："政令垢玩，上下怠懈，风俗凋敝人庶巧伪。"（《后汉书·崔寔传》）三纲五常的价值系统在现实中几成崩解之势。批判思潮的代表者们所揭露的事实充分表明，三纲五常的政治价值取向已出现了极大反差。这些思想家对这一矛盾现象的揭露，本意并不在于否定或修改纲常价值系统，甚至还意在维护这一价值系统的纯正。因为，君为臣纲、父为子纲、夫为妻纲这三条，是封建伦常关系的核心，是维护统治秩序的关键，它们反映了封建社会的政治经济结构，有着历史的现实性。加之，经过官方的钦定，这些观念已经成为绝对无可怀疑的信条。所以，即使具有理性精神的批判者，也不可能超越历史和阶级的局限。然而，尽管如此，这种揭露本身，对于三纲五常在客观上也是一种动摇，使人们对它的合理性、可行性和效应性发生怀疑。

在对三纲五常价值观念系统的批判过程中，社会批判思潮的代表者，还针对现实的社会政治问题，提出了一些颇有见解的价值观念，以作为整治乱世，挽救衰世，摆脱危机的思想指导。由于各人所处时期不同，视角不一，提出的观念不尽一致，但其基调却有共性。综合观之，他们提出的主要价值观念是：

（1）"以民为基"。"民本""民贵"本来是儒家的传统观念，西周时就有"敬德保民"观念，后来孟子更明确地提出"民为贵，社稷次之，君为轻"。尽管提出这些观念的目的，是要从根本上维护统治者的利益，以免载舟之水成为覆舟之波。然而，并非任何一个统治者都能深刻地认识这个道理，都能切实地奉行重民政策。为此，每当社会经济、政治发生危机，统治者掠民虐民达到严重程度的时候，一些有识之士就会重申儒家的重民观念。东汉末年的批判思潮，正是在统治者胡作非为，推行暴政，不顾人民疾苦的情况下，继承和发展先秦以来的民本思想，指出人民虽然卑贱，却是国家的根基，要求统治者树立"重民""贵民"的价值观念，并将其贯彻到各种政策中去。王符说君权并不是让君主用来以权谋私、压迫民众的，而是为了为民众谋福利的。"故天之立君，非私此人以役民，盖以诛暴除害利黎元也"（《潜夫论·班禄》）。他要统治者认识，"国以民为基，贵以贱为本""国之所以为国者，以有民也"的道理，努力做到"圣王养民，爱之如子，忧之如家，危者安之，亡者存之，救其灾患，除其祸乱"（《潜夫论·救边》）。他提出"养民""爱民"要从两方面着手，一是"富民"——"为国者以富民为本"。统治者"必先知民之所苦"，懂得"民之所以为民者，以有谷也"的道理，解决好民众的生活，使其有饭吃，有衣穿，幼有所养，老有所终。二是"教民"——"明王之养民也，忧之劳之，教之诲之，慎微防萌，以断其邪"。只有在富民的基础上，进行思想教化，才会使民"明礼义"，"以道义为本"，美化社会风气。总之，君主制定政策的原则是"观民设教""德加于民政"（《潜夫论》）。为了强化统治者的重民观念，王符还利用"天"这个法宝作为"理论"支持，"天以民为心，民安乐则天心顺，民愁苦则天心逆。"（《潜夫论·本政》）利民众即是顺"天心"。荀悦与王符用语不同但思路几乎完全一致，也从"国基"和"天心"两个角度，强调重民的重大意义。他说，"爱民如子""爱民如身"，都未达到"仁之至"，只有做到"重民而轻身"，才算是真正的"爱民"，才达到了"仁之至"。那么，为什么君主要"重民而轻身"呢？荀悦指出："人主承天命以养民者也，民存则社稷存，民亡则社稷亡。故重民者，所以重社稷而承天命也。"（《申鉴·杂言上》）王曰"国基"，荀云"社稷"；王言"天心"，荀引"天命"，异语同意，异曲同工，皆在"养民""爱民""重民"。可见，这些思想家们，都把"重民"作为重要的价值观念，予以提倡、弘扬，以作为对"尊君"观念的补充和限制。

（2）"惟公是从"。公私问题是关于国家整体利益与个人私利的关系问题，是先秦哲学家早就提出的一对价值观范畴。荀子倡言"公正无私""志爱公利"，韩非主张"明于公私之分""去私心，行公义"。东汉末年，统治者在三纲五常的招牌下，以权谋私，假公济私，利用君父特权，把国家变成了个人的私产，"私此人也以役民"。针对这一现实，批判思潮的学者们，重提先秦时期"公正无私"的价值观念，并结合实际，予以阐释，借以扭转私欲横流的价值趋势。首先，他们指出"公"与"私"是两种对立的价值观念，二者标志着互相矛盾冲突的价值取向。"夫国君之所以致治者公也，公法行则轨（宄）乱绝。佞臣之所以便身者私也，私术用则公法夺。"（王符：《潜夫论·潜叹》）二者的矛盾对立，决定了为公还是为私，乃是区分"明主"与"暗主"的价值标准，"人主之患，常立于二难之间，在上而国家不治，难也。治国家则必勤身苦思，矫情以从道，难也。有难之难，暗主取之；无难之难，明主居之"（荀悦：《申鉴·杂言上》）。就是说，为公和为私是二难处境，以国家公利为重是"明主"的选择，以个人私欲为先是"暗主"的取向。为公还是为私，也是区分"治世"权力与"衰世"权力的价值标准，"治世所贵乎位者三：一曰达道于天下，二曰达惠于民，三曰达德于身。衰世所贵乎位者三：一曰以贵高人，二曰以富奉身，三曰以报肆心。治世之位真位也，衰世之位则生灾矣"（荀悦：《申鉴·政体》）。"达道于天下""达惠于民""达德于身"就是立权为公；"以贵高人""以富奉身""以报肆心"就是以权谋私。其次，他们认为，君臣私心膨胀、私欲泛滥是世局衰败、政治腐败的原因。君主，"私求则下烦而无度，是谓伤清。私费则官耗而无限，是谓伤制。私使则民挠扰而无节，是谓伤义。私惠则下虚望而无准，是谓伤正。私怨则天下疑惧而不安，是谓伤德"（荀悦：《申鉴·政体》）。大臣，"今公卿始起州郡而致宰相，此其聪明智虑，未必暗也。患其苟先私利而后公义尔"（王符《潜夫论·爱日》）。正是君之"私求"、大臣之"私利"，引起了政之"伤"，世之"患"。再次，他们提出，只有奉行"公正之心"，树立为公观念，才能扶危救倾，转乱为治。王符忠告君主为民众作奉公的表率："我有公心焉，则士民不敢念其私矣；我有平心焉，则士民不敢行其险矣；我有俭心焉，则士民不敢放其奢矣，此躬行者之所征者也。"（《全后汉文》卷八十八）他相信，只要人们普遍树立为公观念，就会出现羲农圣世："是故世主诚能使六合之内，举世之人，咸怀方厚之情，而无浅薄之恶，各奉公正之心，而无艰险之虑，则羲农之俗，复见于兹，麟龙鸾凤，复畜于郊矣。"（王符《潜夫论·德化》）总之，具有批判精神的思想家们极力提倡公而无私的价值观念和道德情操，把"不任所爱为之公，惟公是从谓之明"（荀悦《申鉴·杂言上》）。作为走出价值误区的指针，他们的上述见解不仅在当时是对症的良药，且至今仍蕴含着光辉。

（3）"德力具足"。"德"和"力"是治国的两种方针，两种工具。重视德化、德教、德政，还是重视物质实力、行政权力、军事武力、刑罚暴力，在先秦时期就是争论不休的价值问题，儒家重德，法家重力，各执一端，互相诘难。西汉王朝，虽然以儒家的重德轻力为价值标志，而实质上一贯是外儒内法、德力并重、王霸兼用的。汉宣帝以崇儒名世，可是当太子刘奭劝他亲用儒生，持刑毋刻时，他说："汉家自有制度，本以霸王道杂之。"（《汉书·元帝纪》)，这是对西汉王朝以德力并行为价值取向的明确总结。时至东汉，光武帝刘秀省刑罚、修文德，俨然有重德倾向。唯物主义哲学家王充，通过总结历史经验，针对现实问题，对德力问题，作了比较系统的思考，提出了"德力具足"的价值观念。他说："治国之道，所养有二：一曰养德，二曰养力。养德者养名高之人，以示能敬贤；养力者养气力之士，以明能用兵。此所谓文武张设，德力具足者也。"（《论衡·非韩》）王充认为"德"是社会的必要因素，是治国的重要原则，"世不乏于德，犹岁不绝于春也"（《论衡·非韩》），"治国之道，当任德也"（《论衡·非韩》）。又认为，"力"是人生的基本条件，"人生莫不有力"，力能致富，力能为功，力能胜敌。由此，他得出结论说，德与力是相辅相成的，一方面德能助力；另一方面力能助德。德和力两种价值对于国家都是不可或缺的。"外以德自力，内以力自备"，"德不可以独任以治国，力不可以直任以御敌也"；儒家重德轻力必然"有无力之祸"，法家崇力非德肯定"有无德之患"（《论衡·非韩》）。王充的德力具足观念可以说是关于德、力价值的比较公允全面的看法。

德力问题的一个具体内容是刑与德的关系问题，对此东汉末年的批判思想家也有与王充相近的观点。例如王符提出把"行德政"和"明法禁"统一起来，以"德政加于民"而以"刑法威奸惩严"。仲长统也认为要维护封建统治秩序，必须采取德刑并举的办法，两者相辅相成，不可偏废，在一般情况下，二者的关系是德主刑辅。他说："情无所止，礼为之俭；欲无所齐，法为之防。越礼宜贬，逾法宜刑。先王之所以纪纲人物也，若不制此二者，人情之纵横驰骋，谁能度其所极者哉？"（《群书治要》引）又说："德教者，人君之常任也，而刑罚为之左助焉。"（《群书治要》引）他还指出，在"奸宄成群"的特殊情况下，也要"严刑峻法"。

批判思潮的学者们，关于"德力具足""德刑并举"的观点，显然是针对东汉时的统治者们在德、力关系上的片面性和极端化而提出的。尤其是到了东汉衰世，德不能正己化民，力不能制奸抑邪，治世乏术，纲常失坠，王符、仲长统等人，才不得不从德力价值观念上，探讨良方，匡救时弊。

（4）"德能兼备"。"德""能"是关于道德和智力、才能二者的价值地位及其相互关系的问题，也是关于评价、选拔人才的价值标准问题。先秦儒家关于道德和才能的价值关系，集中表现在孔子"仁智并举"的观念中，孔、孟、荀都以"既仁且智"作为理想的人才素质，在仁智统一中更重视仁德的一面，法家用人有重智轻德倾向。东汉末年，政治腐败的一个重要原因是统治者用人不当，或徇私情将一些庸人、庸才提拔到重要岗位，委以重任。或失考察，在举贤的名义下，将一些"假贤"选为"真才"，致使鱼目混珠，假冒伪劣"人才"当道。王符在揭露这种现象时说："群僚举事者，或以顽鲁应茂才，以桀逆应至孝，以贪饕应廉吏，以狡猾应方正，……名实不相副，求贡不相称。"（《潜夫论·考绩》）针对这种弊端，批判思潮的代表者们提出"德能兼备""尊贤任能"的人才价值观。他们的主要观点是：第一，"德能兼备"应是优秀人才的基本素质，二者兼备，才能称为"真贤"。王符指出："德不称其任，其祸必酷；能不称其位，其殃必大。"（《潜夫论·忠贵》）在德能二者中，德的价值地位更重要，仁、义、礼、信"四者并立"，恕、平、恭、守"四行乃具"，是谓"真贤"。第二，反对以出身地位、贫富贵贱、亲疏远近作为评价和选择人才的标准。王符说："所谓贤人君子者，非必高位厚禄富贵荣华之谓也，此则君子之所宜有，而非其所以为君子者也。""君子未必富贵，小人未必贫贱。"（《潜夫论·论荣》）因此，选贤才时，不能"以族举德""以位命贤"；"苟得其人，不患贫贱；苟得其材，不嫌名迹"；惟其忠也，"不患非国士"，惟其任也，"何卑远之有"？仲长统反对以"阀阅"取士的制度，主张以"善士"为唯一标准。"今仅谓薄屋者为高，藿食者为清，既失天地之性，又开虚伪之名，使小智居大位，庶绩不咸熙，未必不由此也。""夫选用必取善士。"第三，"尊贤任能"对于治国有重要意义。王符说，"国以贤兴""国之乱待贤而治"，只要人君能尊贤任能，那就会"身常安而国永保也"；"治世不得真贤，譬犹治疾不得真药也"（《潜夫论·思贤》）。仲长统也认为，无论对于理论工作，还是实际工作，贤能之才都是必不可少的，"论道必求高明之士，干事必使良能之人"（《群书治要》引）。

"民为国基"的民本价值观，"惟公是从"的道德价值观、"德力具足"的政治价值观和"德能兼备"的人才价值观，是汉末社会批判思潮提出的重要价值观念，这些观念，虽然多为拯救时弊而发，但其中包含着合理因素，无疑具有普遍意义。对于封建时代来说，它可以补救、纠正三纲五常价值观系统中所固有的不合理性，抵制其对于历史发展所造成的消极因素和阻碍力量；对于现代社会来说，它可以启示我们建立全面、合理的价值观念，以推动社会进步。

两汉四百年间，参证天人，熔冶儒法，精心铸造，惨淡经营，建构了三纲五常的价值观念体系。这个体系的核心内容，是儒家尊崇君父特权的现实的政治、伦理价值取向，而论证方式却是充满宗教神秘主义的天命神学。现实的政治道德内容，神秘的天人感应形式，是这一价值观念体系的突出特征。这一价值观念体系是通过对秦代价值观念的批判扬弃，对先秦多元价值观的比较选择，对殷周天命神学的重新回归而铸造起来的。它的出现，从形式看，表现了从殷周天命信仰到先秦理性精神再到汉代理性与信仰结合（天人感应），这样一个否定之否定的演变过程；从内容看，表现了从重视道德价值（西周和先秦儒家）到重功利、法治价值（秦）再到以道德价值为主导的礼治与法治的融合，这样一个否定之否定过程。因此，它体现了价值观念本身的演变规律。它的铸造是汉代统治者从新兴地主阶级主体需要出发进行选择的结果，而这种选择又是与封建社会发展的进程（形成中央集权的封建专制社会）相符合的。所以，"三纲五常"是处于上升时期的新兴地主阶级的主体需要与历史发展的客观进程（中央集权的封建专制制度的形成）的统一。衡量一种价值观是否合理，归根结底在于看它所反映的主体利益是否与历史发展的客观必然进程相一致。如果它反映的主体利益、主体需要与历史发展的客观必然进程是一致的，那么它就是合理的。"三纲五常"就是具有历史合理性的价值观念。正由如此，它才在汉代具有顽强的生命力和促进封建化进程的积极作用。尽管论证它的宗教神学会随着思想的发展而被扬弃（汉末社会批判思潮的出现，就是这种扬弃的表现），但只要封建的政治经济结构没有改变，纲常名教本身还会在相当长的历史时期内作为主导性的价值观念而存在并发挥作用。当然，它的理论形态，会因受当时社会实际问题和思想状况的制约而发生变换；它固有的局限性、绝对性和片面性，也会因其对社会发展和人的发展的束缚而受到批判。

四 “自然”的崇尚

——魏晋南北朝时期的价值转向

　　农民起义、群雄割据，宣告了东汉王朝的终结。从此，中国社会又一次陷入分裂、动乱的局面。在长达近四百年的魏晋南北朝时期，战争频繁，政权更迭，东西冲突，南北对峙，历史处于规模浩大的震动之中。社会的剧烈震荡，必然引起价值观念的变化，两汉时期营造的一元化的三纲五常价值观体系，随着刘汉王朝的灭亡，也面临着崩解的命运，代之而起的是多元价值观念的激烈冲突。在这多元的价值观念中，能够体现这一时代特征和反映价值观念演变规律的，是和纲常名教相对立的自然价值观。因此，“圣人贵名教，老庄明自然，其旨同异？”（《晋书》卷四十九）就成为这一时期价值观争论的焦点；“任自然”（崇尚自然），就成为这一时期价值观念转向的标志。“自然”是道家哲学的重要概念，它不是指客观存在的自然界，而是指一种不加强制而顺应自然的状态，即“自己如此”的状态。在道家看来，“自然”既是宇宙万物实际存在的状态，又是人和社会“应该如此”的状态。所以，“自然”不仅是道家哲学用以描述客观事物存在特征的本体论概念，而且也是道家哲学中标志价值的概念。魏晋南北朝时期，崇尚自然即主张人和社会都应该“自然无为”，成为许多知识分子倾心追求的价值目标。这是道家价值观在新的历史条件下的重新兴起，是道家对儒家价值观念的主导地位的一次挑战。

（一）动乱时世的价值危机

价值观念是时代的产物。在不同的时代，由于其经济基础，阶级结构，政治格局和文化环境不同，所以处于不同社会历史条件的主体需要也就不同。不同的主体需要反映在观念层面上，就表现为不同的价值观念。三纲五常的价值观念体系是适应于汉代高度集中的君主权力和大一统的社会结构而建立的，到了魏晋南北朝时期，价值观念所赖以生成的社会环境发生了令人瞩目的变化，于是，两汉时期占统治地位的纲常观念就发生了危机，人们在充满战乱的时世，感到茫无归宿，不得不探寻新的价值家园。

1. 动乱时世

随着汉帝国的崩溃瓦解，先有魏、蜀、吴三国鼎立，继之而起的是命祚短促的西晋，随着西晋的灭亡，在南方，有东晋，宋、齐、梁、陈王朝的兴亡更迭；在北方，先有十六国割据，后有北魏、东魏、西魏、北齐、北周的权力嬗递。四百年中，权力的激烈争夺和快速更替，绘成了一幅破碎、断裂、动乱的历史画面。而这种破碎、断裂、动乱的历史画面的根源，则存在于社会的经济结构、阶级结构和政治结构之中。

魏晋南北朝时期经济结构变化的主要标志是世家大族的庄园经济的兴起。这种经济结构虽然与两汉时期的集权式地主经济都是地主阶级占有土地的封建土地私有制，但却具有自身的特征。首先，大庄园主控制小庄园主，小庄园主控制劳动者，而大庄园主又归附某一政权，构成了庄园组织外部的贡纳关系。这些庄园主都在自己的控制地域上建立坞堡以自卫，形成一个独立的组织单位。据《晋书》载，苻坚于淝水战败后，仅关中就有大小坞堡三千余所。其次，庄园领主（坞堡主、宗主）对其所控制的农民，不仅有经济上的剥削权，还有行政上的管理权，对庄园内所有人家的土地拥有支配权。投靠于豪门庄园主的农民，不再是国家的编户齐民，不向政府缴纳租税和徭役，而与贵族庄园主有人身依附关系，要为主人承担各种杂役。再次，世家巨族的庄园领主有自己的私人武装，他们既是地主豪门又是军事首领，投靠他们的农民，平时耕田，战时作战，从事着军事或生产的活动。而庄园经济也成了一种既军事又经济的单位。最后，世家大族的庄园自成一个社会，经济上基本上是自给自足，"闭门而为生之具以足"。领主庄园之间，关卡林立，几乎处于被隔绝的状态，统一的货币被破坏，商品经济普遍衰落。由此看来，世家大族的庄园经济是一种宗法性、军事性、经济性兼于一体而又独立性极强的经济结构模式。

魏晋南北朝时期的政治结构和庄园经济的发展相适应，主要特征是政权的门阀化和权力的分散性。门阀世族由于经济实力雄厚，具有参与政权的充分条件，于是，一方面，官僚机构逐渐为世袭贵族所垄断。自魏文帝曹丕开始"九品中正制"之后，门阀士族的政治地位不断提升。所谓"九品中正制"，就是在州县设中正官，考察辖区的人才，将品等分为上上、上中、上下、中上、中中、中下、下上、下中、下下九品，上报中央政府，中央政府按品级任官。由于中正官多为门阀士族代表所担任，考察人才时，并不以德才、学识为尺度，而以家世门第为标准，所谓"上品无寒门，下品无士族"。所以，寒门庶族，即使德高学博，也难以入仕，特别是不可能列为上品担任国家高级官员，而出身于门阀士族的，则往往得以膺选和任用。于是，国家官僚机构就成为贵族门阀专权的舞台。另一方面，君主对门阀贵族的依赖性很强。由于门阀贵族势力的强大，连皇帝也不敢得罪他们，甚至千方百计巴结、依靠他们，致使"君道虽存，主威久谢"。例如，东晋司马睿登帝位的第一天，竟让王导同坐御床，要百官朝拜。这就造成了门阀士族"操人主之威福，夺天朝之权势"（《晋书·刘毅传》）的局面。政治权力的门阀贵族化，必然导致权力的分散性。各门阀世族，凭借他们的经济实力和政治优势，划分势力范围，争权夺利；他们不但不受制于当朝政治，反而影响和干预当朝政治，并觊觎君主权力。于是，群雄割据，大一统的政治格局被破坏。

阶级是经济结构和政治结构的载体。魏晋南北朝时期，社会上存在着地主阶级和农民阶级（包括自耕农、部曲和奴婢）两大基本阶级。在地主阶级内部存在门阀士族地主和庶族地主两大阶层。因此，社会矛盾就错综复杂，不但有广大农民阶级与地主阶级的矛盾，还存在着庶族地主与门阀贵族地主之间的矛盾，也还有门阀士族与中央皇权的矛盾。而且，各门阀士族之间，为了争夺政权，争夺土地，争夺人口，也存在着尖锐矛盾。这样纵横交织的社会、阶级、阶层、集团之间的矛盾，强化着当时经济结构和政治结构，而经济结构和政治结构又加深着各类政治矛盾。此外，魏晋南北朝时期，民族矛盾也十分突出，而民族矛盾又与阶级矛盾相互交织，更增加了矛盾的复杂性。

正是这种经济结构、政治结构和阶级结构，造成了这一时期长达数百年的破碎、断裂和动乱的局面。经济一元化破碎了，政治一元化破裂了，两汉时大一统的格局被山河破碎的景象所取代。世局的分裂和动乱，必然引起价值观念的裂变，三纲五常价值观念体系就在这动乱时世中走向衰颓。而门阀世族正是毁坏纲常名教的罪人。

2. 纲常衰颓

纲常名教在魏晋南北朝时期，虽然不能说荡然无存，但其一体化的调节功能已基本失灵，价值信仰危机，如夕阳之西沉，价值精神建构，如大厦之将倾。《晋书·儒林传序》云："有晋始自中朝，迄于江左，莫不崇饰华竞，祖述玄虚，摈阙里之典经，习正始之余论，指礼法为流俗，且纵诞以清高，遂使宪章弛废，名教颓毁，五胡乘间而竞逐，二京继踵以沦胥，运极道消，可为长叹息者矣！"《晋书·范宁传》描述当时思想道德的情势是"仁义幽沦，儒雅蒙尘，礼坏乐崩，中原倾覆"。"宪章弛废""名教颓毁""仁义幽沦""礼坏乐崩"正是当时正统价值观念衰颓的真实写照。

纲常价值观念体系的衰颓，首先，表现在对儒家礼教的背叛上。魏晋之际的嵇康,毫不掩饰地把批判的矛头指向儒家的礼教典籍和仁义道德,认为"六经以抑引为主",违背了人的"从欲"本性,所以"全性之本,不须犯情之礼律"(《难自然好学论》)。他还指出,提倡仁义、名分,不过是为了束缚人们的思想、行动,"造立仁义,以婴其心;制为名分,以检其外"。公然声称自己是"非汤武而薄周孔"(《与山巨源绝交书》)。阮籍、郭象也声称:"礼岂为我辈设?"(《世说新语·怪诞》)"礼者,世之自行,而非我制"(郭象《庄子·大宗师注》)。人们不但在言论上"背叛礼教",而且在生活中也"动违礼法"。其时名士,"以放怪为达",颜师伯饮酒时"男女亲授",阮籍醉酒,卧于当垆女之侧;谢安"每游赏,必以妓女从";山阴公主"立面首左右三十人";贵游子弟"散发倮身,对弄婢妾"。诸如此类的反礼教的放纵行为,不胜枚举。

其次,表现在对"三纲"伦理的破坏上。"夫君臣父子,名教之本也"。然而,在魏晋时期,君臣父子夫妇之道大废,伦际间竟成了"无君臣""无父子""无夫妇"的混乱境地。

在君臣伦理上,"非君论"兴起,阮籍"非君"于前,鲍敬言继之于后。阮籍认为,君臣的设立是天下万弊丛生的根源,"盖无君而庶物空,无臣而万事理";"君立而虐生,臣设而赋生"。君的最大祸害在于,贼害万姓,一方面"坐制礼法,束缚下民";另一方面"竭天地万物之至,以奉声色无穷之欲"。总而言之,君的作为"非所以养百姓也"(《大人先生传》)。嵇康也十分痛恨那些"劝百姓之尊己,割天下以自私,以富贵为崇高,心欲之而不已"的丑恶君王。(《答难养生论》)鲍敬言更为激烈地提出"无君"的主张。他在《无君论》中说,君臣不是历来就有的,"曩古之世,无君无臣"。君臣之道的出现,乃是"强凌弱""智诈愚"的结果,而并非出于天命神意,"夫强者凌弱,则弱者服之矣;智者诈愚,则愚者事之矣。服之,故君臣之道起焉;事之,故力寡之民制焉"。而当君臣之道出现之后,社会的一切罪恶和苦难就随之而来。"君臣既立",剥削严重,"聚敛以夺民财",造成了"万姓困""下民贫";"君臣既立",战争不止,"推无仇之民,攻无罪之国","忠良见害于内，黎民暴骨于外"；"君臣既立"，礼法扰世，"闲之以礼度，整之以刑罚"，"人主忧栗于庙堂之上，百姓煎扰于困苦之中"。因此，他主张"无君"。鲍敬言倡"无君"，除了基于对"君臣既立"所造成的社会危害的认识之外，还立据于他的自然平等观念，他说："夫天地之位，二气范物。乐阳则云飞，好阴则川处。承刚柔以率性，随四八而化生，各附所安，本无尊卑也"。自然界本质上是平等的，人世间就不应有尊卑贵贱之分，君臣上下之别。鲍敬言和阮籍的无君论，抹去了封建君主头上的灵光，摧毁了纲常伦理的核心。这种观念的出现并非偶然，乃是社会上君臣纲常崩坏的理论反映，魏晋之时，废立篡弑相仍，君臣之道久废。门阀世族，目中无君；豪门贵族，保家忘国；地方政权官吏的心目中，只有一个地方政权观念，并没有中央君主观念，甚至已进身为中央官吏，仍念念不忘地方旧主。诚如钱穆先生所云："国家观念之淡薄，逐次代之以家庭。君臣观念之淡薄，逐次代之以朋友。"①

在父子伦理上，纲常也遭非议。孔子二十世裔孙孔融以自然情欲说父子关系，认为"父之于子，当有何亲？论其本意，实为情欲发耳"（《后汉书·孔融传》）。从根本上否定了父子之间的伦理道德关系，可谓骇世之论。嵇康被司马昭所杀，其子嵇绍却出仕于晋而忘记了杀父之仇，山涛竟以天地四时消息为言，为其辩解。顾炎武评论说："败义伤教，至于率天下而无父。"（《日知录》十三）不仅如此，父子之间的尊卑界限也被打破，胡母辅之的儿子谦之，虽少才学，却多狂气，酒醉之后，对父直呼其名，辅之也不介意。父子纲常的败坏由此可见一斑。

在夫妻伦理上，夫为妻纲的观念也受到了动摇。《抱朴子·疾谬》论当时妇道云："今俗妇女，休其蚕织之业，废其玄紞之务，不绩其麻布也。婆婆舍中馈之事，修周旋之好，更相从诣之适，亲戚承星，举火不已。于行多收侍从，曎晔盈路，婢使吏卒，错杂如市，寻道褒谑，可憎可恶。或宿于他门，或冒夜而返，游戏佛寺，观视渔畋，登高临水，

---

① 钱穆：《国史大纲》上册，商务印书馆1994年版，第218页。

出境庆吊，开车塞帏，周章城邑，杯觞路醉，弦歌引奏，转相高尚，习非成俗，生致因缘，无所不肯，诲淫之源，不急之甚。"《世说新语》记载当时江南妇女吹拉弹唱，饮酒谈玄，游山玩水，追踪高范；《颜氏家训》记述北方妇女争讼曲直，告请逢迎，为夫诉讼，代子求官。不但在日常生活中，不守妇道，不遵妇德，而且在夫妻关系中，以卿卿我我的情感代替了严峻冷酷的礼法，以平等相处的关系代替了尊卑上下的秩序。

再次，表现在对五常之德的批判上。仁义礼智信五常乃是儒家的基本道德价值。魏晋时期，人们对它的神圣性和优越性开始怀疑，并由怀疑而走向批判。王弼指出当时的仁义道德并不能引导人们修德，而却被利欲之徒当作欺世盗名、沽名钓誉的工具，所以愈是倡导仁义，虚伪风气愈是浓烈。"崇仁义，愈致斯伪。"（《老子指略》）因此，他认为："兴仁义以敦薄俗，未若抱朴以全实。"主张"绝仁弃义""绝圣弃智"。嵇康认为，仁义道德是束缚人精神的枷锁，违反了人的"真性"，因此，与其"造立仁义，以婴其心"，不如"越名任心""无为正当"。阮籍深刻地揭露说，统治者提倡仁义礼法，并不是用来约束他们自己而是用来欺骗和束缚人民。他们自称是奉仁义、守礼法的君子，其实都是些"假廉而成贪，内险而外仁，罪至不悔过，幸遇则自矜"的小人（《大人先生传》）。他抨击说："汝君子之礼法，诚天下残贼、乱危、死亡之术耳！而乃自以为美行不易之道，不亦过乎！"（《大人先生传》）

言论如此，人们的实际表现如何呢？且看史籍的记述：少年，"窃见当今年少，不复以学问为本，专更以交游为业"；国士，"国士不以孝悌清修为首，乃以趋势游利为先"（《三国志·董昭传》）；为官者，"今当官者以理事为俗吏，奉法为苛刻，尽礼为谄谀，从容为高妙，放荡为达士，骄蹇为简雅"（《晋书·熊远传》）；普通人，"唯以居位为贵，人弃德而忽道业，争多少于锥刀之末"（《晋书·卫瓘传》）；知识层，"蓬发乱须，横挟不带，或褰衣以接人，或裸袒而箕踞，朋友之集，类味之游，莫切切进德，闾闾修业，改过弼违，讲道精义。其相见也，不复叙离阔间安否。宾则入门而呼奴，主则望客而唤狗。……及好会，则狐蹲牛饮，争食竞割，掣拨淼习，无复廉耻，以同此者为泰，以不尔者为劣。终日无及义之言，彻夜无箴规之益。诬引老、庄，贵于率任，大行不顾，细礼至人。不拘检括，啸傲纵逸，……率皆皮肤狡泽而怀抱空虚"（《抱朴子·疾谬篇》）。仁义礼智信"五常"之道和"三纲"一样，可谓是日薄西山，气息奄奄了。

纲常的衰颓，从"源"上说，是动乱时世的必然产物，从"流"上说，是汉代纲常价值体系极端化的必然结果。物极必反，盛极而衰，是事物的演变规律，也是价值观念的演变规律。魏晋时纲常的衰颓，表明了一种新的价值观念将取旧的主导价值观而代之。上帝死了，人还活着，价值追求的历程不会停止，一面与"名教"相异的"自然"价值观的旗帜，在迎着动乱时代的风云而招展。

（二）崇尚"自然"的价值内涵

在道家哲学中，"自然"是宇宙本体"道"的特性，所谓"道法自然"。由此，也就决定了万物的自然本性和人的自然本性。这是本体论意义上的"自然"。由本体论引申出价值论，道家于是主张人也应该像宇宙本性那样生存，从而，"自然"也就成了标志人的生存方式和人的价值态度的概念。这是价值论意义上的"自然"。当魏晋时期的玄学家们，以"自然"和"名教"对应而言时，这里所谓的"自然"并不仅是本体论上的"自然"，而是包含着价值论上的"自然"。因此，"自然与名教之辨"，讨论的并不全是价值与本体的关系，也是两种价值的关系。无论是"名教出于自然"，或是"越名教而任自然"，抑或是"名教即自然"，都是本体论与价值论合一的命题。在有些伦理学史的著作中，之所以把名教与自然的讨论，仅仅说成是玄学家探讨道德（名教）的本体论（自然）根据问题，就在于没有看到道家的"自然"概念有本体与价值双重含义，仅把"自然"看作本体论概念。

魏晋时期的思想家们提出"崇尚自然"的价值观念，是对汉代崇尚儒家纲常伦理价值观的否定，也是对先秦道家自然价值观的复归。如果说，汉代儒学是通过否定秦代法家观念而走向对先秦儒家观念（以及西周敬德观念）的复归的话。那么魏晋玄学则是通过否定汉代儒家观念而走向对先秦道家观念的复归的。既然是通过否定环节的复归，那么就不是简单的重复，而是一种上升的发展。魏晋时期的自然价值观的内涵与先秦老、庄道家的价值观念，既有联系又有区别，既有其同也有其异。

作为魏晋时期价值观念主旋律的"自然"价值观，其内涵是十分丰富的。概括言之，约有六端。

1. 个体自我的觉醒

儒家固然不否定个体价值，甚至对个体价值有所肯定，但在个体与群体的比值上，儒家是重群轻己的，特别在汉代纲常伦理的价值观体系中，个体价值几被"君为臣纲，父为子纲，夫为妻纲"所扼杀。魏晋名士继承、发扬了道家"独有之人，是为至贵"的个体价值观，在崇尚自然的价值取向中，充分肯定和弘扬了个体价值，在他们的心目中，君王和国家、伦理和社会、群体和世界，都是个体自我的奴隶。王弼的"修己莫若自保"（《周易略例·颐卦》）的"自保"论，嵇康"有主于中"（《答难养生论》）的"意足"论，郭象的"造物无主，物各自造"（《庄子·齐物论注》）的"自造"论，都是重个体价值的理论表现形式。特别是郭象的"独化"论认为，每个事物都是自己造自己，自我发展，自己变化，都不依赖自己以外的事物。就一个人说，他的身体虽然只有七尺之高，但其中是肝胆俱全。在宇宙中间，人的身体是渺小的，但是整个宇宙都为他服务。他说："故自然者，即我之自然"（《庄子·齐物论注》）。从哲理的高度申明了个体的绝对价值。在魏晋时代，这种强调自我的言论，可谓比比皆是，不胜枚举。殷浩云："我与我周旋久，宁作我。"晋代王廙宣称："画乃吾自画，书乃吾自书。"南齐言："不恨我不见古人，所恨古人不见我。"

他们不但言论如此，行事上也表现出一种独来独往、我行我素的自我独立意识。阮籍正居母丧，还是照样饮酒吃肉，"礼法之士"何曾在一旁批评他有伤风教，而阮籍"饮啖不辍，神色自若"（《世说新语·任诞》）；刘伶纵酒放达，有时脱衣裸形在屋中，旁人讥笑他，他还说："我以天地为栋宇，屋室为裈衣，诸君为何入我裈中？"（《世说新语·任诞》）据说，当时有一个名士，在夜间忽然想起一个朋友，此时天正下雪，他叫了一只船，连夜冒雪往朋友家去，一直走到天明，才到朋友家门口，可是他又不进去了，乘兴而归。别人奇怪地问他，他说："乘兴而行，兴尽而返。"（《世说新语·任诞》）原来他只是凭个人一时高兴。这些宣泄个性的放达行为，是对个体自我价值的自觉。

正由于这种对个体自我的自觉，他们才不会把自己同化在群体中，迷失在世界里。魏晋名士的个体价值观，充分表明他们以自我个体为价值主体的强烈意识，而这种意识，乃是他们一切价值观念的出发点。

2. 生命价值的珍重

儒家重视生命价值，但认为生命的根本意义在于对仁义道德的承担，如果生命的保持与道德的实现发生矛盾，儒家主张应毫不犹豫地牺牲生命，实现道德价值。孔曰"杀身成仁"，孟曰"舍生取义"，就是在道德与生命两种价值之间进行选择的基本原则。可见，在生命与道德的比较上，儒家更重视道德价值。先秦道家认为生命价值比仁义道德更为重要，因而主张"弃义全生"。他们说，人的生命是自然过程，既不应过分执着地"贵"，也不应任意轻率地去"轻"，而应该通过"因任自然""深根固柢"，去"全生""养生"，并达到"长生"。所谓"深其根固其柢，长生久视之道也"，"以其不自生，故能长久"（《老子》）。魏晋时期，动乱、争夺、战争、杀戮连绵不断，人的生命处于各种灾祸的威胁之中，朝不保夕，岌岌可危。现实社会对生命价值的轻视，一方面使人感受到生命的短促，人生的悲苦，世路的坎坷；另一方面又使人觉得生命的宝贵，人生的堪恋。于是，道家的"全生"观念，成了当时的士人们对待生命价值的指导。

诗人们在似乎消极、悲观的感叹中，表达着对个体生命的强烈的欲求和留恋。"生年不满百，常怀千岁忧"；"人生寄一世，奄忽若飘尘"；"人生忽如寄，寿无金石固"——这是《古诗十九首》对生命短促的感喟！"对酒当歌，人生几何，譬如朝露，去日苦多"；"人亦有言，忧令人老，嗟我白发，生亦何早"；"人生处一世，去若朝露晞，年在桑榆间，影响不能追。自顾非金石，咄唶令人悲"——这是曹氏父子对人生倏忽的悲歌！"人生若尘露，天道邈悠悠。齐景升丘山，涕泗纷交流。孔圣临长川，惜逝忽若浮。去者余不及，来者吾不留"——这是阮籍对生命飞逝的咏叹！"置酒高堂，悲歌临觞。人寿几何，逝如朝霜。时无重至，华不再阳。苹似春晖，兰似秋芳。来日苦短，去日苦长。今我不乐，蟋蟀在房"——这是陆机对生命无多的忧伤！"悲晨曦之易夕，感人生之长勤。同一尽于百年，何欢寡而愁殷"——这是陶渊明对人生悲苦的叹息！在诗人们这些不同风格的诗句中，回旋着一个主题：生命短促，值得珍惜。

哲人们在似乎深奥、玄远的论述中，表达着对生命价值的沉思。王弼认为，人是天地万物中的一物，人的生命有崇高的价值，应该保全，但人不能把生命看作自己的私有，而应该与自然之道合一，"以无为用"，才能使生命的价值得到维护，得到提升。他说：如果"殊其己而有其心，则一体不能自全，肌骨不能相容"，即生命价值不能得到维护。而如果"由乎道也"，"以无为用"，那么，个人的生命就能"形名俱有而邪不生，大美配天而华不作"（《老子注》第三十八章）。他认为，这就是老子"后其身而身先，外其身而身存"的保全生命价值之道。嵇康也认为维护生命的价值应该"心不违乎道"，他说："顺天和以自然，以道德为师友，玩阴阳之变化，乐长生之永久，任自然以托身，并天地而不朽。"（《答难养生论》）就是说，遵循道德顺应阴阳，因任自然，就可以使生命具有"不朽"的价值。根据这一观念，他还提出了具体的养生方法，他说："是以君子知形恃神以立，神须形以存，悟生理之易失，知一过之害生。故修性以保神，安心以全生，爱憎不栖于情，喜忧不留于意，泊然无感而体气和平。又呼吸吐纳，服食养生，使形神相亲，表里俱济也。"（《答难养生论》）就是说，养生的最好办法是从精神和肉体两方面同时下手，形神交养，以养神为主，他说的呼吸吐纳服食（吃补药），就是养形的条件，而"修性""安心""泊然""和平"，就是养神的内容。郭象认为，"死生之变，变之大者也"（《庄子注·德充符》），应该在一个制高点上，理解生命的价值，这个制高点就是天地万物一体。只要站在这个制高点上，就会看到"死生变化，无往而非我矣。故生为我时，死为我顺。时为我聚，顺为我散。聚散虽异，而我皆我之，则生故我耳，未始有得；死亦我也，未始有丧。夫死生之变，犹以为一"（《庄子注·德充符》）。就是说，死生都是"我"的存在方式，两种方式，虽然不同，但是都是"我"的价值的体现。这个"我"就是死生的主体。郭象是从自我主体的高度来审视生命价值的（也审视死亡的价值）。他把对生命价值的这样理解叫作"妙心"。哲人们用不同的语言，从不同的视角，表达着一个观念：生命是宝贵的。

魏晋时期，珍重生命价值的观念，在社会生活中也有广泛的影响。《世说新语·伤逝》记载了许多人的"伤逝"之情，或在临终前仍怀着生的渴望，或在亲人去世后满怀着无限的忧伤，或为朋友的去世而哀叹"人琴俱亡"，或因英才的早逝而痛悼"国家可惜"。都充分表现出对生命的珍惜。《南史·徐羡之传》载，东晋安帝义熙年间，军人朱兴的妻子周氏活埋患痫疾的亲生儿子，被处以极刑。近人章炳麟对此予以高度评价，认为这是五朝法律的一大进步，它表现了对人的生命的重视。

生命的价值不等于人生的价值，生命的价值是关于生命本身即人活着的意义问题，而人生的价值是关于人怎样活着才有意义的问题。魏晋人士重视生命价值，并不等于他们的人生价值观都是积极的、正确的。其实，他们中不少人的人生价值观是十分消极颓废的，享乐主义甚至纵欲主义，逃世主义甚至玩世主义，闲散人生甚至懒惰人生，简傲态度甚至狂妄态度，都不乏其人。可见，珍视生命的人不一定有光辉的人生。

3. 精神人格的品藻

理想人格是价值观念的凝聚，人的各方面的价值观念都会在人格形象的设计上得到整体呈现。先秦和两汉儒家追求的是"圣人君子"的道德型人格和忠臣义士的功业型人格，这种人格形象到了汉末，由于纲常伦理的过分强化，而被扭曲成迂腐、古板和僵化的典型。魏晋名士们随着对纲常名教价值体系的超越，也超越了汉儒们所设计的人格模式，而追求一种新的人格形象。而这种超越有一个过程。魏文帝曹丕实行"九品中正之法"选举人才，当时的刘劭为此专门写了《人物志》一书，集中讨论怎样识别人物的问题。他认为人物有"英""雄"和"英雄"三类，评价人物的标准有仁智两个方面，但应更重视对"智"的要求。他说"智者德之帅也"，"夫圣贤之所美，莫美于聪明"。由此出发，他提出人的品质性格，表现于人的容貌、态度、声音、面色、精神等各个方面，尤其是精神。他说："物生有形，形有神精，能知精神，则穷理尽性"（《人物志·九征》）。只有把握了人的精神，才能真正地掌握和运用评价的标准。识人要看他的精神，他的神味，这是刘劭在《人物志》中关于评价人物的独到见解。刘劭的人物观，虽然还具有儒家仁义礼智信五常的浓厚意识，但已开辟了由德转向智，由形进到神，由外深入内的识人路径，而这种观念，显然是对庄子自然人格观的汲取。随之，魏晋名士们都讲究评论和鉴赏人物，并在鉴赏时，所重的就是人的精神或神味。由这种人物评赏活动中所蕴含的评赏标准，就可以清楚地看出，他们所崇尚的人格范式，已不是外在的功业德行，而是内在的精神气质；这种人格所体现的已不是道德和功业价值而是审美和智慧价值。

从魏晋名士们的言论和品藻人物的活动来看，精神人格的主要特征是：

（1）重情。汉代礼法统治束缚人的个性，扼杀人的真挚感情，魏晋人扭转了这种取向，呼唤和表达人间的真情、至情。《世说新语·伤逝》载：王戎的儿子万子夭亡，山简前去吊唁，看到王戎悲痛欲绝，就劝慰说："孩抱中物，何至于此？"王戎说："圣人忘情，最下不及情，情之所钟，正在我辈。"关于圣人有情还是无情，魏晋玄学家们曾经进行过讨论，何晏、钟会认为圣人符合自然之道，心中"常空"，没有任何欲望，所以圣人无喜、怒、哀、乐之情。王弼则认为，圣人高于凡人之处，在于天才智慧，而不在于无情。圣人和常人一样，也有感情，"五情同，故不能无哀乐以应物"。凡、圣皆有情，不同在于圣人智慧超凡，动不违道，不为情所累。"圣人之情，应物而无累于物者"。由此，王弼指出，把圣人"无累"说成"无情"，是错误的，"今以其无累，便谓不复应物，失之多矣"（《三国志·钟会传》裴注引）。晋代向秀、郭象与王弼观点相通，他们也认为圣人并非无情，而是情致高尚，能以理化情。向秀还从自然和生命的角度论述了情的意义："有生则有情，称情则自然得。若绝之而外，则与无生同，何贵于有生哉！"（《答难养生论》）情感之价值与自然同道，与生命同贵。王戎的"情之所钟，正在我辈"，王弼的"有情而不为情所累"和向秀的"称情则自然得"，就是魏晋文人关于感情价值的基本观点，在这一观念的指引下，他们发自内心而毫无保留地表达自己的喜怒哀乐之情。他们对妻子多情，荀粲的妻子冬天生病发烧，他就到院中冻冷自己的身体，然后用身子贴着妻子给他降温，妻子亡后，他因痛悼不已，不久即故；他们对子侄多情，王戎因儿子夭亡，悲不自胜。郗鉴在丧乱饥困之中，乞食时辄含饭于口内，归来喂养自己幼小的侄儿及外甥，使两小儿得以存活；他们对朋友多情，嵇康与吕安友善，"每一相思，千里命驾"。卫玠死后，"谢鲲哭之，感动路人"，顾荣平生好琴，死后，张季鹰往哭之，"不胜其恸，鼓琴数曲"。庾亮亡后，何充临丧叹曰"埋玉树箸土中，使人情何能已已"；他们对山水多情，对草木多情，对艺术多情，可谓是"一往有深情"，甚至愿"终当为情死"！

（2）崇智。魏晋士人不但重视人的内在情感，还重视人的内在智慧。在儒家的道德人格中，智是从属于德、从属于仁的。当仁德礼仪的观念淡化之后，智就必然在人格设计和人格评价中升值。魏晋人士所崇尚的智慧，虽然也包括建功立业、治世统军的才能，但更重视的却是人在日常生活、交际言行、文学艺术方面所显示的智慧、才藻。而且这种智慧总是和人的真情实感、精神气质紧密结合的。《世说新语·品藻》云："孙兴公（绰）、许玄度（询）皆一时名流，或重许高情而鄙孙秽行；或爱孙才藻而无取于许"。"高情"和"才藻"一并言之，二者都是值得推重的。《世说新语·豪爽》载："桓宣武平蜀，集参僚置酒于李势殿，巴、蜀缙绅，莫不来萃。桓既素有雄情爽气，加尔日音调英发，叙古今成败由人，存亡系才。其状磊落，一座叹赏。"桓温之所以被人叹赏，就在于他"既有雄情爽气"而又能"叙古今成败存亡"，前者为"神情"，后者为"智慧"，二者结合，故"一座叹赏"。《世说新语》中记叙了许多才情双绝的人物，可以充分看到当时士人对智慧的崇尚。例如，徐稚年九岁时在月光下游戏，有人问他："若今月中无物，当极明邪？"徐回答说："不然，譬如人眼中有瞳子，无此必不明。"这是赞小儿聪颖。又如，杨修与曹操同过曹娥碑下，二人同解碑首上的"黄娟幼妇，外孙齑臼"八字，并都以"绝妙好辞"解之，但杨修当时即解，曹操行三十里后方解之。曹叹曰："我才不及卿，乃觉三十里。"这是赞文士才思的敏捷；再如，凉州张天锡诣京师，"闻皇京多才，钦羡弥至"，当遇到王弥时，"见其风神清令，言话如流，陈说古今，无不贯悉。又谙人物姓氏，中来皆有证据"，张天锡非常惊奇，十分佩服。这是赞名士智识的渊博。魏晋人士在评鉴人物时，常常用"才情""俊才""捷悟""夙慧"作为赞词，这些都是智慧的具体表现。

（3）尚神。魏晋名士崇尚的精神人格中最突出的特征，就是重视人的精神风度。人的精神或神味是很难捉摸的，它是超乎外在形象的内在精神品格。《世说新语》充分展示了那一时代的人们"重神理而遗形骸"的人格意趣。诸如，"林公器朗神隽"，"谢尚神怀挺率""（王衍）神姿高彻"，"何尚书神明清彻""（谢安）风神秀彻""（王夷甫）风神清令""（庾亮）风姿神貌""叔宝神清"，等等。由此可见，魏晋名士是把"神"作为精神人格的真谛予以崇尚的。"神"的内涵约略是高超的精神、脱俗的言行、潇洒的风度、漂亮的姿容、飘逸的神韵等的统一。由于这种人格特征是有"此中有真意，欲辨已忘言"的模糊性与直觉性，如老子所说的"惚兮恍兮，其中有象"。所以，魏晋人士在品评和赞赏这种人格特征时，常借助于自然形象作为比喻和形容。如"世目季元礼，谡谡如劲松下风""时人目王右军，飘若游云，矫若惊龙""时人目夏侯太初，朗朗如日月之入怀；李安国，颓唐如玉山之将崩"。王形茂"濯濯如春风柳"；会稽王"轩轩如朝霞举"；"嵇叔夜之为人也，岩岩若孤松之独立，其醉也，傀俄如玉山之将崩"。这种品藻，虽然也有外貌之形容，但外貌中蕴含的是才情、风韵、神态等精神特质。此外，他们还运用一些形象的词语，描述人的精神风貌。如"抚军问孙兴公：'刘真长何如？'曰：'清蔚简令。''王仲祖何如？'曰：'温润恬和。''桓温何如？'曰：'高爽迈出。''谢仁祖何如？'曰：'清易令达。''阮思旷何如？'曰：'弘润通长。''袁羊何如？'曰：'洮洮清便''殷洪远何如？'曰：'远有思致。'"（《世说新语·品藻》）"清蔚简令""温润恬和""高爽迈出"等语，都不是对精神特质的抽象规定，而是对人的精神的形象描绘，通过描绘，人的精神风貌就呈现了出来。

魏晋士人所崇尚的精神性人格，就是具有情、智、神三大要素的人格模式，它凝结着当时文人对感情价值、智慧价值和精神价值的肯定和追求，它是不同于道德人格和功业人格的一种审美人格。

4. 自然美景的欣赏

道家的自然价值观中本来就包括关于自然的审美价值的内容。先秦庄子多次谈到"天地之美"，并大量描绘了自然界的美丽景观。道家是以审美的眼光看待自然的，"天地有大美而不言""山林与！皋壤与！使我欣欣然而乐与！"（《庄子·知北游》）到了魏晋南北朝时期，这种价值观念，有了进一步的发展。在魏晋名士的价值坐标上，自然不再仅仅被当作生存的条件供人利用，也不仅仅被当作道德象征供人仿效，而是被作为审美对象供人欣赏。为了满足美的要求，文人士流，纵情山水，蔚然成风。孙绰"居于会稽,游山放水,十有余年"。其兄孙统"性好山水","纵意游肆,名山胜川,靡不穷究"(《晋书·孙绰传》);阮籍"登临山水,经日忘归","曾游东平,乐其风土"(《晋书·阮籍传》)。面对自然界的美丽景色和活泼生机,人们可以寻求情感的愉悦,可以抒发人生的感慨,可以追求心灵的自由,也可以实现精神的超越。

寻求情感的愉悦,是魏晋哲人们和文士们在自然景物中体认到的首要价值。他们"观山则情满于山,观海则意溢于海"(刘勰《文心雕龙》);"遵四时以叹逝,瞻万物而思纷;悲落叶于劲秋,喜柔条于芳春"(陆机《文赋》),使自己的悲喜哀乐之情,开启于自然景物,使自然的山川林泉之美,浸染上自己的情感。于是,人的情怀与自然美景息息相关、融为一体。在这种审美活动中,人就获得了一种情感上的满足。《世说新语》记曰:"王司州至吴兴印渚中看,叹曰:'非唯使人情开涤,亦觉日月清朗'"(《世说新语》);"简文入华林园,顾谓左右曰:'会心处不必在远,翳然临水,便自有濠濮间想也,觉鸟兽群鱼,自来亲人'"(《世说新语》);"顾长康从会稽还,人问山川之美。顾云:'千岩竞秀,万壑争流,草木蒙笼其上,若云兴霞蔚'"(《世说新语·言语》);"王子敬云:'从山阴道上行,山川自相映发,使人应接不暇。若秋冬之际,尤难为怀'"(《世说新语·言语》)。"王右军既去官,与东土人士营山川弋钓之乐。游名山、泛沧海,叹曰:'我卒当以乐死!'"(《晋书·王羲之传》)"人情开涤""鸟兽亲人""乐死"正是人在自然美中获得的情感愉悦。

抒发人生的感慨,是魏晋高士们赋予自然之美的另一种价值。人生道路的坎坷,命运际遇的不幸,生离死别的苦痛,功名富贵的失落,穷困病痛的侵袭,都会在心理上造成巨大的压力,形成沉重的精神负担和难以排遣的苦闷。而这些并不可能完全通过人际的交流、帮助和安慰获得调解。于是,人往往会孤独地走向自然,面对山水林泉抒发感慨;或者在遇到某种自然景象时,受到触发,从而引起对人生种种遭遇的怀想,倾吐抒发。无论是主动地寻求,还是被动地所遇,自然景物都可以成为抒发人生感慨和宣泄人生苦闷的触媒。这对于生逢乱世中，祸患旦夕间的魏晋人物来说，尤其如此。羊祜"乐山水，每风景，必造岘山，置酒言咏，终日不倦。尝慨然叹息，顾为从事中郎邹湛等曰：'自有宇宙，便有此山，由来贤达胜士，登此远望，如我与卿者多矣，皆湮灭无闻，使人悲伤，如百岁后有知，魂魄犹应登此也'"（《晋书·羊祜传》）。这是对生命短暂的感慨；"桓公北征，经金城，见前为琅邪时种柳，皆已十围，慨然曰：'木犹如此，人何以堪。'攀枝折条，泫然流泪。"（《世说新语·言语》）这是抚今追昔的感慨；"袁彦伯为谢安南司马，都下诸人送至濑乡，将别，既自凄惘，叹曰：'江山辽落，居然有万里之势。'"（《世说新语·言语》）这是对人生离别的感慨；"卫洗马初欲渡江，形神惨顇，语左右云：'见此茫茫，不觉百端交集，苟未免有情，亦复谁能遣此。'"（《世说新语·言语》）这是对家国之忧的感慨；"过江诸人，每至美日，辄相邀新亭，藉卉饮宴。周侯中坐而叹曰：'风景不殊，正自有山河之异！'皆相视流泪。"（《世说新语·言语》）这是对中原倾覆、神州陆沉的感慨。魏晋士流，面对江山景物，感慨良多，此乃时世使然，亦人生经历使然。自然景物的价值，与其他价值一样，都是依赖于主体自身的需要和境遇的。

追求心灵的自由，是魏晋士流从自然景物中获得的又一价值。封建统治者所竭力维护和强化的纲常名教，人世间加于人的种种规范，对于放纵不羁的名士们来说，无疑是沉重的枷锁。对此，他们除了以放浪形骸的生活方式予以抵制之外，还把欣赏自然美景作为追求心灵自由的一条重要途径。在大自然的怀抱里，他们往往有一种脱离尘网、摆脱束缚的自由感。《世说新语》载，阮孚谈到郭景纯描写自然之美的诗句"林无静树，川无停波"时说："泓峥萧瑟实不可言。每读此文，辄觉神超形越"（《世说新语·文学》）。荀中郎在京口，登北固望海时说："虽未睹三山，便自使人有凌云意"（《世说新语·言语》）。阮的"神超形越"，荀的"有凌云意"，都是面对自然美景时所体验到的自由感。在晋代杰出诗人陶渊明的山水田园诗中，这种追求心灵自由的价值取向，表达得尤其充分。例如，"少无适俗韵，性本爱丘山。误落尘网中，一去三十年。羁鸟恋旧林，池鱼思故渊。开荒南野际，守拙归园田。……久在樊笼里，复得返自然"。"爱丘山""归园田""返自然"，使诗人逃出了"尘网"，冲破了"樊笼"，获得了心灵的自由。魏晋人物，通过观赏自然而达到自由境界的价值追求，就是庄子所谓的"以游无穷"。

实现精神的超越，是魏晋名士更为特殊的自然审美价值观。这里所谓的精神超越，指的是通过欣赏自然美而实现对玄理的体认和领悟，用魏晋人士的话说就是"玄对山水"。孙绰在《太尉庾亮碑》中说："公雅好所托，常在尘垢之外，虽柔心应世，蟪屈其迹，而方寸湛然，固以玄对山水。""玄对山水"，就是以玄理观照山水，以山水启迪玄思。魏晋时，玄风蔚然，文士哲人相聚，常以玄奥抽象的哲学问题为谈话的内容，"辨名析理"，形成了玄学这一时代思潮。这些哲学问题，包括才性、有无、言意、一多、名教与自然等。玄学家探讨这些问题，既不像两汉经学那样由官方甚至皇帝主持和裁定，也不像两汉经学那样局限于儒家经典的微言大义，更不像两汉经学那样枯燥无味、僵化教条，而是发自内心的精神欲求和人生乐趣。因此，他们的言谈就成了一种追求精神超越的人生价值活动。玄学家们不但在交往相会中谈玄，而且也在日常生活和欣赏自然景物时领悟玄、体味玄。既以玄对人物、玄对事物，也以玄对山水。山川林泉是形象生动的自然景观，玄理玄道是抽象深奥的哲理思辨，魏晋名士们究竟是如何"玄对山水"以实现自己精神的超越呢？且看他们的妙语。王羲之于东晋穆帝永和九年，与朋友修禊聚会于会稽山阴之兰亭，在"天朗气清，惠风和畅"的暮春之初，面对"崇山峻岭，茂林修竹，清流激湍，映带左右"的美景，他"仰观宇宙之大，俯察品类之盛"，不但体会到了人生"欣于所遇"的快乐和"情随事迁"、观会之乐很快化为"陈迹"的感慨。而且还领悟到了"一死生为虚诞，齐彭殇为妄作。后之视今，亦犹今之视昔"的哲理。（王羲之《兰亭集序》）他还在《兰亭集》中写道："三春启群品，寄畅在所因。仰望碧天际，俯磐绿水滨。寥朗无涯际，寓目理自陈。大矣造化功，万殊莫不钧。

群籁虽参差，适我无非亲。"面对美丽的春天景色，他又领悟到了群品万殊在自然造化面前"莫不钧"的平等地位以及与人的"无非亲"的平等关系。孙绰"玄对"神秀峻极的天台山，"远寄冥搜"，"散以象外之说，畅以无生之篇"，大谈道家的"有无""言默"和佛家的"色空"玄理："悟遣有之不尽，觉涉无之有间。泯色空以合迹，忽即有而得玄。释二名之同出，消一无于三幡。恣语乐以终日，等寂默于不言。浑万象以冥观，兀同体于自然。"（孙绰《游天台山赋》）这更是借山水以谈玄的典型。魏晋高士"玄对山水"的审美取向，主要不是要通过自然美而思考玄理，而是为了在自然美与玄理的融会中实现精神的超越。当人的精神遨游于抽象思辨的理念世界时，就会由实入虚、由动至静、由浊到清，超以象外，超出域中。孙绰在《游天台山赋》中所说的"遗世玩道""驰神运思""体静心闲""世事都捐"；"释域中之常恋，畅超然之高情"，就是"玄对山水"时的精神超越状态。其实，这种精神超越状态是很难用语言文字表达的。所以，诗人陶渊明才用"采菊东篱下，悠然见南山。山气日夕佳，飞鸟相与还。此中有真意，欲辨已忘言"的妙句，来形容这种境界。宗白华先生说："晋宋人欣赏山水，由实入虚，超入玄境。……玄远悠深的哲学意味渗透在当时人的美感和自然欣赏中。"又说："晋人以虚灵的胸襟、玄学的意味体会自然，乃能表里澄澈，一片空明，建立最高的晶莹的美的意境！"①

在自然美的欣赏中赏心悦目，愉悦情感，是常人的审美情趣；在自然美的欣赏中抒发感情、追求自由，是诗人的审美意识；而在自然美的欣赏中体悟哲理、超越精神，是哲人的审美境界。或者说在自然美的欣赏中，有快意的欣赏，有诗意的欣赏，有玄意的欣赏。魏晋名士的自然审美价值观中把这三个层次的价值观念都统一起来了，他们既有常人的情趣，又有诗人的灵性，也有哲人的玄境。这是对自然的审美价值的高度自觉和重大升华，为我国的山水画、山水诗奠定了重要的理论基础。

_____

① 《宗白华全集》第2卷，安徽教育出版社1994年版，第272页。

5. 文学价值的自觉

儒家的文艺价值观是道德的、功利的价值观，"诗以言志""文以载道""厚人伦""美教化"是他们对于文学艺术价值的基本规定。时至汉代，文学艺术实际上成了宫廷的御用工具。魏晋的文学家和艺术家们突破了这种价值观的局限，重新赋予文艺以新的价值。而这种新价值的赋予，是从他们的主体需要出发的。魏晋文人，不少出于门阀士族，富贵荣华对于他们是不缺乏的，功业道德对于他们是无意义的，只有个体的生命、真挚的感情、自由的心灵、精神性人格、超越性境界、思辨性玄理，对于他们才有不朽的意义和绝对的价值。而文学艺术作品乃是表达这一切的最好形式。于是，以主体的这种达情、表意、审美的需要为动因，文学艺术便具有了新的价值和意义。由于魏晋名士认为文学艺术价值已超越了经学和儒术的附庸地位而具有自身的独立性，因此，他们的文学艺术价值观标志着文学艺术的自觉。鲁迅先生说："曹丕的一个时代可以说是文学的自觉时代，或如近代所说，是为艺术而艺术的一派。"①

魏晋南北朝文人关于文学价值的观念，概括言之，主要有以下几点。

（1）文学使生命"不朽"。曹丕的《典论·论文》在文学价值上首开风气。认为文学有两方面的价值：一是"经国之大业"，即具有治理国家的功利价值；二是"不朽之盛事"，即可以使个体的生命永垂不朽。他尤其重视这第二方面的价值。他说，人的肉体是有限的，生前的荣华和欢乐也同肉体生命一样不会无限长久，而寄托自身情感、精神和理想的文学作品却可以不受时间的限制，永远地流传下去。这样，个体的精神生命就可以不朽了。所谓"年寿有时而尽，荣乐止乎其身，二者必至之常期，未若文章之无穷"。正因文学具有使个体精神生命不朽的价值功能，"是以古之作者，寄身于翰墨，见意于篇籍，不假良史之辞，不

---

① 鲁迅：《魏晋风度及药与酒的关系》，《鲁迅全集》第3卷，人民文学出版社1981年版，第504页。

托飞驰之势，而声名自传于后"。与曹丕同时的杨修也认为文学具有"经国之大美，流千载之英名"（《答临淄侯笺》）的双重价值，二者可以并行不悖。尽管曹、杨二人并不排除传统儒家的事功价值观，但他们把文学艺术与个体精神生命的价值结合起来的观念，无疑具有开创的意义。

（2）文学比德行"微妙"。东晋道家理论家葛洪，进一步发展了曹丕、杨修的观点，通过对"德行"与"文章"价值地位的高低的讨论，提出，"德行"与"文章"不可以"本""末"区别其高下，二者都是有重要价值的。而且，若以"精""粗"特质而论，德行"优劣易见"，所以"粗"；文章"微妙难识"，所以"精"。他为了批评儒生们依据"德行""言语""政事""文学"四科的排列顺序，而认为"德行者本也，文章者末也""文不居上"的观点，具体地论述了文章微妙难识的美。他说："若夫翰迹韵略之宏促，属辞比事之疏密，源流至到之修短，蕴籍汲引之深浅，其悬绝也，虽天外毫内，不足之喻其辽邈；其相倾也，虽三光熠耀，不足以方其巨细。龙渊铅铤，未足譬其锐钝；鸿羽积金，未足比其轻重。清浊参差，所禀有主；朗昧不同科，强弱各殊气。"（《抱朴子外篇·尚博》）就是说，文学作品在音韵、修辞、结构、意蕴等方面各有特色，奥妙无穷，风格多样。正由于文学具有如此微妙之美，所以，人们很难用一个标准去品藻它，欣赏它。由此，葛洪得出的结论是："德行为有事，优劣易见；文章微妙，其体难识。夫易见者粗也，难识者精也。"（《抱朴子外篇·尚博》）葛洪以"粗""精"论德行与文学，虽是从二者的特征着眼，但其弘扬文学价值的观念是显而易见的，他实际上认为文学的价值高于德行。

（3）文学以"缘情"为美。从抒发个人感情的角度，审视文学的价值，是魏晋文士的又一重要观念。"诗言志""思无邪""反情以和其志""发乎情止乎礼义"，是儒家文学价值观的核心，汉代儒学更是以持"志"抑"情"为文学的创作原则和价值准则的。魏晋以来，随着个体价值的自觉，重情观念的兴起对于文学和感情的关系有了新的认识。他

们认为喜怒哀乐之情是人的自然本性，"荡涤放情志，何为自结束"是
个性自由的表现，而文学则是人们抒发感情的重要形式。文学使感情有
所寄托，感情使文学富有美感，文学的价值就在于抒发情感。陆机提出
"诗缘情而绮靡"（《文赋》）的诗歌审美标准，首次从理论上摒弃了儒
家的"言志"价值观，使诗歌由道德、功利价值取向转为缘情、审美价
值取向。刘勰发展了陆机的观念，从"情"和"辞"两个方面，规定文
学的价值，他说："情者，文之经；辞者，理之纬"（《文心雕龙·文
采》）。在二者的关系中，刘勰更强调文学的感情价值，"经（情）正而
后纬（辞）成"。由此，刘勰提出，文学作品应该"吟咏情性""辞以情
发"，抒发真实的情感，"为情而造文""要约而写真"。反对"为文而
造情""淫丽而烦滥"（《文心雕龙·情采》）。在鉴审文学作品时，应该
"观文者披文以入情"（《文心雕龙·情采》），即深刻地体味作品中所蕴
含的真情实感。在重情观念的引导下，魏晋时代涌现了许多感情深厚的
诗作，从文学创作上实践了"诗缘情"的价值观。当然，这一观念对当
时和后世也产生了一些助长形式华美和淫靡风气的消极作用。但从价值
观演变的趋向来看，文学以"缘情"为美的价值观的出现，乃是一个重
大的进步。

（4）文学与"天道"为一。从文学与宇宙本体——道的关系上，考
察和提升文学的价值，是魏晋时代关于文学艺术的另一重要观念。自然
之道，是道家的思想核心，也是魏晋玄学的基本范畴。深受道家、玄学
影响的文士们以自然之道为至高无上的价值标准，衡量一切事物，凡与
道一致、合于道的，就是有价值的。对于文学艺术，他们也以道观之。
梁朝的刘勰，兼综"自然之道"与《周易》的阴阳之道，认为"道"是
天文和人文的根据和准则，天文、人文都是"道"的体现，即"道之
文"。而文学乃是"原道心之敷言"，"研神理而设教"，"观天文以极
变，察人文以成化"，所以，也是"道之文"。文学的功能就在于"立
言""明道"。他说："（人）为五行之秀，实天地之心。心生而言立，
言立而文明，自然之道也。"又说："道沿圣以垂文，圣因文以明道，旁

通而无滞，日用而不匮。"（《文心雕龙·原道》）这里，刘勰把天文、人文、文学三者用道统一起来，认为三者都是"道之文"，都是道的体现，并进而指出文学"言立而文明""因文以明道"的功能。通过阐明文学与天道、自然之道的同一性，刘勰把文学的价值提到了极高的地位，"文之为德也大矣，与天地并生者何哉？"（《文心雕龙·原道》）与刘勰同朝而稍后的梁简文帝萧纲，也视"文"与天道为一，是"体天经而综文纬"的产物，因而也具有崇高的价值。他说："窃以文之为义，大哉远矣。……含精吐景，六卫九光之度，方珠喻龙，南枢北陵之采，此之谓天文。文籍生，书契作，咏歌起，赋颂兴，成孝敬于人伦，移风俗于王道，道绵乎八极，理浃乎九垓，赞助神明，雍熙钟石，此之谓人文。若夫体天经而总文纬，揭日月而谐律吕者，其在兹乎！"（《昭明太子集序》）

总之，在魏晋南北朝时期，文学家、文论家们对文学艺术的价值有了崭新的观念。他们认为文学艺术是本于人、主于情、高于德、同于道的"大业""盛事"。文学的价值即是人的价值，也即是美的价值。在这种观念的影响下，魏晋文士不但创作了大量的文学艺术作品，而且撰写了如《文心雕龙》《文赋》《典论·论文》《诗品》等一批我国最早的文学理论专著，编纂了我国最早的一部文学总集《文选》。这些划时代的文学成就，都对后世发生了很大的影响。而且，这一时期的绘画、书法艺术也是中国艺术史上的一个极盛时期，绘画、书法理论也是大发展的时代。这充分表明，新的价值观念促进了新的价值创造，新的价值创造实践又推动了价值观念的更新。

6. 超越境界的追求

如果说，在老子哲学中"玄"只是指自然之道的幽微深奥的存在状态的话，那么到魏晋时期，"玄"就具有了更广泛的含义，它既指一种哲学理论，谓之"玄学"，也指一种话语活动，谓之"玄谈"，还指一种士人风尚，谓之"玄风"。魏晋士人以"玄"为学，以"玄"作谈，使

"玄"成风,不但具有影响深远的哲学意义,形成了哲学史上一股时代性的哲学思潮,而且,还具有蕴含丰富的价值意义,体现了一种超越性的人文精神境界。魏晋士人的玄学、玄谈活动,就是为了追求这种超越境界,实现一种人生价值。这种超越境界,可以称为"玄境"。

从学理上说,魏晋玄学讨论了一系列相当抽象的哲学问题,如有无、体用、动静、一多、才性、言意等,在中国哲学史有重要地位和重大贡献。从价值观上说,魏晋玄学、玄谈所追求的超越精神境界,即"玄境",具有以下特征:

一曰清境。玄谈又叫"清谈",清者,清静无为,清空不实,清高不俗之谓也。玄谈之所以称为"清谈",一是由于它脱离实际的谈论作风,如郭象评论先秦名家时说的:"无经国体致,真谓无用之谈也。"(《庄子·天下篇》注)二是由于它抽象玄奥的理论内容。玄学家合称《老》《庄》《易》为"三玄",玄谈即以讨论这些书的义理为内容,而这些义理都是十分抽象深奥的哲学问题。玄学家对其"辨名析理,以宣其气,以系其思"。由于"他们所用的理是抽象的概念,不是事,不是实际的问题,所以他们的辩论称为'清谈'或'玄谈'"[1]。当玄学家们对这些脱离实际的抽象哲理进行谈论时,就进入了一种脱出尘网,远离尘嚣,避开政治风险,遨游于纯粹思辨王国的精神境界。于是,使自己的心灵处于清静无为之中。这种境界可谓之"清境"。刘师培说:"两晋六朝之学,不滞于拘墟,宅心高远,崇尚自然,独标远致,学贵自得。……故一时学士大夫,其自视既高,超然有出尘之想,不为浮荣所束,不为尘网所撄,由放旷而为高尚,由厌世而为乐天。……虽曰无益于治国,然学风之善犹有数端,何则?以高隐为贵,则躁进之风衰;以相忘为高,则猜忌之心泯;以清言相尚,则尘俗之念不生;以游览歌咏相矜,则贪残之风自革。故托身虽鄙,立志则高。"(《左庵外集》卷九)这是对玄学家和玄谈名士所追求的清静无为的人生境界的极好描绘。

---

[1] 冯友兰:《中国哲学史新编》第4册,人民出版社1986年版,第35页。

二曰真境。玄学家讨论的虽然是抽象的哲理，但其中蕴含的宇宙、人生的真理却十分深刻，十分重要。玄学家们正是要通过本末、体用、有无、才性、言意、一多、动静等问题的探讨，把握宇宙的本体，体悟人生的真谛，寻求生命的价值。所以，在玄谈中他们总是表现出一种追求真理的热切愿望和执着精神，也常为某一真理的揭示而感到无限自豪，还常为在谈论中存在的真理面前人人平等的气氛而万分喜悦。何晏大王弼三十六岁，一次他看到十多岁的王弼注解的《老子》一书，又精到又新奇，甚为佩服，说："若斯人，可与论天人之际矣！"（《世说新语·文学》）可见其对真理的尊重！卫玠小时候向乐广请教"什么是梦"乐广说："梦是想。"卫玠问："形神所不接而梦，岂是想邪？"乐广说：梦是有原因的。卫玠回去后就反复思考梦的原因，"经月不得，遂成病"。乐广听到后，立即乘车前去为他讲解。可见其对真理的执着！傅嘏善名理，荀粲善玄远，二人对谈时，各持己见，相互争论，但都说服不了对方。裴徽有高才逸度，善言玄妙，为傅、荀二人进行阐释，使二人彼此理解了对方的观点，"两情皆得，彼此俱畅"。这是掌握真理后的喜悦！可见，玄谈之境，乃是一种求真理的境界。玄谈者们，沉浸在真理的海洋中，远离了世俗的抢夺纷争，超越了世人的虚伪欺诈。贴近了真理，超越了尘垢，此之谓"真境"。

三曰乐境。掌握了玄理之真固然是一种喜悦，即使是对谈辩论本身，也是其乐无穷的。在玄谈中，主客的轮换，胜负的竞争，语言的幽默，问答的机智，思想的闪光，气氛的欢快，都使人乐在其中，无异于参加智力竞赛和智慧游戏。所以，魏晋名士甚至一见面、一碰头就辩论起来。何晏、王弼初次见面，何晏就提出了自以为很深刻的见解，王弼不客气地把那些见解都驳倒了。随后又自己立论，自己反驳，进行了多次，在座者莫不为他的辩理所叹服，莫不为何、王的争论而快乐。王敦把卫玠介绍给谢鲲，卫、谢初会面就高兴地辩论起来，王敦竟插不上嘴，二人"达旦微言"，毫无倦意。卫衍的女儿初婚，卫衍大会宾客，宴请他的新女婿，宴会完了未按常规举行娱乐活动，而是紧接着开辩论会。会上，有的"才甚丰赡"，有的"理致甚微"，四座"咨嗟称快"。清谈比娱乐更吸引人。一日，诸名士共至洛水游玩，归来后，乐令问王夷甫曰："今日戏乐乎？"王回答说："裴仆射善谈名理，混混有雅致；张茂先论《史》《汉》，靡靡可听；我与王安丰说延陵子房，亦超超玄箸。"显然以"清谈"为"戏乐"了。魏晋人的清谈之乐，尽管有游戏的成分，特别到了东晋后期不少玄谈已成了浅薄无聊的"嘲戏之谈"（葛洪语），但是，应该看到，玄谈中所包含的理性内容和智慧精神是十分丰厚的，其"乐境"的超越性特征也是相当鲜明的。正如郭象所说的，这种乐和赌博下棋比较总还是好的（"不犹贤于博弈者乎"），它可以使人们"性不邪淫"，而达到"玄冥之境"（《庄子·天下篇》注）。进入智慧、哲思的"乐境"后，世间的祸患、人生的烦忧都可以忘却了。

四曰美境。玄学、玄谈、玄理都蕴含着一种美，美的姿容、美的话语、美的举止、美的风度、美的才华、美的哲思、美的心态都渗透于玄谈的整个过程中，从而使玄谈既成为一种求真境界、取乐境界，又成为一种审美境界。在玄学草创时期，王弼等人的清谈已在美的风采上开风气之先，《晋书·卫玠传》云："昔王辅嗣吐金声于中朝，此子（卫玠）复玉振于江表。"金声、玉振，就是对玄谈概括性的审美评价。魏晋人清谈时，总保持一种美的风度，身坐胡床，手执麈尾，以助言论姿态，款款娓娓，有飘然出尘之慨。王衍神情明秀，风姿详雅，谈论"每捉玉柄麈尾，与手同色，义理有所不安，随即更改"，世号"口中雌黄"，朝野翕然，谓之"一世龙门"（《晋书·王衍传》）。清谈家用语，贵以简当为美，阮瞻回答王衍"老、庄与圣教同异"的提问，仅以"将无同"三字对答，世谓"三语掾"，当世称美；乐广回答卫玠"什么是梦"的问题，只以"是想"答之，可谓要言不烦；谢安称美王濛曰："王长史语甚不多，可谓有令音。"（皆见《世说新语·文学》）凡清谈时，或逢友人对谈，或招数人共谈，或事先设题，或临时寻题，或讲一书，或论一理，自无定局。有时语既多，即用笔录谈话纲要，无论谈论或笔录，其语言文字都颇具文采，富有美感。《世说新语·文学》载："谢镇西（尚）少时，闻殷浩能清言，故往造之。殷未过有所通，为谢标榜诸义，作数百语。既有佳致，兼辞条丰蔚，甚足以动心骇听。谢注神倾意，不觉流汗交面。"又载：王羲之自恃才高，看不起支道林，见面时也不与交言。当王要离开时，支道林曰："君未可去，贫道与君卜语。"于是，给王看他写的论《庄子·逍遥游》的策记，"作数千言，才藻新奇，花烂映发。王遂披襟解带，留连不能已。"又云：支道林、许询、谢安共聚会于王濛家。谢对其他人说：今日集会不易，"当共言咏，以写其怀"。于是让王濛拿出《庄子》一书，以《渔父》一篇为题，进行笔试。支道林先写出答卷"作七百许语，叙致精丽，才藻奇拔，众咸称善"。大家写完后，尚觉得言犹未尽。于是主持人谢安"自叙其意，作万余语，才峰秀逸，既自难干，加意气拟托，萧然自得，四坐莫不厌心"。支道林称赞说："君一往奔诣，故复自佳耳。"在这样的清谈中，人们关注的已不完全是对玄理的探讨，而更倾心于美的欣赏、美的享受了。有时，由于辩论的精彩，甚至使听者根本不去理会辩论的内容，而完完全全陶醉于辩论本身的美。"支道林、许掾诸人共在会稽王斋头，支为法师，许为都讲。支通一义，四坐莫不厌心；许送一难，众人莫不抃舞。但共嗟咏二家之美，不辨其理之所在。"（《世说新语·文学》）既然陶醉于清谈的美境之中，那么人世间的一切杀戮、争夺、篡弑的丑恶就不萦于心，不扰于神，美谈容我醉，名利任人忙，精神就可以超然世外了。

　　清境、真境、乐境、美境，共同构成了"玄境"，"玄境"就是哲理之境。通过辨名析理的清谈，进入玄境，虽不能增加对于实际事物的知识，但却推动了哲学的发展，提高了人的精神境界。郭象在《庄子序》中对这种"玄境"作了很精彩的描绘："故观其书，超然自以为已当，经昆仑，涉太虚，而游惚恍之庭矣。虽复贪婪之人，进躁之士，暂而揽其余芳，味其溢流，仿佛其音影，犹足旷世然有忘形自得之怀，况探其远情而玩永年者乎！遂绵邈清遐，去离尘埃，而返冥极者也。"又说：

"是以神器独化于玄冥之境,而源流深长也。"(《全晋文》卷七十五)"惚恍之庭""玄极""玄冥之境"就是我们所说的"玄境",魏晋玄学家们辨名析理,目的是达到"玄境",在玄境中他们实现了"忘形自得""去离尘埃"的精神超越。当然,这种超越不过是"超然自以为当"的主观感觉而已!

总之,魏晋南北朝时期,在崇尚自然的价值观念体系之中,士人们追求个体价值、生命价值、人格价值、自然的审美价值、文学艺术的独立价值和超越性的精神境界价值。

这些价值要素综合起来,则是人生的自由价值。这种自由价值的基点是人的个体生命,而形式则是美。生命是自由的根基,美是自由的旗帜。而这一些都是自然无为价值体系的展开。曹植撰有一篇《释愁文》叙写一位"玄虚先生"给"形容枯悴、忧心如焚"的病人诊断的病因和开列的药方,其病因是:"今大道既隐,子生末季。沉溺流俗,眩惑名位,……良由华簿,凋损正气。"开列的药方是:"吾将赠子以无为之药,给子以淡泊之汤,刺子以玄虚之针,炙子以淳朴之方,安子以恢廓之域,坐子以寂寞之床,使王乔与子携手而游,黄公与子咏歌而行,庄生为子具养神之馔,老聃为子致爱性之方。趣遐路以栖迹,乘轻云以高翔。于是精骇意散,改心回趣。愿纳至言,仰宗玄度。"(《全三国文》卷十九)这虽是一篇戏谑文字,但却不啻一篇魏晋时代价值转向的宣言。"改心回趣""仰宗玄度",就是它提出的价值取向。当然,魏晋时的士人们并没有完全按先秦道家的价值观念为指导,而是取其自然玄虚而弃其淡泊淳朴。但其宗旨是道家的。魏晋时期,之所以把道家的崇尚自然作为基本的价值观念,"这是由于道家思想对人世黑暗和人生痛苦的个体自由(尽管是单纯精神上的自由)的追求,刚好符合亲身经历并体验到儒家思想的虚幻和破灭的门阀世族的心理"[1]。

---

[1] 李泽厚、刘纲纪主编:《中国美学史》第 2 卷上,中国社会科学出版社 1987 年版,第 6 页。

（三）矛盾冲突中的价值观念震荡

魏晋南北朝时期，玄学成为时代思潮，崇尚自然的价值观念影响广泛，然而，儒家的纲常名教并未销声匿迹，依然在人们的思想观念中根深蒂固。而且，自东汉明帝时"白马驮经"，法轮东转以来，佛教气势日增，其价值观念也被这一时期一些人所崇奉。同时，于东汉末年开始形成的本土性的道教此时也迅速扩张，其价值观念也在上层士大夫和民间广泛流传。此外，由于北方"胡族"进入中原，建立政权，使"胡"文化的价值观念也成为这一时期的重要观念。这些不同取向的价值观念之间，存在着复杂的矛盾、冲突和渗透、融合关系，形成了与动乱时世相适应的价值观念震荡态势。

1. 儒、玄价值观的矛盾

玄学的自然价值观念，本于先秦道家，而儒、道在价值观上本来就存在着矛盾冲突和相反相成的关系。魏晋玄学是通过怀疑、超越汉儒的纲常伦理观念而兴起的。因此，它的价值观念中所包含的重个体自由轻群体责任的个人主义、重生命享受轻立德立功的享乐主义、重聚敛财钱轻礼义道德的拜金主义、重辨析名理轻实际行动的空谈主义，在当时就遭到以儒家价值观为指导的知识分子的不满和批评。

"深患时俗放荡、不尊儒术"的裴頠，对何晏、阮籍"口谈虚浮，不遵礼法，尸禄耽宠，仕不事事"和王衍之徒"不以物务自婴"的玄虚空谈之风和"淫抗陵肆"的利俗追求十分不满。认为这种价值取向有三大危害：一是损害了生命价值。因为"欲衍则速患，情佚则怨博，擅恣则兴攻，专利则延寇"，放纵私欲不但不能有益于生命而会危害生命，此所谓"以厚生而失生者也"。二是败坏了道德教化。因为玄谈之士"立言藉于所无""处官不亲所司""奉身散其廉操"，甚至赤身裸体、"言笑忘宜"。这必然导致"悖吉凶之礼""忽容止之表""渎弃长幼之序""混漫贵贱之级"。其结果是"时俗放荡""风教陵迟"。而礼义道德的败坏又必然会造成政治危机,"礼制弗存,则无以为政矣"。三是丧失了务实作风。因为,玄士们不务事,不求实,口谈浮虚,理主贵无,"众听眩焉,溺其成说"。结果使勤于功业、着力务实的作风丧失殆尽,而形成了一种轻薄世务、鄙视务实的不良风气,"遂薄综世之务,贱功烈之用,高浮游之业,卑经实之贤"(《晋书·裴頠传》)。

"勤经学终年不辍"的范宁,竭力批判当时一些人对王弼、何晏在翻转儒家价值观上的功绩的赞扬,认为"二人之罪,深于桀纣"。有人说儒家的仁义价值观是产生"争夺"和"是非"的根源,而王弼、何晏"振千载之颓纲,落周孔之尘网",否定了儒家的价值观,因此是"轩冕之龙门,豪梁之宗匠"。范宁认为,这种看法是完全错误的。因为,二人不但无功,而且有罪。王、何的罪行主要是:"蔑弃典文、不遵礼度"——背叛了儒家的价值准则;"游辞浮说,波荡后生"——用清谈空论贻误青年;"饰华言以翳实,骋繁文以惑世"——以玄奥的理论掩盖实际。这种罪行造成的严重后果是改变了人们的价值取向,导致了儒家价值体系的失落和中原的崩解,"缙绅之徒翻然改辙,洙泗之风缅焉将坠;遂令仁义幽沦、儒雅蒙尘,礼坏乐崩,中原倾覆"。范宁还指出,王弼、何晏不但在价值观上背离了儒家的传统精神,而且还以"狂诞""无检""螭魅"的言行作风,败坏了社会风气。在范宁看来,价值观念上误导所造成的危害不是一时性的而是历史性的,不是个人性的而是群体性的,所以罪行更为严重,"吾固以为一世之祸轻,历代之罪重;自丧之衅小,迷众之愆大也"。正是在这种意义上,范宁认为"王弼何晏二人之罪深于桀纣"(《晋书·范宁传》)。

少"以儒学知名",后"好神仙导养"的葛洪,对清谈名士的极端个人自由作风、缺乏道德功业意识和狂诞放荡的生活方式,进行了无情地揭露讽刺和严肃尖锐的批评。葛洪说,从形容举止看:他们"蓬发乱须,横挟不带,或褒衣以接人,或裸袒而箕踞";从交际聚会看:"其相见也,不复叙离阔间安否。宾则入门而呼奴,主则望客而唤狗。""及好会，则狐蹲牛饮，争食竞割，掣拨森摺，无复廉耻"，"终日无及义之言，彻夜无箴规之益"。"朋友之集，类味之游，莫切切进德、闿闿修业，攻过弼违，讲道精义"；处理人际关系的准则是："以同此者为泰，以不尔者为劣"，"其或不尔，不成亲至而弃之，不与为党"；其思想作风是："诬引《老》《庄》，贵于率任，大行不顾，细礼至人。不拘检括，啸傲纵逸，谓之体道"；其个人素质是："皮肤狡泽而怀抱空虚"。这里，葛洪指出的要害问题是"贵于率任"的极端个人自由主义和"不进德业"的无社会责任感（《抱朴子·疾谬篇》）。

西晋末年的隐士鲁褒，在《钱神论》中，对世族名士贪财好利的拜金主义作了辛辣的讽刺。他说："洛中朱衣，当途之士"，"爱我家兄（钱），皆无已已"，乃至"执我（钱）之手，抱我（钱）终始"。他们以清谈自命，其实对此道并无兴趣，"京邑衣冠，疾劳讲肆，厌闻清谈，对之睡寐，见我家兄，莫不惊视"。他说，"凡今之人，惟钱而已"；"钱多者处前，钱少者居后"。钱在社会生活中几可决定一切，"危可使安，死可使活，贵可使贱，生可使杀"；"忿争非钱不胜，幽滞非钱不拔，怨雠非钱不解，令问非钱不发"。总之，"钱无耳，可使鬼"。鲁褒的讽刺，可谓入木三分。当时不但朝中权贵搜刮民财，夸奢斗富，而且一些玄谈名士也爱钱若命，"司徒王戎既贵且富，区宅、僮牧、膏田、水碓之属，洛下无比。契疏鞅掌，每与夫人烛下散筹算计"（《世说新语·俭啬》）。作为"竹林七贤"之一，尚且如此贪财，其他人更可想而知了。

这些揭露、讽刺和指责，严格地说，并不是一种理论分析，而是一种价值批判。他们站在儒家纲常伦理的价值立场上，把玄学家们崇尚自然、追求个体自由的观念，视为价值异端。这种批判尽管有其否定玄学价值观的积极意义的片面性，但却充分表现了魏晋时代，儒、玄两家在价值观念上的矛盾斗争，也触及了玄谈高士们价值观念上的严重弊端。"非汤武而薄周孔""谈庄老重增其放""越名教而任自然"这种价值取向，在当时固然有其积极性的一面，但其所包含的消极因素若不予以排除，也会将人们引入新的价值误区。

2. 儒、释价值观的冲突

魏晋时期佛教流行，尤其是东晋之后日益兴盛，形成了一股社会势力，与政治的关系渐密，与儒家纲常名教的矛盾尖锐。佛教的价值观念中有许多与中国儒家的价值观念相背离，魏晋时期，儒、释价值观的矛盾冲突，主要表现在三个方面：

其一是入世精神与出世观念的冲突。中国儒家珍视人生的价值，主张通过现世的积极作为和建构人伦道德去实现人生理想、成就圣人人格。在这一观念指导下，儒家对人的身体采取爱护的态度，所谓"身体发肤，受之父母，不敢毁伤"（《孝经·开宗明义》）。而佛教视人生为苦根，人间为苦海，认为人在现实的人际关系和社会结构中生活没有什么价值，主张采取一套修持的方法，超脱世俗，脱离苦海，进入涅槃境界。由此，他们认为为了表达出世的意念可以剃度、文身。于是，两种不同的人生价值观就发生争论，儒家指责僧人文身断发，毁伤了受之父母的身体，是无视现实人伦的不孝行为。佛教为自己辩解说，古代泰伯为了使父亲古公让位于季历逃到吴越地区文身断发，还受到孔子的赞扬，僧人削发文身是为了修持美好的道德。文身削发虽是一件较具体的事，但却表现了儒、释人生价值观的分歧。

其二是尊卑秩序观念与平等意识的冲突。原始印度佛教本来就有平等观念，不但认为君臣、父子、夫妇、主仆、男女都是互相尊重的平等关系，而且认为"一切众生平等"。早期汉译佛典为了适应中国国情，对其中的平等观念作了淡化处理，但并没有使平等意识完全消失。这种平等意识与中国儒家主张的君为臣纲、父为子纲、夫为妻纲以及男尊女卑等尊卑等级秩序是冲突的。东晋时代，关于僧人是否应敬王者的争论，就是这两种价值观念冲突的集中表现。东晋成帝时，庾冰辅政，代成帝诏令"沙门应尽敬王者"，指责僧人不敬王者是弃忠孝、遗礼数、害政治的行为。认为"礼重矣，敬大矣，为治之纲，尽于此矣"（《弘明集》卷十二）。如果不敬王者，那么就会尊卑不分，礼法失坠，国家大乱。

但由于遭受佛教势力影响的何充等人反对，未能实行。安帝时太尉桓玄又重申庾冰之说，但仍遭到一批权贵的异议。特别是南方佛教领袖慧远，作《沙门不敬王者论》五篇，阐发了不敬王者的立场。认为佛教既不重视生命，因而也就不需要服从政治礼法的教化。然而，慧远为了调和价值观念冲突，提出沙门"道洽六亲，泽流天下，虽不处王侯之位，固已协契皇极，大庇民生矣。"（《弘明集》卷十二）就是说，佛教和儒家的政治价值取向是一致的。北方北魏沙门统法果却与慧远不同，认为皇帝是"当今如来，沙门宜应尽礼"，这说明佛教已开始向儒家的观念靠拢。南朝宋孝武帝曾下令沙门必须对皇帝跪拜，否则"鞭颜皴面而斩之"。僧侣们只得屈服，使矛盾冲突得以缓和。关于沙门是否跪拜王者的争论，在深层结构上是尊卑观念和平等意识两种社会政治价值观的深刻分歧。

其三是人伦道德观念与超越善恶差别的冲突。佛教追求的是个人解脱和众人解脱的人生目标，特别是大乘佛教强调普度众生、自利利他的道德原则。然而，佛教认为道德不过是达到理想涅槃境界的途径。到了涅槃境界就超越了是非善恶。所以，从终极关怀的意义上说，佛教并不重视人伦关系和伦理道德。这和儒家以人伦道德为最高价值取向的观念是相悖的。魏晋时期，儒、释之间关于"孝"的争论，就是这两种价值观念冲突的表现。佛教僧人既不娶妻生子，也不承担赡养和孝敬父母的道德义务，遭到了儒家的严厉批判，孙绰在《喻道论》中说："周礼之教，以孝为首，……而沙门之道，委离所生，弃亲即疏；刊剃须发，残其天貌；生废色养，终绝血食，骨肉之亲，等之行路，背理伤情，莫此之甚。"（《弘明集》卷十）"善事父母"是孝的根本原则，孝又是人伦道德的基础，《孝经》称："孝者，德之本也。"佛教既有"不孝之逆"，就从根基上动摇了儒家的伦理道德价值体系，所以为儒家所不容。

以上几个方面的冲突表明，魏晋南北朝时期在人生价值观、政治价值观和人伦道德价值观上，儒、释两家存在着根本性的冲突。这种冲突与儒、玄冲突不同，它体现着不同文化类型之间在价值观上的差异。为了在冲突中求生存，佛教不得不调整自己的价值取向，以适合儒家的价值观念，儒家也注意吸取佛教中一些可供自身发展的价值意识。于是，儒、释融合就成为历史趋势。继东汉末牟子最先提出"三教调和"论之后，南朝宋代谢灵运著《辨宗论》主张"去取说"："去释氏之渐语，而取其能至；去孔氏之殆庶，而取其一极"（《广弘明集》卷十八）；宗炳提出"共辙说"："孔、老、如来虽三训殊路，而习善共辙"（《弘明集》卷二）；梁武帝发表"穷源说"："穷源无二圣，测善非三英。"都是儒、释融合趋势的表现。

3. 胡汉价值观的碰撞

魏晋南北朝时期，内迁到长城以内和黄河流域的匈奴、鲜卑、羯、氐、羌等少数民族共同形成了一个"胡"文化共同体，与"汉"文化发生着持久的文化冲突。在不同类型的文化冲突中，作为文化核心的价值观念必然发生激烈的碰撞。也正是在这冲突和碰撞的过程中，不同质的文化价值观念实现着融合。

胡汉价值观碰撞的主要内容如下。

（1）重农观念与重牧观念的碰撞。北方和西北方诸少数民族，本以游牧为业，在广阔的草原上游骑飘忽，时聚时散。西晋时，由于内迁各族与汉族交往，逐渐走向定居和兼营农业。但是从思想观念上还有浓厚的维护游牧传统，鄙视农业的价值意识。这是由于从事农业的人们总是被压迫被剥削者，其中很多是奴隶，所以总是被这些民族的统治者所鄙视。重牧轻农观念即使在他们已从事农业以后仍然存在。在这种观念的影响下，他们往往对农业进行骚扰，如抢劫财物，驱赶农民，毁坏庄稼，严重阻碍了北方地区农业的发展，因此，受到了广大农业生产者和儒家知识分子的抵制。在这种观念冲突中，北魏王朝的统治者出于提高物质生活水平和增强王朝经济实力的需要，接受重农观念，道武帝拓跋珪提出"务民息民""劝课农桑"的主张，并实行"计口授田"的制度，他还亲耕"籍田"以表示对农业的重视。魏孝文帝实行"均田制"以发展农业，北周武帝积极学习汉族的农业生产方式，增辟农田，兴修水利。

进一步摆脱鲜卑轻农旧观念的束缚。农业生产在统治者重农观念的影响下得到了迅速发展。

（2）礼法观念与部族意识的碰撞。建立北魏的鲜卑族在进入中原初期，政治上基本上仍是原来的部族组织，其结构极为散漫，《后汉书·乌桓传》云："有勇健，能理决斗讼者，推为大人。无世业相继，邑落各有小帅"；"数百千落，自为一部。……大人以下，各自畜牧营产，不相徭役"。这种制度基本上仍是原始社会部落酋长制之延续。在此种社会结构中，人们形成了浓厚的部族意识，即原始的平等意识、民主意识和自由意识。随着民族的定居、生产的发展和社会管理的复杂，这种部族意识越来越不适应统治者的要求，也与他们接受的汉族政治观念即儒家的中央集权、等级结构、礼法并用为内容的政治价值观念日益冲突。在两种政治价值观的碰撞中，北魏统治者为了促进封建化的过程，不断进行改革，一步步地破坏拓跋部原来的部族组织，克服部族意识，接受儒家的礼法政治观念，建构封建的政治组织。道武帝"散诸部落，始同为编户"，使部民定居，并加强国王权力，设置都统长、幢将及外朝大人官等，作为近臣，任命原部落酋长担任。从观念和制度上把过去部落联盟领袖与各部落酋长的关系转化为封建君臣关系。他还大量吸收汉族地主参加政权，大力提倡儒学，设太学，置博士，祭周公、孔子。魏孝文帝改变原来"魏百官不给禄"，"唯取给于民"的制度，"班百官之禄，以品第各有差"，对官吏实行俸禄制度。这些改革，都是在儒家礼法观念与鲜卑旧的部族传统观念的斗争中进行的。

（3）人伦道德观念与原始道德意识的碰撞。魏晋时期，北方鲜卑等少数民族，除匈奴已较早进入奴隶社会外，其他各族还相当落后。在社会风俗上还保留着浓厚的原始道德遗风。《后汉书·乌桓传》载：乌桓、鲜卑"食肉饮酪，以毛毳为衣，贵少而贱老，其性悍塞，怒则杀父兄而终不害其母，以母有族类，父兄无相仇报故也"。"无文字""氏姓无常，以大人健者名字为姓""其嫁娶，则先略女通情，或半岁百日，然后送牛马羊畜以为聘币，婿随妻还家，妻家无尊卑，旦旦拜之而不拜其父母。

为妻家仆役一二年间，妻家乃厚遗送女，居处财物，一皆为办。其俗妻后母，报寡嫂，死则归其故夫。计谋从用妇人，唯斗战之事乃自决之。父子男女相对踞蹲"。这种风俗中有母系氏族社会的遗风。其道德意识与儒家父为子纲、夫为妻纲、男尊女卑的人伦道德观念和"父母之命、媒妁之言"的婚姻道德秩序，相距甚远。与汉族接触后，必然会发生碰撞、冲突。特别是北朝时期北方儒学的伦理道德，仍固守汉儒的旧传统，与东晋、南朝比较，更为保守。所以，在道德价值观上，胡、汉的冲突更为深刻。北魏统治者，为了促进汉化，以汉族儒家知识分子为中介，不断吸取儒家的人伦道德观念，以改造鲜卑旧俗。魏孝文帝迁都洛阳，改鲜卑姓为汉姓；鼓励鲜卑人和汉人通婚；禁士民胡服，改穿汉装；禁说胡语，改说汉语；倡兴文教，促进文明。这些改革措施，对改易"胡风国俗"起了重大作用。男婚女嫁有待于"父母之命"的观念、"贞女不更二夫"的贞操观念、"尊父敬夫"的礼教观念，都在深层心理上对鲜卑人产生了深刻影响。《洛阳伽蓝记·景宁寺》载陈庆之语云："此中谓长江以北尽是夷狄，昨至洛阳，始知衣冠士族并在中原，礼仪繁盛，人物殷阜。"这虽指洛阳士族言，但也反映了北魏时接受儒家礼仪的道德风尚。同时，少数民族充满生气的刚健精神和重然诺讲信义的风尚，也给高雅温文却又过分严肃拘谨的儒家作风以新的激发。

总之，胡、汉价值观念的碰撞过程，也是胡文化的汉化过程，是民族交融过程。这一时期的文化融合和价值观念的认同，对促使多元一体的中华民族文化的形成和发展影响极为深远。

魏晋南北朝时期是中华民族价值观念的一次大转折、大转向。这是由一元到多元、由儒家到道家、由经学到玄学的转向，是由名教到自然、由群体本位到个体本位、由道德到自由、由求善到求美的转向。在转向中，玄与儒、儒与释、汉与胡，在价值观领域发生着激烈的矛盾、斗争和冲突。正是这种矛盾冲突，推动了价值观念由旧到新的演变。然而，这种演变并不是与儒家纲常伦理价值观体系实现彻底的决裂（这在当时既不必要也无可能），而是或者在既有的价值观念体系中增加新的因素（如佛教的价值观念），或者给既有的价值观念提供新的基础（如"名教本于自然"），或者对既有的价值观念实现新的超越（如"越名教而任自然"），或者对既有的价值观念进行新的阐释（如"名教即自然"），或者向既有的价值观念吹入新的空气（如北方少数民族的刚健精神）。通过这种肯定中有否定、继承中有革新的过程，中华民族的价值观念又发展到了一个新的阶段，上升到一个新的水平。汉代占主导的儒家价值观念中的迷信性、僵化性、绝对性的弊端被克服了、淡化了，道家自然价值观念中的积极成分被汲取了、弘扬了，佛教价值观念中的可利用因素被接受了、改造了，胡、汉价值认同了、融合了。于是，一个价值观念的多元综合时代随着封建社会的繁荣昌盛而即将到来——这就是大唐文明。

五 "万善"的"同归"

——隋唐时期的价值综合

隋唐时期，中国社会分久而合，中华民族盛运再临。历史结束了
四百余年的动乱、分裂局面，出现了统一稳定的太平盛世。在这
"玉树声沉战舰收，万家冠盖入中州"的时代，中华民族的价值观念
又发生了新的演变。这次演变，并不是简单地否定魏晋，回归秦汉，
由崇道移向尊儒，由"尚自然"转向"明纲常"，而是适应社会经
济、政治、文化发展趋势的要求，反映新的社会主体的利益和需要，
对儒、道、释三家的价值观念在新的历史条件下兼容并举，形成了以
儒家价值观为正宗，"三教"鼎立的价值观念结构。实现南北方统一
的隋文帝，登极之初就明确提出："法无内外，万善同归；教有浅
深，殊途共致。"① 唐高祖临朝不久，就下诏"三教虽异，善归一
揆"②。这就为隋唐时代的价值取向，设定了轨道。然而，三教鼎立，
并不是三教平等，从总体上说，儒家的仁义道德价值观仍然处于中心
的地位。三教鼎立的价值观念格局，大大开阔了人们的价值视野，拓
展了人们价值追求和价值创造的领域，从而使价值观念多元交织，价
值活动缤纷多姿，价值成果丰富多彩。

---

① 《五岳各置僧寺诏》，见《全隋文先唐文》，商务印书馆1999年版，第4页。
② 《册府元龟》卷五十，中华书局1960年版，第558页。

（一）统一时代的价值主体

价值观念是价值主体利益和需要的观念反映，由于不同价值主体的利益和需要不同，其价值取向也就不同，反映在思想上就形成了不同的价值观念。魏晋南北朝是门阀豪族占统治地位的时代，他们是社会的价值主体。他们靠身份特权，巧取豪夺，占有了大量土地，荫庇着大量人口，经营着田庄经济，高踞于社会上层，坐享特权而日趋腐化，高卧私门而生活奢靡，终于变为阻碍社会前进的腐朽势力。隋唐统治者虽然也出身贵族集团，但他们目睹南北朝贵族豪门和皇室的荒淫无度、政治腐败、上下离心、社会分裂的衰败局面和亡国丧权的历史教训，不得不采取限制、打击门阀世族势力的政策，以实现价值主体的转移。

杨隋和李唐政权全面压抑门阀世族地主实现价值主体移位的主要措施如下。

（1）推行均田制，打击门阀世族的经济势力。均田制始于北魏，隋唐沿袭此制度而加以完善。隋文帝清理全国户籍，把门阀世族占有的"佃客""部曲"等农业劳动力清理出来，直接归国家控制，直接对国家纳租税、供劳役、尽义务。户籍普查的结果，有四十万人查实为壮丁，一百六十多万人口被新编入户籍，这就把农民从地方豪族手中转到了国家手中。同时还采取"轻税"措施以减轻农民的负担，使农民觉得依附门阀世族不如当国家的自由民好。隋政府还规定，每个成年男性受露田80亩，永业田20亩，妇人得露田40亩，奴婢同平民一样分得露田和永业田。永业田不归还，露田死后归还。唐政府沿用隋制又有所变通，继续实行均田制。隋唐均田制的推行，对打击门阀世族的经济特权，起了决定性的作用。"土地国有""计口授田"，破坏并进而摧毁了世族豪强地主的田庄经济，孕育产生了大批拥有不完全土地私有权的自耕农以及庶族地主。

（2）建立科举制度，打击门阀世族的政治势力。隋朝废弃了魏晋以来按门第高低选用官吏的九品中正制,采取考试的办法,以才选人。起初设有秀才、明经两科,后又增设进士科,放宽了录取标准。唐朝统治者也确立了"人尽其才,才尽其用""选天下之才为天下之务"的选才方针,继续完善科举制度。科举制的最大特点是从地主阶级全体成员中,通过机会均等的严格考试来选拔官吏。这样,一方面给大批中下层地主阶级士子以及自耕农出身的知识分子提供了通过科举考试参与和掌握各级政权的机会;另一方面,限制了门阀大族对选举的把持和他们凭借门第出身而攫取权位的特权。从此,寒士们就具有了一定的政治主动性和独立性,他们对自己的政治前途也有了几分"天生我材必有用""我辈岂是蓬蒿人"的自信。社会的政治结构和文化结构中也有了一支活跃而能动的新鲜力量。而且,由于考试名目繁多、试题内容广泛,促使了士人知识结构的多元化和社会文化成果的丰富性。所有这些效果,都标志着一支与门阀势力相抗衡的新的价值主体的崛起。

(3)采取品级平衡政策,压抑门阀世族的身份特权。唐立国后,唐太宗命高士廉等人修订《氏族志》,高士廉在《氏族志》中,将魏晋以来社会地位最高的传统势力崔氏列为第一等,唐太宗很不高兴。他说,我和山东崔、卢、李、郑并无嫌怨,只是他们早已衰微,没有人做大官,却还自负门第,嫁娶多索钱财,弃廉忘耻,不知世人为什么看重他们。从前高齐只据河北,梁陈偏在江南,虽然也有些人物,实在算不得什么,可是世俗相沿,至今还以崔、卢、王、谢为贵。我平定四海,天下一家,凡是在朝大官,或功业显著,或德行可称,或学术通博,所以擢用以三品以上。他令高士廉修改,将崔氏抑为第三等。并明确指示:"我今特定种姓者,欲崇重今朝冠冕,……不须论数世以前,止取今日官爵高下作等级。"(《旧唐书·高俭传》)唐高宗时又改《氏族志》为《姓氏录》,规定凡在唐朝"得五品官者,皆升士流"(《旧唐书·李义府传》)。与此同时,唐太宗极力选拔寒门庶族地主官僚,出任中央政府要职。如少年时做过道士的魏徵,官至秘书监,参与朝政;出身录事,曾为王世充部下的戴胄,官至户部尚书,参与政务;自布衣而为卿相的马周，官至中书令。唐太宗的著名文武大臣中，尉迟敬德当过铁匠，秦叔宝原是小军官，张亮出身于农民，官至刑部尚书。还有一些人出身于少数民族。后继的几位君主，更大批引进了庶族寒士。唐王朝这种"崇重今朝冠冕""取今日官爵高下作等级"的政策，平衡了新、旧贵族的品级，破除了旧的身份等级制，压抑了旧门阀世族的门第身份特权，实际降低了他们的社会地位。重新调整和编制了统治阶级内部的品级结构。

隋唐王朝从经济、政治、社会品级等方面连续不断地压抑、打击门阀世族，使得在农民起义打击下已趋衰落的豪门世族再度衰落。而在门阀世族的衰落声中，寒门庶族地主阶层的社会地位和政治地位得到大幅提升，从他们中上升的"近世新族"，终于取代豪门世族而成为封建政权的主要支柱。"朱雀桥边野草花，乌衣巷口夕阳斜；旧时王谢堂前燕，飞入寻常百姓家。"刘禹锡的这首诗，形象地描绘了社会重心的转移。这种转移，从价值论角度看，乃是社会价值主体的转移。隋唐时代，就是社会的价值主体由门阀世族地主向寒门庶族地主大转移的时代。

价值观念总是直系于社会价值主体的利益和需要。隋唐时期，代表庶族地主阶层的统治者在掌握政权之后，主要的利益和需要有以下数端：

一是加强中央集权。魏晋南北朝时期，由于门阀世族的地方势力的强大，中央君主的权力是比较脆弱的，强大的地方权贵在一定程度上分解着中央政府的权威。隋文帝实现统一后，首先迫切需要的是加强中央集权。为此，他制定了新的法律制度，把京畿的官署和地方的衙门结合成强有力的由中央控制的官僚机器。为了强化中央政府的机构，隋文帝对官制进行了改革，设立了尚书、门下、内史三省，作为最高政府机关。尚书省是管理政务的机构，长官是尚书令，副长官是左右仆射。尚书省下设吏、礼、兵、刑、民、工六部，各部长官为尚书。隋文帝还简化地方官制，把州、郡、县三级制，改为州、县两级制（后来隋炀帝又改为郡、县两级），加强了中央对地方的控制。又规定，九品以上的地方官，一律由中央任免。州、县佐官三年一换，不得重任，不许用本地人。隋亡后，唐承隋制，且又吸取了隋朝短命而亡的教训，虽然仍设立六部

（名称有所改变），但进一步把六个部的权力集中到皇帝手中。皇帝还掌握军权，并派出宦官代表皇帝出任盟军，监视将帅的行动，干预军队的调动和指挥。为了震慑地方割据势力，还立皇家直属军，由皇帝直接掌握。这些强化中央集权的措施，在唐初时期，效果都比较显著，使中央的政策，在政权所能达到的地区，都得到了较好的贯彻。隋唐时期，强化中央集权，既是统治阶级利益的需要，又符合历史发展的客观实际，因为中国地广人众，小农经济极端分散，民族关系比较复杂，如果没有一个绝对权威的中央政府统一指挥和协调，封建王朝就难以存在。这种统治阶级的需要和客观历史进程实际的符合，使统治阶级的需要与社会成员的整体需要有了一定程度的一致性。于是，当时的统治阶级也就成了代表社会整体某些利益的价值主体。而这，正是唐代出现盛世的一个重要原因。

二是维护安定统一。隋朝实现了中国的统一，但由于隋炀帝的暴政，统一的局面仅有三十余年，就被农民起义所推翻。唐王朝又一次完成了统一大业。然而，如何巩固统一、维护统一、保持长治久安，依然是统治阶级以至全国人民所关心的问题。加强中央集权不但是统治者对权力的需要，也是维护统一安定的重要措施。除此之外，李唐王朝还采取了其他一系列维护统一安定的举措。例如，实行府兵制，"寓兵于农"，兵农合一，从均田农民中点兵，保证了兵源；中央设置 12 卫，全国各地设置 634 个军府（其中关内有 261 府），京城附近拥兵 26 万，形成朝廷"居重驭轻"之势；"三时农耕，一时教战"，有事"命将以出"，事毕"兵散于府，将归于朝"。这种府兵制不但有利于加强中央集权，而且维护了国家的安定统一，唐朝一百多年的安定、统一，有赖于此。又如，制定"偃武修文""中国既安，四夷自服"的方针，对待少数民族采取比较和缓的政策，大大改善了唐和边境各少数民族的关系，维护了国内的和平、统一。再如，实行减轻赋税、减缓刑罚、澄清吏治、节省开支等措施，以减轻民众负担，受到了人民的拥护。以上这些举措，对维护和巩固国家的安定、统一都起了积极作用，使大唐王朝保持了 289 年相对统一的局面。而国家的安定统一，又为社会经济、文化的发展提供了必要的条件。

三是发展社会经济。政治上的高度集中统一，需要有强大的国力为基础。而在以农业为主的封建制度下，要保持强大的国力，必须发展小农经济。在南北朝门阀士族的统治下，农民依附于贵族庄园主，缺乏人身自由，严重影响了农业的发展。唐建立后，统治者为了发展生产、增强国力的需要，实行了均田制、租庸调制和轻徭薄赋、爱惜民力等政策，使广大农民从严重的人身依附下解放出来，在一定程度上提高了农民的生产积极性，使农业经济得到了发展。从唐太宗到唐玄宗的百余年间，经过广大农民的辛勤劳动，农业出现了繁荣景象，手工业也取得了显著成就，农业和手工业的发展，又促进了商业的繁荣，富有的巨商相继出现，富商大贾们奔趋四方，辗转求利，十分活跃。商业的发展，又促进了交通的发达和驿站制度的建立。驿站交通系以长安、洛阳为中心，向四面辐射，舟船车马，遍及全国，远达四裔，结成了统一的交通网络。交通发达又为国际经济、文化交流提供了便利。东到日本有陆、海两条通道。由于海上运输，载运量大，又节约运力，唐中期以后，开辟了由长安、洛阳通向西方的海上丝绸之路。农业、手工业、商业、交通的发展促使了经济的繁荣。杜甫赞唐玄宗开元盛世："忆昔开元全盛日，小邑犹藏万家室。稻米流脂粟米白，公私仓廪俱丰实。"政治稳定、国家统一、经济繁荣，使人口有了急剧的增加。中国历史上，人口第一次达到五千万是在东汉，第二次达到五千万则是在唐朝，此后直至清代以前，中国人口没有超过唐朝。在古代，人口是生产力的标志，因而也是财力和国力的标志。

四是繁荣文化事业。统治者发展社会经济的目的，无疑是为了满足自身的物质、文化生活需要，唐代的统治者也不例外。他们在经济发展的基础上，一方面追求物质生活享受；另一方面追求文化精神生活的丰富。为此，他们推行了比较开明、宽容的文化政策，以繁荣文化事业。在文学艺术的创作上，积极鼓励创作道路的多样性，魏徵曾平实地分析了南方文学和北方文学之短长，提出了"各去所短，合其所长"的主张；在教育上，设立各类学校，中央直系的学校总称为"六学"或"六馆"。算学、天文、医学等自然科学的专业教育开始确定，出现了世界教育史上最早的分科学校。并形成了教育、研究、行政三者结合一体的体制。地方设置里学，使教育深入乡间；在史学上，设立史馆，以重臣统领，聚众修史，而且在修史的思想上，立足统一，纵观全局，避免南北的对立，消除了北朝后期尊东伪西的偏见；在文化典籍的整理和编撰上，摆脱狭隘的地域观念，纠正详南略北的偏向，例如唐人道宣撰《续高僧传》，凡南北方高僧，都编入此书，克服了南朝梁释慧皎所撰《高僧传》重南轻北的偏颇。孔颖达撰《五经正义》、颜师古定《五经定本》，"博综古今，义理该洽"，统一了自东汉以来长期存在的学派争论和诸儒异说；在民族文化政策上，体现了唐太宗"自古皆贵中华、贱夷狄，朕独爱之如一"的民族平等思想，使汉文化和各少数民族文化都得以发展和繁荣，兼容并包，胡汉交融，呈现了异彩纷呈的面貌；在中外文化交流上，实行了国外汉学家所称赞的"世界大同主义"，开放汲取，外域撷英，使中亚、西亚、南亚等外域的佛学、医学、历法、音乐、舞蹈、体育、宗教、建筑艺术等涌入中华，使唐人的文化生活气象万千。并接收国外的留学生和欢迎国外的文化使者，向外域传播中华文化，促进了中外文化交流和文化融合。

隋、唐王朝的统治者，尤其是唐代统治者的上述种种需要以及为满足这些需要而采取的政策和措施，反映在价值观念上，就必然是一种多元综合的价值观念体系。凡是有利于封建专制主义中央集权的强化、封建国家安定统一、社会经济发展和文化事业繁荣的各种价值，都是他们所崇尚的对象；凡是反映这些价值的价值观念，都是他们所倡导的思想，这就是唐代儒、释、道三教鼎立、三教融合的重要原因所在。

然而，一个时代的占统治地位的主导价值观念的确立，并不仅是该时代的价值主体根据自身的需要而进行主观选择的结果。还要受到社会历史发展的客观条件的制约。这种客观条件包括两个方面：一个是作为社会生存基础的物质生活条件；二是已经存在的文化环境、道德传统、思维方式和价值观念。唐代统治者之所以从儒、释、道三家的思想中去汲取价值观念，以建立自己的价值观念体系，这是因为，儒、释、道三家在当时已经形成了较大的思想势力，而且也出现了鼎足而立的既定态势。在南北朝几百年间，社会上流行的不是一种思想体系，而是儒、释、道三种并存的思想体系，它们相互补充，但都不能互相代替。三教之间，出现了一定的融合趋向，三教内部，也有会通本宗的不同流派，建立统一体系的企图。唐代统治者以开放的文化心态，有意识地使三教并举、三教融合，固然是出于利用三教以维护封建大一统和维护社会安定的主体需要，同时也是对三教融合这种时代思潮发展的客观趋势的顺应。

总之，利用三教为封建统治阶级服务的主体需要和顺应三教融合的客观趋势两个方面的统一，决定了隋唐时代价值观念的基本特征。

（二）多维的价值取向

隋唐王朝三教并行、三教综合的文化方针，既是意识形态的建设方针，也是价值观念的建立方针。儒、释、道的思想体系中，所包含的价值观念，都被统治者所兼容、接受和利用，以适应封建大一统的需要。当然，三教的并行和融合，并不是在和平共处，相安无事的状态下进行的，其中充满了矛盾和斗争。在融合中碰撞，在碰撞中融合，就是三种价值观念的基本关系。于是，就形成了多维一体的价值取向。虽然，不同君主由于不同原因，在三者中各有偏重，唐武宗甚至一度灭佛，但就总体而言，多维的价值取向并行不悖，以不同的价值观念，影响着人们的价值追求。

1. 仁义道统中的道德之善

魏晋南北朝时期，儒家经学丧失了独尊的地位，儒家的纲常伦理、仁义道德价值观念也发生了动摇。随着隋唐统一局面的出现，统治者和思想家们不得不考虑立国治国的根本思想问题。他们认为三教各有所长，但治国的根本思想仍不得不以儒家为本。于是，在主张三教并用的同时，他们努力恢复儒家仁义道德价值观的正统地位。他们关于仁义道德价值的基本观点是：

（1）仁义道德是"治国"的根本。隋文帝信奉佛道，但还是认为孝是道德的根本，教化的基础，他说："《孝经》一卷，足以立身治国"（《资治通鉴》）。隋炀帝崇信佛道，但也认为应以儒学为治国之本，他说："问孝问仁，孔酬虽别，治身治国，老意无乖。"（《广弘明集·宝台经藏愿文》）唐初统治者也企图重整纲常，以儒家道德价值观为唐王朝的正统价值思想，高祖李渊，不斥佛道，而以兴儒为主，下诏设置州县乡学，收揽士人，立孔子庙，修孔庙碑，行奠孔礼，诏书云："沙门事佛，灵宇相望；朝贤宗儒，辟雍顿废。公王以下，宁得不惭。"（《册府元龟》卷五十）唐太宗李世民更是视儒学为王朝生死存亡的根本。为秦王时，开文学馆，优选儒士；即位后，开弘文馆，选天下儒，讲论经义，商讨政事。于国学立孔子庙堂，以孔子为先圣，颜子为先师。大征天下儒士为学官，凡能通一经以上者任用为官吏。他还亲临国学，听博士讲论，国学听讲生员多至八千余人。唐太宗深感南北朝时，儒分南北，学出多门，章句繁杂，异说纷纭，不能形成统一的儒学思想，于是，命颜师古考定五经，令孔颖达撰《五经正义》，"颁其所定书于天下，令学者习焉"（《贞观政要》卷七）。他还两次下达诏书，褒扬古代名儒，以资劝导，作为示范。对于儒家的道德价值观念，他明确指出"尧舜之道，周孔之教"是国家的生命线，"失之必死，不可暂无"；并深深地为前代"儒道坠泥涂，诗书填坑阱"而伤怀，决心以"建礼作乐，偃武修文"为己任。他通过总结历史的经验教训，认识到弘扬儒家的仁义道德价值观念，是维护唐王朝长治久安的关键。他说："周得天下，增修仁义；秦得天下，益尚诈力。此修短之所以殊也。盖取之或可以逆得，守之不可以不顺故也。"（《资治通鉴》卷一九二）虽然，隋文帝、隋炀帝和唐高祖、唐太宗，他们对仁义道德（包括忠、孝等）价值的论述，是政治性的不是理论性的，是总体性的不是分析性的，但是作为最高统治者，又是开国君主，他们所表达的价值观念，无疑会产生重大的影响。

（2）仁义道德是"王道"的准则。隋代著名儒家学者王通对仁义道德价值的思考，显然比封建君主要深刻得多。他把道德和王道政治密切联系起来，认为"伊尹周公"所行的"王道"，其根本的准则就是仁政德治，任德不任刑。他说："古之为政者，先德而后刑，故其人悦以恕，今之为政者，任刑而弃德，故其人怨以诈。"（《中说·事君》）他认为"仁政德治"在三代达到了最高水平，两汉时的"七制之主"推行的是初级的王道政治，因为他们虽然达到了"以仁义"统天下的水平，但还未实现以"礼乐"治天下的最高境界。尽管如此，他们的政治仍然有很高的价值。他说："二帝三王吾不得而见也，舍两汉将安之乎？大哉，七制之主！其以仁义公恕统天下乎！其役简，其刑轻，君子乐其道，小人怀其生。四百年间天下无二志，其有以结人心乎！终之以礼乐，则三王之举也。"（《中说·天地》）在王通看来，"结人心"就是仁义在政治上的崇高价值。而且，这种价值的实现也不是高不可攀的，两汉七个君主可以做到，当代的君主自然也可以做到。从以仁义"结人心"的仁政，再达到以礼乐治世的王道，就实现了政治的最高理想。然而，无论"仁义"还是"礼乐"，其核心精神都是道德，分别在于，"仁义"之德的实际内容是给人民以实惠，使人民"怀其生"；而"礼乐"之德，则是教人民树立起牢固的道德观念，使人民"悦以恕"。可见，王通认为仁义道德是仁政、王道的根本准则，也是评价一种政治是否有价值的评价标准。

（3）仁义道德是"人性"的本质。隋唐时期的一些儒家学者，继承了孟子的性善论思想，从人性的高度论述了仁义道德的价值。隋之王通，唐之韩愈、李翱，是其著名者。王通认为人的本性是善的，善的内涵即是仁义礼智信"五常"。"薛收问仁。子曰：'五常之始也，'问性。子曰：'五常之本也。'"（《中说·述史》）"子谓收曰：'我未见欲仁好义而不得者也。如不得，斯无性者也。'"（《中说·魏相》）这里，王通明确地认为"性"为"五常之本"，人性中本来就固有仁义道德，如果追求仁义就能得到仁义，就能成为仁义之人。韩愈提出，仁义道德是人的本质属性，他说："性也者，与生俱生也"，"所以为性者"是仁、义、礼、智、信五德。然而，他又认为由于在不同的人身上，五德的搭配及其所起的作用不同，人性有高下之分。上品性善，则"主于一而行于四"；中品可导而上下。"一不少有焉，则少反焉，其于四也混"；下品性恶，"反于一而悖于四"。尽管韩愈的人性论中包含着"五德为性"与"性有三品"的内在矛盾，然而，从价值论意义上看，他以"五德"具备为性的上品，依然是从人性角度，高度肯定了仁义道德的价值。与韩愈有师生、朋友之谊的李翱与韩不同，他明确认为，人类具有善的本质，这是可以成为圣人的根据。他说："人之性皆善"，"性无不善"，"如不善者非性"。而这种性善的内涵，就是仁义道德。"夫性于仁义者未见，其无文也有文。……仁义与文章生乎内者也，吾知其有也，吾能求而充之者也。"（《金唐文·寄从弟正辞书》）他指出，如果人"不专专于仁义"，就失去了人之所以为人的本性，就与禽兽差不多。李翱不但从人性论上肯定了仁义道德之价值，还提出了实现这种价值的途径。他说，人性本善而"情有善有不善"，少数圣贤，性情统一，性情同善；多数常人，性善情恶，情性背离，因此必须通过"复性"过程，忘却与灭除邪妄之情，恢复人的本来善性，实现情、性统一的圣人境界。这就是道德价值实现的根本途径。人性问题本应属于本体论范围，但若与善、恶问题相联，就进入价值论领域了，王、韩、李以仁义道德为人之善性的观点，既是本体论意义上对人性的规定，更是在价值论意义上对仁义道德价值的高扬，仁义既然与人性同一，那么，仁义之价值就是人本身之价值。这种价值思路乃是孔孟一派儒家的传统思路。孔子曰："民之于仁也，甚于水火。"（《论语·卫灵公》）孟子以仁为人固有的"善端"，甚至直接说："仁也者，人也。"（《孟子·尽心下》）都是把仁义道德视为人本身的价值标志。隋唐之儒，也一脉相承，以仁义为人性的本质，以人性论仁义价值。

（4）仁义道德是"天道"的内涵。隋唐儒家，不但将仁义价值内化到人性的深度，还把仁义价值提高到天道的高度。我们仍从"文中子"王通说起，王通认为有一个统一的道，支配天地人的运动，是天地人不能违反的。这个道就是《易经》所谓的"三才之道"。那么，这个"道"的内涵是什么呢？"宇文化及问天道人事如何？子曰：'顺阴阳仁义，如斯而已。'"（《中说·问易》）他又说："大哉乎，君君臣臣父父子子兄兄弟弟夫夫妇妇！夫子之力也。其与太极合德，神道并行乎！"（《中说·王道》）就是说，仁义道德、纲常伦理既是人道的内容，又是天道的内涵。这显然是将仁义道德价值规律化了。此外，王通还提出，道只存在于仁礼德行之中，离开了仁礼道德，道就无法存在。他说："至德，其道之本乎；要道，其德之行乎！"（《中说·王道》）"礼得而道存。"（《中说·魏相》）又说："非礼勿动、非礼勿视、非礼勿听。……此仁者之目也。……道在其中矣。"（《中说·关朗》）这种"礼得而道存""道在仁礼之中"的观点，显然又是将规律（道）价值化了。总之，在王通看来，天道与仁义、规律与道德是一而二，二而一的关系，规律体现于道德之中（"要道，其德之行乎！"），道德是规律的本质内容（"至德，其道之本乎！"）天道"顺仁义而行"，仁义"与太极合德"。这样一来，既通过仁义道德落实了本体和规律的内容，又凭借本体和规律（天道）提升了仁义道德的价值。这就为宋代理学家把道德价值本体化、规律化（以仁义道德为"天理"），开启了思路。

（5）仁义道德是"道统"的核心。中唐时期的文学复古领袖韩愈，在竭力反对佛、道两家的价值观念的同时，对儒家的仁义道德价值观赞扬备至。他在《原道》一文中提出，应该以仁义道德价值观念取代佛、道的价值观念。因为，第一，仁义有特定的内容，是儒家特有的价值观念。佛、道都不谈仁义，他们所谓的"道德"，既没有确定的内容也没有明确的性质。他说："博爱之谓仁，行而宜之之谓义，由是而之焉之谓道，足乎己无待于外之谓德。仁与义为定名，道与德为虚位。故道有君子小人，而德有凶有吉。"就是说，仁义是有确定性质和实际内容的道德，是正价值，而离开仁义的道德是空洞、宽泛的，可以是正价值，也可以是负价值。第二，仁义是天下认同的普遍道德，不是某一家的私言。他说："凡吾所谓道德云者，合仁与义言之也，天下之公言也。老子之所谓道德云者，去仁与义言之也，一人之私言也。"这就把仁与义说成了天下人普遍认同的价值观念。第三，仁义道德是儒家道统的核心。佛教禅宗自称有"以心传心"的"心法"，历代祖师，一脉相传。韩愈为了抬高儒家地位，也制造了一个"道统"，说儒家之道，从尧始，经舜、禹、周文王、武王、周公而传至孔子、孟子，孟子死后"不得其传焉"。之所以不得其传，就是因为它受到了"火于秦，黄老于汉，佛于晋、魏、梁、隋之间"的破坏和干扰。韩愈认为，现在到了承续儒家道统的时候了，他自称是孟子以后唯一的道统传人。那么，儒家道统的核心是什么呢？韩愈提出就是"仁义道德之说"。总之，仁义是"定名"、仁义是"公言"、仁义是"道统"，就是韩愈对于仁义道德价值的新评说，也是唐代儒家对儒家价值观的新推进。

隋唐统治者、思想家的仁义道德价值观，辐射于立国、政治、人性、天道、道统诸多方向，从天道、人道、政统、道统几个方面全方位地高扬了儒家的仁义道德价值观。他们上承两汉，下开宋明，承前启后，继往开来，在儒家价值观的前后两个高峰期之间，起了中介环节的作用。

2. 天人交胜中的主体之能

天人关系问题，是中国哲学的基本问题之一，也是中国传统价值观的基本内容之一。在价值论的意义上，天人关系包括：天与人究竟相分好，还是合一好？无论是相分还是合一，作为主体的人应该处于何种价值地位？这两个问题是相互联系而又相对独立的。隋唐时代，特别是唐代中期，天人关系曾经成为争论的重要问题之一，其中蕴含的价值观念也颇有深意。

如上文所述，王通主张天人合一，而合一的交点则是仁义道德，天人之道相统一于仁、礼之中。这是以天人合一观念论证仁义道德的价值，或者说天人合一的价值内涵在于仁义道德。

韩愈在天人关系问题上的观点是矛盾的。一方面，他强调天道自然，主张天人相分，说："形于上者谓之天，形于下者谓之地，命于其两间者谓之人。形于上，日月星辰皆天也；形于下，草木山川皆地也；命于其两间，夷狄禽兽皆人也。"（《原人》）认为天、地、人，各有其道，而且更重视发挥人道的作用。另一方面，他又认为天是有意志的主宰，能干预人的行为，主张天人合一。他说："今夫人举不能知天，故为是呼且怨也。吾意天闻其呼且怨，则有功者受赏必大矣，其祸焉者受罚亦大矣。"（《原人》）这与董仲舒的天人感应并无二致。在这种相互矛盾的天人关系论中，韩愈对于主体人的能动性的看法也是矛盾的。他既肯定人的能动性活动的价值，认为"圣人"进行的一切创造都为人战胜自然以求生存奠定了基础；又对人的能力产生怀疑，认为"凡祸福吉凶之来，似不在我"；"贵与贱、祸与福存乎天"（《与卫中行书》）。"存乎天"者"吾将任彼而不用吾力焉"（《与卫中行书》）。这种自相矛盾的说法表明，韩愈对人的价值的肯定仅只就仁义道德上着眼，而不能从人的主体能动性上立论，显得很不全面。

在与韩愈的辩论中，柳宗元、刘禹锡力主天人相分，并由此引申，高扬了人的主体能动性价值。柳宗元、刘禹锡首先提出天与一切自然物一样，都是物，都统一于元气，天道则是自然界按照规律运行的客观过程。因此，天与人之间没有相互感应的关系。刘禹锡在《天论》中明确提出，天与人"实相异""交相胜""还相用"，即天与人本质不同，双方只是在作用和功能上相互超过，即所谓"天之能，人固不能；人之能，天亦有所不能也"。

柳宗元、刘禹锡的"天人相分"论，尤其是刘禹锡的"天人交胜"论，包含着十分丰富的价值内涵。其核心在于，它高扬了人本身的价值，对人在宇宙间的主体地位和人改造自然、治理社会的能动性，作了高度的评价。其主要观点是：

（1）"人，动物之尤者也"。刘禹锡认为，人是动物界中最优秀、最杰出的一类，其价值地位远越于动、植物之上，"人，动物之尤者也"。人的价值在于，人是"倮虫之长，为智最大，能执人理，与天交胜，用天之利，立人之纪"。就是说，人具有崇高的智慧，能运用自己的理性，改造自然，利用自然，建立社会纲纪。从而，作为"倮虫之长""动物之尤""智最大者"，超出动物之上，立于宇宙之间。

（2）"人之所能者，治万物也"。刘禹锡说："天之所能者，生万物也；人之所能者，治万物也"。治万物包括改造自然和治理社会两大方面，从改造自然言，人能"阳而艺树，阴而揪敛；防害用濡，禁焚用光；斩材竂坚，液矿硎铓"；从改造社会言，人能"义制强讦，礼分长幼；右贤尚功，建极闲邪"。在治万物中，"人之能"得到了充分发挥，人的价值也有了充分的表现。刘禹锡在《天论》中对"人之能"的论述，继承和发展了荀子天论中赞扬人"骋能而化之"的观点，是对人的主体能动性的歌颂。

（3）"人能胜乎天者，法也"。刘禹锡认为，人的主体能动性在社会治理方面表现得尤为突出，"生殖"与"法制"就是天道与人道区别的根本标志，"天之道在生殖，其用在强弱；人之道在法制，其用在是非"。"法制"也是人能胜天的根本原因，"人能胜乎天者，法也"。如果"法大行"，"则是为公是，非为公非，天下之人蹈道必赏，违善必罚"，人的主体能动性得到了充分的发挥，人的价值也才能得以实现。在这种情况下，人就会对自己的能动性和价值充满自信，认为"福兮可以善取，祸兮可以恶召，奚预乎天耶？"如果"法大弛"，"则是非易位，赏恒在佞，而罚恒在直，义不足以制其强，刑不足以胜其非"，人的能动性衰弱了，人的价值也失落了，"人之能胜天之实尽丧矣"。在这种情况下，人就会对自身的能动性失去自信，进而也对自身的价值地位表示怀疑。认为"福或可以诈取，而祸或可以苟免"。总之，"生乎治者，人道明，咸知其所自，故德与怨不归乎天；生乎乱者，人道昧，不可知，故由人者举归乎天。"在刘禹锡看来，"法制"是人的能动性发挥程度的标志，也是人的价值地位的体现。

（4）"宁关天命？在我人力"。从历史发展的角度考察人的能动性和价值，是柳宗元的一个重大贡献。柳宗元从天人相分出发，认为人是历史发展的动力。他说："变祸为福，易曲成直，宁关天命？在我人力。"（《愈膏肓疾赋》）"力足者取乎人，力不足者取乎神。"（《非国语·神降于莘》）"圣人之道，不穷易以为神，不引天以为高，利于人，备于事，如斯而已矣。"（《时令论》）这些论述，高度肯定了人的主体能动性，明确否定了天命的存在。那么，"人力"的具体表现是什么呢？柳宗元提出，"人力"是历史前进的动力。"惟人之初，总总而生，林林而居"，每当遇到自然灾难和社会动乱时，人为了生存，就会找出相应的对策和办法，"强有力者出而治之"，"参而维之"，"持而纲之"，由此，解决了问题，克服了困难，推动了历史。尽管他把历史发展主要归功于"圣人"，但他否定天命，高扬人力的价值观念是十分可贵的。更为深刻的是，柳宗元提出人的能动性的发挥并不是主观任意的，而要受制于历史发展过程中所固有的客观之"势"。他以此观点，分析了封建制在历史上兴衰的原因。认为封建制在殷周之时之所以不能"去之"，是"势不可也"；秦始皇废封建而行郡县，也是"势也"。这就把人的能动性置于正确的轨道之内，在"势"与"力"的辩证统一中，肯定了主体的价值。

总之，儒家的天人合一说和天人相分说都蕴含着深刻的人的价值观念。一般地说，天人合一说重在弘扬人的道德价值，先秦的孟子、《礼记》《中庸》是如此，汉代的董仲舒是如此，隋代的王通也是如此；而天人相分说则重在弘扬人的能动价值，先秦的荀子是如此，唐代的柳宗元、刘禹锡也是如此。从运思路径上说，天人合一是通过赋予天以价值性（道德性）以提高具有仁义道德的人的价值地位，而天人相分则是通过否定天的价值性以提高具有主体能动性的人的价值地位。王通走的是第一条路径，而柳宗元、刘禹锡走的是第二条路径。比较起来，柳、刘的思路更为合理而思想也更为深刻，他们通过对"力"与"命"的矛盾对立的辨析和"力"与"势"的辩证统一的分析，将人的能动性价值安置于对客观规律的认识的基础之上，从而使人的价值地位更为坚实，使

"应然"（价值）与"必然"（规律）的关系更为合理。

3. 涅槃境界中的精神之乐

隋唐统治者和思想家们对佛教价值观的认同和崇尚，大体出于两个方面的考虑：一是佛教价值观中包含着有利于维护统治地位的重要因素；二是佛教价值观中有解脱人生精神痛苦的丰富内容。其第一方面的原因先置而不论，以第二方面言之，隋唐实现了统一，唐代又出现了盛世。然而，隋唐王朝的开创者和后继者、门阀衰落后的士族，处于激烈竞争中的寒门庶族，都不可能没有人生的失意和精神的烦恼，普通百姓就更不用说了，而当这种精神痛苦在现实中得不到解脱的时候，他们也会在超现实的宗教境界中以求超越。维护统治和拯救精神两个方面的主体需要，和佛教从魏晋以来日趋兴盛的客观事实相结合，于是，佛教的价值观念就成了支撑隋唐时代价值世界的一根重要支柱。隋唐时代，佛教形成了天台宗、法相宗、华严宗、禅宗、净土宗等诸多宗派，去异求同，概而观之，它们所宣扬的主要价值观念是：

（1）"如幻即空"的世界。佛教认为世间的一切事物都是虚幻不实的，是空的。之所以空幻，是因为一切事物都由缘分而生，缘离而灭，缘是事物生成所需要的条件，条件具备了，事物就生，条件消离了，事物就灭。人们看到的日月星辰、山河大地、花草树木、飞禽走兽，以及人间的宫殿楼阁、锦衣玉食、荣华富贵、纸醉金迷、男欢女爱等，都是虚幻而空的无常存在，都无实在的自性，"色即是空，空即是色，色不异空，空不异色"。法相宗甚至认为，不但"法"（物）是空幻的，"我"也是空幻的。这种空，并非绝对的无，而是假有；这种空，才是事物的真实，是"诸法实相"。现实生活中的人们，由于看不到这种空的本质、空的实相，所以才起无尽的贪恋，才有无穷的追求，才要无限地占有，才求无数的价值。而一旦大觉大悟，就会"观"到事物虚幻不实的本质，从而也会停"止"对现实世界上一切事物的留恋贪爱。所谓"菩提本无树，明镜亦非台，本来无一物，何处惹尘埃"。隋唐佛教形成了诸多宗派，但都认为世界"如幻即空"，这既是佛教对世界万物的一种本体揭示，也是佛教给世界万物作出的价值判断。从价值观意义上说，佛教的"空幻"观念，否定了现实世界的意义和价值，而把世界说成了非价值或负价值。这种否定世界客体对人的价值意义、与人的价值关系的观点，是佛教提出超越价值观的重要根据之一。佛教正是通过对现实价值的否定而提出其超越性价值观念的。

（2）"苦海无涯"的人生。从佛教对现实人生的基本观点是"一切皆苦""苦海无边"，它认为人生是一个生、老、病、死的过程，贯穿这一过程的是一个"苦"字，"苦"是佛教基本教义"四谛"之一，本意为身心感受到逼迫而呈现的苦恼状态。有"三苦""八苦"之说，所谓"三苦"，其实指"苦"的三种属性：一是苦苦，即对于讨厌的东西而感到苦；二是行苦，即见世间事物的无常易变而感到苦；三是坏苦，即见美好的东西变坏而感到苦。这三种苦的属性是一切苦所共有的。所谓"八苦"就是人生的八种苦痛，《中阿含经》云："苦圣谛谓生苦、老苦、病苦、死苦、怨憎会苦（遇到所怨所憎的人的苦痛）、爱别离苦（与所爱的人别离的苦痛）、所求不得苦（求而不得的苦痛）、五阴盛苦（由色、受、想、行、识五阴而生的苦痛）。这些苦痛，涉及了人生的自然过程，精神生活、物质生活等诸多方面。在佛教看来，这些苦痛并非是由外在的客观原因所引起的，它是随顺个人心理上的迷执而来。就是说，有情众生不悟世界的本质是由缘而起的空，却去执着地追求、索取、占有，必取之而后快，享之而后乐。然而，世间事物本无自性，而是假有之空，执着追求，无异于镜中摘花，水中捞月，不但毫无结果，反而使自己生种种颠倒梦想，受般般无尽苦恼。所以芸芸众生，一生一世都陷于茫茫苦海之中。不仅如此，佛教还认为人的肉体可灭，但灵魂不死。这个形坏了以后，还会再有一个形；这一生完了以后，还会再有一个生，这就是"生死轮回"。人的灵魂会不停地在地狱、饿鬼、畜生、修罗、人间、天这六种境地中轮回转生。人若不觉悟，就不能从轮回中解脱出来，而只能永远在生死的苦痛中流转。这样一来，人不但一生一世在苦海中；而且会生生世世处于生死苦海中，难以自拔。这就是佛教对于现实人生的价值评价。以"苦"评价现实的人生，并非完全无据。人在现实的生活中，的确有种种的困难和苦痛，有无数的烦恼和忧愁，问题在于如何分析它产生的根源，怎样探求克服它的道路。按中国传统儒家思想，虽然也承认人间的苦痛、个人的忧患，但它认为这些痛苦和忧患都有它产生的现实社会根源和个人原因，因此也就只能在现实社会中找寻消除它的途径，"苛政猛于虎"则实行"仁政"以正之，"暴君虐民"则实行"汤武革命"以革之，对"见利忘义"者则以仁义道德教之，对于"常戚戚"的"小人"则以"坦荡荡"的"君子"导之，如此等等。而且，为了解决"天下之忧"，个人则应承担受苦的责任，为了养成高尚之德，人生还应该经受苦的磨炼，所谓"先天下之忧而忧，后天下之乐而乐"，所谓"艰难困苦将玉汝于成。"所以儒家对人生的看法是现实的、乐观的。佛教由此却以"苦"来否定人生的现实价值，或者说它认为现实的人生是负价值，由此，它企图以超现实的价值取代或转换现实的人生价值。于是，"苦海无涯"的人生价值观就成了佛教追求超越性价值的又一理论根据。

（3）"常乐我静"的境界。既然世界是"空"，人生是"苦"，那么，就要改变现实人生，解脱现实之苦，实现价值取向的转变。为此，佛教提出"常乐我静"的涅槃境界作为人生追求的崇高目标。涅槃境界是一种超越性的精神境界，十六国时的僧肇在《涅槃无名论》中描绘涅槃境界的超越性特征时说："至人戢玄机于未兆，藏冥运于即化。揔六合以镜心，一去来以成体。古今通，终始同，穷本极末，莫之与二，浩然大均，乃曰涅槃。"又云："涅槃之道，存于妙契。妙契之致，本乎冥一。然则物不异我，我不异物，物我玄会，归乎无极。进之弗先，退之弗后，岂容终始于其间哉？天女曰：耆年解脱，亦何如之。"这段貌似玄学话语的佛学妙文，高度概括了涅槃境界古今、始终、本末、去来、物我、进退浑然一体，统一无二的"玄妙"特征。隋唐时代的佛学对涅槃的理解和僧肇的观点是一致的。那么，涅槃境界的价值内涵是什么呢？

这就是佛典所说的"常、乐、我、静"，"常"是永久，"乐"是安乐，"我"即自由，"静"即清静。涅槃境界，就是永恒、安乐、自由、清静的境界。在这种境界中，人就彻底断灭了生死诸苦及其根源（"烦恼"），而享受着永恒的和平、自由与欢乐。涅槃境界是和现实人生境遇完全对立的超越境界，是对无价值人生的转换，是人生真正价值的实现。佛教无论是强调出身的小乘，还是不强调出身的大乘，都把达到涅槃视为人生的最高理想，当作成佛的标志。这种境界，实际上与死无别，佛教正是以死的极乐，来映照生之极苦，所以涅槃的价值，就是佛教对死的价值的崇尚，正是在此意义上，佛教把僧人的逝世叫作"涅槃"。

（4）"极乐净土"的理想。佛教不仅把涅槃作为最高的人生精神境界去追求，而且还提出一个"极乐净土"的理想天国。"极乐净土"又称"极乐世界""安乐国""无量光明土""清泰国"等。佛教言，这是阿弥陀佛的净土，位处西方，要经过十万亿的佛国才能到达。据《无量寿经》说，极乐净土以金银、玛瑙为地，光耀夺目，十分瑰丽。居民都过着丰衣足食的生活，一想吃饭，七宝钵立即呈现，钵中百味俱全，香美异常。关于极乐净土的社会结构和社会伦理，《大阿弥陀佛经》有较具体的描绘："君率化为善，教会臣下，父教其子，兄教其弟，夫教其妇，家室内外，亲戚朋友，转相教语，作善为道，奉经持戒，各自端守，上下相检，无尊无卑，无男无女，斋戒清静，莫不欢喜。和顺义理，欢乐慈孝，自相约检。"这里有君臣、父子、兄弟、夫妇、亲戚、朋友的人伦关系，似与儒家同，但却无尊卑上下，则与儒家异；这里以"善教"为活动内容，以"和顺义理""欢乐孝慈"为道德风尚，以"斋戒""清静"为生活规范，则又表现了儒、释融合的特征。佛教的极乐净土其实就是以宗教形式表达的一种社会理想，它是对充满着压迫、剥削、争斗、残杀、虚伪、欺骗的人间社会的一种超越。它尽管是很不现实的幻想，但却表达了佛教的社会价值观念，而且在这种价值观念的引导下，不少佛教徒为极乐净土所吸引而为之虔诚发愿。隋唐间的净土宗甚至提出，在末法时代唯有净土一门是解脱之路。创立净土宗的唐初高僧善导,曾著有《观无量寿经疏》《往生礼赞》《净土法事赞》等著作,传布净土信仰,影响很大,使该宗在中唐以后广泛流行。9世纪时,传入日本,使"极乐净土"的理想广为传布。

(5)"悲智双运"的道德。佛教最基本的道德原则是慈悲与智慧,它是大乘菩萨的两面德性。"慈悲"是对众生的平等如一的深切关怀,其中慈是把快乐给予众生,悲是拔除众生的苦恼,佛教常称"出家人慈悲为怀",又倡导"大慈大悲"。表示彻底地拯救人类、超度众生,甚至要慈怀天下,悲悯虫鸟;"智慧"是对一切事、理的是非、邪正进行简择和做出决断的心灵作用,其中"智"侧重于心灵的照见、简择作用,"慧"侧重于心灵的决断、解惑作用。通常合称为"智慧",又称为"般若智"。在佛典中,常用诸多比喻以形容智慧的价值。如"智慧山""智慧海""智慧风""智慧灯""智慧火""智慧水""智慧剑"等。佛教的智慧固然含有知、解的意思,但主要是指直观把握诸法本性为空的智慧。佛的本义在印度即为"智慧""觉悟"之义。所以佛教十分崇尚智慧的价值,倡导"大彻大悟"。慈悲和智慧合而言之,称为"悲智双运"。"悲智双运"的价值在于,第一,慈悲情怀可以拯救苦难,唤醒痴迷,自度度人,超越轮回之苦。第二,智慧心力可以观照真理,破除痴愚,断除烦恼,使人大觉大悟,看破红尘,了达生死,以得解脱。可见,慈悲与智慧两种德行,都是达到涅槃境界的阶梯。相对于涅槃境界而言,悲智属于工具价值层次。佛家称慈为"舟",所谓:"慈舟不棹清波小,剑峡徒劳放木鹅"(《从容录》卷三);称智为"楫",所谓"凭智楫到彼岸",清楚地表现了慈悲、智慧的工具价值特征。悲智二德既然是工具价值,所以在佛教中它具体表现于修持的准则和方法上,例如要求修习"戒、定、慧三学","戒"是清除贪欲,积习善行;"定"是清除瞋恚,安静身心;"慧"是清除愚痴,照见真实。佛家云:贪欲除则慈悲现,瞋恚除则真勇出,愚痴除则智慧生。又如提出修习"悲智六度",即布施、持戒、忍辱、精进、禅定、智慧,前五者是慈悲之行,后者为智慧之行。再如天台宗的"定慧双修",禅宗提出的"顿悟成佛"等等,无一不贯穿着慈悲与智慧的精神。佛教从"悲智双运"的道德价值中，还引申出"勇"（无畏）、"忍""仁""忠""孝""信"等德目，表现了隋唐时期佛教援儒入佛的倾向，特别是佛教对于"忠""孝"的认同，标志着它向儒家道德价值观念的靠拢和对儒家伦理精神的汲取。佛家的道德价值观念不但落实于修习原则和方法上，还体现了在人格形象上，佛、菩萨都是"大慈大悲""大智大勇""大彻大悟"的人格典范，是世人学习的榜样。

总之，隋唐佛教从世界是"空"、人生是"苦"的观点出发，提出了它"常乐我静"的精神境界观念；"极乐净土"的理想社会观念和"悲慧双运"的道德修养观念，作为与儒家并立并对儒家补充的价值观念体系，在隋唐时期发挥了重要作用，对中华民族的价值观产生了深远的影响。

4. 神仙世界中的生命之真

李唐王朝建立后，对道教格外青睐，武德八年（625），高祖李渊宣布三教中，道第一，儒第二，佛第三，从此道教青云直上。太宗李世民命令卢思道校订《老子》，刻石和五经同列，又令玄奘将《老子》译成梵文，传至国外。高宗令王公以下皆习《老子》，并诏尊《道德经》为上经。武则天一度停习《老子》，唐玄宗又加以恢复。下令全国无论士庶皆家藏《老子》，并尊《老子》为《道德真经》，《庄子》为《南华真经》，《列子》为《冲虚至德真经》，《文子》为《通玄真经》，成为官方指定的道教"四经"。习此四经者，可以参加科举考试，并设崇玄学，置博士、学士。玄宗亲自为《庄子》作注、作疏。还把卢鸿一、王希夷、李含光、司马承祯、张果等道士请到长安，加官封号，使道教更加春风得意。唐王朝如此崇尚道教，固然有自称老子后裔、念及同宗之谊的原因，更重要的是道教的价值观念符合了统治者的价值追求。和佛教以人生为苦，以涅槃为乐相反，道教以重视生命价值为宗旨，以长寿为乐，以成仙为至乐，以进入神仙世界作真人为理想，这就符合了人们的生存、享乐和精神超越的需要。当然，对于那些人生不得意者，道教也有解脱痛苦的功能。正因如此，道教才在充满积极进取、热情浪漫的盛唐时代，风云一时，渗透到社会生活的许多方面，影响着人们的价值观念。唐代道教的主要价值观念是：

（1）永恒生命的追求。《老子》书中本来就有追求"长生久视"的观念。所谓"以其不自生，故能长生"。《庄子》亦云："无劳汝形，无摇汝精，乃可长生"。道教吸取了这一观念，并以此作为基本的修养宗旨。唐初流行的河上公《老子注》认为，"常道"是"自然长生之道"，不是"经术政教之道"，把《老子》书中的"谷神不死"解释为"养神不死"，反复强调宝精、爱气、养神，以追求长生。初唐成玄英注老，提出老子的处弱守雌都可以归结为"静"，而"静是长生之本"。后来，李荣虽然认为"道"有"治国"功能，但也不放弃"长生"的修养目标，主张"长生"和"治国"双向同进，"理国者用之，则国祚长久；修身者用之，则性命长久"（《老子注》第三十三章）。杜光庭则提出了修炼的最高境界，就是成为"永超运数，无复变迁"的"真人"。唐代著名的道教理论家司马承祯，在《天隐子》《坐忘论》等著作中，更是以生命的永恒作为道教的根本观念，他说："神仙之道以长生为本；长生之要以养气为根。"（《天隐子·序》）他的师弟吴筠，十分强调肉体生命的重要，认为通过修炼，肉体可以成仙，可以长生不死，变化飞升。由此可见，追求生命的永恒，珍重生命的价值，乃是道教最基本的价值观念。在道教看来，生命本身无论以肉体长寿的形式存在还是以神仙不死的形式存在都是有意义的、有价值的。然而，由于普通常人的生命都是有限的，不可能万寿无疆，甚至也难以长命百岁，所以，道教主张通过修炼以延长肉体生命甚至超越现实的肉体生命，达到生命的永恒。道教的种种修炼术，如炼丹、服食、养气、采补等都是为了实现生命永恒这一价值目标的。而这一目标的实现就是成为神仙，所谓"老而不死曰仙"。道教的这种观念，在唐代有很大影响，上至帝王将相，下至平民百姓，无不对"成仙"表现出如醉如狂的热情，致使对生命价值的贪婪，变成了对自然法则的违抗。宗教的虚幻性，决定了其价值观念的虚妄性，然而，其中包含的重视生命、珍惜生命的意识仍有着一定的积极意义。

（2）人生之乐的眷恋。道教追求生命价值的永恒，是与其对人生的看法密切联系在一起的。乐生恶死本是人的本能，然而，人之所以恶死，总是以人生有乐为前提的，所谓"好死不如赖活着"。道教的生命价值观，也是立足于乐生观念的。它不但不禁止饮食男女之乐，而且还有许多满足欲望的方式：炼金术可以点石成金使人发财致富，房中术可以阴阳相补使人满足情欲，斋醮可以为人避祸祈福，符箓可以使人吉祥平安。不仅如此，它还能凭借法术使人仕途通达，取得高官厚禄，享尽荣华富贵。道教信仰的"福禄寿三星"，就可视为人生喜乐的概括性象征。《云笈七签》记载了许多因道士点化而飞黄腾达的故事。例如卢杞少时甚贫，后遇"太阴夫人"，向"上帝"拜奏，问卢杞"欲求水晶宫住否？欲地仙否？欲人间宰相否？"卢大呼曰："欲得人间宰相。"后果为宰相。又，李石"未达时，颇好道"，游嵩山时，在荒草中遇一病鹤，伤一足，李石刺自己血以救之，白鹤谢曰："公即为明皇时宰相"，后果然做宰相。道教对人生之乐的许诺，使人们种种享乐的欲望得以满足（尽管是虚幻的满足），并且还可使这种生命之乐，通过长生而延至永恒（尽管是虚妄的永恒）。于是，在享乐欲的驱使下，人们就热衷于对道教的信仰。例如太仆韦勤之所以崇信道教，也只不过是因为神仙的法力可以让他当上夏州节度使；纥于泉"大延方术之士"，十五年苦求龙虎丹，乃是为了"点化金银"，"多蓄田畴，广置仆妾"而已。由此可见，道教的人生价值观念与佛教完全不同。佛教是企图解脱人生之苦而追求涅槃的超越；道教是企图延续人生之乐而追求神仙的超越。涅槃解脱的是漫长的人生之苦，神仙延续的是短暂的人生之乐。

（3）"真人""仙境"的倾慕。通过修炼得道而长生不死之人，道教称为仙人。高大鹏说："对于中国人而言，从超越世界来的生命称为神，由凡人经过转化而成的超越生命则为仙。质言之，由天而人的是谓神，由人而天的是谓仙。"① 仙人有"圣人""至人""真人"等称谓。其中"真人"是仙人中的品位较高者。唐代帝王就曾封庄子为"南华真人"、列子为"冲虚真人"、文子为"通玄真人"、庚桑子为"洞灵真人"。真人、仙人所体现的价值要素：一是生命价值，他们都是些长生不死者；二是自由价值，他们都是神通广大、精通法术、往来天上人间、自由闲散、无所不能、无处不至、无往不胜的人；三是道德价值，他们都具有布道施教、惩恶扬善、治病解厄、铲妖除暴、锄强扶弱、伸张正义的崇高品德。真人、仙人所凝结的价值，都是道的体现，道的化身，是道教价值观念的人格（神格）化。神仙所居住、往来和活动的世界，道教称为"仙境"。道教所说的仙境很多，如昆仑山、蓬莱、方丈、瀛州、华胥国、梯仙国、黄金阙、白玉京等，此外由于道教徒常以名山胜地为修炼之所，所以许多名山幽洞也成了神仙聚居的仙山胜境、洞天福地，这些仙境，不在天上、方外而在人间。然而，无论在天界、在方外、还是在人间，仙境都是优美瑰丽、玉栏桂阙、金台银楼、水秀山清、云舒烟媚、花木繁茂、鸾鹤徊翔、饮食精馔、美女如云的所在。神仙们在这里，又幸福，又自由，有万般意趣，有无限欢乐。唐诗人李贺《天上谣》诗云："天河夜转漂回星，银浦流云学水声。玉宫桂树花未落，仙妾采香垂珮缨。秦妃卷帘北窗晓，窗前植桐青凤小。王子吹笙鹅管长，呼龙耕烟种瑶草。粉霞红绶藕丝裙，青洲步拾兰苕春。东指羲和能走马，海尘新生石山下。"这是诗人笔下明净美丽的天界仙境。诗仙李白《梦游天姥吟留别》诗云："我欲因之梦吴越，一夜飞渡镜湖月。……青冥浩荡不见底，日月照耀金银台。霓为衣兮风为马，云之君兮纷纷而来下，虎鼓瑟兮鸾回车，仙之人兮列如麻。"这是诗人梦中的人间仙境。道教的仙境，虽然是宗教梦幻，但所映射的价值都是十分现实的。它表达了人们向往幸福、追求欢乐、热爱生命、酷爱自由的内心世界，也表达了人们关于美好社会的价值理想。

---

① 高大鹏：《造化的钥匙》，河北人民出版社 1988 年版，第 196 页。

（4）忠孝道德的认同。道教的道德观念，不少是对道家思想的照搬，如清虚素朴，少私寡欲等，但由于其生长在纲常名教占统治地位的汉代，所以就受到儒家伦理的熏陶，讲"大慈孝顺"。晋时则提出了"以忠孝和顺仁信为本"。到了唐代，在儒、释、道融合的背景下，道教进一步与儒学合流，汲取道德营养，传说中的吕洞宾常常告诫道士："孝悌忠信为四大支柱，不竖其柱而用心，椽瓦何能成得大厦？"又说："酒色财气四字一毫不犯，方可成道，浮名浊利，尤修仙的对头。"① 在唐朝佛道的争论中，忠孝问题也是双方辩论的重点问题之一。唐高祖武德四年，道士傅奕上疏废佛，列举的重要理由就是佛教违背礼教，不忠不孝，破坏了伦理纲常，不利于齐家治国。他说："海内勤王者少，乐私者多，乃外事胡佛，内生邪见，剪剃发肤，回换衣服，出臣子之门，入僧尼之户，立谒王庭，坐看膝下，不忠不孝，聚结连房。……入家破家，入国破国。"② 傅奕提出忠孝道德固然是为了排佛，但也可以看出道教对忠孝道德的认同。后来，吴筠在《玄纲论》著作中，进一步提出只要人们确能抛弃世俗情欲的牵累，诚心修炼，或者有大忠大孝的德行，再辅之以吐纳、良药，一定可以成神仙。如同在佛教中一样，道德在道教的价值系列中，并不属于目标的层次，而是处于修炼方式、成仙手段的地位。忠孝等道德规范，在道教中具体化为许多戒律，要道士们遵守，并与其他修炼方式结合一起，成为进入神仙世界的阶梯，支撑神仙大厦的支柱。

（5）虚静心性的修养。道教虽倡言忠孝道德，但更重视修道、得道的手段，在这些手段中蕴含着他们的价值意识。唐代的道教学者和道士虽然也承认炼丹、服气、诵经、持戒等都是修炼的方式，但他们视这些"术"为低层次的修炼手段，而认为修养精神、修炼心性才是最高层次的修炼。唐初李淳风把修炼者分为三等，二、三等的"炼术"，第一等的"炼心"。重视精神、心性的修养是唐代道教的主流。道教的心性修

---

① 《云笈语录》，《道藏辑要》璧集三册。
② 《广弘明集》卷十一，《对傅奕废佛僧事》。

养，就是要人清心寡欲，虚静无为。成玄英说："静是长生之本，躁是死灭之源。"（《老子疏》第四十五章）。并推而广之，提出治国之道"须是淳朴，教以无为"（《老子疏》第十章）。李荣认为，治国、长生，都应坚持"虚极之理""虚寂之道"。唐玄宗提出，《老子》的大旨就是"虚静"，"理国则绝矜尚华薄，以无为不言为教"，"理身则少私寡欲，以虚心实腹为务"，"而皆守之以柔弱雌静……此其大旨也。"（《道德真经疏·失题》），他还把虚静说成人的本性，"人受生，皆禀虚极妙本，是谓真性"。（《道德真经疏》第十六章）。李约注《老子》，也认为《老子》是"清心养气安国保家之术"，道就是让人返归自然之性。他主张保精、复朴，使神不离身，气长在心，以此致无期之寿，得长生之道。杜光庭提出"世人修道，当外固其形……内存其神。"（《广圣义》卷十一）虽然炼形是必要的，但"炼心"更为重要，所谓"炼心""修心"就是使心清虚宁静。《内观经》还把修心概括为八个要素：虚、无、安、定、静、正、清、净。可见，唐代道教十分重视虚静心情的修养。虚静的价值实质是内除物欲，外斥功利，甚至也不关注儒家的仁义道德。"虚静"是一个否定性的价值观念，它是通过否定功利价值、远离世俗价值而表达道教的价值取向的。若以肯定性形式表达，"虚静"标志的大约是一种超越性的精神自由。道教既眷恋人生之乐，而又标榜虚静无为，似乎是矛盾的，其实并无矛盾，因为二者属于不同的价值层次，人生之乐乃至神仙之乐，是道教追求的理想，属于目标价值；而清虚无为乃是修道成仙的途径和手段，属于工具价值。二者是目标和工具的关系，在道教看来，必先虚静无为，然后才可得道成仙享永生之乐。"吃小亏占大便宜"，"无为而无不为"，"虚静"不过是成仙而付出的代价罢了。当然，虚静本身也并非没有独立的意义，它作为一种心境和人生态度，可以唤醒痴迷，弱化进取，安定躁动，使人脱离名缰利锁，跳出欲火情海，实现精神自由，保养自然生命。

　　总之，在隋唐时代，儒家追求的是现实的道德和功业，佛教崇尚的是超越的自由和平等，道教珍视的是虚幻的长生和幸福，大唐盛世正是在这种多维交织的价值观念的导引下繁荣和昌盛的，也是在这些价值观念弊端的影响下走向衰落的。

（三）开放的价值视野

唐代是一个开放的社会。儒、释、道多维价值取向并行不悖，自由争论，各现风采，不仅有力地促使了三教融合，而且造成了一种开放的文化态势和价值视野，在社会生活的诸多方面和诸多领域，价值都表现了开放性的特征。人们的主体需要不但在广度上扩展了，在层次上丰富了，而且在表达上比较自由；满足需要的价值客体，不但在数量上增长了，在范围上广阔了，而且在变动上比较快速。由此，主、客体的价值关系就呈现为纵横交织、上下流动、中外往来的"立体交叉桥式"的结构。于是，反映这种价值结构的价值观念也绚丽多姿，异彩纷呈，气象万千。

1. 胡人刚健精神的融入

自魏晋南北朝开始的多民族冲突融合的历史进程，至隋唐时代产生了充分的社会文化效应。唐代的民族融合效应，首先表现在统治者对待少数民族的观念的改变上，《资治通鉴》（卷一九八）载，贞观二十一年（647）五月，唐太宗总结其成功要领的"五事"，其中之一是"自古皆贵中华，贱夷狄，朕独爱之如一，故其种落皆依朕如父母"。唐太宗以民族平等和民族和合观念取代了历史上的"贵华贱夷"观念，这是促进民族交往和融合的基本原因之一。其次，表现在法律的应用上，《唐律疏议》规定："诸化外人，同类自相犯者，各依本俗法，异类相犯者，以法律论。"就是说，少数民族本族人相犯，即按他们固有的习惯法处理，不同民族之间相犯，按"唐律"处理。这种不同民族按不同法律治理的精神，表现了尊重少数民族和民族平等的观念。最后，吸收少数民族参加政权，唐代统治集团中就有不少的少数民族和各族的混血。唐朝建立时，汉化鲜卑贵族的支持起了举足轻重的作用，因此他们在统治集团中一直处于重要地位。据统计，唐朝宰相 369 人中，胡人出身的有 36 人，占 1/10。《唐书》还特辟专章为蕃将立传。最后，对胡人文化的坦然接受和大量吸取，胡曲、胡乐、胡舞、胡食、胡服、胡饰广为流布，汉族男女争相学习、仿效。《旧唐书·舆服志》云：开元以来，"太常乐尚胡曲，贵人御馔尽供胡食，士女皆竞衣胡服"。王建《凉州行》诗云："城头山鸡鸣角角，洛阳家家学胡乐。"李端咏胡腾舞诗云："环行急蹴皆应节，反手叉腰如却月。"日本僧人圆仁入唐，曾见"时行胡饼，俗家皆然"（《入唐求法巡礼行记》）。《安禄山事迹》言："天宝初，贵族士庶好衣胡服。"《新唐书·五行志》载，女子化妆亦染胡风，"圆鬟椎髻，不设鬓饰，不施朱粉，惟以乌膏注唇。"元稹《法曲》对唐人文化生活中的胡气描绘道："女为胡妇学胡妆，伎进胡音务胡乐。……胡音胡骑与胡妆，五十年来竞纷泊。"

总之，由于民族平等观念和政治上、文化上对胡族的接纳，使盛唐时期"长安胡化极盛一时"（《贞观政要·慎所好》）。文化的核心是价值观念，唐人文化生活中的"胡气"，使胡人的价值观念融入了汉民族的价值意识。这些观念主要是：

（1）崇尚阳刚的雄健气概。胡民族本是游牧民族，他们在广阔的大草原上纵横驰骋，铁骑飞度；弯弓射雕，长戈驱兽；沐风栉雨，漂泊不定；肉食皮衣，豪饮高奏；放歌狂舞，摔打竞斗，形成了崇尚阳刚、鄙视阴柔的价值意识，养成了豪爽刚健的英武气概，随着胡汉文化的融合，这种崇尚阳刚的雄健精神，也随之注入了汉民族的价值意识和民族精神之中。王勃名句"海内存知己，天涯若比邻。无为在歧路，儿女共沾巾"。大有"北间风俗"，"歧路言离，欢笑分首"的丈夫气概；李白高吟："边城儿，生年不读一字书，但知游猎跨轻趟。胡马秋肥宜白草，骑来蹴影何矜骄。金鞭拂血挥鸣鞘，半酣呼鹰出远郊。"（《行行且游猎篇》）洋溢着劲健英猛的粗犷气势。这种尚刚健的价值意识，对唐人的女性审美观也有所浸染，尚健硕丰腴而不喜柔弱纤巧，正是对胡族尚活泼勇健的女性审美观的折射。

（2）淡薄礼法的自由精神。胡人的礼法观念比较淡薄，精神比较自由，和汉人比较，他们显得有些无拘无束。比如在婚姻关系上，他们没有汉族儒家伦理所设定的烦琐的清规戒律，"嫡妾不分""诸后并立"的现象所在多有。在男女关系上，交往也比较自由，"女儿自言好，故入郎君怀"的现象不在少数。大唐时期，此风流贯于南北社会，离婚改嫁、夫死另配，习以为常，以至闺门失礼、婚外偷情、"相许以私""乘间欢合"之事，颇有发生。朱熹说："唐源流于夷狄，故闺门失礼之事，不以为异。"这种自由意识，还表现在女性的服饰和外出活动上。至于许多士人直言不讳，放言无忌，特立独行，自由放任的作风，也显然与胡人淡薄礼法观念的影响有关。

（3）轻视尊卑的平等意识。和自由精神相联系，胡人对尊卑等级也比较轻视，君臣、父子、夫妇之间不像汉人那样等级森严，单向服从，而是保留着原始道德中的平等遗风。这种意识的融入，对当时人们的平等观念无疑有所影响，盛唐时期平等观念是相当强烈的，杜甫写李白"天子呼来不上船，自称臣是酒中仙。"《酉阳杂俎》载李白命高力士脱靴，范传正李白墓碑中说李白"被酒于翰苑中，仍命高将军（高力士）扶以登舟"。李白也称自己"揄扬九重万乘主，谑浪赤墀青琐贤"（《玉壶吟》）。"严陵高揖汉天子，何必长剑拄颐事玉阶？达亦不足贵，穷亦不足悲。"（《答五十二寒夜独酌有怀》）李白这种平等意识中，诚然有传统道家价值观念的深刻烙印，但是，胡族平等意识浸染后所形成的文化氛围，却给这种平等观念提供了表达发挥的条件。

2. 外域重商观念的吸取

唐朝是我国历史上中外关系发展的重要时期，同许多国家都建立了友好关系。唐朝的中外交流，主要有四条途径：一是外国使者频繁来访。新罗、高丽、百济（均在朝鲜半岛）、日本、林邑（越南中南部）、真腊（柬埔寨）、失密（克什米尔），分布在苏联中亚地区的康、安、曹、石、米、何、火寻、戊他、史，还有波斯、大食、拂菻（东罗马），都曾多次遣使入唐。二是外来宗教广泛传入。除佛教外，唐时的外来宗教有从波斯传入的祆教、摩尼教，从叙利亚传入的景教（基督教的一派），从大食传入的伊斯兰教。这些宗教的传教士来到中国的很多。三是外国留学生大量来华，高丽、百济、新罗、日本及吐蕃、高昌都有留学生到长安入学，进入国学的有八千多人。唐文宗开成二年（837），新罗派到唐的留学生就有 200 多人，从唐穆宗到唐末，登科举的新罗学生有 58 人。四是外国商人纷纷入唐。中亚各国、阿拉伯、波斯、拜占庭、印度、尼泊尔、斯里兰卡、殊奈、仍建、拔拔力、日本及东亚各国都有商人来唐经商贸易。特别是阿拉伯和大唐的商业关系，依靠陆路和水路，维系着频繁的往来。陆上商队不绝于道，往返于丝绸之路。海道商船往来于波斯湾与中国交州、广州及沿海各港。由于中外经济、文化交流的发展，使长安成为当时亚洲和世界上最繁荣的国际都市。各国使臣、僧侣、留学生、商人、乐工、画师、舞蹈家聚居长安，彼此交往。在长安一百万总人口中，侨民和外籍居民大约占百分之二，加上突厥后裔，其数量在百分之五左右。780 年，留居长安的回鹘人有千人，穿着唐式服装的外国商人二千人以上，787 年检括长安"胡客"（侨民），凡有田宅的达四千人。

通过中外的经济、文化交流，既使中华文化向外传播，也使外域文化大量涌入。于是，异域的财货、器物、衣食、习俗、信仰中所渗透的价值观念也对中国人有相当的影响。其中，最突出的除佛教价值观念之外，就是异域人特别是阿拉伯和波斯商人的重商观念。唐时波斯人入华以商人为多，侨居中国的也以商人为多。除长安外，居扬州者有几千人，至唐末黄巢攻占广州时，伊斯兰教徒和祆教徒、景教徒、犹太教徒丧生的达十二万人，其中以阿拉伯人和波斯人为最多。可见，阿拉伯人、波斯人在唐代的商人之众。波斯人重视商业、贸易，重商意识浓厚。716年有波斯商人鼓动玄宗往海南各地采购珠翠奇宝，"因言市舶之利"，竭力怂恿唐朝扩大对外贸易。唐政府受此观念影响，在广州设市舶使官职，专管对外贸易，市舶使的地位竟提高到可以和岭南节度使并立，合称二使。亲访广州的阿拉伯商人苏莱曼·丹吉尔在 851 年写的《中印游记》中，如实描写了唐时广州的商贸盛况。中国封建社会是农业社会，重农观念源远流长、根深蒂固，在唐代的中外经济、文化交流中，异域商人的"言市舶之利"的观念，对人们的重商意识是一种可贵的强化，唐代商业较前代发达，特别是国际贸易盛况空前，显然与重商观念的增强有关。当然，商业活动对朝廷和商界带来的利益，也使人们在实际活动中体会到了重商的意义。除重商观念外，异国的其他价值意识特别是各种传入的宗教信仰，也会给中华民族的价值观念中留下影响的痕迹。

3. 文艺多样风格的弘扬

文学、艺术的种类、风格，单一好还是多样好，一花独开好还是百花齐放好，也是一种价值观念。在唐代的开放价值世界中，诗歌、绘画、书法、音乐、舞蹈、雕塑、建筑等各类艺术以及每类艺术的多样风格，占据着十分重要的地位。唐代统治者，对文学艺术风格，采取了兼容并包、宽容并重的态度，表现了一种开放性的文艺价值观念。

唐代是中国诗的辉煌时期，闻一多说："诗唐者，诗的唐朝也。"[1]唐代诗歌，创作活跃，诗人辈出，作品丰富，风格多样。从继承与发展看，唐诗兼采了前代之长，气象博大，雄浑壮美，风骨与声律兼备，质实与文华并茂，抒情与写景交融。承建安之风骨而成遒劲，接两晋之意境而出高妙，续宋齐之藻绘而有清丽，转梁陈之柔靡而为细腻。以演变历程言，初唐情思浓郁，开朗壮阔；盛唐气盛势飞，浑厚氤氲；中唐忧愤滞重，奇幻怪异；晚唐黯淡凄冷，幽美伤感。由风格类型论，司空图《二十四诗品》所列雄浑、冲淡、纤秾、沉着、高古、典雅、洗练、劲健、绮丽、自然、豪放、精神、含蓄、缜密、疏野、清奇、委曲、实境、悲慨、形容、超诣、飘逸、旷达、流动等风格，唐诗莫不具备。依个人

---

① 闻一多：《说唐诗·诗的唐朝》，载《笳咛弦诵传薪录——闻一多、罗庸论中国古典文学》，郑临川记录，徐希平整理，上海古籍出版社 2002 年版，第 74 页。

风格说，陈子昂的清新刚健、高适的慷慨激昂、岑参的雄奇瑰丽、王昌龄的高远深沉、李白的豪放潇洒、杜甫的沉郁顿挫、王维的清幽空灵、白居易的平易厚实、孟郊的质朴自然、韩愈的刚劲险奇、李贺的幽峭秾丽、李商隐的绵邈绮丽、杜牧的雄姿英发……真可谓气象万千。

唐代书法也放射着璀璨的光芒。法度森严、刚正奇险的欧阳询，内含刚柔、萧散虚和的虞世南，遒丽端劲、法则温雅的褚遂良，劲健飞动的李邕，疏淡坚劲的孙过庭。特别是丰腴厚重、气势雄古的颜真卿，变化无穷、险劲清雄的张旭，精神风发、狂放飞动的怀素以及遒劲丰润、清刚严厉的柳公权，都是书法史上的佼佼者。

唐代的画苑也异彩纷呈，阎立本、尉迟乙僧、吴道子、李思训、王维、张萱、周昉、韩干、曹霸、韩滉，各有千秋。

此外，气魄宏大的乐舞、繁华精美的雕刻、气势奔放的散文、清新隽永的游记，各现风采。

由此可以看出，文学艺术发展到唐代的确达到了高峰，各个领域，万紫千红，春意盎然，到处是一片"春来遍是桃花水"的美好景象，表现了开放的视野，宽广的胸襟，高远的境界，其中蕴含着尊重多样性艺术风格的价值观念。风格即是人格，风格的多样，表现了人格的丰富、个性的独特。对多样性风格的尊重体现了对独特个性的崇尚。

4. 人才才略事功的崇尚

唐代的人才价值观念，也不同于以往，重才略、重事功是其突出特点。传统儒家的人才价值观，以重德行为标志，传统封建社会的人才价值观，以重门第为核心，大都对才略、事功有所忽视。有唐一代，虽仍存门第之尊，但由于采取科举制度和抑制旧门阀世族的政策，在人才观念上表现了一种灵活、开放的姿态。把才略、事功置于比以往更重要的地位。唐初，太宗李世民谈到门第与人才的关系时说，南北朝时的旧门阀"才识凡下，而偃仰自高，贩鬻松槚，依托富贵"。他自称"平定四海，天下一家，凡在朝士，皆功效显著，或忠孝可称，或学艺通博，所以擢用"。并赞汉高祖"止是山东一匹夫，以其平定天下，主尊臣贵"（《旧唐书·高士廉传》）。这虽不是专门谈论用人标准问题，但却鲜明地表现了唐太宗重"才识""功效"不重家族门第的人才价值观念。武德九年（626），唐太宗在赏赐功臣，定勋臣爵邑时说："王者至公无私，故能服天下之心。……当择贤才而用之，岂以新旧为先后哉！"贞观六年（632），唐太宗与魏徵论择人，太宗说："为官择人，不可造次。用一君子，则君子皆至；用一小人，则小人竞进矣。"魏徵对曰："天下未定，则专取其才，不考其行；丧乱既平，则非才行兼备不可用也。"① 后来，武则天当政时，也提出唯才是举的用人原则。唐代统治者重才略、重事功的人才观念，在实际用人实践中也得到了体现。例如，魏徵少孤贫、为道士，曾参加瓦岗起义，归唐后又多次建议李建成翦除李世民，但由于魏徵博学多闻，才华出众，性情耿直，有经国之才，太宗不记旧仇，委以重任。在重才略事功的价值观念指导下，大唐王朝才略之士极众，唐初如魏徵、房玄龄、杜如晦、长孙无忌、高士廉等；玄宗时的名相姚崇、宋璟、张嘉贞、张说、韩休、张九龄；宪宗时的宰相杜黄裳、武元衡、李绛、裴度等，大都是比较了解世俗民情，比较讲求实际，思想开明，注重效率，富于革新精神的杰出人才，而且来自不同的阶层、地区、民族。不仅如此，唐代还颇多政、学皆备，文、武兼资之士。宰相褚遂良是唐初四大书法家之一，名相张说、张九龄、元稹是著名的诗人，刘晏、杨炎是著名的理财家，贞元宰相贾耽和元和宰相李吉甫是著名地理学家，历任德宗、顺宗、宪宗三朝宰相的杜佑是史学家。至于中下级官员中的文豪才士更是不胜枚举，杜甫、柳宗元、韩愈、刘禹锡、岑参不过是其中著名者。文武兼资之士，如李靖、裴行俭、李皋、刘仁轨、裴中立、高适、李勉、王翃、郗士美、马总、李廊、柳公绰、温造，等等。

由此可见，唐代人才观念具有鲜明的开放性特征。它以才略、事功

---

① 引文皆见《资治通鉴》卷一九四，团结出版社 2018 年版，第 3141 页。

为价值标准，不拘一格选人才，产生了显著的社会效果，统治集团人才荟萃，文化领域英才辈出，共同创造了光耀世界、彪炳史册的大唐文明。

5. 个体独特人格的认可

对个体价值是否尊重，对人的个性是否宽容，是衡量一个时代社会开放与否的重要尺度。中国传统的儒家价值观，重群体、重共性，虽不否定个体价值和个性特征，但却对其重视不够。道家比较重视个体价值，崇尚"独有"之人，佛教禅宗尚自然适意，主个人顿悟，也有利于个性之发展。唐代三教并重，儒家未能独尊，故以其开放的人格意识为独特之士创造了宽松的精神氛围；同时，唐时国力强盛，气度恢宏，对异族文化和异域文化敞开大门，致使天竺之超脱思想，诸胡之自由强悍，融入了中华价值观念结构，从而也为个性的任意发挥和自由驰骋提供了广阔的观念空间。此外，唐代的统治者推行开明的人才政策，思想文化方面的禁忌较少，对知识分子常以"师友待之"，对狂傲不羁、特立独行之士比较宽容，这也为个体的独立和个性的发展提供了重要条件。因此，在唐代的人格价值观念中洋溢着重个体、重个性的浓厚气息。

这些特立独行人格的主要特点是：（1）充满自信。李白的"天生我材必有用""我辈岂是蓬蒿人"，"长风波浪会有时，直挂云帆济沧海"；杜甫的"致君尧舜上，再使风俗淳"，集中表现了知识分子充满着实现自己远大抱负的自信心。唐代知识分子在国家以科举取士，为寒门庶族广开入仕之门的政策感召下，对实现自己的理想多有自信。段文昌年轻时，落魄荆楚，穷困潦倒，酒醉后，满身泥泞，靸鞋在江陵大街漫步，看到渠旁有一座高大住宅，他在渠中洗脚，向围观者呼喊："我作江陵节度使，必买此宅！"众人听此，无不大笑。谁料后来段文昌果然实现了自己的诺言，官至丞相。（2）狂傲不羁。李白诗云："我本楚狂人，凤歌笑孔丘""安能摧眉折腰事权贵，使我不得开心颜。"杜甫年轻时，"饮酣视八极，俗物多茫茫"，狂吟"儒术于我何有哉？孔丘盗跖俱尘埃！"就是负才傲俗、藐视权贵、不畏权威的精神写照。像这种"戏万乘若僚友，视俦列如草芥"（苏轼《李太白碑阴记》）的狂傲之士，也不仅李杜二人。罗隐仕途遇阻，契阔东归，与朝官韦贻范同舟，舟人告诉罗隐："此有朝官。"罗隐不屑一顾地说："是何朝官？我脚夹笔，可以敌得数辈！"此外，如刘希夷、王昌龄、祖咏、张若虚、贺知章、孟浩然、常建等亦皆"恃才浮诞""性度高廓"之辈。（3）敢于批判。唐代知识分子不但藐视权贵，而且敢于讽刺当权者，批判社会现实。杜甫的"朱门酒肉臭，路有冻死骨"，不但体现了对社会问题的深刻洞察力，而且表现了对不平等社会现实的强烈批判。白居易讽喻皇帝好色："汉皇重色思倾国"；控诉朝廷对卖炭翁的掠夺："半匹红绡一丈绫，系向牛头充炭直。"刘禹锡讽刺永贞年间的保守官员的失势和自矜自己重回朝廷任职时吟道："种桃道士归何处？前度刘郎今又来。"张籍、王建也写了大量讽喻诗，揭露统治者对人民的压迫，同情劳动者的苦难。这绝非那些谨言慎行，看统治者眼色行事的腐儒所能企及的。此外，许多知识分子不检细行，放浪不羁、挥金如土、纵情诗酒、携妓漫游的生活作风，也从侧面表现了他们特立独行的个体自由思想。

在唐代较为宽松的政治环境中，社会对个体人格和独立意识的认可，在某种意义上，有利于发挥知识分子的聪明才智和创造激情。从而，使许多知识分子具有才识渊博、眼界开阔、思想活跃和一专多能的优点。当然，其中有些人狂放不羁到甚至沾染上无赖气的程度，独往独来到甚至变成了怪癖者的地步，豪迈浪漫甚至混迹于轻薄辈的行列，潇洒风流到甚至带有着酒色徒的味道，就成为有害于社会道德风尚和文明发展的"无行文人"了。

唐代是价值开放的时代，它在民族观念、中外观念、文艺观念、人才观念和独立人格观念等方面，都表现了"鲸吸百川""有容乃大"的开放态势，被国外汉学家赞为"世界大同主义"。唐代是价值综合的时代，它继承了魏晋时的自然适意和潇洒超越，发展了汉代的道德理想和功业意识，摄取了儒家的仁义崇尚、道教的生命热爱和佛教的精神超脱，可谓是"万善同归"。价值的综合和开放，都是在国家统一的条件下实现的。汉代的统一形成了以三纲五常为核心的儒家价值观的独尊，而唐代的统一则形成了多元取向的儒、释、道三家价值观的并举和综合。之所以如此，其根本原因在于西汉是中央集权封建制度的建立和形成时期，社会需要高度的集中，以巩固新生的制度，而唐代则是中国封建社会的成熟和高度发展时期，社会需要把封建社会建立一千年以来所蓄积的各种潜力和能量予以充分释放。社会的不同需要，就反映为汉与唐不同的价值观念，汉、唐封建统治者的政策不过是对社会需要的适应罢了。正由于汉、唐时期统治者的方针政策（如独尊儒术、三教并用等政策）是与社会发展的客观需要基本适应的，所以在此政策指导下所建立的主导性价值观念就具有历史的进步性。从价值观念演变的规律来看，如果以汉代为"正"、以魏晋为"反"，那么唐代就是"合"，即它是一个肯定——否定——否定之否定发展周期的第三个环节。在这一环节中，既有对否定环节的继承，又有向肯定环节的复归，于是就具有了综合性的特征。在这一综合中，以前的诸多价值观念都被蓄积、被蕴含，也被展示、被挥发，由此而表现出了博大、丰富和茂盛的风貌。从价值观念的功能上说，盛唐文明正是"万善"综合发挥作用的结果。然而，这一个否定之否定周期的"终点"（第三环节），却是下一个否定之否定周期的"起点"（第一环节），作为"起点"，以后的价值观念都已在这里孕育、潜伏、萌芽，究竟哪一点被利用、被发展，哪一点被克服、被否定，则要看历史条件和主体的选择了。总之，唐代价值观念所具有的力度，将成为宋明时期价值观念演变的前导。"云端有路通高境，义利天人各一方"，越过盛唐的峰巅，中华民族的价值追求将转向新的方向。

六　"天理"的营造

——宋明时期的价值重建

　　"西风吹渭水，落叶满长安"。安史之乱以后，唐代逐步地由盛转衰，中国封建社会也由前期向后期过渡。从北宋至明代中叶，即从 11 世纪到 16 世纪，中国社会处于封建社会后期。和封建社会由前期向后期转化相适应，中华民族的价值观念又发生了一次深刻的变化，这种变化的标志就是理学的兴起。宋明理学是封建社会后期的统治思想，它的价值观念也是封建社会后期占主导地位的价值观念。宋明理学的价值观念，集中到一点就是"存天理、灭人欲"。朱熹说："圣贤千言万语，只是教人明天理，灭人欲。"（《朱子语类》卷十二）王守仁说："圣人述六经，只是要正人心，只是要存天理，去人欲。"（《传习录上》）这是儒家价值观念在新历史条件下的重新振兴，也是儒、释、道价值观念的进一步融合。宋明理学包括程朱理学与陆王心学两大主要流派，两大派在世界观、方法论上尽管存在分歧，但在"存理去欲"的价值取向上却是基本一致的，他们共同为建构"天理"的价值大厦而努力，共同把"天理"作为最高的价值标准来衡量一切、评价一切。然而，随着"天理"价值观念的主导地位的确立，反理学思潮也日渐发展，反理学思潮与理学家们在"王霸义利"等价值观念上进行了激烈的争论，由此而形成了封建社会后期价值观念的冲突，也导致了明末清初新的价值观念的兴起。

（一）价值重建的社会土壤

　　相对于隋唐时代的多元价值观念而言，宋明时期价值观念演变的趋向是儒家价值观的重建。儒家在汉代处于独尊地位，其纲常伦理是当时的统治思想。然而，自魏晋以来，儒家价值观念先后受到来自两个方面的动摇和冲击：一是道家；二是佛教。魏晋玄学和隋唐佛学的先后兴盛，使儒家的价值观念日渐消沉，面临危机。为了改变这种处境，地主阶级及其知识分子提出了重建儒学的任务。韩愈提出对佛、道要"人其人，火其书，庐其居"，对民众要明儒家"先王之道以导之"，就是重建儒家价值观的先声，宋明时期的思想家们回应韩愈的呼声，自觉地开展了重建儒家价值体系的浩大工程。

宋明理学的价值重建，并非少数知识分子的主观愿望，而是社会历史演变和发展的客观实际，使地主阶级及其统治者，不得不营造新的意识形态，以适应其维护封建统治、延续封建制度的需要。社会客观形势的变化改变着主体的需要，主体需要的变化又规定着价值观念的转向。

1. 庶族地主经济的发展

从中唐开始，中国封建社会经济结构发生了巨大变迁。公元780年，著名政治家、宰相杨炎向唐德宗建议，实行两税法。两税法规定"户无主客""人无中丁"，都要在现居住地建立户籍，按财产多少确定纳税等级，并统一于夏秋两季征税。两税法的立法原则不是"以丁身为本"，而是"以资产为宗"，资产多的税重，资产少的税轻。它意味着土地国有制——均田法崩解，封建官府对农民的人身控制放松。从而，庶族地主经济和小自耕农经济迅速发展。于是，庶族地主取代门阀地主成为历史舞台上的主角。如果说，庶族地主成为历史主角，在初、盛唐时已经开场，那么到了赵宋时代，其地位则更加确定。北宋政权建立以后，放手让官僚、地主、商人占有土地，以前属于国家所有的土地，大都被豪强地主所占有，国家所直接控制的土地数量已很有限。大地主、官僚、商人自行购置田产，没有数量限制，他们在自己的田庄上建筑华丽、高大的屋舍，强迫佃户寄住庄上，并私蓄兵器，建立武装。《水浒传》里有"三打祝家庄"的故事，祝家庄就是祝姓大地主田庄。宋仁宗时，衡州大姓尹家占田达一千顷，称霸一方。庶族地主因土地兼并的加剧而大量涌现，而身份性的门阀贵族地主已不复作为一个阶层而存在了，魏晋以来的《士族谱》遂为赵宋而后的《百家姓》所代替，在地主阶级内部身份性地主与庶族地主的势力发生了转换。与此相应，农民阶级的地位也有了一些变化，过去人身依附性的佃客制基本消解，代之而起的是人身依附关系比较松弛的租佃制。佃客通过契约关系租种地主的土地，每年向地主缴纳一定数量的地租。农民对地主的人身依附关系相对减弱，佃农可以迁乡易主，有了比以前较多的自由，这有利于社会经济的发展。

宋代经济发展的势头是好的，农、工、商和交通运输全面发展。农业方面，水稻和二麦（一年两熟）产量提高，耕地面积扩大，出现了一些专门种植经济作物的农户，如棉花、茶叶、蔗糖、水果、花卉等。粮食亩产在当时居于世界领先地位。手工业方面，手工作坊有了普遍发展，矿冶、金属、井盐、丝织、印刷、瓷器、造船等行业在经营规模和生产技术方面都远比唐代进步。商业方面，宋代商业规模扩大，对外贸易的范围和数量都越过唐代，铜钱铸造比唐代多几十倍，并出现了世界第一张纸币——交子，纸币日渐成为重要流通手段。宋代的科学技术也居于世界前列，活字印刷术、火药、指南针三大发明，皆出现于宋代，后传播于海外。

社会经济的发展，使得财产占有上的贫富差别也更为严重。一方面，官僚、地主、商人无限制地占有土地和财富；另一方面，自耕农、半自耕农、佃农受着繁重的赋税剥削，处于贫困之中。于是，农民阶级和地主阶级之间，由人身依附关系上的矛盾转向财产关系上的矛盾，农民起义从要求人身保障转向要求财富均平。自唐末王仙芝提出"天补均平"、黄巢提出"大齐"以后，宋代的农民起义更明确地以"等贵贱，均贫富"为口号，明末李自成以"均田免赋"为纲领。这说明，封建社会后期，地主与农民阶级在财产和利益上的矛盾日渐尖锐。

2. 皇权封建专制的强化

在政治制度上，北宋结束了五代十国时期半个世纪的政局混乱局面。

为了防止唐末五代藩镇割据局面的再现，消灭分裂割据的社会根源，北宋王朝采取了一系列强化中央集权的措施。首先，从军事上，赵匡胤即位次年（961），就用"杯酒释兵权"的和平方式，解除了高级将领的兵权，将调兵之权集中于枢密院，而枢密院直接听命于皇帝，禁军只有皇帝才能指挥。同时，赵宋王朝还改用文官充当武将，而将武将调离军职。而且，将帅也不固定，都由朝廷临时任命，"兵无常帅，帅无常师"。一旦发生战争，不仅将帅由皇帝临时委派，甚至作战方案都由皇帝亲自制定，授以阵图，诸将不得随意更动。

其次，从政治上说，一方面将地方权力集中于中央。北宋虽仍沿唐制，将地方行政分州、县两级。地方实权都归于州，各州长官由朝廷直接派京官充任，叫"知州事"，简称"知州"。知州由文人充当，三年一换，当地人不能在当地任官，从而使中央政府容易控制。此外，中央还向各州直接派遣通判官，与知州共同处理政务，监督知州行动，防止知州专权。还派一批京官带着原来的中央官衔出任知县，使朝廷权力一直控制到县一级。并将各州郡的民租和专卖收入，除地方必要开支外，全部解送京师，并派出朝官监督税收，设转运使，总管各道财赋，以控制地方财政。另一方面将中央权力集中于皇帝。君主集权的方式有三：一是皇帝直接掌握中央政府政事、军事、财政三个互不统属的平行机构；二是缩小宰相权力。宰相只负责行政事务，军事改归枢密院，财政改归三司，由皇帝直接控制。而且宰相无定员，还设有副相作"参知政事"；三是建立由皇帝亲自裁决的纠察制度。设御史台负责纠察朝廷官员，御史有权弹劾各级官史包括宰相、枢密使和三司使，最后由皇帝亲自裁决。

这一系列措施，使皇帝专制的中央集权制得到了全面加强。中央集权的强化对结束分裂割据，安定社会秩序，恢复和发展社会生产，都起了积极作用。但皇权专制主义又增加了中央和地方机构的矛盾，而官僚人数无限膨胀，官僚机构空前庞大，又加重了农民的负担，促使了阶级矛盾的尖锐化，致使北宋建立仅三十多年就爆发了王小波、李顺领导的农民起义。

元、明时期，政治权力发展的基本趋势同宋代一样，强化中央政权。明代取消丞相，废中书省，设吏、户、礼、兵、刑、工六部分掌朝廷行政，每部设有尚书，尚书之上不设总其成的长官，六部分别对皇帝直接负责。还设立"锦衣卫"的侦缉组织，罗织官吏的罪名。为了强化皇权，朱元璋陆续分封皇子、侄孙为藩王，分驻到全国各地，拱卫京师。方式虽与宋代有异，但加强中央集权的实质则一，王世贞说朱元璋"收天下之权以归一人"（《弇州史料》）。

3. 民族矛盾的尖锐和激化

从北宋起三百年间，中国境内存在着几个并立的民族政权。北宋的北边和西边，有辽、夏、吐蕃等政权，金政权又从东北崛起。自北宋到南宋，宋、金长期处于对峙状态。辽、夏、金是少数民族贵族掌握最高权力的政权。辽是以契丹族为主的政权，北宋初年，辽支持北汉，成为宋北方边境的威胁。979 年和 986 年，辽两次大败宋军，军事上取得了对宋的优势。1004 年，澶州和议规定，辽每年从宋取得大量银、绢，而宋真宗要称辽的萧太后为叔母，并与辽圣宗以兄弟相称。夏是以党项族为主的政权，党项，属古羌人的一支，北宋时定居于今陕西、甘肃、宁夏毗连地带，后伸展到河西走廊。在辽、宋相争中，夏往往联结辽作为外援，与宋对抗。从 1040—1042 年间，宋夏间有三次大战，1044 年双方和议，夏对宋称臣，但宋每年给夏银七万二千两，绢十五万三千匹，茶叶三万斤。金是以女真族为主的政权，原受辽的统治，1115 年在抗辽胜利后建立金国。金人灭辽后，南下攻宋，1126 年秋灭了北宋。南宋时期，金对南宋一直采取攻势，而南宋则采取守势，金军多次南下，金宋之间互有胜负，多次和议。宋、金对立长达一个世纪。直到 1234 年，金被蒙古灭亡，宋金对峙方告结束。

蒙古汗国兴起于十二世纪末和十三世纪初，大汗成吉思汗（铁木真），史称元太祖。成吉思汗和他的后继者长期对南方、西方用兵。对南方的用兵，是对夏、对金、对宋，都是在中国境内进行的，对西方用兵，则远到中欧。蒙古1218年灭西辽，1226年灭夏，1234年灭金。后大举南征，对南宋用兵，经过四十多年的战争，1276年南宋灭亡。

南宋灭后，忽必烈建立了统一全国的元朝，元朝始终处于阶级矛盾和民族矛盾极为紧张的状态中，而且阶级斗争带有民族斗争的形式。元朝统治维持了98年，亡于明。

明朝时期，北方的蒙古、东北的满族，先后与明朝发生战争，最后满族灭亡了明朝，建立了清朝。

由此可见，宋明时期中国境内的民族矛盾是复杂而尖锐的。生活于民族矛盾激烈时代的统治者和知识分子，也必然会将处理民族矛盾的需要反映于他们的价值观念之中。

4. 宗法制度的重建

宗法制度由来已久，源远流长，历经演变。西周初建，即继承父性氏族的血缘性组织原则，使宗法关系与政治关系结合，形成家国一体的宗法制度。从汉到魏晋南北朝，宗法关系以豪门世族的形式出现，宗法豪强聚族而居，筑坞而治，形成门阀世家大族。隋唐两代，门阀世族受到沉重打击，科举制与均田制，使"旧时王谢堂前燕，飞入寻常百姓家"。唐末黄巢起义，"天街踏尽公卿骨"，给旧门阀世族以毁灭性扫荡，使宗法世族豪门退出了历史舞台，销声匿迹。然而，门阀世族阶层的消亡，并不等于宗法制度、宗法文化的消亡，从北宋开始，宗法制度又以新的结构方式得以重建。

宋代宗法制度的特点在于，形成了由民间自发组成的，以男系血缘为中心的宗法共同体。这种数世同居、人口颇众的大家族，普遍散存于乡间，纽带维系于血缘，成为普遍性的主流社会组织。它内部有严格的等级秩序，族长是全族的核心和统率，在宗族内有无上权威。其他人则严格按血缘辈分建立尊卑等级秩序，其权威地位也依尊卑形成层次差异；它有族人共同遵守的行为规范——宗规、族约。族长是规范的主持者和监督者，有违犯宗族规约者，族长有权加以责训和制裁；它具有协调族内各家庭生产、生活关系的职能。有的族约规定，族人须在生产、生活上互相帮助，如协助农工、扶养老弱、救恤忧患、设置义仓等；它建置田亩立为"义庄"，用义庄的收益赈济族人，发挥经济上自力救济的社会职能，以维持宗族的稳定，保持宗族的延续；它"以力田课僮仆，以诗书课子弟"，以公产聘教师，教育子弟，鼓励子弟参加科举考试，求取功名，光宗耀祖。宋代宗法组织的这些特点，对于维护社会的伦常等级秩序、稳定小农经济的经济结构、强化封建伦理道德、普及乡村文化教育，都发挥了重大作用，所以得到统治者的大力支持。于是，形成了政权和族权互相支持、互相利用、对百姓进行统治和束缚的态势。

宋代形成的这种宗法性的宗族共同体制度，一直延续到明、清时代。

宋明时期，经济结构、政治格局、社会组织和民族关系的上述变化，使社会各种矛盾复杂化、尖锐化。在地主阶级内部，官僚大地主与中小地主阶层矛盾激化；在社会上，农民阶级与地主阶级矛盾激化；在宗法组织方面，既有家族与朝廷的矛盾又有家族内部尊卑等级间的矛盾；在民族关系上，既有汉族与少数民族的矛盾又有各民族内部贵族阶层与平民的矛盾。这些社会矛盾展开在社会文化观念层面，则表现为贫与富、公与私、群与己、尊与卑、义与利、忠与奸、孝与逆、华与夷等观念的矛盾冲突。解决和处理这些矛盾，以求得封建制度、封建秩序的稳定和延续，就成为当时社会主体的需要。"存天理去人欲"的价值取向，就是适应这种需要而提出的。

"天理"价值观念的提出，说明在封建社会后期，运用行政、法制、军事等手段解决社会各种矛盾的效力已经减退，特别是在处理阶级矛盾方面，显得更加无力。因为，农民阶级的斗争已经从争取人身生存而发展到争取财产均平和社会地位平等，唐末黄巢起义提出"天补均平"已有反对贫富不均的萌芽，北宋建国伊始，王小波、李顺起义，在历史上首次明确提出了"等贵贱，均贫富"的口号，这与秦末陈涉起义提出的"大楚兴，陈胜王"，西汉末绿林、赤眉提出的"杀人者死，伤人者偿创"，东汉末黄巾军提出的"苍天已死，黄天当立"等争取人身生存权的目标比较起来，无疑要深刻得多。它表明农民阶级已经把价值观念从封建社会前期的追求生存价值发展到封建社会后期的追求物质利益价值。利益冲突已经成为地主阶级与农民阶级矛盾斗争的焦点。而要解决利益矛盾，则必须从根本上改变地主阶级占有土地的封建土地所有制。但这是封建统治阶级所绝对不可能允许的。于是，地主阶级为了在维护封建土地所有制的前提下，缓和和解决阶级矛盾，就把注意力集中在建构一种针对农民利益要求的价值观念上，以便从思想层面、内心深处消灭农民的利益追求。"天理"和"人欲"的对立，正是着眼于这种目的而提出的。而且，对于其他社会矛盾来说，例如地主阶级内部的矛盾、家族宗法组织与国家的矛盾、家族宗法共同体内部的矛盾等，也都可以归结为利益冲突。所以解决这些矛盾，也完全可以应用"存天理，灭人欲"的价值准则。

由此不难看出，社会历史条件制约着主体的需要，主体的需要决定着价值观念。"存天理、灭人欲"这一时代性的价值纲领，是宋明时期社会历史条件的产物，是地主阶级及其思想家，从维护封建制度特别是维护封建土地所有制的需要出发而提出的。这种价值观念的基本特征，是从解决人们内心的"理欲""公私""义利"矛盾入手，而达到解决外在的现实的社会矛盾的目的。用王守仁的话说，它要通过"灭心中贼"（欲）而达到"灭山中贼"（要求"均贫富"的农民起义）。

（二）价值重建的历史行程

宋明时期的价值观念建构，经过了漫长的历史行程。在这一历史过程中，儒、释、道三家既斗争又融合，理学内部心本论、理本论、气本论也相互诘难，相互汲取，理学与反理学的斗争也始终存在。从北宋到明代中叶，理学的价值观念体系日趋完善，其在社会上的传播和影响也日渐广泛、深入。其观念的演进，大体经历了以下行程：

1. 周敦颐："圣人之道，仁义中正而已矣。"

理学的开山之祖周敦颐，首先在价值观念上确立了一个"孔颜乐处"的人生理想。他说："颜子'一箪食，一瓢饮，在陋巷，人不堪其忧，而回也不改其乐'。夫富贵，人所爱也，颜子不爱不求，而乐于贫者，独何心哉？天地间有至贵至富可爱可求而异乎彼者，见其大而忘其小焉尔。见其大则心泰，心泰则无不足"（《通书·颜子第二十三》）。周敦颐认为，颜回的价值取向与一般世人不同，一般人的价值追求是"富贵"，而颜子则"异乎彼者"，他的价值追求比一般人"大"。正由于"见其大"，所以"心泰"；"心泰"所以"乐于贫"。这就把颜子的价值取向与一般世人的"富贵"追求对立了起来。

那么，颜子的价值取向是什么呢？周敦颐认为就是"见道"或"体道"，"君子以道充为贵，身安为富。故常泰无不足，而铢视轩冕、尘视金玉，其重无加焉尔"（《通书·富贵第三十三》）。"见道"是超越富贵利达的崇高价值层次，故而也是人生的最高精神境界。

"道"是标志崇高价值的抽象概念，它的具体内容，周敦颐也有明确地说明：

"圣人之道，仁义中正而已矣。"（《通书·道第六》）

"圣人之道，入乎耳，存乎心，蕴之为德行，行之为事业。"（《通书·富贵第三十三》）

"圣人定之以中正仁义而主静（自注：无欲故静），立人极焉。"（《太极图说》）

可见，"仁义中正""德行"等儒家的道德原则，就是周敦颐所谓的"道"的基本内涵，就是他所崇尚的最高价值。在周敦颐看来，这种"仁义中正"乃是一切价值的最高准则——"人极"，而实现"仁义中正"价值的根本途径就是"主静无欲"。

周敦颐不但在人生价值的追求上把"道"（仁义中正）和"欲"（富贵利达）对立起来，而且还为这一价值观念建立了一个宇宙论的基础，这就是太极——阴阳——五行——万物的宇宙发展图式。而人的价值理想和准则（道），就是由宇宙本体"太极"所决定的，所谓"立天之道曰阴与阳，立地之道曰柔与刚，立人之道曰仁与义"。于是，人的终极价值就与宇宙本体合一，"大人者与天地合其德"，"应然"原则被"本然"化了，价值被本体化了。这就开启了宋明理学建构价值观念的基本思路。

2. 张载："烛天理如向明……穷人欲如专顾影间。"

周敦颐虽然以"道"和"富贵"相对，但还未明确提出"天理"与"人欲"的对立，在理学中，张载首先明确地进行了理欲之辨。

张载认为，阴阳是天道的品性，刚柔是地道的品性，而仁义则是人道的品性，三者合一就是"理"，"阴阳、刚柔、仁义，所谓性命之理"（《易说·说卦》）。这就使"理"带有了伦理的性质，并成为仁义道德的总根源。而与"理"相对的是"欲"，他说："今之人灭天理而穷人欲，今复反归其天理。古之学者便立天理，孔孟而后其心不传，如荀杨皆不能知。"（《经学理窟·义理》）。又说："徇物丧心，人化物而灭天理者乎？"（《正蒙·诚明篇》）就是说，天理和人欲是矛盾的，"穷人欲"就会"灭天理"。由此，他主张"立天理"，反对"穷人欲"，要人们"中心安仁，无欲而好仁"（《正蒙·中正篇》）；"不以嗜欲累其心，不以小害大，末丧本焉尔"（《正蒙·诚明篇》）。张载之所以倡导"立天理"而反对"穷人欲"，因为在他看来，人若过分地追求饮食男女等生理欲求的满足，就会使人变成物欲的奴隶，从而丧失了人的本心和人的自我，所谓"徇物丧心""徇物丧己"（《正蒙·神化篇》）。人的主体自我一旦丧失，就会失去生命的光彩，失落人生的价值。所以他说："烛天理如向明，万象无所隐；穷人欲如专顾影间，区区于一物之中尔。"（《正蒙·大心篇》）可见，张载把"天理"视为人的价值的依据，天理与人欲的对立就是"人"的价值与"物"的价值的对立。这一看法，无疑是十分深刻的。

　　在张载的价值哲学中，"天理""天性""天地之性"其实是三而一的东西，三者都是对"至善"价值的表征，而"人欲""气性""气质之性"则是对人的生理本能、生存本能的表述，指的是人对物质价值的欲望。由于张载把"欲"也视为"性"（气质之性），所以他承认人的欲望在一定限度内的合理性，"饮食男女皆性也，是乌可灭？"（《正蒙·乾称篇》）可见，他还没有把"天理"和"人欲"绝对对立起来。

　　从"立天理""烛天理"和"尽天性""返天性"相统一的价值观出发，张载提出了"民胞物与"的理想人生境界，他在《西铭》中说："乾称父，坤称母，予兹藐焉，乃混然中处。故天地之塞吾其体，天地之帅吾其性。民吾同胞，物吾与也。"就是说，在宇宙中，个人与天地的关系是父母与子女的关系，人的"体"和"性"都是从天地获得的，都体现着天地的本体和本性；在天地间，人与物的关系是朋友关系，人与万物有着共同源于天地的品性；在社会上，自我与他人、个人与群民，是同胞兄弟的关系，人人都是天地的儿子，因而普天下之皆兄弟也。张载这种"乾父坤母""民胞物与"的理想，是以"天人合一""天理"与"天性"（人的本性）的合一为根据的，也是天人合一的表现。因之，"民胞物与"的理想也即是"天人合一"的理想。

　　人既然在宇宙天地间处于这种关系之中，处于这样的位置之上，那么每个人都必须承担为天地、为万物、为万民服务的义务和责任，实现这种义务和责任就是个人的价值所在，于是，"民胞物与""天人合一"的理想价值，就转换为义务本位的人生价值；而这种人生价值的实现则要通过保持"天理"节制"人欲"的道德修养途径，于是义务本位的人生价值，就落实于"存理去欲"的道德价值——这就是张载的价值观的基本内容和基本思路。

　　与周敦颐不同的是，张载为这种价值观所建立的本体论根据是"气"而不是"太极"（道）。"存理去欲""尽心尽性"（尽心性就是为天地、万物和群体、他人尽义务）、"民胞物与"的价值观念，在张载哲学中，是由"太虚之气"引申出来的。"太虚之气"是气的本然状态，也是宇宙、天地、万物和人的共同本体。这种"太虚之气"的本质表现在人身上就是"天地之性"，天地之性是纯善至精"无渣滓"的人类本性，其内容就是"仁义礼智"，"仁义礼智，人之道也，亦可谓性"（《张子语录》）。而气积聚为形质后又具有个体自身的属性，张载称之为"气质之性"，"气质之性"是"理欲"混杂、"善恶"未分的"气之偏"。每个现实的人都是"天地之性"与"气质之性"的统一体。因此，人要充分实现自己的本性（"天地之性"）就必须以德胜气、以理制欲、以性统习。他说："恶尽去则善因以成，故曰继之者善，成之者性也。"（《正蒙·诚明篇》）不难看出，张载是通过赋予"太虚之气"以"湛一""至善"的价值品格而由本体论过渡到价值观的。

作为理学的奠基者，张载的"烛天理如向明……穷人欲如专顾影间""上达返天理，下达徇人欲"的价值观念，影响是深远的。

3. 二程："灭私欲，则天理明矣。"

程颢、程颐是理学中的"洛学"一派的开创者，他兄弟二人通过"体贴"出了"天理"二字，为理学奠定了基础。如果说，张载是从"太虚之气"引申出"天理"观念的话，那么二程则是直接从"理"出发，建立其价值观念体系的。程颐说："吾学虽有所受，天理二字，都是自家体贴出来。"（《二程外书》卷十二）虽然"天理"一词早在《礼记·乐记》中已经提出，但以之作为宇宙万物的本体，则系二程首倡。

"天理"在二程哲学中既是宇宙本体义是价值总源，它是典型的本体论与价值论合一的概念。在价值论意义上，二程所谓的"天理"其实就是伦理纲常具体条目的概括和抽象。他们说：

"理则天下只是一个理，故推至四海而准，须是质诸天地，考诸三王不易之理。故敬则是敬此者也，仁是仁此者也，信是信此者也。"（《二程集·遗书》卷二上）

"父子君臣，天下之定理，无所逃于天地之间。"（《二程集·遗书》

卷五）

"视听言动，非礼不为，即是礼。礼即是理也。"（《二程集》）

"人欲"则是对人的感性自然欲求、物质利益欲求和自私自利欲求的概括，即凡是和"天理"相反的一切道德意识和道德行为就是"人欲"。所以，二程往往把"私欲""私意"和"人欲"等概念在相同的意义上使用。

关于"天理"和"人欲"的关系，二程认为是完全对立的，"不是天理，便是私欲……无人欲，即皆天理"（《二程集》）。其弟子谢良佐云："天理与人欲相对，有一分人欲，即减一分天理；有一分天理，即减一分人欲，人欲才肆，天理减矣。"（《二程集·上蔡语录》中）

既然天理与人欲是相互排斥、此消彼长的两种对立的价值，那么要实现"天理"的价值目标，就必须否定和排斥"人欲"的价值，所谓"灭私欲则天理明矣"（《二程集》）。

二程的这种"灭私欲明天理"的价值观念，基本上否定了人的人性欲求和物质生活地位，否定了作为生存条件的物质利益价值对于人生的重要意义，从而走上了将道德价值绝对化的道路，并由此而导向了"饿死事极小，失节事极大"（《二程集》）的禁欲主义的贞节观。正如清人沈垚所批评的，这是"先办一饿死地以立志"（《吴兴丛书·落帆楼文集》卷九）。

总之，二程在"天理"价值观建构上的突出贡献有二：一是将价值与本体一元化，用"天理"把二者统一起来。"理"既是宇宙的原则、天地的法则，又是价值的准则、道德的规则。二是将"天理"与"人欲"两种价值绝对对立起来，明确提出了"明天理，去人欲"的价值选择命题，这两点形成了宋明理学价值观的两根支柱。

4. 朱熹："人欲尽处，天理流行。"

朱熹是宋代理学的集大成者，他继承二程，汲取周、张，融会贯通，形成体系。在"天理"价值观的建构上，其理论更为严密。

第一，用纲常伦理规定"天理"。朱熹明确而直接地将"天理"与现实的纲常伦理结合在一起，用现实的纲常伦理来规定天理。他说："所谓天理，复是何物？仁义礼智，岂不是天理！君臣、父子、兄弟、夫妇、朋友，岂不是天理！"（《朱文公文集》卷五十九）又说："天理只是仁义礼智之总名，仁义礼智便是天理之件数"。（《朱子语类》卷十三）这是对二程"人伦者，天理也"（《河南程氏外书》卷七）的发挥，也是对"天理"的价值内涵的进一步明确。在朱熹看来，当时封建社会的政治关系和伦理关系，是天经地义的，是合理自然的，因之，它就含有不容怀疑的价值真理，具有不可动摇的价值地位。于是，就给其冠以"天理"的美名。把现实的纲常伦理"天理"化，以之与人欲相对立，就把理欲之辨从一般的哲学层次，具体落实到社会实际生活中了，"天理"在人们实际生活中的导向作用和判断是非、善恶的准则作用，就大大的强化了。

第二，用宇宙本体支撑"天理"。朱熹的哲学以"理"为宇宙本体和法则，以"气"为构成万物的材料，"理"与"气"的关系是"形而上"与"形而下"的关系，"天地之间，有理有气。理也者，形而上之道也，生物之本也。气也者，形而下之器也，生物之具也。"（《朱文公文集》卷五十八）所以，就本源上说，"理在气先"，理主宰气。"理"对"气"的这种支配作用，在人类社会中的特殊表现，就是"天理"对"人欲"的支配和裁制作用。作为宇宙本体和万物规律的"理"乃是作为道德原则的"天理"的根据，二者虽然是统一的，但以本体论和价值论两个理论层次上来分析，朱熹是以本体的"理"来主宰和支撑价值之"理"（天理）的。

第三，用天命之性承载"天理"。无论是作为宇宙本体还是作为道德价值原理，"天理"都是客观性的精神。这种客观性的"理"如何在人这个主体上体现呢？朱熹提出人的本然之性是"天理"的载体。所谓本然之性即"天命之性"。朱熹认为，天地间有理有气，人和物都禀受天地之理以为本性，禀受天地之气以为形体。天理被禀受到个体人物身上所形成的性叫作"天命之性"。"天命之性"是"至善""纯善"，所以它就是人先天具有的承担一切价值的内在根据。这样，"天理"在本体世界是靠"理"支撑，在人性领域中靠"本然之性"支撑，本然之性就是贯通天人的中介，也是将客体价值移植到主体身上的支点。

第四，用"道心"知觉"天理"。天理内化为人性，虽然解决了由客体向主体的转换问题，但还未解决主体对价值（天理）的认识和觉悟问题。于是，朱熹提出"道心""人心"及其与"天理""人欲"的关系问题。他认为，人心的知觉活动按内容可分为两种："此心之灵，其觉于理者，道心也，其觉于欲者，人心也。"（《朱文公文集》卷五十六）"只是这一个心，知觉从耳目之欲上去，便是人心；知觉从义理上去，便是道心。"（《朱子语类》卷七十八）这就是说，对天理——道德原则的知觉是"道心"，对人欲——个体情欲的意识是"人心"。"人心""道心"乃是"心之虚灵知觉"的两个方向，或两种内容。同一个心，何以会有两种不同的知觉呢？朱熹说，这是因为人心"生于形气之私"，而道心"原于性命之正"。就是说，人心发自"气质之性"，道心根于"天命之性"。可见，朱熹所谓的"道心"其实不过是根于先验本性的一种道德意识，正是这种道德意识，使人能够知觉天理、体认天理，具有了高度的自觉能动性；从而也使天理转化成为人的意识。

通过对"天理"的内容规定，和为"天理"建构本体根据、人性支点和意识机制，朱熹在自己的哲学中，营造了一座"天理"价值大厦，"理""天命之性""道心"就是支撑这座大厦的三大支柱。于是，作为负价值的"人欲"也通过"气""气质之性""人心"而形成了自己的居所。朱熹正是通过理与气之辨、天命之性与气质之性之辨、道心与人心之辨，来论证天理与人欲的对立的。所谓"存天理、去人欲"，就成为由本体之"必然"、人性之"自然"、意识之"应然"所决定的价值原则。

5. 王守仁："必欲此心纯乎天理，而无一毫人欲之私。"

与朱熹同时的陆象山，在价值观上，极重义利之辨，而不谈理欲之辨。然而，象山之说并无多大影响。所以，在心学的阵营中，对"天理"价值观的营造作出贡献的乃是明代的王阳明（王守仁，号阳明）。王守仁明确强调"天理"与"人欲"的对立，认为"天理人欲不并立，安有天理为主，人欲又从而听命者"（《王阳明集·传习录》），"去得人欲，便识天理"（《王阳明集·传习录》）。这与朱熹的说法并无二致。但是，王阳明是以心本论来论证这种价值观念的。

朱熹尽管已经提出："天理"经过人性之中介而转化为人的"道心"，人的意识灵觉必须而且应该认识、体认天理，但是，由于他以"天理"为本体，将价值世界之源置于客观的本体世界，因之，他的价值原则就成了一种外在的规范，价值与非价值的对立（天理与人欲的对立），乃是客观外在的社会伦理规范与主观内在的生理欲求的对立。然而，在价值实现上，主体必须通过对客观本体的把握（"格物穷理"），才能将价值在自身体现出来。在王阳明看来，朱熹的这种价值论，从根源上说，是外在化的；从实现上论，是烦琐式的。于是，他提出：

（1）"天理"本于人心，人心即是"天渊"。王守仁认为，心是宇宙万物的本体，也是价值的本源，"心即理"，"心外无物，心外无事，心外无理"。这种以"天理"为本质的心，就是"良知"。"良知"本是孟子提出的概念，意思是先天固有、与生俱来的道德意识（"善端"），王阳明发挥了这一概念，将其作为大地万物的本体，也作为价值的本源。他多次明确提出"良知者心之本体""心之本体即是天理""良知即是天理"。既然"心之本体"——"良知"为天理，那么，什么是"人欲"呢？王阳明认为，"欲"是"情之著"，"七情有著，俱谓之欲"（《王阳明集·传习录》）。就是说，"欲"和"情"有一致之处，"喜、怒、哀、惧、爱、恶、欲，谓之七情。七情者，俱是人心合有的"（《王阳明集·传习录》）。但情应有个"中和处"，"不可有所著"，不可过其度，"过即是私意"。由此可见，王阳明把天理和人欲都收拢到了人的心内。

（2）"人欲"是良知之"蔽"，应该破除。王阳明虽然认为天理和人欲都存在于人心，但他竭力强调二者的对立性、矛盾性。他认为，"人欲"是人的心中之"贼"、良知之"蔽"，它如浓云浊雾一样，掩盖了良知的光辉，阻碍了良知的呈现，因此，只有破除人欲，才会使良知再现光辉，从而使价值从良知中迸发出来。于是，他主张"去人欲，存天理"。他说："只要去人欲，存天理，方是功夫。静时念念去人欲，存天理，动时念念去人欲，存天理。"（《王阳明全集·传习录》）又说："人心是天渊，心之体本无所不该，原是一个天，只为私欲障碍，则天之本体失了……如今念念致良知，将此障碍窒塞一齐去尽，则本体已复，便是天渊了。"（《王阳明全集·传习录》）可见，王阳明虽然将"天理"价值系统内化为心，但在"存理去欲"的取向上，与朱熹完全一致。

（3）"明其本心""无待乎外"是"存理去欲"的途径。既然价值之本在人心之内，非价值之源（欲）也存在于人"情"之中，那么，"存理去欲"实现价值就"无待外求"，"只在此心去人欲、存天理上用功夫便是"。这就是王阳明关于价值实现的基本出发点。由此出发，他提出了"存理去欲"的具体方法，一曰"克"：心中若有不善之念，就将这不善之念"克倒"，"须要彻根彻底，不使那一念不善潜在胸中"；"才有一念萌动，即与克去，斩钉截铁，不可放容"（《王阳明全集·传习录》）。二曰"明"：将不善的私欲克去，从而使本心复明。"君子之学，以明其心。其心本无昧也，而欲为之蔽，习为之害，故去蔽与害而明复，非自外得也。"（《王阳明全集·别黄宗贤归天台序》）王阳明说，这个"明复"的过程，就是孔子所谓的"克己复礼"，亦即孟子所谓的"反身而诚"。三曰"发"：就是将已经复明的本心所蕴含的价值潜能发挥出来。"以此纯乎天理之心，发之事父便是孝，发之事兄便是忠，发之交友治民便是信仁。"（《王阳明全集·传习录》）。王阳明十分重视"发"的环节，如果说"克"和"明"是对价值之源的澄清的话，"发"就是让价值之源流动，成为滚滚滔滔的长河。四曰"行"："发"是让价值从心中开发出来，而"行"则是让价值在人的行为上体现出来。王阳明主张"知行合一"，从价值论上说，就是要求价值自觉和价值行为的统一。他说："知是行的主意，行是知的功夫"；"知是行之始，行是知之成"；"知而不行，只是未知"（《王阳明全集·传习录》）。如果，价值在行为上没有体现，没有落实，那么，在王阳明看来，这是对价值的"悬空"，而这种"茫茫荡荡悬空"的价值，是没有任何意义的。"克""明""发""行"的价值实现途径，王阳明称之为"致良知"。

由此看来，"天理"价值系统的建构到了王阳明时代，才算最终完成了。从北宋时的周敦颐，到明中叶的王阳明，宋明时代对"天理"价值的营造，走完了它的历史行程。在这一营造的过程中，"天理"作为一切价值的总纲，作为总的价值符号被确立了；支撑这一价值大厦的各种本体论支点，"太极""气""理""心"都齐备了。虽然在设计"天理"价值的总取向上，各派主流哲学家是认同的，但由于在以什么支撑这个价值大厦，进而通过什么途径、方式实现这种价值系统等问题上，看法不一，所以发生了种种争论。而这一争论过程，其实正是"天理"价值系统的不断完善过程。

（三）"存理去欲"的价值意蕴

"存天理，去人欲"的价值观念，是从人的内在意向的基点上，表示人的价值取向，而不是从人的外在追求对象上，表示人的价值取向。"天理"是人的道德理性，"人欲"是人的生理欲望，"存天理，去人欲"就是高扬人的道德理性，抑制（甚至取消）人的生理欲望。这种价值观念是宋明理学家建构的基本价值纲领，它是由丰富的多层次的观念要素构成的体系。我们可以从其自身内涵、引申辐射和理想境界三个层次来分析它的结构。

1. "存理去欲"价值观的内涵

在宋明理学中，理欲作为一对相互对立的价值范畴，主要是指人的道德理性与生理欲求、物质欲求的关系问题。中国哲学价值论中的理欲之辨，先秦已经提出，至宋明达到高峰。宋明理学家，特别是程、朱一派的"存理去欲"论，包括的主要内涵是：

（1）"天理未有不善"。理学家所谓的天理，其实际内容就是三纲五常。君臣、父子、兄弟、夫妇、朋友，"皆是天理之自然"；仁、义、礼、智"便是天理之件数"。既然"天理"是三纲五常的"总名"，是所有道德规范的"总称"，所以它本身就是"善"。朱熹说："理便是天理，又那得有恶？孟子说性善，便都说是理善。"（《朱子语类》卷九十五）又说："性即天理，未有不善者也。"（《孟子集注》卷十一）以天理为善，就是以儒家的道德为善，善即价值，于是天理为善的论断，就是将儒家的伦理道德作为至高无上的价值。先秦时，孟子以"性善"论提高了仁义道德的价值，把道德价值提高到了人性的高度，宋明理学以"理善"论又一次提高了仁义道德的价值，把道德价值提高到宇宙本体的高度。在价值观念的演变史上，以仁义为天理、以天理为善的命题，乃是儒家所倡导的道德价值的最高度的提升，也是最后一次提升。

（2）"物欲昏蔽是恶"。宋明理学既以天理为善，那自然就把与天理相对的"人欲"视为恶。对于什么是"人欲"，理学家们有不同看法，例如，二程认为凡人所有的一切"欲"，都是"人欲""私欲"，而朱熹认为并非一切"欲"都是"人欲""私欲"，只有超出维持生存的物质欲望的那些过高欲求，才是"人欲""私欲"。他说："饮食者，天理也；要求美味，人欲也。"（《朱子语类》卷十三）尽管如此，凡"人欲"都是恶，则是理学家们一致的看法。之所以为恶，一则因为它不属于"天地之性"而属于"气质之性"。天地之性只是至善，气质之性有善有恶，其气之清者为善，气之浊者为恶。人欲源于"昏浊"的气质之性，只能是恶。二则因为它不是"本性之心"而是"疢疾之心"。"本然之心"同于天理，是纯善；"疢疾之心"是心出了毛病，背离阻塞了本然之心，只能是恶。三则由于它违害了仁义礼智、颠倒人伦秩序。仁义礼智、"三纲"秩序是善，人欲、私欲和这些道德规范、人伦秩序都是背道而驰的，所以只能是恶。无论从人性看，还是从人心看，抑或从道德看，"人欲"都是"恶"。朱熹说："众人物欲昏蔽，便是恶底心。"（《朱子语类》卷七十一）

（3）"天理人欲相反"。理学家认为，"天理""人欲"是两种对立的价值意识，两种对立的价值取向。无论是在人心内，还是在社会上，"天理人欲常相对"（《朱子语录》卷十三），"每相反而已矣"（朱熹《论语集注》卷七）。天理人欲的相对相反，其原因在于，天理是"善"而人欲是"恶"，天理是合道德的，而人欲是反道德的。由此，二者才"不容并立"。在人心中存在的"不是天理，便是人欲"，不可能有既受天理支配又受人欲支配的矛盾状态，也不可能有既非天理支配又非人欲支配的模糊状态。于是，天理人欲就时时刻刻进行着一场生死存亡的斗争，双方相互战胜、相互克服、相互消长，"此胜则彼退，彼胜则此退"，"此长则彼消，彼长则此消"。这种矛盾斗争的实质是价值与反价值的冲突。在理学家看来，人心和社会就是这两种价值互相冲突的战场。

（4）"存天理去人欲"。既然天理人欲的性质是完全相反的，关系是矛盾对立的，那么要弘扬"天理"价值就必须去除人欲，革尽人欲。理学家们对天理人欲的分析讨论，归根结底就是要人们在价值的选择上"存理去欲"，从而树立起"纯乎天理"的价值观念。对此，理学家们论述甚多，不必赘述。这里着重谈谈他们提出的存天理去人欲的具体途径和方式。以朱熹为代表的"主理派"认为，要存理去欲，必须主敬集义，即虔诚专一，明辨是非，顺理而行；必须格物致知，即通过穷尽事物之理，达到对内心固有天理的明确认识；必须防微杜渐，即对于处在萌芽状态或细微不显的私欲立即克除；必须层层深入，即一层一层往内心深处克服，使人欲尽除，天理复明；必须持久用力，即坚持不懈，毫不动摇，长期努力，达到众理贯通的至善境界。以王守仁为代表的"主心派"则认为，要存理去欲，必须从人的内心着手着力，不应走格物致知穷理的外向烦琐路线。就是说，要尽力把人内心固有的"良知"扩充开来，推广开去，"心中有一念不善，便将这不善的念头克制"。并把内心固有的良知实在地付诸行动。王守仁说，只要如此发挥内心"意念""良知"的作用，"去其不正以令其正，即无时无处不是存天理"（《王阳明全集·传习录上》）。由此可见，主理派走的是由外向内的路径，用的是"格物穷理"的方式；主心派走的是由内向外的路径，用的是"致良知"的方式。但对于"存天理去人欲"的价值取向而言，二者不过殊途同归。

从"存理灭欲"价值观的内涵来看，理学家们通过理与欲的绝对对立，无限推崇天理而根本否定人欲。无限推崇天理就是把儒家的道德价值提到高于一切、重于一切、大于一切的地位，而贬低和否定其他一切非道德价值的地位，特别是贬低和否定能够满足人们欲求的物质利益价值的地位。从社会价值体系的结构来看，物质利益价值乃是社会其他价值的基础，从社会阶级的价值取向来看，物质利益价值乃是广大劳动人民维持其生存的基本条件。由此，就可以看到"存理去欲"价值观在价值理论上的荒谬性和在阶级立场上的非人民性。

2. "存理去欲"价值观的辐射

"天理""人欲"是宋明时期主流思想家们提出的核心价值范畴，"存天理、去人欲"是他们营造的核心价值观念。由这一核心辐射开去，中国传统儒家所讨论的义利、公私、群己、王霸等一系列价值问题，理学家们都用理欲关系予以说明和阐释。于是，理欲关系成了其他价值问题所围绕的核心，其他价值问题成为理欲关系的引申和展开。"存理去欲"与其他价值观念之间，形成了核心和辐射、纲和目的结构关系。根据理学的论述，"存天理、去人欲"所辐射引申出的主要价值观念是：

（1）贵义贬利。

义利关系即精神道义与物质利益的关系，由于儒家所谓的道义主要指道德，所说的利益主要指私利，所以义利关系的主旨是道德和私利的关系。自先秦孔子提出"义以为上""义然后取""见利思义""见得思义"的义利观之后，后世儒者多数都坚持了这种观点。宋明理学在继承这一观点的同时，又在新的价值观体系的坐标中，对其有所发展，提出了许多新的见解。突出的表现是：

第一，以理欲释义利。朱熹明确地将理欲与义利视为相应相关的范畴，提出要把"天理人欲、义利、公私分别得明白"（《朱子语类》卷四十一）。在他看来，"义者，心之制，事之宜也"（《孟子集注》卷一），"心之制"就内在导向言，"事之宜"就外在表现言，"制"的原则和"宜"的标准，就是"理"。"千条万绪各有所宜"便是合那事物"当然之理"。而"利者，人情之所欲"（《论语集注》卷二），"人欲之私也"（《孟子集注》卷一）。朱熹的学生陈淳根据这一思想，明确地用理欲释义利，"义者，天理之所宜；利者，人情之所欲"（《北溪字义》）。后来张栻也认为，义利之辨即是理欲之辨，他说："无所为者，天理，义之公也；有所为者，人欲，利之私也。"（《南轩先生文集》卷十六《汉家杂伯》）理学家们之所以以理欲释义利，是因为理欲与义利之间存在着互相贯通的关系。"天理"是道德理性，"义"是合道德的行为，二者是本体和表现的关系；"人欲"是物质欲求，"利"是物质对象满足主体的欲求所产生的功效，二者是内在动机和外在对象的关系。当然，并不是宋明时期的所有理学家都以理欲解释义利，但以理欲释义利无疑是理学对传统义利问题的新发展。

第二，以义利之辨为首务。根据理欲与义利相贯通的思路，理学家们高度重视义利之辨，把义利问题提高到解决一切价值观问题的前提位置和先决地位。二程提出，在社会上存在的各种价值矛盾和价值冲突中，义利矛盾是基本矛盾，是主体在价值选择中的两个仅有的方向，他说："大凡出义则入利，出利则入义。天下之事惟义利而已。"（《二程集》，《河南程氏遗书》卷十一）朱熹认为，义利之辨乃是人生的首要问题，知识分子要体现儒家的本质精神，把握儒家的精义，首先要对义利问题有正确的认识和理解。他说："义利之说，乃儒者第一义。"（《朱文公文集》卷二十四《与李延平先生书》）又说："学无浅深，并要辨义利。"（《朱子语类》卷十三）陆九渊也指出，义利之辨乃是为学、为人的根本，他说："凡欲为学，当先识义利公私之辨。今所学果为何事？人生天地间，为人自当尽人道。学者所以为学，学为人而已，非有为也。"（《陆九渊集·语录下》）陆九渊的两个弟子傅子渊、陈正己，一次互相讨论陆九渊的教学宗旨，陈问："陆先生教人何先？"傅说："辨志。"陈问："何辨？"傅答："义利之辨。"陆九渊闻此后说："若子渊之对，可谓切要。"（《陆九渊集·语录下》）宋孝宗淳熙八年（1181）春，陆九渊应邀到朱熹所在的庐山白鹿洞书院讲演，陆以《论语》"君子喻于义，小人喻于利"为题，阐明了自己的义利观，诸生大为感动，至有流涕者。朱熹也感动得热汗淋漓，不断挥扇。充分表现了陆九渊对义利之辨的高度重视和深刻理解，也说明了朱、陆在严辨义利的价值观上是完全一致的。

第三，崇义而贱利。义利之辨在宋明理学中处于重要地位，在义与利的价值权衡和选择上，理学家的基本观点是崇尚道义、贬低利益，甚至于否定利益。他们认为，义利之别是善恶、是非之别，即是正价值与负价值的对立。朱熹云："人贵剖判，心下令其分明，善理明之，恶念去之。若义利，若善恶，若是非，毋使混淆不别于其心。"（《朱子语类》卷十三）他们指出，取义与求利是君子与小人两种人格的分野。胡宏云："君子之游世也以德"，"小人之游世也以势利"（《胡宏集·知言·好恶》）；谢良佐曰："君子小人之分，义与利之间而已。"（转引自朱熹《论语集注》卷三）他们提出，义利之别是圣贤与常人两种人品区别的标志。陆九渊云："资禀之高者，义之所在，顺而行之，初无留难。其次义利交战，而利终不胜义，故自立。"（《陆九渊集·语录下》）吕坤曰："圣贤把持得义字最干净，无分毫利字干扰。众人才有义举，便不免有个利字来扰乱。利字得，便做义字不成。"（《呻吟语·品藻篇》）他们还认为，尚义与尚利是社会治乱区别的准则。邵雍曰："天下将治，则人必尚义也；天下将乱，则人必尚利也。尚义则谦让之风行焉，尚利则攘夺之风行焉。……义利之相去，一何远之如是耶？"（《皇极经世·观物内篇之七》）既然善与恶、是与非、君子与小人、贤者与愚者、治世与乱世的区别标志都在于义与利的价值对立，那么，义当然是崇高的价值，利自然是非价值、负价值了。理学家们正是以上述的种种对立，来表达他们贵义贱利的价值观的。从贵义贱利的观念出发，他们竭力主张取义弃利。程颐说："不独财利之利，凡有利心，便不可。"（《遗书》卷十六）胡宏云："消磨利欲十分尽，免得临机剖判难。"（《濂洛风雅》卷五《利欲》）陆九渊说："利欲与道义，其势不两立。"（《与包敏道》）"居仁由义，大人之事备矣"（《与郭邦逸》）。

第四，正其义则利自在。由贵义贱利观念而确立的取义弃利的价值选择原则，在现实生活中其实是行不通的，因为无论是外在的利益还是内在的利欲，无论是个人的私利还是天下的公利，都是人的客观需要，要"革尽""消尽"谈何容易！对于这个难题，理学家也是感觉到了的。朱熹说："利，是个里外牵连的事物，才牵着这一边，便动那一边，所以这字难说。"（《朱子语录》卷三十六）就是说，利的价值既不可明确肯定，又不能彻底否定，实在进退两难。为了解决这一难题，理学家们提出了"义和为利""义以生利"的主张。即是说，义本身就含有利的内容，而且遵守道义还可以实现利的价值。程颐说："圣人以义为利，义安处便为利。"（《二程集·遗书》卷十六）朱熹说："盖凡做事只循这道理做去，利自在其中矣。"（《朱子语类》卷三十六）"正其谊则利自在，明其道则功自在。"（《朱子语类》卷三十七）又说："利，是那义里面生出来的。凡是处置得合宜，利便随之，所以云，'利者义之和'。盖是义便兼得利。"（《朱子语类》卷六十八）这些关于道义价值与利益价值关系的论述，包含着两层意思：一是就公利言，道义本身就是公利（社会整体长远的利益）的反映，所以"义便兼得利"。二是就私利言，道义行为会取得利益的效果，所以"义能生出利"。这种观点，既包含着对道义价值与功利价值互相依赖、互相转化以及道义价值对社会功利的能动作用的深刻认识，又表现了理学家以封建社会的整体长远利益为最高道义的鲜明立场。

（2）尚公非私。

公私问题指的是公正与自私、公共利益与个人利益的关系问题。从价值论角度讲，公正与自私是道德价值问题，公共利益与个人利益是利益价值问题。公私观念是私有制出现之后才产生的，先秦时期，公私就成为中国古代伦理道德中的重要范畴，宋明理学家十分重视公私之辨，他们的公私观也是与理欲、义利紧密结合的，其核心观念是"立公去私""大公无私""至公无私"。具体说来，他们认为公正、公平是崇高的道德价值，自私、偏私是负价值、反价值；社会公共（整体）利益的价值高于个人利益的价值。其主要观点是：

①理欲、义利之辨即公私之辨。理学家把理欲、义利与公私联结起来，将理欲之辨、义利之辨都归结为公私之辨。他们认为"天理"是"公心"，"人欲"是"私心"；"循理"就是"公于天下"，"纵欲"即是"私于一己"。朱熹说："天理人欲，同行异情。循理而公于天下者，圣人之所以尽其性也；纵欲而私于一己者，众人之所以灭其天也。"（《孟子集注》卷二）陆九渊说："私意与公理，利欲与道义，其势不两立。"（《陆九渊集·与色敏道》）他们还认为，义就是公，利就是私，义利之辨，也是公私之辨。张载说："义，公天下之利。"（《横渠易说》）二程曰："义与利，只是个公与私也。"（《二程集·遗书》卷十七）朱熹说："仁义根于人心之固有，天理之公也；利心生于物我之相形，人欲之私也。"（《孟子集注》卷一）理学家之所以把理欲、义利之辨归结为公私之辨，一则是由于当时人民大众的利益（他们所谓的"私"）与封建统治阶级的利益（他们所谓的"公"）达到了不可调和的地步，为了调整这种冲突，他们突出地强调公私之辨的重要性；二则是因为理欲、义利的价值内容比较宽泛，既含有整体利益与个人利益的关系，还包括精神生活与物质生活、道德理想与物质利益的关系，而公私的意蕴则比较单纯，主要指公利和私利的关系，将理欲、义利转换为公私，就缩小了价值域，有利于人们在现实生活中明确地作出选择。

②公理私心不容并立。既然天理、人欲归根结底是公私之别，那么，所谓"天理人欲，本无空名，在公私之间而已。"（刘宗周：《刘子全书·学言上》）。天理与人欲、道义与利益的对立，就自然决定了公与私

的对立。杨万里说："利于私，必不利于公。公与私不两胜，利与义不两能。"（《诚斋集·代萧岳英上宰相书》）朱熹说："人只有一个公私，天下只有一个邪正。"（《朱子语类》卷十三）又说："己者，人欲之私也；礼者，天理之公也。一心之中，二者不容并立，而其相去之间，不能以毫发，出乎此，则入乎彼；出乎彼，则入乎此也。"（《论语或问》卷十二）公私既然是根本对立的，所以二者之间的斗争就不可能调和，公私之战"譬如刘、项相拒于荥阳成皋间，彼进得一步，则此退一步；此进得一步，则彼退一步"（《朱子语类》卷十三），既不可能存在彼此都不去占领的中间地带，也不可能出现双方各守领域而互不侵犯的状态。强调二者"不容并立"，就是为了教人在公私的价值冲突中，坚决彻底地去"克尽己私""复尽公理"。

③公是崇高的价值。理学家于公私之辨的宗旨就是要竭力弘扬为公的道德价值，而破除私心，抑制私欲，扼杀私利。在他们看来，公是崇高的道德价值，循公灭私是唯一正确的价值取向。"公"的价值意义在于，首先，它是包含天下的圣人气象。天地至公，天地无私，所以至公之心乃天地之心，圣人之道，有了公心就能具有与天地合一的圣人气象。周敦颐云："圣人之道，至公而已矣。或问：'何谓也？'曰：'天地至公而已矣。'"（《通书·公》）二程云："至公无私，大同无我，虽渺然一身在天地之间，而与天地无以异也。"（《二程集·河南程氏粹言·论道》）朱熹云："王者如天地之无私心焉。"（《思录》卷十四）薛瑄云："圣人大公无我，真天地气象。"（《薛子道论上》）王守仁云："古先圣人许多好处，也只是无我而已。"（《传习录下》）吕坤云："只大公了，便是包涵天下气象。"（《呻吟语·存心篇》）其次，它是仁义善德的基础。理学认为，儒家倡导仁者爱人的道德，而要达到仁德，首先必须有公心。"公"虽然还不是仁德，但它是通向仁德的道路。"仁之道，要之只消道一公字。公即是仁之理，不可将公便唤作仁。公而以人体之，故为仁。"（《宋元学案·伊川学案上》）"公不可谓之仁，但公而无私便是仁；……无私以间之则公，公则仁。譬如水，若些子碍，便成两截。顺

是打并了障塞，便滔滔流去。"（《宋元学案·晦翁学案上》）正由于"公"是仁爱之德的基础和前提，所以公私之辨就是善恶之辨，也是君子与小人两种人格区分的标志。朱熹说："君子小人趋向不同，公私之间而已。"（《论语集注》卷二）"君子之心公而恕，小人之心私而刻。"（《论语集注》卷七）其次，它是治国安邦的关键。理学认为，"公"不但有道德价值而且有政治价值，"一心可以丧邦，一心可以兴邦，只在公私之间尔"（《二程集·河南程氏遗书》卷十一）；国家工作人员，"官无大小，凡是只是一个公。若公时，做得来也精彩。便若小官，人也望风畏。若不公，便是宰相，做来做去，也只得个没下梢。"（朱熹：《朱子语类》卷一一二）"公"不但可以取得民众的信任，而且也是政治的基本原则，"若自朝堂以至闾里，只把持的公字定，便自天清地宁，政清讼息。只一个私字，扰攘得不成世界"（吕坤《呻吟语·治道篇》）。可见，"徒以自私自利，不可以治天下国家"（《明儒学案·蕺山学案》）。可见，在宋明理学家看来，"公"不但是崇高的道德价值，而且也是崇高的人格价值和政治价值。

④破私立公，克己迁善。"公"是崇高的价值，而且与"私"处于尖锐的对立和冲突之中，因此，要实现"公"的价值，就必须对"私"扫除廓清，使人心"无一毫人欲之私。"对这一点，理学各派都是众口一词，异口同声。他们提出，要破私立公，克己迁善，必须做到"时时省察""快急迅猛""扫除净尽"。所谓"时时省察"就是坚持不懈、毫不放松，对于心中的私欲，既要"防于未萌之先"，更要"克于方萌之际"，"时时省察这念头是为天地万物，是为我"，使"省察克治之功，无时而可闻。"所谓"快急迅猛"就是发现心中有私，快速、坚决克服，毫不留情。"常如猫之捕鼠，一眼看着，一耳听着，才有一念萌动，即与克去，斩钉截铁，不可姑容与他方便，不可窝藏，不可放他出路"（《王阳明全集·传习录上》），只有如此"猛省"，"急摆脱出来"，才能将私意扫除廓清。所谓"扫除净尽"就是将心中的私欲彻底破除，不留丝毫痕迹。"须是平日好色、好利、好名等项一应私心扫除荡涤，无复

纤毫留滞",并要"拔去病根,永不复起。"只有这样,才会使自己"不以一毫私意自蔽,不以一毫私意自累"。"私意之根,若尚有秒忽未去",遇事接物,就会"助发滋长,张皇不可剪截",最后"其害非特一身"。理学家这种破私立公的坚决态度,一方面说明他们对破私立公的困难性有深刻的认识;另一方面也表明在封建社会后期公私矛盾冲突达到了十分激烈的程度,他们企图通过消灭人们内心的"私意""私欲",来强化"为公"的价值观念。

"公私"作为价值观念,在阶级社会中是有鲜明的阶级性的,理学家所弘扬的"公",其实乃是封建地主阶级的整体利益,它与被统治的下层民众,特别是与劳动人民的利益,是对立的。所以破私立公,虽然在一定条件下,对于保持社会秩序的稳定和经济发展是必要的,有其合理性的一面;但是,这一价值原则在多数情况下又意味着对广大劳动人民利益的漠视和否定。然而,公私作为一般的价值论范畴,又有其超越时代的内容,它反映了整体利益与个人私利的关系。因此,理学家们提出的大公无私、循公废私等观念又包含着可以继承的道德价值的精华。

(3)重群舍己。

中国古代的群己关系,指的是社会群体价值与个体价值的关系。它主要包括群体利益与个人利益、社会群体的共性与个体特殊性两层关系。在整体利益与个人利益的关系这层意义上,它与公私范畴是重合的。自先秦以来,哲学家们关于群己价值提出了许多重要看法,主要的有儒家的以群体价值为重,同时又肯定个体价值的"群居和一"论,有墨家的重群体价值而忽视个体价值的"尚同"论,有法家的群体价值至上而否定个体价值的"齐一"论,还有道家的置个人价值于群体价值之上的"贵己贵独"论。秦汉时代贵群观占统治地位,魏晋时代"贵独"论风行于世,隋唐时期,可以说是群己并重,个人比较自由。到了宋明时代,面对重个体价值的思想在社会上颇有影响的形势,理学家们突出强调群体价值的重要。与崇公非私观念相呼应,"必兼不独"的重群轻己观念,成为占主导地位的价值意识。这可以说是对魏晋以至隋唐时期重个体价值的否定，也是对秦汉时代重群轻己价值观的回归。

理学家群己观的基本特征是把封建社会群体的价值地位提到了宇宙本体的高度。他们的基本观点可以用张载的"立必俱立，知必周知，爱必兼爱，成不独成"（《正蒙·诚明》）来概括，"兼"与"独"即包含着"群"与"己"的关系。张载的意思是说，在处理群己关系时，应该立己亦立人，知人亦知物，爱己亦爱人、爱物，而不应只追求个人价值的实现。他认为，只有这样才能达到"与天为一""民胞物与"的理想境界。理学家几乎都认同于张载的这种群己价值观，主张以个体价值置于群体价值之下，并服从于群体价值，朱熹指出孜孜以求个人价值的实现就是"私意之蔽"，终将蒙受"私欲之累"（《四书集注·中庸章句》），并明言"圣人则全是无我"（《朱子语类》卷三十五）；王阳明说，"人各有心""人皆有我"就背离了"天地万物一体之仁"，也就有别于"心体之同然"（《传习录上》），与群体价值相对立。薛瑄把重视个体价值视为人的大病，认为染此大病的人"只为有己，为有己故，计较万端；惟欲己富，惟欲己贵，惟欲己安，惟欲己乐，惟欲己生，惟欲己寿，而人之贫贱危苦死亡，一切不恤"。这种人"其实与动物奚以异？"他主张"克去有己之病，廓然大公，富贵贫贱，安乐生寿，皆与人共之"。只有如此，"便是与万物为一体矣"（《薛子道论上》）。吕坤也提出"举世都是我心。去了这我心，便是四通八达，六合内无一些界限"（《呻吟语·存心篇》）。可见，他们都把包含着个体价值的"独成""私意""有我""有己""我心"等视为与群体价值对立的价值意识，竭力于贬斥、否定。

宋明理学家对重群轻己价值观的倡导和宣扬，是与其他价值观的论述紧密联系在一起的。在"理一"与"分殊"、"天命之性"与"气质之性"、"天理"与"人欲"、"道心"与"人心"等问题的讨论中，他们都表达了重群轻己的价值观念。"理一""天命之性""天理""道心"等范畴中，都反映着群体价值、群体共性的内容，而在"分殊""气质之性""人欲""人心"等范畴中，也蕴含着个体价值、个体特性的含义。以"理一"与"分殊"言之,程朱认为,世界万物多种多样,复杂纷纭,差异殊别,但皆从"理"来,"只是此一理,万物分之以为体"。都从"理一"中分得各自的那一部分。所谓"一月普现一切水,一切水月一月摄"(《朱子语类》卷十八)。这样,"理一"与"万殊",就是"源"与"流"、"本"与"末"、"体"与"用"的关系。"理一"统摄"万殊","万殊"从属"理一","虽物有万殊,事有万变,统之以一,则无能违也"(《程氏易传》)。根据"理一"与"万殊"的这种关系,在价值观上,群体共性价值决定个体个性价值,就顺理成章了。"理一"与"万殊"本是本体论中一般与个别、整体与部分的关系问题,但在程朱理学中却明显地蕴含着群体高于个体的价值论意义。此外,在天命之性与气质之性的关系中,他们主张要变化具有个体特征的气质之性,使其向体现群体共性的天命之性上回归;在天理与人欲的关系上,他们主张去除个体的物质欲求,以服从那反映封建社会整体原则的道德理性;在道心与人心的关系上,他们主张引导体现个体意识的人心去认同那体现群体意识的道心。都充分表现了他们重群体轻个体、重共性轻个性、重整体轻部分、重理性轻感性的价值取向。

(4)尊王贱霸。

王与霸,原本是君王与诸侯的称号,到春秋战国时期逐渐发展为两种对立的治世方式和理想社会。从孟子提出"以力假仁者霸","以德行仁者王"(《公孙丑上》)的观点时起,王道与霸道就正式成为标志不同政治模式的价值观念,成为儒家评价政治价值的重要原则。所谓"王道",指的是以仁义治天下,以道德为准则的治世方式和理想社会;所谓"霸道",指的是靠强力治天下,用武力作后盾的治世方式和理想社会。先秦时,儒家重王道,法家倡霸道,秦汉时期,王霸之辨,继而不衰,尊王倡霸,观点不一。宋明之时,王霸之辨有了进一步发展,成了价值观争论的重要问题之一。以程、朱、陆、王为代表的主流派理学家,大都尊王道而斥霸道,把实现王道作为崇高的社会价值理想。其观点是:

王道"顺天理"而霸道"济私欲"。程、朱认为,王道与霸道的首要区别在于二者遵循的原则不同，王道遵循的原则是天理，霸道遵循的原则是私欲。程颢说："得天理之正，报人伦之至者，尧舜之道也；用其私心，依仁义之偏者，霸者之事也。"（《河南程氏文集》卷一，《论王霸札子》）朱熹云：王道"致诚心以顺天理"，霸道"假仁义以济私欲"（《四书或问》）明代王阳明承陆九渊之心学而与程朱有异，他在尊王贱霸上则与程、朱同道，也指责"霸者之徒，窃取先王之近似者。假之于外，以内济其私己之欲"（《王阳明全集·答顾东桥书》）。

王道"先仁义"而霸道"急功利"。在追求的价值目标上，王霸之辨乃义利之辨。王道追求仁义道德价值而霸道则追求功利价值。王安石辨王、霸，即以义利为说，"王者之道，其心非有求于天下也，所以为仁义礼智者，以为吾当为而已矣，以仁义礼信修其身而移之政，则天下莫不化之也。……霸者之心为利，而假王者之道以示其所欲，其有为也。"（《临川先生文集·王霸》）后来，二程亦沿其说，提出"王道之本，仁也。"（《河南程氏文集·上仁宗皇帝书》）胡宏在评论管仲相齐时，也有类似的看法，认为管仲"不知天理之本，而驰心于功利。功烈如彼其卑也，其去王也远矣"（《皇王大纪论·管仲相齐》）。由此，明确提出"王霸异道，义利异途"（《皇王大纪论·管仲相齐》）。朱熹也提出，王霸的对立，体现了价值追求上义与利的对立，王道以"仁义为先而不以功利为急"，霸道则"没于功利而不知仁义之固有"（《四书或问》《朱子语类》）。

王道"以德教"而霸道"以力争"。在价值实现的方式和手段上，理学家们提出王霸之别在于德力之异。邵雍把中国历史的演变过程分为皇、帝、王、伯（霸）四个时期，而道、德、功、力分别是四个时期价值实现方式的特点。他说：三皇"以道化民者，民亦以道归之，故尚自然"；五帝"以德教民者，民亦以德归之，故尚让"；三王"以功劝民者，民亦以功劝之，故尚争"（《皇极经世》卷六《观物内篇》之四）。后来，二程、朱熹也提出了类似的看法，认为王道是"以德行仁"，而霸道是"以力假仁"。以德力辨王霸，乃是对孔子"为政以德"和孟子

"以力假仁者霸，……以德行仁者王""以力服人者，非心服也，……以德服人者，中心悦而诚服也"等重德轻力观念的继承和发展。

以理欲、义利、德力辨王霸，是理学家们对王道与霸道两种政治价值的深入剖析，通过这种剖析，系统地阐明了他们尊王贱霸的价值观念。围绕这一价值观念，朱熹与陈亮之间开展了一场关于王霸、义利的辩论。在辩论中，朱熹以尊王贱霸为尺度对中国历史上的政治模式进行了评论，认为夏、商、周三代帝王心术最正、最好，能以"道心"治天下，所以天理流行，社会上一切都是光明的，是王道政治；三代以后，秦汉至唐，帝王"心术"不正，人欲横流，社会上一切都是黑暗的，是霸道政治。他的观点遭到了陈亮等人的批评。不仅在政治领域朱熹宣扬尊王贱霸观念，而且还把这种观念扩展到了道德、生活领域，认为一般人在日常行事中，也应严辨王霸，行"王者之道"，而去"霸者之习"。他说："能行其道，则不必有其位，而固已有其德矣。"只要出于"天理""至公""仁义"，并"以德行仁"，"虽在下位，何害其为王道"（《孟子或问》）；反之，"凡日用常行应事接物之际，才有一毫私心，便非王道，便是霸者之习"（《朱子语类》卷八十三）。这就把王、霸之辨从政治领域扩展到道德、生活等领域，而成为普遍性的价值观念了。而这种普遍性价值观念的核心内容，依然是"存天理，去人欲"。尊王贱霸不过是这一观念的辐射和引申罢了。

3. "存理去欲"的理想境界

"存天理，去人欲"这一核心价值观念及其辐射和引申出来的崇义贬利、尚公非私、重群轻己、尊王贱霸等具体价值观念，虽然都是宋明理学所倡导的重要价值观，但还不是理学家们所追求的崇高价值理想。相对于崇高价值理想而言，这些观念尚处于较低层次，尚属于"方法"和"途径"的领域。宋明理学家们所追求的崇高理想乃是"天人合一""万物一体"的精神境界。

"天人合一"境界，从价值论上说，就是认为天人（宇宙与人、自然与人）之间应该形成和谐、统一的关系；只有这种和谐统一的关系，才符合人类生存和发展的要求，才是至善、至美、至乐的理想境界。自孟子提出"知性知天"的"性天同一"说之后，《中庸》倡导"尽性参天"说，《易传》弘扬"天人合德"说，董仲舒主张"天人感应"说，都是天人合一的具体表现形式，尽管先秦荀子主"天人相分"、唐代刘禹锡论"天人交胜"，但在儒学传统中未成主流。不仅是儒家，老庄道家也追求天人合一，尽管他们对天人合一的解释与儒家大异其趣。宋明儒学继承了孔孟原始儒学和汉唐儒学的天人合一思想，汲取了道家"人与天一"的观念，把天人合一的价值理想，发展到了新的水平，提升到了新的高度。

宋儒"天人合一"观念的主要特征是：

以"诚"为天人合一的基础。在《中庸》中，"诚"就是联系、贯通天人的哲学范畴，"诚者天之道也，诚之者人之道也"的命题，已经具有以"诚"为天人合一的基础的含义，至宋明理学，"诚"的这种意义被进一步深化。理学家们提出，"诚"的本质是"真实无妄"，程伊川云"无妄之谓诚"（《遗书》二上），朱熹说，"诚者真实无妄之谓"（《通书》注）。在他们看来，这"真实无妄"的"诚"，乃是天人合一的根据和基础，张载说："性与天道合一存乎诚"（《正蒙·诚明》）；又说："儒者因明致诚，因诚致明，故天人合一"（《正蒙·诚明》，《乾称》）。二程云："至诚者，天之道也"，"维其心诚一，故能亨通"（《程氏易传》卷二）。朱熹进而提出"诚者，理之在我者，皆实而无伪，天道之本然也。思诚者，欲此理在我者，皆实而无伪，人事之当然也"（《孟子集注》卷四）。无论是以性与天道合一论诚（张载），以心与天道合一论诚（二程），以人与天理合一论诚（朱熹），都把诚作为天人合一的基础。以诚为天人合一的基础，既赋予"天人合一"以真实性的特征，又赋予"诚"以天人合一的规定。由于在理学中，诚是"本然"与"当然"、本体与价值统一的概念，所以理学家的天人合一就成了本体论和价值论融合一体的哲学命题。

以"生"为天人合一的功能。《易传》云:"天地之大德曰生""生生之谓易"。认为自然界处于生生不息的过程中,具有生长发育万物的功能。理学发挥了这一思想,进而提出,生生不息、生意盎然、生动活泼是天人共有的特性,是天人合一的功能。张载说:"天地之大德曰生,则以生物为本者,乃天地之心也。……人之德性亦与此合。"(《横渠易说·上经·复》)二程曰:"生之为性,万物之生意最可观,……人与天地一物也,而人特自小之,何耶?"(《遗书》卷十一)朱熹进而指出:"天地生物之心,而人之所得以为心者也。"(《孟子或问》卷一)天理境界、圣人气象,"浑然都是一个生意"(《孟子或问》卷一)。由此可见,理学家们追求的天人合一的境界,是一个生机勃勃、生动活泼的生命境界。正因为理学家们以生生不息、生意盎然为天人合一的境界,所以他们乐于欣赏自然生意之美,周敦颐"窗前草不除",别人问之,他说:"与自家意思一般。"程颢常说:"万物生意最可观。"程颐以养鱼为乐,王阳明以赏花为趣,都反映了他们赞赏生生不息的天人境界的价值观念。

以"仁"为天人合一的核心。自然生机表现到人身上就是"仁"。理学家们认为,"生生之理便是仁也"(《二程遗书》卷十八),所以,天人合一在仁上得到了充分的体现。周敦颐说:"天以阴生万物,以阳成万物。生、仁也;成,义也"(《通书·顺化》)。表现在社会领域,"圣人在上,以仁育万物,以义正万民"(《通书·顺化》)。由于"仁"表现了天与人的统一性,所以他提出,"仁义中正之道"既是"立人极"之道,也是"立太极"之道。张载认为,天地以生物为心,人则以仁爱为心,所以,仁是"人性",又是"天德"。二程更为明确地提出:"万物之生意最可观,此元者善之长也,斯所谓仁也。"(《河南程氏遗书》卷十一)又说:"仁者以天地万物为一体,莫非我也。"(《河南程氏粹言》卷一,《论道篇》)"仁者,浑然与物同体。"(《河南程氏遗书》卷二上)这已从以万物之生意释仁,论及仁者应与天地万物合一。朱熹在此基础上,进一步发挥说,仁既是天之"心",也是人之"心",天人合一的核心就是"仁"。"仁也者，天地所以生物之心，而人物之所得以为心者也。"（《朱文公文集》卷七十七《克斋记》）以"生"释"仁"，就把仁与整体宇宙万物的生命一体化了；以"仁"释天人合一，就把天人合一的核心道德化了。于是，天人合一的价值性就进一步被规定了。

以"乐"为天人合一的境界。天地万物一体之仁，不但是"至善"之德，而且也是"至乐"之境。这种"乐"乃是生意之美与仁德之美在主体感情中所唤起的体验效应。据《论语》记载，颜回居于陋巷，一箪食，一瓢饮，生活贫困不堪，但他仍然保持着心境的快乐。孔子对颜回的这种精神境界赞叹不已。那么，为什么颜回在"人不堪其忧"的处境中"不改其乐"呢？这就成了宋明理学的一个重要课题。程颢曾回忆早年从学于周敦颐时，周"每令寻颜子仲尼乐处，所乐何事"（《二程集》《程氏遗书》二上）。此后，理学家们都企图解答"寻孔颜乐处"的问题。周敦颐以"见道"解之，"夫富贵，人所爱也，颜子不爱不求，而乐于贫者，独何心哉？天地间有至贵、至富、可爱、可求而异乎彼者，见其大而忘其小焉尔。见其大则心泰，心泰则无不足。"（《通书·颜子第二十三》）"见其大"就是"见道""体道"，即与道为一的境界。处于这种境界，精神就会快乐，"君子以道充为贵，身安为富，故常泰无不足"（《通书·富贵第三十三》）。"见道""与道为一"就是体仁，颜子"不迁怒，不贰过，三月不违仁。"朱熹以"与万物为一"解之，"私欲克尽，故乐"，因为去掉了有我之私后，"与万物为一，无所窒碍，胸中泰然，岂有不乐"（《朱子语类》卷三十一）。"凡天地万物之理，皆具足于吾身，则乐莫大焉"（《朱子语类》卷三十二）。明代曹端以"仁"解之，"乐者仁也，非是乐这仁，仁中自有其乐耳。"孔颜之乐，乐在"安仁""不违仁"。"仁者不忧"，不忧就是乐。（《明儒学案》卷四十四）王阳明以"良知"解之，良知是"心体"与"天理"的统一，在这种统一中，不累于欲，不杂于私，无所牵挂，十分"洒落"，"洒落"就是"乐"。王廷相以"与物贯通"解之，"仁者与物贯通而无间者也。万物并育而不相害，道并行而不相背，天地之仁也。老者安之，朋友信之，少者怀之，圣人之仁也。故物各得所宜，谓之为仁"（《慎言·作圣》）。"各得所宜"就是乐。由此可见，理学家所谓的"乐"就是天人合一的精神境界。在天人合一的境界中，主体人既有"凡天地万物之理皆具足于吾身"的自得之乐，又有"与天地万物上下同流各得其所之妙"的自由之乐。

宋明理学的天人合一境界，概而言之，就是真实性（诚）、生命性（生）、道德性（仁）、自由性（乐）相统一的理想境界。在这种充满着真实生机的道德自由境界中，人的价值得到了最大的实现和最高的升华。理学家提出的存理去欲、崇义贬利、尚公非私、重群轻己、尊王贱霸等价值取向，都是实现这种崇高价值理想的方式和途径，都是为了达到这种崇高精神境界而必须经过的修养功夫。

在"存天理、去人欲"价值总则的指导下，通过崇义贬利、尚公非私、重群轻己、尊王贱霸等价值选择途径，达到天人合一的理想境界，这就是宋明理学所营造的价值观念体系。这一体系的实质，是强化道德理性，而其特征是将道德价值本体化，将宇宙本体道德化。或者说，是以本体来提升价值，以价值来充实本体。从而纠正魏晋玄学和隋唐佛学离开道德价值讲本体的空虚之病，也同时弥补汉代儒学缺乏本体根据谈道德价值的粗糙之弊。然而，这种价值体系的营造并非没有缺陷和困难。

（四）义利之辨的激化

理学家所倡导的"存天理，灭人欲"，虽然是宋明时期处于主流地位的价值观念，但它并非是唯一的价值观念，也并非是思想家们都认同的价值取向。与程、朱、陆、王所代表的主流派价值观相对立而且与之有争辩者，北宋时期有李觏、苏洵，南宋时期有陈亮、叶适，明代后期，唱异调者更多。明代后期将于后文论述，这里仅说两宋时的争论。

崇义贬利甚至崇义非利，是由"存理去欲"导引出来的主要价值观，两宋时期对理学价值构想的反驳，也主要通过义利之辨反映出来。在中国价值观念的演变史上，义利之辨出现过三次高潮。第一次是先秦时期法家针对儒家的重义轻利观而提出崇利简义论，第二次是西汉时以盐铁会议为中心，桑弘羊等法家针对当时贤良文学们的崇义非利论而力主崇义简利。北宋时期李觏、苏洵特别是南宋的陈亮、叶适针对道学家们"存理去欲""崇义贬利"而突出地强调功利价值，则是义利之辨的第三次高潮。在宋代出现的义利之辨高潮中，功利观念的倡导者们提出的主要观点是：

1. "人非利不生"

较早对儒家崇义贱利观批判的，是北宋中期的李觏。李觏自称他的著作是"愤吊世故，警宪邦国"的"有为之言"，并具有"辞不柔伏"的尖锐批判精神。他的批判固然涉及经济、政治、军事、礼制诸多方面，但其核心是价值批判。他所提出的"平土"主张、"富国"策略、"强兵"方略、"法制"思想，都蕴含着与时论不同的价值指向。他从三个方面批判了贵义贱利论的错误：

首先，"贵义贱利"有违"治国之道"。他说："愚窃观儒者之论，鲜不贵义而贱利，其言非道德教化则不出诸口矣。然《尚书·洪范》八政，'一曰食、二曰货'。孔子曰：'足食足兵，民信之矣。'是治国之实，必本于财用。盖城郭宫室，非财不完；羞服车马，非财不具；百官群吏，非财不养；军旅征戍，非财不给，郊社宗庙；非财不事；兄弟婚媾，非财不亲；诸侯四夷，朝觐聘问，非财不接；矜寡孤独，凶荒札瘥，非财不恤。礼以是举，政以是成，爱以是立，威以是行。舍是而克为治者，未之有也。是故圣贤之君，经济之士，必先富其国焉。"（《直讲李先生文集》卷十六"富国策"第一）李觏通过对物质财富基础作用的淋漓尽致的论述，既有力地否定了贵义贱利观念，又充分地表明了他的尚利思想。而这种尚利、重利观念，正是他提出的"治国之实，必本于财用"的思想指导。

其次，"贵义贱利"背离"生民之道"。他说："生民之道食为大。有国者未始不闻此论也，顾罕知其本也。不知其本而求其末，虽尽智力，弗可为已。是故土地本也，耕获末也。无地而责之耕，犹徒手而使战也。法制不立，土田不均，富者日长，贫者日削，虽有耒耜，谷不可得而食也。食不足，心不常，虽有礼义，民不可得而教也。尧舜复起，未如之何矣。"（《直讲李先生文集》卷十九《平土书序》）这里，李觏从"生民之道食为大"的思想出发，提出了以"土地为本"的观点。进而批评有国者"不知其本而求其末"。其中，鲜明地体现了他尚利意识，特别是在"食不足，心不常，虽有礼义，民不可得而教也"的论点中，贯彻着利为义本的价值观念。

最后，"贵义贱利"不合"礼义之道"。他说："利可言乎？曰，人非利不生，曷为不可言？欲可言乎？曰，欲者人之情，曷为不可言？言而不依礼是贪与淫，罪矣！不贪不淫，而曰不可言，无乃贼人之生，反人之情。世人之不喜儒，以此。孟子曰'何必曰利'，激也。焉有仁义而不利者乎？其书称将从七十里、百里而王天下，利岂小哉。孔子七十，所欲不逾矩，非无欲也。于《诗》则道男女之时，容貌之美，悲感望念，以见一国之风，其顺人也至矣。"（《直讲李先生文集》卷二十九《原文》）在李觏看来，利是人的生存条件，欲是人的情感欲求，而礼、义是以此为基础而建立的，是为了调节利、欲才产生的。礼、义以"利欲"为"大本"，利、欲以"礼义"为"节文"，二者是统一的。如果离开利欲而空谈礼义乃是"贼人之生，反人之情"的谬论。

李觏的这些观点，从历史观角度看，他认识到了物质财富、物质生活在社会中的重要地位，从价值论的角度看，他指出了物质利益对于主体人的重要价值。"国以财为本""民以食为天""人非利不生"，对于理学家们所倡导的"存理灭欲""贵义贱利"，是一种大矫正和大翻转。而且把批判的锋芒尖锐地指向孟子，从而在政治思想上成了王安石改革的先驱，在价值观念上开了批判理学价值观的先河。

2."义利相为用"

与李觏同年生而后卒于李的苏洵，"其学本申、韩，而其行文杂出于荀卿、孟轲及《战国策》诸家"（茅坤《苏文公文钞引》）。在义利观上，也发表过与理学不同的见解，集中反映在《利者义之和论》一文中。

苏洵认为，"义"具有二重性功能，一方面"义者，所以宜天下"，即具有裁制天下事物使其合宜的功能；另一方面，义"亦所以拂天下之心"，即具有违背一般人利欲之心的特性。而且，正由于它有"拂天下之心"的一面，所以才能发挥"合宜"的功能。苏洵对"义"的这种二重性的分析，体现着他对人的利欲之心的承认和肯定。在他看来，利欲是人的本性，不可消除，"义"的实现正是对利欲的制裁，甚至是对利欲之心的伤害。所以他说："义者，圣人戕天下之器也。"

根据对"义"的这种看法，苏洵竭力反对"徒义"——把"义"作为唯一的价值，而不顾其他。他说，伯夷、叔齐殉大义以饿死于首阳山，"天下之人安视其死而不悲也"，这种见死不救、视死不悲的态度，就是由于把义看作至高无上、独一无二的价值准则所造成的。这尽管不是"义"这种价值本身的罪过，但却是"徒义之罪也"，即价值取向上的单一性引起的罪过。他还认为，武王伐纣是正义行为，但同时还散鹿台之财，发矩桥之粟，以"恤天下之人"。这表明"武王亦不能以徒义加天下也"。苏洵反对"徒义"，是对儒家和理学"崇义非利"的狭隘价值取向的尖锐批判，在这种批判中，已经渗透着价值多元思想，这不但在当时有纠偏救弊之功，而且对于人们在现实生活中防止价值选择上的片面性和单一化，也有普遍意义。

在对"义"的"宜天下"和"拂天下"二重性的分析和对"徒义"观的批判的基础上，苏洵提出了他的独特的义利观："义利、利义相为用"。这一观念的主要内容是：

（1）就义利的相互关系言，利是义的基础，义是利的指导。以利为基础的义，苏洵称为"利义"，他说："圣人灭人国，杀人父，刑人子，而天下喜乐之，有利义者。"圣人的行为是对天下人有利的，所以天下喜乐之；以义为指导的利，苏洵称为"义利"，他说："与人以千乘之富而人不奢，爵人以九命之贵而人不骄，有义利者。"由于人能以义去指导自己所得到的富贵之利，所以才"不奢""不骄"。

（2）就追求义利的方式言，应即利以行义，合义以求利。他说：君子欲行义"必即于利，即于利，则其为力也易；戾于利，则其为力也艰。利在则义存，利亡则义丧。"而君子欲求利，也应以义"节制之也"，不然"天下将流荡忘反"。由此，他既反对离开利，"徒义"而行，也反对"徒利"而取。

（3）就处理义利矛盾的基本原则言，应把握义利的和谐统一。苏洵认为，义、利两类价值对于人都是不可或缺的，而且两者相互作用、相互制约。所以，只有把握二者的和谐统一，才能在价值选择上达到最佳效果。他说："义利、利义相为用，而天下运诸掌矣。五色必有丹而色和，五味必有甘而味和，义必有利而义和。"据此，他认为《易·乾文言》中提出的"利者，义之和""利物足以和义"的观点，"尽之矣"——是最合理的义利价值观。

苏洵的"义利、利义相为用"的观念，相对于当时正在兴起的理学的崇义轻利观，可谓独树一帜，因此，它遭到理学的非议乃是必然的。直到南宋时期，朱熹还特意点名批判了苏洵的观点。朱熹认为，苏洵的错误一是把义看成"惨杀而不和"，"须着些利则和"，这等于说"义是苦物，恐人嫌，须着些利令甜"。此不知义之言也。二是把义利分开了，"如此则义是一物，利又是一物"。这是不懂"义中自有利"（《朱子五经语类·易十》）。在朱熹看来，义本身即是"和"，无须以利来"和"；义中自有利，无须以利相"着"。朱熹的这种批判，其实是用"以义包利"论反对苏洵的"义利相用"论。可是，如果依朱熹所言"义中自有利"，那义与利还有何区别，"利"还有什么独立的价值呢？进而，"义利之辨"还有什么意义呢？

3. "义利可双行"

宋代义利之辨的激化，是以南宋陈亮与朱熹的辩论为标志的。朱、陈之争，是义利、王霸结合在一起的辩论。义、利是王、霸的价值内涵、王、霸是义、利的政治形式。二者有着内在的统一性。

朱、陈的义利、王霸之辨，是从对历史的评价展开的。朱熹以崇义黜利、尚理去欲、尊王贱霸为价值标准，评价历代君王的功过是非。认为尧舜及三代的王道，内本天理，外行仁义，不求利欲，不存私心，所以是圣王、盛世。而汉、唐的霸道，"心乃利欲之心，迹乃利欲之迹"，"无一念不出于人欲"，尽管汉祖唐宗也"假仁借义"，但"其全体只在利欲上"，所以是霸主、衰世，不能与三代比隆（朱熹《寄陈同甫书》）。

针对朱熹的这种观点，陈亮予以深刻的批判，陈述了自己的义利观。陈亮指出：

第一，义和利是统一的，不能将二者截然分开，绝然对立。三代圣王在行仁义的过程中，也求生民之利，也有利欲之心。"禹无功，何以成六府；乾无利，何以具四德？"（《宋元学案·龙川学案》）"功到成处，便是有德；事到济处，便是有理"（陈傅良《致陈同甫书》）。后儒说三代圣王不讲利欲，那是经"孔子一洗，故得如此净洁"（《陈亮集·又乙巳秋书》），并不符合历史实际。同样，汉唐帝王如汉高祖、唐太宗本领宏大、功业显赫，"禁暴戢乱，爱人利物"，追求功利，但其心也"发于仁政"，"无一念不在斯民"（《陈亮集·策论》）。他们不但不与三代的治道相对立，而且上接"三王之心迹"，使三代之"心"，"无常泯"，三代之"法"，"无常废"（《陈亮集·又乙巳春书之一》）。正由于汉、唐同样体现了三代的义理，故也有"三代之隆"。他反驳朱熹说：如果认为"三代专以天理行，汉唐专以人欲行"，那么"一千五百年之间，天地亦是架漏过时，而人心亦是牵补度日，万物何以阜蕃，而道何以常存乎？"（《陈亮集·又甲辰答书》）

第二，义和利皆有价值，不能崇此而非彼。针对朱熹在义利选择上崇义非利的偏颇，陈亮在承认"仁义礼乐，先王所以维持天下之具"（《陈亮集·问答二》）——义的价值的同时，重点强调了功利之价值。他说，孔子说仁义也"计人之功"（《又乙巳春书之二》），孟子言王道也"切于事情"（《勉强行道大有功》）。"人才以用而见其能否，安坐而能者，不足恃也；兵食以用而见其盈虚，安坐而盈者，不足恃也"（《上孝宗皇帝第一书》）。在陈亮看来，功利之所以具有重要价值，是由于追求幸福是一切人的天然愿望，是人们的天性，凡是能满足最大多数人的最大幸福的，就是有价值的。而功利，就具有满足人们幸福的效应。他说："耳之于声也，目之于色也，鼻之于臭也，口之于味也，四肢之于安佚也，性也，有命焉。出于性，则人之所同欲也。委于命，则必有制之者而不可违也。富贵尊荣，则耳目口鼻之与肢体皆得其欲，危亡困辱则反是。"（《陈亮集·问答七》）"富贵尊荣"就是利，利能使人"皆得其欲"，正是其价值的所在。对于"利"来说，"义"的作用仅在于"因其欲恶而为之节而已"，并非排斥、取代"利"。从肯定利的独立价值这种见解出发，陈亮甚至说，历代那些顺应时代、有所作为、有利天下的人物，即使行为有不合道义的地方，仍然是有价值的。"古今异宜，圣贤之事不可尽以为法，但有救时之志，除乱之功，是其所为虽不尽合义理，亦自不妨为一世英雄。"（转引自朱熹《寄陈同甫》）。而那些脱离功利，空谈义理，只会"低头拱手，以谈性命"的儒者，则是社会的废物。

通过上述两个方面的批判，陈亮明确提出了自己"义利双行，王霸并用"的价值观，他说："王霸可以杂用，则天理人欲可以并行。"（《陈亮集·又丙午秋书》）并自信地声称，自己的这种价值观念，虽然与当时流行的理学异道，但却是具有划时代意义的一面光明正大的旗帜。"研究义理之精微，辨析古今之同异，原心于渺忽，较礼于分寸，以积累为功，以涵养为正，睟面盎背，则亮于诸儒诚有愧焉！至于堂堂之阵，正正之旗，风雨云雷，交发而并至，龙蛇虎豹，变见而出没，推倒一世之智勇，开拓万古之心胸，自谓差有一日之长。"（《陈亮集·又甲辰答书》）

陈亮高举功利旗帜批判理学的价值偏见，引起了朱熹的畏惧和担忧，他说："陈同甫学已到江西，浙人信向已多，家家谈王霸，……可畏，可畏！"（《朱子语类》卷一二三）又说，陈亮的义利观直接排摈"孟子董子之言"，"此大可骇！""今日之病，唯此为大。其余世俗一等低下见识，未足为吾患也"（《文集·答石天民》）。他比较陆九渊心学与陈亮功利学二者的社会消极影响时说："江西（陆九渊）之学只是禅，浙（陈亮）学却专是功利。禅学，后来学者摸索，一旦无可摸索，自会转去；若功利，学者习之便可见效，此意甚可忧！"（《朱子语类》卷一二三），并决心严辨义利，纠此"大病"，破其影响。可见，义利之辨在当时何等激烈，正统儒学维护崇义非利论的态度又何等坚决！

4."道无功则虚"

如果说，陈亮对理学的批判，旗帜鲜明而视野还不够宏阔，气势磅礴而理论还不很深入的话，那么，与陈亮互为协调的永嘉学派的集大成者叶适，则把义利之辨从广度和深度上向前又推进了一步。所以，被后儒称为南宋时期与朱熹理学、陆九渊心学鼎足而立的一个独立学派。"乾、淳诸老既殁，学术之会，总为朱、陆二派，而水心（叶适）断断其间，遂称鼎足。"（《宋元学案·水心学案序录》）关于这种学派对立之势，朱熹当时就清楚地看到了，并且明确表示了他对陆九渊和对陈亮、叶适的不同评价："陆氏之学虽是偏，尚是要去做个人；若永嘉（叶适派）、永康（陈亮派）之说，大不成学问！"（《朱子语类》卷一二三）

叶适与理学的区别及其对理学的批判集中到一点就是就事功剖析义理，"教人就事上理会，步步着实，言之必使可行，足以开物成务"（《宋元学案》卷五二）。反对理学把功利和义理对立起来以及离开功利空谈义理的价值误导。叶适反理学的突出特征是把哲学批判与价值批判统一起来，把学术批判和实践批判结合起来。

以哲学言之，叶适认为"义理"作为规律只能存在于事物之中，而并非如心学所谓是脱离物的"心"，也并非如理学所谓是脱离气的"理"。他说："夫形于天地之间者，物也；皆一而有不同者，物之情也；因其不同而听之，不失其所以一者，物之理也；坚凝纷错，逃遁谲伏；无不释然而解、油然而遇者，由其理之不可乱也。"（《水心别集》卷五《进卷诗》）——这是说理不离物；又说："人之所甚患者，以其自为物而远于物。……《中庸》曰：'诚者物之始终，不诚无物。'是故君子不可以须臾离物也。""古之君子，以物用而不以己用；喜为物喜，怒为物怒，哀为物哀，乐为物乐；其未发之中其既发为和，一息而物不至，则喜怒哀乐几若是而不自用也。自用则伤物，伤物则已病矣。"（《水心别集》卷七《进卷大学》）——这是说人不离物；还说："上古圣人之治天下，至矣。其道在于器数；其变通在于事物；……无验于事者，其言不合；无考于器者，其道不化；论高而实违，是又不可也。"（《水心别集》卷五《进卷总义》）——这是说道不离器。"理不离物""人不离物""道不离器"的观点表明，叶适在哲学上是坚持唯物主义而反对唯心主义的。这种唯物主义哲学路线，是叶适批判理学义利观的世界观前提。

以价值言之，叶适认为"道义"作为价值，应该通过功利体现出来，而不应如理学家那样离开功利，空谈道义。他说："仁人正谊不谋利，明道不计功。此语初看极好，细看全疏阔。古人以利与人，而不自居其功，故道义光明。后世儒者，行仲舒之论，既无功利，则道义者，乃无用之虚语尔。然举者不能胜，行者不能至，而反以为诟于天下矣！"（《习学记言》卷二三）——这是说，功利是道义价值的内容和基础，应该把道义价值与功利价值统一起来；又说："为文不能关教事，虽工无益也；笃行而不合于大义，虽高无益也；立志不存于忧世，虽仁无益也。"（《叶适集·赠薛子长》）——这是说，离开功利价值，道义是没有意义的；亦说："夫欲折衷天下之义理，必尽考详天下之事物而后不谬。"（《水心文集》卷二九《题姚令威西溪集》）——就是说，应该把功利作为评价义理的价值准则；还说："不徒善其身者，以人治身而不以身治人；必并淑于乡者，以天下准其乡而不以乡准天下。"（《水心文集》卷十二《送林子柄序》）——这是说天下的利益高于地方的利益，应以天下的功利为地方利益的价值准则。叶适的这些论述概括起来就是

"道无功则虚"。功利价值和道义价值是统一的，应该把二者结合起来。

以学术言之，叶适认为儒学中的思、孟学派在价值观上的偏颇就是崇义非利、尚虚废实，两宋理学的价值观念实质上是思孟学派的继承和发展。他说："盖以心为官，出孔子之后；以性为善，自孟子始。然后学者，尽废古人入德之条目，而专心心性为宗主，虚意多，实力少，测知广，凝聚狭，而尧、舜以来内外交相成之道废矣。"（《习学记言》卷十四）又说："周、张、二程出焉，……于子思孟子之新说奇论，皆特发明之。"（《习学记言》卷四十九）在叶适看来，思孟一派"以身为本""以己形物""以心为官""以性为善"的价值取向，在儒学中自为派别，不合"孔氏一贯之旨"，因此，周、张、程、朱的义利观，并非遥接孔子的正统，而是"以浅心狭志自为窥测"，这就从学术渊源上，动摇和否认了理学的正统地位。

以实践言之，叶适认为应该本着"务实而不务虚"的实践态度制定治国方略，而不应以理学家的"性命义理"之空谈为治国准则。他说："臣闻欲明大义，当求公心；欲图大事，当立定论。自献者追忿，自安者忘雠，非公心也；勇者惟欲进，怯者惟欲止，非定论也。善为国者，务实而不务虚，择福而不择祸，条目先空，而始末不差，斯所谓公心矣，措己于安，而制敌之危，斯所谓定论矣。"（《水心文集补遗·奏札》）根据"务实而不务虚"的实践精神，叶适针对南宋社会财竭、兵弱、民困、势衰的颓衰现象，提出了一系列"修实政""行实德""用实谋"的治国主张，诸如裁节横费、实行改革、减少兵额、厉兵厉将、限制豪族等。凡此充分体现了他既是一个"重事功"的理论家，也是一个"务实政"的政治家。

叶适的批判锋芒，尽管不如陈亮那么尖锐，并未向理学权威朱熹公然开火，但他的"道无功则虚""合义利为一"的价值宗旨，与陈亮的"义利双行""王霸并用"，实属同调，都表现了"自为门庭"而与理学、心学鼎足而立的异端精神，所以，"为考亭"（朱熹）之徒所不喜。朱熹在指责"永嘉（叶适）、永康（陈亮）之说，大不成学问"

的同时，提出了一个问题"不知何故如此？"（《朱熹语类》卷一二三）究竟"何故如此"呢？归根结底，乃是南宋时经济的发展所引起的人们价值观念转变的反映。宋代，尤其是南宋，商品生产远比唐代发达，使用雇佣劳动的大型作坊和手工工场大量出现。社会上，雇佣劳动制普遍发展，日渐取代徭役劳动。这些都标志着宋代是中国资本主义萌芽的主要产生时期。陈亮、叶适所在的永康、永嘉一带，是商品经济较发达的地区，所以他们的重视功利的价值观，正是反映了资本主义开始萌芽的客观要求。在商品经济与自然经济两种经济模式的相互角逐中，朱、陆站在自然经济维护者的立场，而陈、叶站在商品经济方面。这就是他们义利之辨激化的客观经济根源，也是陈叶"何故如此"的答案。适应于资本主义萌芽的成长，这种重视功利的价值意识也逐渐强化，终于发展为16—17世纪——明代中后期到清初的早期启蒙思潮。

总而言之，两宋至明代中期，占主导的价值观，是以"天理"为标志的道德价值观。虽然直到南宋后期，周、程、张、朱的价值观才被奉为正宗，但这种价值观的营造、建构从北宋初期就开始了。所以，从总体上看，宋明时期，"存理去欲""崇义贬利""重群轻己""尊王贱霸"的观念，是价值观的主流。"天理"价值观的建构方式，是将封建的三纲五常、人伦道德形式化、本体化，无论是以"理"为本体（程、朱），还是以"心"为本体（陆、王），其实质内容都是道德。道德本体化的意义，从理论上说，进一步实现了本体与价值的统一，"必然"与"应然"的融合。从实践上看，一方面，增强了道德价值理性的自觉，提高了道德人格价值的地位，升华了精神境界的层次，具有把人从狭隘的个人利欲束缚中解放出来的积极作用。另一方面，压抑了追求物质利益价值的欲望，限制了个性自由的发展，弱化了感性生命的活动，具有阻碍社会物质生产发展和物质文明创造的消极作用。无论对人或社会来说，其作用和影响都是二重性的。由于"天理"价值观念体系是中国封建社会后期理论最严密、体系最完整、持时最长久、影响最深远的价值观念体系，所以，对它的反思、解构、翻转，就成了一个复杂而艰巨的理论课题和历史任务。随着历史的前进和社会的发展，解决这一课题的思想家们终于登上了历史舞台——这就是明代中叶到清代中叶的早期启蒙思想家。

七 "利欲"的萌动

——晚明至清中期的价值反思

中国历史发展到明代中叶，开始出现了新的征兆，传统社会结构开始发生变动，这种新的征兆，就是资本主义生产关系的生长。伴随着商品经济的蓬勃发展和资本主义生产关系的滋长，社会生活也开始冲破旧的羁绊，价值观念也随之发生新的蜕变。宋明理学所苦心经营、精心建构的"天理"大厦，再也不能成为统治人们心灵的桎梏了，而与"天理"相对立的"利欲"观念，日渐被人们肯定、认可、弘扬。直至清代的初期和中期近三百年的时间里，价值世界的基本主题，就是对"天理"价值体系进行反思和批判，对"利欲"价值进行肯定和提升。尽管由于清王朝入主中原后，重建专制主义统治和推崇程朱理学、以天理为标志的道德礼教，一度重新抬头，形成价值"涸流"。但"天理"价值的复归，并没有完全阻止价值观演变的进程，只不过使这种进程变得坎坷曲折而已。晚明、清初价值反思时期的总态势是新旧价值观的剧烈冲突，新的要冲破旧的，旧的想拖住新的。围绕着"天理"与"人欲"争辩这一主线，在公私、义利、群己、情理等价值观问题上，全面展开了争论。早期启蒙思想家们对这些问题深沉反思，激烈批判，推陈出新，奋力开拓，宣告着传统价值观的终结，昭示着近代价值观的新生，从而拉开了近代中国价值观念更新的序幕。

（一）"天崩地解"的时代

明清时期，是中国封建社会的衰老时期，封建主义的生产关系已经不能促进社会生产力的发展，腐朽了的封建制度已经成为社会发展的严重阻碍。但是，尽管封建势力还很顽固，还拖着社会生产力发展的步伐，资本主义作为代表社会发展方向的新生事物，在重重压抑下，仍然在缓慢地发展着。而且，在它的冲击下，封建王朝也被迫采取了一些有利于资本主义的政策。从明代中叶到清代中期，中国社会就处于这种"衰老"与"新生"交织的时期，"死的在拖住活的"，"新的在冲破旧的"。"纪纲颓坠""天崩地解"就是对这种时代特征的概括描绘。

1. 土地国有制的终结与赋役货币化的完成

中国古代的土地所有制是"普天之下，莫非王土"的国有制。这种传统的土地制度，晚唐以后一直处于缓慢的解体过程中，但直至明初，国有土地（官田）仍然有相当数量。时至明代中叶，随着土地兼并的进程加剧和土地集中的恶性膨胀，致使官田与民田的界限泯灭。《明律》许可官田一如私田可以买卖，等于在法律上承认官田就是私田。在土地兼并和买卖的浪潮中，官田日益转化为私田。为了适应这种土地所有权转移的客观形势，明廷更在法律上规定，土地登记，"以田为母，以人为子"，即以土地所有主登记而认定产权。这就意味着国有土地制实际上被废除了。改土地国有制为私有制，是明代中期重大的变化之一，也是中国古代土地所有制的重大变革。它标志着土地"已经失去自己的封建性质，而具有工业的性质"①，作为东方专制主义基础的"亚细亚生产方式"终结了。然而，明代中后期官田、民田界限的打破，并不等于国有土地的消灭。清代前期的土地关系仍然有官田、民田之分，随着清王朝的统治在全国范围内的确立，才在法律上正式废除了土地国有制。据《清朝文献通考·田赋考》载：清廷对明时江浙官田，"令与民田一例起科"，号为"更名地"，同民间赋税地同称民田。更名地的立法，比《明

---

① 马克思：《1844年经济学哲学手稿》，人民出版社2000年版，第48页。

律》许官田可以买卖，更进了一步，在法律上明确地正式地废除了土地国有制，这是一个历史性的重大发展。

伴随着土地国有制的终结，赋税形式也发生了重大变革。中国传统社会中，历来以米、麦、布帛、力役为赋税征派的基本形式，实现超经济剥削。从明英宗正统初年起，实物赋税和力役之征先后一体化、货币化，至万历九年张居正当国，在丈量土地的基础上，申令全国通过"一条鞭法"，至万历二十九年，"一条鞭法"已普遍推行于全国。"一条鞭法"将田粮、常役、常科、杂泛诸赋役均并为一条，计亩征银；役由官府以税银雇募，物由政府以税银折办，赋役的征收，通一处丁粮每年均派而不再排年轮役；采取量地计丁的原则征收丁税，使力差、银差、杂泛均合并于田赋。"量地计丁，一概征银"的赋税形式，改变了历史上自战国以来实行的赋、役平行征收的形式，并实现了赋税的货币化，从法律上解除了农民对封建国家的徭役义务。时至清代，又在"一条鞭法"的基础上进一步改革，实行"地丁制"，"摊丁入亩"，使丁、地税合一，并随后在法律上废止徭役制。最终完成了地税货币化的过程。

土地制上的官田、民田合一，宣告了封建土地国有制的终结；赋税制上的赋、役合一，宣告了封建徭役剥削的终结。这两项变革，都是与商品经济的蓬勃发展密切相关的。它既适应了商品经济发展的需要，也是激发商品经济的因素。特别是赋税的货币化，有力地推动了商品货币经济的发展。

2. 自然经济的裂变与产业资本的出现

中国传统封建社会的经济结构是"男耕女织""自给自足"的自然经济。然而，到了明代中期，这种经济结构开始发生裂变，出现了新的经济因素。这种新的经济因素，就是在商品经济蓬勃发展的推动下生长起来的资本主义萌芽。

"商品流通是资本的起点。商品生产和发达的商品流通，即贸易，总是资本产生的历史前提。"① 明代中期以后，中国整个社会的商品经济都有了不同程度的发展，其中江南地区表现得最为突出。同时，白银成了更为广泛使用的通货，国内各地区经济联系普遍加强，国外市场也有了较大的开拓，这就为资本主义的生长准备了历史前提。当然，仅有商品经济的蓬勃发展还是不够的，"只有当生产资料和生活资料的占有者在市场上找到出卖自己劳动力的自由工人的时候，资本才产生"②。明中叶以后，由于"一条鞭法"的实行，削弱了封建人身依附关系，农民有了一定限度的人身自由，加之雇佣工人，特别是计日论资的短工，已正式在法律上取得了"凡人"的地位，市场上出现了自由的劳动力出卖者。为雇佣关系的发展准备了条件。

资本主义萌芽，最初是在江南地区若干手工业部门中出现的。丝织业是历史悠久的手工业，从唐、宋时起，江南就出现了专门以丝织为生的机户。明中期以后，这种机户已经大量存在。苏、杭、嘉、湖境内的盛泽、震泽、濮院、王江泾、双林都是丝织业名镇，镇上居民大都以机为田，以梭为耒。在这些机户中，通过互相竞争，少数人积累了较多财富，成了剥削雇工的手工业作坊主；多数人陷于破产，失去生产资料，成了出卖劳动力的雇佣工人。于是，机户和机工之间形成了一种雇佣关系。所谓"机户出资，机工出力，相依为命"。这些开设机房，拥有织机，雇织工干活的机户，就是具有资本家性质的作坊主或工场主。此外，在棉纺织业、陶瓷业等手工业部门中，也出现了同样的雇佣关系。

随着手工业和商业的发展，江南地区涌现出了一批"商贾聚集"的市镇。例如，江苏的盛泽、浙江的濮院、菱湖、南浔、乌青等都是丝织业市镇；广东的佛山是冶铁业市镇；江西的景德镇是陶瓷业市镇，等等。在城市，以商人、作坊主、工匠及城市贫民所构成的市民，得到很大的发展，给社会矛盾和阶级矛盾带来了新的影响。明代中叶以后，城市人民的反抗运动此起彼伏。例如，万历二十七年（1599），山东临清市民

---

① 马克思：《资本论》（节选本），人民出版社 2018 年版，第 81 页。
② 马克思：《资本论》（节选本），人民出版社 2018 年版，第 89 页。

反对税使马堂的斗争；同年湖广荆州民众抗议税使陈奉入境征税的斗争；万历三十年（1602），江西上饶市和景德镇民众反对矿监潘相的斗争；万历三十四年（1606），云南腾越人民杀死税监杨荣等二百余人，几乎将其党羽一网打尽；万历三十六年（1608）锦州、广宁、山海关人民反对税使高淮的斗争；万历四十二年（1614），福建城镇市民反对税使高寀的斗争。在这些市民运动中，声势最大，组织得最好的是万历二十九年（1601）苏州织工葛诚领导的手工业工人、小商贩、作坊主等，反对税使孙隆的市民暴动，这次暴动得到苏州城各阶层的广泛同情和支持。明代中叶以后的市镇的发展，市民阶层的形成，以及他们风起云涌、连续不断的反封建斗争，表明了商品经济和资本主义的萌芽的发展，与封建制度、封建掠夺之间，已经出现了矛盾冲突；这些矛盾冲突是封建社会晚期社会矛盾的新动向。

明代中叶资本主义萌芽的另一显著表现是商业资本转化为产业资本。传统社会，商业资本的转化趋向是购买土地，从而使商人转化为地主。明中叶之后，不少商人开始将资本投向手工业、矿冶业，即直接投资于实业来组织商品生产，使商业资本转化成产业资本，商人直接变为产业家。例如，在景德镇的陶瓷业中，不少粗瓷厂"均须大富开作"，大富借货币设窑，雇佣工人从事生产。湘鄂边区之芙蓉山所建之茶厂，多为山西巨贾合资经营，"茶客"则为合资巨贾的代理人，靠工资生活；"茶工"则为雇佣工人。江苏、芜湖的浆染业、福建的冶铁业，也都是徽商投资经营的。这说明，商业资本已在工场手工业的发展中起着重要作用。

手工业从农业的附属地位独立游离出来，成为私人占有的城市手工业工场，传统的政治性、军事性市镇开始变为纯粹商业和手工业性的市镇，商业资本从投资土地转向投资于手工业，特别是工场手工业中雇佣关系的形成，都充分说明，从明代中叶开始，中国的自然经济开始发生了裂变，资本主义萌芽不断生长。尽管在整个社会中，这种新经济因素还只是晨星数点，但它标志着新的生产关系、生产方式的出现，启动着社会的深刻变化。

明代中后期出现的资本主义萌芽，遭到了明清之际战乱的严重破坏。随着清初社会经济的恢复和发展，资本主义因素又重新活跃起来，商业资本日益进入生产领域，有资本主义萌芽的手工业部门和明代相比，数量有所增多，规模有所扩大，分布的地域也有所扩展。同时，雇佣劳动的数量也显著增加，手工业工人与作坊主、工场主之间的劳资对立更为尖锐。尽管封建社会对资本主义萌芽还有着相当大的限制作用，封建的自然经济结构仍然极其坚固，但是，资本主义萌芽在自然经济硬壳上所啄开的裂缝，只会开裂的越来越大，永远不可能再重新弥合了。

3. 中国民间外贸的扩大与西方异质文化的传入

明代中后期至清代初中期，中国社会的另一重大变化是中外交流的频繁，这突出表现在民间的商品经济走向世界和伴随西方殖民主义东来的西方学术的传入。中国传统社会的对外贸易基本上是由官府垄断的，从明代中叶始，这种外贸形式被蓬勃发展的民间的私人的对外贸易所打破。与国内商业资本的发展相适应，东南沿海地区的商人们，向海外自由贸易的愿望日益强烈，他们不顾专制王朝的海禁政策，纷纷"下海"，外出谋生。当海禁松弛时，他们是从事正常外贸的商人；当海禁严格时，他们被视为违禁走私的"海盗"，所谓"市通则寇转为商，市禁则商转为寇"。当时，中国东南沿海民间势力对外贸易的根据地为南洋群岛。沿海居民移居南洋群岛者，数以万计。据《明史·吕宋传》载："吕宋，……闽人以其地近，且饶富，商贩者至数万人，往往久居不返，至长子孙。"由于民间对外贸易的扩大，对于商民致富和官府收税都有好处，于是统治集团内部也出现了一批主张开海禁的官员，他们认为"禁之愈严，则其值愈厚，而趋之者愈众"；"一切不通，故民贫而盗愈起"。尽管他们的主张不时地遭到禁海派的反对，但在客观上却产生了推动东南沿海对外贸易的发展。迄至清代，即使在初期满清政府实行海禁政策的时候，海上贸易也没有停止，至于在 1684—1717 年三十多年间，清政府实行开放政策时期，更使海上贸易获得迅速发展。从 18 世纪 30 年代至 19 世

30 年代，清王朝实行闭关锁国政策，人为地削弱、封锁商品的对外销路，严格规定出洋船只的大小、型制与装载货物的品种、数量，客商人数及往返期限。但这种闭关政策并不能完全消除和取消对外贸易，而且不久，这封闭的国门就被外国侵略者船坚炮利地轰开了。

和民间外贸在种种阻力下不断发展相映成趣的是，明中叶至清初、中期，西方殖民势力的东来。1498 年，达·迦马发现东方新航路之后，葡萄牙殖民者首先来到中国，其后有西班牙人和荷兰人，再后有英国人、法国人和美国人。他们以商业、炮舰和传教为手段，对中国进行掠夺和侵略。天主教的耶稣会士不断随西方商船到中国，明末清初，他们在中国的 13 个省设立了天主教堂。传教士们的活动，固然出于侵略的目的，但却把一股异质文化导入了中国文化系统，对中国传统文化形成了猛烈的撞击。明代万历之后先后来到中国的传教士有利玛窦、庞狄我、熊三拔、龙华民等人。传教士带来的西方文化，主要是西方文艺复兴时期的自然科技成就，如天文历法、以欧几里得《几何原本》为代表的西洋数学、以《坤舆万国全图》为代表的地理学、以力学为核心的物理学，以及机械技术、火炮制造术和水利、测量等技术。除自然科学之外，基督教神学也传播于中国。西学的输入，势必与传统中国文化发生冲突，在冲突面前，中国士林采取了大相径庭的态度，有的持热烈欢迎的态度，主张有对西学并蓄兼收、广采博纳，如礼部尚书徐光启、光禄少卿李之藻、山东佥事王徵，认为西学"实有益于民生日用、国家兴作"；有的公开攻击和批判，主张深闭固拒，如礼部侍郎沈榷、福建儒士黄贞，他们认为儒家文化是一个完美的系统，"无容以异参也"，反对"远夷阑入都门暗伤王化"；有的持较为冷静和理智态度，主张对西学进行辨识，如方以智等人，认为"泰西质测颇精，通几未举"，即自然科学颇有成就，而宗教神学是荒谬的。但无论采取何种态度，都承认了西方文化影响着中国文化这一事实。

对外贸易的发展和西方文化的传入，意味着中外交流的增强，更意味着中国传统文化统一体的初步打破。异质文化因素，势必对人们的价值观念产生深远的影响。

4. 世风的"颓靡"与士风的"傲诞"

伴随着新经济因素的发生所引起的经济结构的深层变动，明代中晚期的社会风尚也出现了新的动向。明初时期质俭、淳厚、安卑、守成的风气，日渐被颓靡、侈美、尚奢的风习所替代。"人心不古""淳漓朴散""越礼逾制""波颓风靡"，就是当时人对社会风尚的写照。社会风尚的变动，沿着从城市到乡村、从士大夫到民众、从市民到百姓的路径，日渐浸淫。嘉靖《开州志·风俗》对这一历史性变化进行了概括性描绘："古也人性淳朴，今也似狡伪矣；古也气习刚毅，今也似颓靡矣；古也好学乐善，今也似弃道乐谤矣；古也勤俭务本，今也似骄惰逐末矣；古也忠厚推逊，今也似浇顽斗讼矣。"

社会风尚的变化通过社会生活的诸多方面表现了出来。服饰从素朴转向华丽，从棉布变为丝绸，从古板演为新异。特别是打破了体现不同地位、身份的等级制，"齐民而士人之服，士人而大夫之服"，庶民之妻亦多用命服，甚至普通百姓都可以用象征君权的龙纹作服装纹饰。人们以追求华美的服饰相夸耀，江南有的地方还流行着男子着色如女装的现象。饮食由素俭变为丰膳华筵。果肴丰美，宴会奢华，以珍器为餐具，用歌舞以侑酒。宦官贵族，动辄欢宴放饮，歌舞鼓吹，竟夕不绝；酒垆茶馆，遍布市镇，游食会饮，相率成风。居室由"屋蔽风雨"变为追求广厅大厦、雕梁画栋，按等级名分的住房规定也名存实亡。江南庶民之家，"屋有厅事，高广倍常，率仿效品官第宅"，富宦人家的居室，更是精益求精，修饰装潢。至于肩舆之制的僭越，社交礼仪的虚荣，也比比皆是，屡见不鲜。服饰、饮食、住房、乘舆、社交等方面变化的共同特征是废素俭而竞浮华，而其社会文化意义则是背礼教而越名分，重物欲而轻道德。

社会风尚的变化在"士风"方面的表现尤为突出，更具深意。明代中叶以后，在商品经济特别发达的地区，"每出名教外"的傲诞士风，颇为流行。至晚明，更形成了一股追求个性自由的风潮，"狂人""达人""怪人""简者""捐者"，大量涌现。清历史学家赵翼在《廿二史札记》中对明中叶吴中士人的傲诞之风作了形象生动的描绘："吴中祝允明、唐寅辈，才情轻艳，倾动流辈，放诞不羁，每出名教外。今按诸书所载，寅慕华虹山学士家婢，诡身为仆，得取之。后事露，学士反具资奁，缔为姻好；文徵明书画冠一时，周徽诸王，争以重宝为赠。宁王宸濠，慕寅及徵明，厚币延致，徵明不赴，寅徉狂脱归；又桑悦为训导，学使者召之，吏屡促，悦怒曰：天下乃有无耳者。期以三日，始见，仅长揖而已；王延陈知裕州，有分巡过其地，稍凌挫之，廷陈怒，即散遣吏卒，禁不得祗应，分巡者窘去，于是监司相戒，勿入裕州；康德涵六十生日，召名妓百人为百年会，名书小令付之，使送诸王府，皆厚获；谢榛为赵穆王所礼，王命贾姬独奏琵琶，歌其所作竹枝词，歌罢，即饰姬送于榛。……此等恃才傲物，跅弛不羁，宜足以取祸。乃声光所及，到处逢迎。不特达官贵人，倾接恐后，即诸王亦以得交为幸，若惟恐失之。"（《廿二史札记》卷三十四《明中叶才士傲诞之习》）迄至晚明，其风更炽，徐渭放诞自任，"疏纵不为儒缚"；王艮怪诞不经，危言耸听；李贽"倔强难化"，"不受管束"；卢楠"独好倜傥恢旷之行"；袁宏道"性疏脱，不耐羁锁"；丘坦"所喜者"为"豪侠之客"；陶望龄"消释拘累"，"逃于形骸礼数之外"；钟惺"不尽拘乎礼俗"；谭元春极力反对"沾泥带水"；屠隆自称"流浪四十年，行类滑稽"；张岱自认"少为纨绔子弟，极好繁华。好精舍，好美婢，好娈童，好鲜衣，好美食，好骏马，好华灯，好烟火，好梨园，好鼓吹，好古董，好花鸟。兼以茶淫桔虐，书蠹诗魔，劳碌半生，皆成梦幻"（《琅嬛文集·自为墓志铭》）。到了明末清初，这种士人的傲诞之气，仍然不绝如缕，茅元仪、鹿继善、孙奇逢、黄宗羲，无不"任侠使气"，或被目为"狂儿"，或自称为"狂狷"。从明中叶以至明末清初，士林的傲诞、狂狷、疏放、怪僻，表现了人性的复苏和个性的自由，标示着礼教的崩解和人格的独立。

与"颓靡"的世风和"傲诞"的士风相互映照的，是士大夫的纵欲主义。明代中叶以后，官场上贿赂公行，赌博成风；贵族士大夫阶层日趋没落，享乐主义、纵欲观念成为时代风尚。朝野竞相谈论"房中术"而不以为耻，方士因献房中术而骤贵、士人因借春药方而得官者，时不乏人。嘉靖年间，陶仲文进红铅得幸，官至礼部尚书，盛端明、顾可学也都借献"春方"而做了大官，朱隆禧以长生秘术而官至顺天府丞加礼部侍郎。这种因方技授官之滥，甚至达到"一日而数十人得官，一堂而数百人寄俸"的程度。由于统治阶层的纵欲、腐败，"后遂从风而靡，献白兔、白鹿、白雁、五色龟、灵芝、仙桃者，几遍天下"（赵翼《廿二史札记》卷三十四）。甚至女色已无法满足兽性的发泄，没落士大夫转而追求男色，养娈童成风，"龙阳"之好，流为时尚。纵欲导致了性关系的混乱、性疾病的流行和性文学的兴起，进而使社会伦理观念渐趋崩溃。

除以上四个方面的变化之外，从明代中叶以后，妇女解放思想的萌芽和市民文学的兴起，也是社会变化的新动向。中国传统的伦理纲常礼教，对妇女的束缚尤为严重，"三从四德""饿死事小，失节事大"的信条，是扼杀女性性情的沉重锁链，明代中后期，这种锁链开始有所松动，不但士大夫的女性意识有所改观，对冲击封建礼教的女性有所称颂，而且女性的自我意识也明显加强，追求男女平等、冲破包办婚姻、表现个性才情的女性，在社会上不乏其人。至明末，甚至出现了"文人不能诗，而女子能诗；谏臣不上书，而女子上书"的奇异现象（陈际泰《已吾集》卷一《邓光含诗稿序》）。甚至有的文人惊叹，明末正直之气"不在须眉，而在巾帼"。试以秦淮名妓柳如是、李香君辈的事迹观之，此论殊非虚言。中国封建社会的正统文学素以"载道""立言"为宗旨，明代中后期也出现了反叛，走向了世俗，特别是反映早期市民阶层感性生活要求的通俗文学大量涌现，通俗流行歌曲、通俗小说、戏剧成为文学中的主流，"时尚情歌"大家唱、"不唱正本唱杂戏""杂事琐谈入小说"，成了具有时代特征的文学欣赏趣味。而且，在这些文学作品中，男女性爱成了刻意追求的艺术主题。民歌《桂枝儿》《山坡羊》，戏剧

《牡丹亭》，小说《西游记》《金瓶梅》和"三言""二拍"就是其中的优秀代表。

从明代中叶到清代中叶，特别是晚明到清初，中国社会所发生的"天崩地解""纲纪凌夷"的变化，是在资本主义萌芽发展的基础上，所引起的社会结构、社会生活、文化形态的多方面转变。也正是在这个时期，西方社会也发生着类似的变革。资本主义生产关系产生，宗教革命兴起，文艺复兴运动广泛展开。这说明，中国和西方，在从古代向近代过渡时，基本上处于同一起跑线上。"亚欧大陆农耕世界东西两端封建国家的农本经济，在这两个世纪（15、16 世纪——引者注）中都发生着明显的变化。耕织结合之趋于分解，生产之转化商品化，经营、生产组织和所有制之探求新的形式或某种改变，以及农村和城市之间的关系等，都按各自的历史条件，不同程度地显示出旧制度统治力的松弛，显示出更新的转折或转折的动向。"① 当然，由于中西的历史背景、经济政治条件和文化基因的差异，处于同一起跑线上的中国和西方，在发展的进程中却出现了较大的差异。例如，西方资本主义发展迅速，而中国的资本主义萌芽则发展缓慢；西方资本主义扩展广泛，而中国自给自足的自然经济在相当长的时间里和相当大的范围内还居统治地位；西方的文艺复兴运动中洋溢着强烈的人文主义精神，发挥了思想解放的巨大作用，而中国的早期启蒙则在封建专制主义的重压中受到严重扼杀，仅成为有别于正统思想的"异端邪说"。然而，尽管如此，这时期的社会和文化变革，终归引起了人们价值观念的反思和变异。与"天理"价值体系相对立的"利欲"观念，在社会历史变革的背景和土壤上，开始萌动了。

（二）"利欲"的价值含义

明代中叶社会结构和社会风气的变化，反映到价值观念上，就引起

---

① 吴于廑：《十五十六世纪东西方历史初学集》，武汉大学出版社 1985 年版，前言第 1 页。

了宋代以来构筑的"天理"观念的蜕变和与之相对立的"利欲"观念的兴起。肯定利欲、重视利欲、弘扬利欲，作为一种思潮，从明代的中后期，一直跃动到清代的中期。犹如"天理"是封建社会后期统治者所倡导和维护的价值体系总符号一样，"利欲"也是早期启蒙思想家们所鼓吹的价值观的总标志。在"利欲"这一总的价值观体系中，包含着丰富的价值观念内容，诸如"理存欲中""义在利中""合私成公""大公之我""理在情内"等。这些观念的提出，是在理与欲、义与利、公与私、群与己、理与情等一系列问题上，对传统价值观的反思、批判和转换。这一反思、批判和转换的历程，是通过王守仁的中介，以王学的分化为契机，以李贽为开端，以王夫之为高峰，而以戴震为终结的。其延续的时间约二百年之久，即从 16 世纪中叶到 18 世纪中叶。其间的许多启蒙学者，尽管具体观点不尽相同，但在价值观的基本倾向上，却是不约而同的。他们都以别开生面的价值批判精神，高扬人欲、功利、情感、个性等价值，向传统的存理灭欲、重义轻利、崇公废私、贵群贬己、扬理抑情等观念，提出了尖锐的挑战。

1. "理存欲中"

理欲作为一对相互对应的范畴，其基本含义是指人的道德理性与生理欲求、感性欲望、生存需要的关系问题。从价值论来说，其实就是道德价值和物质利益价值的关系。针对程朱理学"存天理灭人欲"即片面崇尚道德价值而贬低甚至否定物质利益价值的偏颇，明清时期的早期启蒙学者们，在理欲观上进行了深沉的反思和尖锐的批判，他们的共同看法是肯定人欲的合理性，肯定能满足人的生理需要的物质利益的价值地位。这集中表现在"理存欲中"的价值命题上。

王守仁之后，顺应社会历史的巨大变化，王学发生分化。分化的焦点就是天理人欲的关系问题。王艮、何心隐、李贽等被历史家称为"王学左派"的学者们不断以感性自然之心改造王阳明的道德伦理之心，特别是李贽，提出了"穿衣吃饭即是人伦物理"的命题，大有以"人欲"

取代和否定"天理"之势。黄宗羲在《明儒学案·泰州学案》中说："泰州（王艮）之后，其人多能以赤手搏龙蛇，传至颜钧、何心隐一派，遂非名教之所能羁络矣。顾端文公（顾宪成）曰：'心隐辈坐在利欲胶漆盆中，所以能鼓动得人，只缘他一种聪明，亦自有不可到处。'……诸公掀翻天地，前不见有古人，后不见有来者。"黄氏没有提到李贽，其实李贽比何心隐走得更远。他不但对饮食男女、富贵利达、急功好名等理学家认为的"人欲"采取完全肯定的态度，认为这一切追求都"秉性之自然"，连圣人也"不能免"。而且，认为不应用仁义礼德等天理来节制人欲。他说，遂情足欲，是人的天性，"若必欲其皆如吾之条理，则天地亦且不能"（《焚书》卷一《答耿中丞》）。他主张，让"千万其心者各遂其千万人之欲"，使"天下之民各遂其生，各获其所愿"，从而，达到"万物并育而不相害"的状态。在李贽看来，顺民之欲，遂人之欲，并育其欲，就是"齐之以礼"；反之，如果对"欲"加以节制，"强而齐之"，恰恰是违背了作为"人心之所同然"的"礼"，不符合"千变万化、活活泼泼"的"理"。据此，李贽提出了"穿衣吃饭即是人伦物理"的著名论点。他说："穿衣吃饭即是人伦物理。除却穿衣吃饭，无伦物矣。世间种种，皆衣与饭类耳。故举衣与饭，而世间种种自然在其中。非衣饭之外更有所谓种种绝与百姓不同者也。"（《焚书》卷一《答邓石阳》）李贽这种把"穿衣吃饭"和与衣饭"相类"的一切感性物欲等同于"人伦物理"的观点，不但与程朱理学"饮食是天理，求美味是人欲"的观点划清了界限，而且完全取消了"人欲"与"天理"的对立，使物质利益价值和伦理道德价值完全一体化了。他从肯定人欲——物质利益价值出发，经过反对节欲这个中介，最后归结到物质利益是人所追求的唯一价值，从而完成了他批判"存理灭欲"论的逻辑环节。李贽明确指出，"民情之所欲"即等于"善"，"非民之所欲"则等于"恶"，所以"穿衣吃饭即是人伦物理"的命题所蕴含的价值意义就是：凡是能满足人们感性欲望的对象（主要是物质利益），就是唯一的价值。就"穿衣吃饭"等物质欲望的满足是人们的最基本的价值追求来说，李贽的价值观是具有合理因素的，但是，他认为，除此之外人们就没有别的什么价值追求了，道德价值也没有什么独特的意义了，这又是偏颇的。李贽批判宋明理学的道德价值至上论、道德价值绝对论无疑是积极的、进步的，但由一个极端跳到另一极端，取消了道德价值的独立地位，将其完全同化于物质利益价值，则又陷入误区了。这正是明末清初一些启蒙思想家如黄宗羲、王夫之等，难以接受李贽观点的原因所在。

明末清初的一些启蒙思想家身处明亡清兴的历史震荡之中，站在总结明亡教训的立场之上，既对明代中叶以李贽为代表的理欲观进行反思，又继续对程朱理学的"存理灭欲"论进行批判，提出他们的新的理欲价值观。这种理欲观的基本特征，是在理欲的辩证统一中肯定人欲的价值地位。陈确针对理学家的理欲分离观，提出"天理正从人欲中见，人欲恰好处，即天理也"（《瞽言四·无欲作圣辨》）的理欲统一论。王夫之更是详尽深入地论述了理欲的辩证统一关系。王夫之的主要观点是：第一，天理人欲互体同行。天理人欲同体的观念，虽然南宋时的胡宏、朱熹也提出过，但他们（尤其是朱熹）重点强调的是二者的区别和对立，王夫之则重在强调二者的统一性，王夫之说："天理原不舍人欲而别为体。"（《周易内传》卷四上）又说："天理人欲同行异情。异情者，异以变化之机；同行者，同于形色之实。"（《周易外传·屯》）就是说，天理人欲尽管变化契机有异，一是道德追求，一是物欲追求，但二者统一于人的生命活动，同源于人的生命实体。因此，他指出，要想使人欲净尽，而让"天理孤行"，是根本不可能的。人的一切生命活动，都是"随处见人欲，即随处见天理"的同行不离过程。更为可贵的是，王夫之不但从本体论上，说明了天理人欲的统一性，而且还从价值论上明确说明了二者的不可分离。他说，对人们自然生理欲求的满足，其价值意义在于"厚其生"；确立人们的道德理性，其价值意义在于"正其德"。所谓"有声色臭味以厚其生，有仁义礼智以正其德"（《张子正蒙注·诚明》）。既然物质条件和道德准则都是人们必不可少的价值要素，所以应"合两者而互为体也"（《张子正蒙注·诚明》）。第二，天理寓于人欲之中。如果说"天理人欲互体同行"旨在说明二者的统一性的话，那么，"理寓于欲"的观点则突出强调天理对于人欲的依赖性和人欲对于天理的基础性。王夫之指出，天理人欲固然是统一的，但在统一体中，二者的地位和作用并不等同。人欲是天理的基础，是天理的寓所。"礼虽纯是天理之节文，而必寓于人欲以见"，"终不离人而别有天，终不离欲而别有理也"（《读四书大全说》卷八）；"有欲斯有理"（《周易外传》卷二）。这种"理寓欲中"的观点，批判了理学家离开人欲、空谈天理，从而把道德价值抽象化、玄虚化的偏见。理学家们尤其是程朱一派，曾反复强调理是"实理"，但他们所谓的"实"，是指"理"以"仁义礼智"为实际内容，针对的是道家、佛家离开"仁义"谈道说理的虚无主义。而在"理"与人们现实物质生活的关系的问题上，他们则离开现实物质生活空谈义理，也表现了一种虚无主义。王夫之"理寓欲中"的命题正是针对这种偏颇而提出的。第三，人欲之大公即天理之至正。王夫之在理欲统一、理寓欲中的基础上，进而高度弘扬了人欲的价值。他不但提出"理欲合而为性"的命题，从"欲"是人性所固有的角度肯定了人欲的客观必然性；不但提出"饮食、男女、人之大欲共焉者也"的观点，从人人都存在着"欲"的角度，强调了人欲的普遍性，更为重要的是他通过对孟子"可欲之谓善"的阐发，明确地宣告人欲的合理性。他说，人所欲之物（声、色、味）皆天地所产，而德乃人所具有，如果人"已有其良贵""已有至善"，就会成为物的主体，"受物有主"，那么，"天下非其可贱"，"天下非其皆恶"，物欲自然不会成为诱人为恶的东西了。（《尚书引义·顾命》）他针对二程"欲之害人也""人之为不善，欲诱之也"的观点，明确指出"可欲之谓善，志仁则无恶也。无恶，则不拂人之性而见可欲"（《张子正蒙注·中正篇》）。他还通过阐发孟子"仁义礼智为大""耳目口腹为小"的观点，指出："唯小体不能为大体之害，故养大者不必弃小者。若小体便害大体，则是才有人身，便不能为圣贤矣。"（《读四书大全说·孟子·告子上篇》）从肯定人欲的合理性、价值性出发，王夫之提出了"人欲之大公即天理之至正""人欲之各得即天理之大同"的深刻命题（见《诗广传》卷四）。意思是说，使天下之人的共同欲求（"公欲"）都得到满足（"各得"），就是"大同""至正"的天理。这一命题实质上已经把物质价值的实现与社会进化的法则统一起来了，它内在的蕴含着历史发展是价值性（"公欲"）与规律性（"天理"）相统一的深刻思想。

尽管王夫之把物欲——物质利益价值，提高到了人的本性和历史法则的高度，但他并不同意李贽等人无节制地去满足人欲的观点，而是主张对欲加以节制。他说："人之有情有欲，亦莫非天理之宜然者。苟得其中正之节，则被衿鼓琴，日与万物相取与，而适以顺乎天理。"（《周易内传》卷四）之所以"欲"必须"节"，王夫之提出了两条理由：一是"公欲"是合于天理的，但"私欲"泛滥则会违背天理。所谓"私意之所驰，必妄引于太过"（《四川训义》卷二）。二是"人欲"虽是天理的基础，但"天理"之价值高于人欲。他说："礼与食色同原而出而不可分，惟食色重而礼愈不得不重。"然而，"礼为人生必不可轻之大闲，生与俱生，死与俱死，人以异于禽兽，君子以异于野人，其视情欲之动，甘食悦色者，犹金之于羽也，夫金之重大于羽，岂待辨哉？"（《四川训义》卷三十六）就是说，礼（天理）虽以"食色"（人欲）为本，但礼（天理）与"食色"（人欲）的比值如同"金"之与"羽"，礼的价值"重大"于食色。因此，要以理为饮食之"节"。王夫之"以理节欲"的主张，深刻地表明了他认为精神生活、道德理性的价值高于物质生活、物质利益价值的精辟观点。

如果说李贽是通过化天理为物欲的途径来提升"人欲"价值、王夫之是通过论证天理与人欲的辩证统一来肯定"人欲"价值的话，那么戴震则是通过对"存理灭欲"价值观的激烈批判和对"天理"的深刻剖析来宣扬"人欲"价值的。戴氏生当清代中期，是清王朝的专制主义政治已经巩固，思想专制十分严酷的阶段。随着定朱熹思想为一尊，统治阶级大力推行和强化"存天理灭人欲"的道德教化。面对着程朱理学价值观念经过晚明清初的冲击之后的重新回潮，既"抱其奇才"而又"感通夫细民之幽怨"的戴震，却勇于与官方的意识形态相对立，"拈理欲一辨力加呵斥""辨理欲而归罪宋儒"①，进一步深化了晚明以来的价值启蒙。戴震的理欲观，除了继续坚持王夫之的"理在欲中"的思路，明确提出"理者，存乎欲者也""理也者，情之不爽失也""欲而中节可谓理"（《孟子字义疏证》）等观点之外，进而指出了人的物质欲求、生理欲求和人的生命、人的生活的内在统一性。他说，人欲是人为了生命的存在而产生的，是人生的根本问题；没有欲，人的生养之道就全废了。"凡出于欲，无非以生以养之事"，"人之生也，莫病于无以遂其生"，"天下必无舍生养之道而得存者"（《孟子字义疏证》）。正是从"无欲则无人生"这一价值原点出发，戴震才深刻揭露了"存理灭欲"观念的冷酷本质和严重危害。他认为，"存理灭欲"的本质就是"去人生养之道"，而"去生养之道者，贼道也"（《原善》下）。这种"去生养"的"贼道"，其危害在于：①祸国殃民。它"空指一绝情欲之感者为天理之本然，存之于心……而小之一人受其祸，大之天下国家受其祸"（《孟子字义疏证》）。②凌卑欺幼。"尊者以理责卑，长者以理责幼，贵者以理责贱，虽失，谓之顺；卑者、幼者、贱者以理争之，虽得，谓之逆。于是，下之人不能以天下之同情、天下所同欲达之于上；上以理责其下，而在下之罪，人人不胜指数。人死于法，犹有怜之者；死于理，其谁怜之？"（《孟子字义疏证》）③扼杀个性。"人之为人，舍气禀气质，将以何者谓之人哉？……程、朱乃离人而空论夫理"，"人物分于阴阳五行以成性，舍气类，更无性之名。医家用药，在精辨其气类之殊，不别其性，则能杀人"（《孟子字义疏证》）。④扭曲人格。人不可能无欲，但宋儒却以欲为恶，以有欲者为小人，以无欲者为君子，"此理欲之辨使君子无完行者"；理不可能离欲，但宋儒却要人离欲而求理，贾人耻言欲而唯言理，"此理欲之辨适以穷天下之人尽转移为欺伪之人"（《孟子字义疏证》）。总之"存理灭欲"，"害于政，害于事，祸其人"，"天下受其害

者众也"。在戴震看来，其为害之烈，无异于"以理杀人"，他尖锐地指出"此理欲之辨，适成忍而残杀之具"（《孟子字义疏证》）。

戴震对"存理灭欲"价值观的批判，达到了以前任何思想家都没有达到的高度和深度，他是从民族的生机和活力、个人的生命和生存的基点出发来进行这一价值反思的，来肯定物欲价值的重要地位。但是，戴震并没有退回到李贽等人放纵人欲的地步。而是主张在肯定人欲合理性的同时，必须对"欲"加以节制。他提出的节制方式是："严辨欲私""一于道义""归于必然"。所谓"严辨欲私"，就是区别欲和私的不同，在戴震看来，欲是"生养之道"，乃资生养身所必有，但"欲之失为私"，"私则贪邪随之"（《孟子字义疏证》）。因此，"遂己之欲，亦思遂人之欲，而仁不可胜用矣；快己之欲，忘人之欲，则私而不仁"（《原善》下）。既然欲非罪、私为恶，二者性质不同，所以在遂欲的同时必须去私，去私是为了防止"欲之失"，也即是对欲的节制。他说："圣贤之道，无私而非无欲。"（《孟子字义疏证》）所谓"一于道义"，就是以"中正"的"道义"为标准，将欲引导到道德规范和社会规范的轨道上来。他说："人有欲，易失之盈；盈斯悖乎天德之中正矣。心达天德，秉中正，欲勿失之盈以夺之。……君子之于欲也，使一于道义。……君子一于道义，使人勿悖于道义，如斯而已矣。"（《原善》）所谓"归于必然"，就是将自然之人欲，引导、升华到必然之理义的高度上来。戴震用"必然"与"自然"这一对新范畴论证理与欲的关系，他说："欲者，血气之自然"，"由血气之自然而审察之，以知其必然，是谓之理义"；"自然之与必然，非二事也。就其自然，明之尽而无几微之失焉，是其必然也。如是而后无憾，如是而后安，是乃自然之极则。若任其自然而流于失，转丧其自然，而非自然也；故归于必然，适完其自然"（《孟子字义疏证》卷上）。又说："知其自然，斯通乎天地之化；知其必然，斯通乎天地之德。"（《原善》上）将自然之欲导向必然之理，既是对理欲统一的实现，也是对欲的节制。可见，"严辨欲私""一于道义""归于必然"，乃是戴震在理与欲、道德与利益、精神与物质两类价值之间所进行的调剂、平衡和统一，其基本观点是在肯定理与欲二者都有价值的前提下，认为理义之价值层次高于人欲，因此，在价值选择上，主张将二者统一起来，以"欲"为基础，以理为主导，形成既"合理"又"遂欲"的价值取向。

从李贽到王夫之再到戴震，其间近二百年，启蒙思想家们对理欲问题的反思，贯穿的一条主线、鸣奏的一个基调，就是对"利欲"价值的肯定和弘扬，对程朱理学禁欲主义价值观的批判和抗议，将"天理至上"价值观念转换为"人欲为本"的价值观念。这一重大的变革为晚明清初价值观念的全面震荡按动了"开关"。围绕着这一核心，其他观念也应之而变。

2. "正谊谋利"

义利价值是理欲价值的具体化和外在化，理欲是从人的内在本性上表示道德价值与利益价值、精神价值与物质价值的关系的概念，而义利则是从人的追求对象上标志二者的关系的概念。所以在宋儒看来，理欲与义利有着内在的一致性，"义者，天理之所宜"，"利者，人情之所欲"（朱熹《论语集注》）。在理学统治的宋明时期，和"存理灭欲"的观念相联结，"正其谊不谋其利，明其道不计其功"的崇义轻利观念，是占绝对统治地位的主导思想，其间虽曾出现过王安石、陈亮、叶适的功利主义价值观，但随着理学统治地位的强化，这种功利观念日渐被湮没了。明代中叶以后，早期启蒙学者在批判反思"存理灭欲"的同时，也对崇义非利思想开展了批判。"义利并重""义在利中""以义为利""正谊谋利"的功利思潮，蓬勃发展。

李贽从义利统一出发，明确批判"正义不谋利，明道不计功"的传统观念，他说："夫欲正义，是利之也。若不谋利，不正可矣。吾道苟明，则吾之功毕矣。若不计功，道又何时可明也。"（《藏书·德业儒臣后论》）就是说，"正义"是为了"谋利"，"计功"体现了"明道"。功利比道义的价值更基本。他进而指出，天下之人都把"谋利计功"作为自己的行为目的，之所以"正义明道"，是因为认识到了这样做对自己有利，"天下何尝有不计功谋利之人哉？若不是真实知其有利益于我，可以成吾之大功，则乌用正义明道邪？"（《李氏文集·贾谊》）那么，人为什么都要"计功谋利"呢？李贽指出，这是由人的生活需要和自私本性决定的，人为了生存，就要解决衣食问题；人有私心，就去追求财利富贵。在这一点上，连圣人也不能例外。孔子不但有"富与贵是人之所欲"的言论，而且在实际表现上，相鲁三月，"御寒之裘，不一而足；褐裘之饰，不一而袭"，"正富贵享也"。可见，"圣人亦人耳，既不能高飞远举，弃人间去；则自不能不衣不食，绝粒衣草而自逃荒野也。故虽圣人不能无势利之心"。"则知势利之心，亦吾人秉赋之自然矣。"（《明灯道古录》）不但李贽高度评价了功利价值的地位，与其同时代的黄绾、吴廷翰、焦竑、陈第等人，也以不同的命题，弘扬了重视功利的价值观念。

黄绾提出"义利并重"论："饥寒于人最难忍，至若父母妻子尤人所难忍者，一日二日已不可堪，况于久乎？由此言之，则利不可轻矣。……父母之于子，子之于父母，夫之于妻，妻之于夫，可谓一体无间矣。然于取与之际，义稍不明，则父母必不乐其子，子亦不乐其父母矣；夫亦不乐其妻，妻亦不乐其夫矣。由此言之，则义岂可轻乎？"（《明道编》）

吴氏主张"义利一物"论："义利原是一物，更无分别。故曰：'利者，义之和也。'又曰：'利物足以和义。'盖义之和处即是利，必利物而后义乃和。……凡利不从义来者，皆非圣人之所谓利也。……专言义而不知利之为义，则义反失之，而非圣人言义之本旨。"（《吉斋漫录》）

焦竑倡言"义利统一"论："自世猥以仁义功利歧为二途，不知即功利而条理之乃义也。《易》云'理财正辞、禁民为非曰义'，而岂以弃财为义哉？"（《澹园集·书盐铁论后》）

陈第申说"义在利中"论："张生问：'孟子言义不言利，何谓义，何谓利？'曰：'尔以何者为义，何者为利乎？'曰：'义乃道理，利乃货财也。'曰：'若以货财为利而不言，则天子不问国课，庶人不理家业，文臣不核赋税，武吏不稽兵食，是乱天下也，如之何而可？且道理岂可空空而无所着乎？'张生请问。曰：'义即在利之中，道理即在货财之中。'张生未达。曰：'利者，益己损人，厚己薄人之谓；义者，公己公人，视人犹己之谓。……'"（《松轩讲义·义利辨》）

李贽和黄、吴、焦、陈，对"利"的强调和弘扬，是明代中叶价值观念转变的突出表现。这种价值观念，体现在对社会行业的价值评价上，就是从传统的"以农为本"、以农立国，向"工商皆本"、以工商立国的观念转变。何心隐、李贽、徐渭、顾宪成、李三才等人，都曾提出过"重商主义"的经济主张。

明末清初的思想家们在义利问题上，继承和发展了明中叶学者们的价值倾向，表现出明显的功利主义特征。傅山强调"天下之利弗能去"，反对"讳言财"的道德价值至上主义，主张把"爱天下"和"利天下"统一起来；唐甄认为"为利"是人的自然本性，"利"即是"生道"，主张把"救民""富民"等社会功利作为检验道德（义）的最高标准；陈确把义利关系具体化为"治生"与"读书"的关系，重提元代许衡的"学者以治生为先"之说，主张"治生尤切于读书""学者以治生为本"，实质上是将功利价值置于道义价值之先；归庄面对"举世没溺于货利仕宦之途"的社会现实，认为以传统的"义利之辨""律当世之人则迂矣"，主张在表彰"损己利人"的高尚道德的同时，应该承认人们求利的正当性，特别是要鼓励关心社会公益、"视民之阽危而知恤"的功利主义道德（《归庄集·善人周君旌奖记》）。这些功利价值观发展到颜元，可谓集其大成，成其体系。

颜元不但是程朱理学崇义轻利论的激烈批判者，而且通观历史，对儒家传统的义利观作了较全面的反思和清算，"破千古同迷之局"，把自西汉以来已成定案的"义利之辨"彻底翻了过来，旗帜鲜明地提出了"正其谊以谋其利，明其道而计其功"的新义利观。这种新义利观的主要内容是：

（1）功利是人们普遍追求的价值。颜元说："世有耕种，而不谋收获者乎？世有荷网持钩，而不计得鱼者乎？抑将恭而不望其不侮，宽而不计其得众乎？"（《颜习斋先生言行录》卷下）人们"正谊""明道"的目的正是为了"谋利""计功"；君子"谋道"也是为了更好地"谋食"。在颜元看来，离开功利价值目标，而空谈道义价值，违背了人们价值活动的普遍原则。

（2）功利价值是义利统一的基础。颜元认为，"五伦"之德离不开"六艺"之事，"六艺尤在人情物理用功"，去"六艺"而讲"五伦"，"即为空虚，即为支离"。"德性"离不开实际应用，"德性以用而见其醇驳，口笔之醇者，不足恃！""学问"离不开切实实行，"学问以用而见其得失，口笔之得者，不足恃！"（《习斋年谱》）道德修养也不能只停留在心性上，而是"身心一致加功"的统一过程。在义利的统一中，颜元意在强调"利"对"义"的基础地位和标准作用。

（3）义中求利是正确的价值取向。颜元指出："以义为利，圣贤平正道理也。尧舜利用，《尚书》明与正德、厚生并为三事""利者，义之和也""义中之利，君子所贵也"（《四书正误》）。在他看来，"尧舜三事、周孔三物"的价值结构中，就体现着以义为利、义中求利的正确价值取向。"尧舜之正德、利用、厚生，谓之三事，不见三事，非德、非用、非生也；周公之六德、六行、六艺，谓之三物，不征诸物，非德、非行、非艺也。"（《习斋年谱》卷下）"事"和"物"中，既有义，也有利，二者统一于人们的实践活动（事功）之中。颜元认为，孔门儒学的正统价值观乃是义利结合、道功一致的价值观。他说："孔门六艺，进可以获禄，退可以食力，如委吏之会计，简兮之伶官可见。故耕者犹有馁，学也必无饥。夫子申结不忧贫，以道信之也。"（《颜习斋先生言行录》卷下）又说："惟吾夫子先难后获，先事后得，敬事后食三后字无弊。"（《颜习斋先生言行录》卷下）义中求利的价值取向，不但强调了义对利的指导意义和途径意义，更强调了利对义的落实意义和目的意义，是颜元义利观的最高境界。

时至清代中期，深知戴震学说精蕴的"江南名士"焦循，在提出

"本乎欲以为感通之具而欲乃可窒"的理欲观的同时，对义利问题也提出了新解。他认为，义利价值都本于人性，"为利"是人生的动力，关键在于"为利"要"之宜"，"之乎宜"的"利"就是"义"。"宜"的内涵有二，一是"利在天下"。"故利在己，虽义亦利也；利在天下，即利即利义也"（《雕菰集》卷九《君子喻于义小人喻于利解》）；二是"因民之所利而利之""唯小人喻于利，则治小人者，必因民之所利而利之"（《雕菰集》卷九《君子喻于义小人喻于利解》）。前者以"公利"言，后者以"民利"言。焦循以"公利"为"义"之内容，以"民利"为"义"的基础，这既弘扬了"利"的道德价值，因为"利在天下"就是美德；又肯定了"利"的政治价值，因为"因民之所利而利之"才能在"本于富"的基础上"驱之向善"，达到治天下的目的。由此，他批评"舍利不言"的义利之辨是"可以守己，而不可以治天下"（《雕菰集》卷九《君子喻于义小人喻于利解》）。可见，焦循的"以利为义"是对颜元"以义为利"的进一步发展。

3."合私成公"

公私作为价值范畴，主要是指公利与私利的价值地位及公利与私利的关系问题，它也是与理欲有密切联系的价值范畴。宋明理学的程朱学派，明确提出理欲之辨即公私之分，二程以"公心"为天理，以"私心"为人欲；朱熹以"公于天下"为"循理"，以"私于一己"为"纵欲"，都把"为公"与"为私"作为天理与人欲的具体内容。不仅如此，他们还把义利之辨也归结为公私之辨，所谓"义与利，只是个公与私也"（《二程集·遗书》卷十七）。可见，在理学家看来，公利与私利乃是比理欲、义利更为具体的价值，它既是理欲、义利的表现形式，又是理欲、义利的基础内容。由于三者之间的这种联系，所以"存理灭欲"的价值取向在利益层面上就转换为"崇公废私"了。于是，从明中叶兴起的早期启蒙思想家，在批判理学家理欲观、义利观的过程中，也对公私观进行了深刻的反思。他们的基本倾向是肯定和强调私利价值，"合私成公"可以说是他们的公私观的主旋律。

首先肯定私利价值的是李贽。李贽认为"人必有私"，自私是人的自然本性，"大英雄""大圣人"也不能例外。既然如此，那应该如何看待人的"私心"呢？李贽提出人的私欲的满足即是善。他说："人必有私，而后其心乃见"（《藏书》卷三十二《德业儒臣后论》）——私即人心的价值所在；"穿衣吃饭，即是人伦物理"（《焚书》卷一，《答邓石阳》）——利欲具有人伦物理的价值；百姓从私利出发的"迩言"就是"善言"，应"以百姓之迩言为善"（《明灯道古录》卷下）——民之私欲即是善德。更为重要的是，他提出了私心即是做事动力的观点，"服田者私有秋之获，而后治田必力；居家者私积仓之获，而后治家必力；为学者私进取之获，而后举业之治也必力。做官人不私以禄，则虽召之必不来矣；苟无高爵，则虽劝之必不至矣"（《藏书》卷三十二《德业儒臣论》）。人心、人伦、物理、善德、动力，乃是李贽对私的高度评价，从这种评价看，李贽显然是把私心、私利作为一种正价值来肯定的。由此出发，他激烈批判理学家的无私说，"为无私之说者，皆画饼之谈，观场之见，但合隔壁好听，不管脚跟虚实，无益于是，只乱聪耳，不足采也"（《藏书》卷三十二《德业儒臣论》）。然而，李贽尽管反对假道学的无私说，但他并非利己主义，对于那些真正"为公""利他"的人，他还是十分称赞的。

迨至明代末期的"天崩地解"时代，李贽的"私为人心"观念得到了进一步发展。顾炎武、黄宗羲等人提出了"合私成公"论。合私成公论的倾向并不在"公"而在"私"，即肯定私的价值合理性。顾炎武从"人之有私，固情之所不能免矣"的人性论出发，指出要达到"有公无私"的境界是不现实的，也是不合理的，"世之君子必曰有公而无私，此后代之美言，非先王之至训矣"（《日知录》卷三《言私其豵》）。这显然是对理学家以天理之"公"绝人欲之"私"的批判。既然"天下之人各怀其家，各私其子，其常情也"，那么，就应该承认这种现实，顺应这种常情，肯定个人利益的合理性，对人的私利"从而恤之"。于是，顾炎武提出调和公私价值的两个方面的主张：其一是关心和满足人们的私利，使天下人各得自私、各得其利、各能自为。即使对当官的人，也应该使其"禄足以代其耕，田足以供其祭，使之无将母之嗟，室人之谪"（《日知录》卷三《言私其豵》）。顾氏称此为"恤其私"。其二在满足私人利益的基础上实现公共利益，把私和公统一起来，所谓"合天下之私以成天下之公"（《日知录》卷三《言私其豵》）。在顾炎武看来，这两个方面是统一的，"天下之公"是"天下之私"的集合，"天下之私"是"天下之公"的基础。他还认为，这种"合私成公"、公私统一的价值结构，不但是应该确立的价值取向，而且是应该采取的治世方略。他说："圣人者，因而用之，用天之私，以成一人之公而天下治。"（《亭林文集》卷一《郡县论》五）又说："合天下之私，以成天下之公，此所以为王政也。"（《日知录》卷三《言私其豵》）这种从人性论出发，经过价值论，再过渡到政治论的运思路径，顾炎武将其概括为"圣人南面而治天下必自人道始矣"（《日知录》卷七《子张问十世》）。

不仅是顾炎武，黄宗羲也是遵循着这一运思路径来阐述其价值理想的。他的代表著作《明夷待访录》一开始就指出："有生之初，人各自私也，人各自利也，天下有公利而莫或兴之，有公害而莫或除之。"既然"自私""自利"乃是人的自然本性，那么，如果要强行否定甚至灭绝人的"自私""自利"，使"天下之人，不敢自私，不敢自利"，就必然会受到天下人的"怨恶"。历代的专制君主，之所以被人们"视之为寇仇，名之为独夫"（《明夷待访录·原君》），其原因正在于此。从"人各自私，人各自利"的人性论出发，黄宗羲认为应该承认和肯定人的私利，并满足人们的私利要求，使人们"各得自私，各得自利"（《明夷待访录·原君》）。在黄宗羲看来，"天下之公"并不是脱离"自私""自利"之外的独立价值，"人各得自私，各得自利"就是真正的"天下之公"。他说，这种真正的"天下之公"与历代专制君主所标榜的虚伪的"天下之公"根本不同。专制统治者是把自己的"一己之私"说成

"公"，是"以我之大私为天下之公"。他们在夺取统治地位之时，"屠毒天下之肝脑，离散天下之子女，以博我一人之产业，曾不惨然，曰：'我固为子孙创业也'"。在取得政治权力之后，"敲剥天下之骨髓，离散天下之子女，以奉我一人之淫乐，视为当然，曰：'此我产业之花息也。'"（《明夷待访录·原君》）他们为了掩盖这种"以天下之利尽归于己，天下之害尽归于人"的"大私"，却打着"为天下之公"的招牌，披着"为天下之公"的外衣，欺骗民众，愚弄百姓。这是假公济私，而并非真正的"天下之公"。因此，为了实现普天下"人各得自私，人各得自利"亦即"天下之公"的价值理想，黄宗羲提出，必须实行政治改革，使"天下为主君为客"，真正确立"为天下之公"的君主，"有人者出，不以一己之利为利，而使天下受其利；不以一己之害为害，而使天下释其害"（《明夷待访录·原君》）。

黄宗羲的"自私即公"论与顾炎武的"合私成公"论，其共同点都是肯定"私"的价值，其运思路径都是从人性批判走向价值批判，再从价值批判走向政治批判。他们在公私关系上的价值重估，具有重大的价值启蒙意义，表现了近代价值意识的觉醒。除顾、黄之外，陈确也提出了惊世骇俗的"君子必私"说。他说，私是人的自然本性，也是人的活动动力。普天之下，人人有私，圣贤、君子也非例外。而且，正由于他们"从自私之一念"出发，所以才"知爱其身"；知爱其身，所以才"能推而致之"去齐家、治国、平天下，以至于"造乎其极者也"。假如，没有私心、私意，就不会去追求齐、治、平之道。因此，他认为"有私所以为君子"（《陈确集·私说》）。陈确尽管没有明确论及公私关系问题，但他以"私"为齐家、治国、平天下的基点和动力，也实际上包含着公私统一的观念，他的观点，可以说是一种"有私致公"论。在肯定私的价值上，他和顾、黄是基本一致的。

4."大公之我"

儒家哲学历来重视群体价值，在群己价值的比值上，尽管他们并不否定个体（己）的价值，但更强调、更重视群体价值，突出个体对群体的义务感和归属意识。宋代理学，通过天理与人欲、道心与人心的对立辨析，把体现天理、道心的群体价值高悬于体现人欲、人心的个体价值之上。进一步强化了群体价值观，大大削弱了孔孟原始儒学"人人有贵于己者"的个体价值观。时至明代中后期，早期启蒙学者在批判"存理灭欲"观念的过程中，也着力批判了作为"存理灭欲"观念的一种表现形式的贵群轻己观念，弘扬了重个体、重个人的新价值观。

早期启蒙学者的尊重个体的观念，是对陆、王心学中"自作主宰""自立自重"的个体主观精神的发展。较早在群己价值观上进行转换的，乃是泰州学派的后继者李贽。李贽以"物之不齐，乃物之情也"为依据，论证了人们之间的个体差异，又从个性有异引申出个性平等，认为侯王与庶人、圣人与众人没有贵贱、高下之分，不应"下视"世人，"高视"圣人。进而，他提出应该尊重个体的价值，对每一个体既应"且任物情"，又应"获其所愿"。"且任物情"就是任其个性自由发展，"获其所愿"就是让个人的愿望得到满足。他说："对不齐之物情，圣人且任之矣"；从而使"天下之民，各遂其生，各获其祈愿"（《明灯道古录》上卷）。李贽从"物之不齐"和"德性"平等出发，得出尊重个体价值的观念，这就把个体价值看成是天赋的，是生而具有的，其思路与孟子所说的"人人有贵于己者"的"良贵"观，颇为相近。既然要尊重个性、发展个性，就必须冲破那些束缚和压抑个性的种种藩篱，对此，李贽旗帜鲜明地揭露了宗法礼教的不合理性，他说：仁者"有德礼以格其心"，贪暴者"有政刑以禁其四体"，从而，使"天下之人不得所也久矣"（《焚书》卷一《答耿中丞》）。又说，"有教条之禁，有刑法之施，而民日以多事矣"（《焚书》卷三《论政篇》）。他深刻地指出，这种种禁律实施的结果，只能造成人们的依附奴性，"居家则庇于父母，居官则庇于官长，立朝则求庇于宰臣，为边帅则求庇于中官，为圣贤则求庇于孔孟，为文章则求庇于班马"（《焚书》卷二《别刘肖川书》）。奴性是与独立个性相背反的人格状态，而要使奴性人格向独立人格转变，就必须使天下人"各从所好，各骋所长"，即自由自在地发展个性。李贽把这种能使个性自由发展的社会，称为"至人之治"，"至人之治，因乎人者也。……因乎人者，恒顺于民"；"因其政不易以俗，顺其理不拂其能"（《焚书》卷三《论政篇》）。不难看出，李贽所谓的"至人之治"是从道家特别是庄子思想中汲取来的观念，它的基本精神是"无为而治"。在"至人之治"的条件下，每个人的个体价值得以实现，于是以个体价值为基础的群体价值也就同时得到实现了。因此，李贽又把这种个性的自由发展与"礼"相统一，他说："盖由中而出者为之礼，由外而入者谓之非礼；由不学不虑、不思不勉，不识不知而至者谓之礼，由耳目闻见，心思测度，前言往行，仿佛比拟而至者谓之非礼。语言道断，心行路绝，无蹊径可寻，无涂辙可由，无藩卫可守，无界量可限，无扃钥可启，则于四勿也，当不言而喻也。"（《焚书》卷三《四勿说》）"条教禁约皆不必用"的"至人之治"和遵守"四勿"的"礼治"的统一，就是个体价值和群体价值的统一，然而在李贽的价值思维中，这种统一是以个体的自由发展为基础的。

崇尚个体价值在当时也并非一家独鸣，与李贽同时代的吕坤也是一位个性价值的弘扬者。吕坤在为学上，明确反对人云亦云，"傍人脚跟走，无一副自家天趣"的依傍学风，主张"决不可从人然诺"的独立性。当别人问他在学术上属于何派何门时，他公然宣称自己，不是道学，不是仙学，不是释学，不是老、庄、申、韩学，"我只是我"（《呻吟语·谈道》）。在他看来，程朱、陆王之学，皆是"害道"之言，有害于学者独立个性的发展。他宁肯把自己的"独知之契""独见之言"付之一炬，也不愿与宋儒为伍。这种重视独立个性的学术品格，被后人赞为"以自得为宗"（《去伪斋集》附录）。此外，在晚明文坛上，个性解放的思潮也乘风涌起。归有光为文为诗"滔滔自运"，袁宏道大力提倡"见从己出""独抒己见"，汤宾尹倡导"自性自灵""自本自末"，汤显祖提出要作奇文"全在奇士"，雷思霈倡言"惟有真人而后有真言"，等等，都表现了重视个体价值的鲜明精神。

明清之际的思想家们继续晚明思想家的价值追求，对个体价值以及个体与群体的关系，从不同视角作了更具理性的阐发。傅山以他的"反常之论"呼唤个性解放，高扬自我，痛斥奴性。他说，物性不可违，人性本自然，因此，每个人都应该"自由"地发挥自己的个性特长，"号令自我发，文章自我开"。如果毫无个性自由，一切"依傍"他人，就是"奴俗"之辈。在他的笔下，维护封建礼教的"腐奴"、充当专制主义帮凶的"骄奴"、投降外族的"降奴"，特别是依傍程朱理学的"奴儒""奴君子"，都受到了无情的揭露和批判。他说："天不生圣人，落得奴才混账。"（《霜红龛集》卷三十一，《书宋史内》）"自宋入元百年间，无一个出头地人，号为贤者，不过依傍程朱蒙袂，侈口居为道学先生，以自位置，……真令人齿冷！"（《傅山手稿照片》）为了实现个体价值，尊崇自由个性，傅山提出必须"把奴俗龌龊意见打扫干净"，即把人从奴性中解放出来。而要做到这一点，就必须从两个方面着手，一方面是提高觉悟，增强自我意识。"学本义'觉'，……学如江河，绝而过之，不沉没于学也，觉也；不沉没于效也，觉也。""若见而觉，尚知痛痒者也；见而不觉，则风痹死尸也。"（《霜红龛集》卷三十一，《读经史》）另一方面是实行"爱无差等"，改变尊卑制度。君高民卑的等级制度，使人"龌龊不出气"，使天下成为"一人之天下"，因此，就造成了奴性。所以，他主张继承墨子的"爱无差等"，变君在民上、民前为在民下、民后，使"天下者，非一人之天下，天下之天下也"。通过人性和制度两方面的"改"，从而使个体价值地位提高。在傅山看来，无奴性的个体，乃是"见解定有异于常人"的"挺生之人"，是"多妨于道"的"有至性之人"。而要培养这种人格，并不容易，关键是要保持个体的独立性，"幽独始有美人，澹泊乃见豪杰，热闹人毕竟俗气"（《霜红龛集》、卷二十五，《佛经训》）。

与傅山同时代的黄宗羲，也把批判奴性作为鼓吹个体价值和个性解放的突破口。他认为，晚明和清初的拟古文风，使学者们依傍门口、盲从古人，于是养成了"挂名于高门巨室之尺籍"的"奴仆"之性。这种奴性，不但扼杀了个性，败坏了人才，也窒息了学术。针对这种风气，黄宗羲主张为学应"务得于己，不求合于人"（《南雷文案·恽仲升文集序》）；作文"要皆自胸中流出，无比拟皮毛之迹"（《南雷文案·李杲堂文钞序》）；论诗"当辨其真伪，不当拘以家数"（《南雷诗历题辞》）。这些观点，尽管主要从学风、文风立论，但"务得于己"却充分表述了追求个体价值的呼声。

以"天下兴亡，匹夫有责"的警言闻名的顾炎武，虽然对李贽有所斥责，但在主张个体价值上，与李贽、傅山、黄宗羲等人也有一致之处。他反对封建"绳约""法令""治具"对人的"禁防束缚"；斥责禁锢思想的八股制度对人才的摧残，认为其危害之烈"等于焚书"；批判"全在摹仿""不脱依傍"的复古文风对个性的压抑。他崇尚"天生豪杰"，倾慕"直言谠论"的仁人志士，歌颂"精卫填海"的精神，并以"胸中磊磊，绝无阘然媚世之习"的独立人格自许（《亭林文集》卷四《与人书十一》）。更为可贵的是，顾炎武主张把个体价值和群体价值统一起来，每个个人既有"自为"的权利，也有"保天下"的责任，所谓"保天下者，匹夫之贱，与有责焉耳矣"（《日知录》卷十三《正始》）。

然而，真正把个体价值与群体价值从理论上统一起来的乃是王夫之的"大公之我"说。所谓"大公之我"，即任何个体都应该是群体价值的承载者、体现者；个体之价值就在于他具有实现群体价值的能力与责任。他说："我者，大公之理所凝也。"（《思问录·内篇》）既然，个体之"我"乃是群体"大公之理"的凝结，那么，个体价值和群体价值就是统一的。在这种群己统一的价值结构中，王夫之阐发了他关于尊重个体价值的重要观念。第一，尊重个体权利。王夫之认为个体的权利应该和个体的义务相统一，如果不尊重个体权利，就必然轻视个体义务。他把个体权利叫作"以身受天下"，把个体义务叫作"以身任天下"，他说："薄于以身受天下之薄于以身任天下也"（《诗广传》卷二）。尊重个体权利，就是尊重个体的自我价值；承担个体义务，就是尊重个体的社会价值。第二，弘扬独立精神。王夫之反复强调人应该"独立不惧"，而这种独立性的形成取决于两个方面,一是"自立",即具有自主性;二是"自强",即具有能动性。他提出,每个人都应该"自立以恒""自强不息",从而实现人格的独立性。这种独立精神体现于思考上,他强调个人独立思考的重要性,主张"不徇古人之陈迹而任吾警悟之灵";反对"信古已过而自信轻"(《四书训义》卷六)。第三,提倡"生气"勃发。王夫之认为人性中本来就充满着"生气",这种"生气"是生命力、能动性、更新性的总和,它具有生气勃发、朝气蓬勃、生机盎然的特征。作为个人应该不断激发这种"生气",作为社会应该着力鼓励这种"生气"。只有这样,才能有益于人才的造就,个性的发展,社会的需要。他说:"人之生理在生气之中,原自盎然充满,条达荣茂",如果"伐而绝之,使不得以畅茂,而又不施以琢磨之功,任其顽质,则天然之美尽丧,而人事又废"(《俟解》)。由此,他批评使"生人之气为之坐痿"的僵化道德,批判使人"生理已绝"的"无为"之说,反对"摧其壮""绝其感",使人"灭情而息其生"的窒欲主义。据此,他主张在生气勃发的过程中去塑造人性,使性"日生日成";在自觉能动的实践中去发展才能,使"才以用而日生,思以引而不竭"(《周易外传》卷四)。由于王夫之是在个体与群体的价值统一中,强调个体的权利、独立和"生气"的,所以他的个体价值论,既不是个人主义的,也不是自由主义的。而是一种承担着社会责任、体现着群体价值的个体,即"大公之我"。在王夫之看来,只有这种有权利意识、有独立精神、有勃然生气的个体,才能体现"大公之理",实现群体价值。

5."情为理维"

伴随着个体升值和个性解放思潮而来的,是情感价值的高扬。宋明理学在天理与人欲的价值对立体系中,也将"天理"世界与"情感"世界对立起来,以天理压抑情感,甚至扼杀情感。因此,早期启蒙思想家们,反思理学价值观的一个主要课题,就是对情感价值重新定位,而这是与他们重视利欲、肯定功利的价值取向是密切相关的。

重视情感价值，也是由李贽发轫的。李贽以"童心说"，在天理禁锢的冰冷价值世界中，打开了闸门，注入了情感的活水。"童心"一词，出自《左传·襄公三十年》："昭公十九年矣，犹有童心，君子是以知其不能终也。"鲁昭公十九岁了，还有一股孩子气，所以君子知道他是不能善终的。这里的"童心"是指小孩子贪玩嬉游之心，是贬义的用法。而李贽所谓的"童心"，则是指发自人自然本性的真情实感。他说："夫童心者，绝假纯真，最初一念之本心也。"（《焚书》卷三《童心说》）由于人的性格异彩纷呈，所以人的情感也有多种类型，"性格清澈者音调自然宣畅，性格舒徐者音调自然舒缓，旷达者自然浩荡，雄迈者自然壮烈，沈郁者自然悲酸，古怪者自然奇绝。有是格，便有是调，皆性情自然之谓也"（《焚书》卷三《读律肤说》）。由于人的真情发于"最初一念之本心"，是本性之自然，所以必然会通过一定方式表达出来，好的文学作品就是这种至性至情的自然表达，"世之真能为文者，比起初，皆非有意于为文也。其胸中有如许无状可怪之事，其喉间有如许想吐而不敢吐之物，其口头又时时有许多想语而莫可所以告语之处，蓄积既久，势不能遏。一旦见景生情，触目兴叹，借他人之酒杯，浇自己之垒块，诉心中之不平，感数奇于千载，既已喷玉唾珠，昭回云汉，为章于矣，遂亦自负，发狂大叫，流涕痛哭，不能自止"（《焚书》卷三《杂说》）。在李贽看来，人的这种发自自然本性的真实情感，具有崇高的价值：

第一，情是世界的本原，创化万物的源泉。"絪缊化物，天下亦只有一个情。"（《墨子注》）

第二，情是人的真心，人的真实本性。"若失却童心，便失却真心；失却真心，便失却真人，人而非真，全不复有初也。"（《焚书》卷三《童心说》）

第三，情是礼义的本质，自然的基础。"盖声色之来，发于情性，因乎自然，是可以牵合矫强而致乎？故自然发于情性，则自然止乎礼义，非情性之外复有礼义可止也。惟矫强乃失之，故以自然之为美耳。又非于性情之外复有所谓自然而然也。"（《焚书》卷三《读律肤说》）

第四，情是文学的准则，功业的动力。"天下之至文，未有不出于童心焉者也。苟童心常存，则道理不行，闻见不立，无时不文，无人不文，无一样创制体格文字而非文也。"（《焚书》卷三《童心说》）"汉武以雄才而拓地万余里，魏武以雄才而割据有中原，又何尝不自声色中来也，嗣宗、仲容流声后世，固以此耳。"（《初潭集》卷三《贤夫》）

从这种尊情观出发，李贽称夫妇之情为"天地万物共造之端"，赞卓文君私奔为"善择佳偶"，誉抒发真情的六朝诗、《西厢记》《水浒传》为"天下至文"，推有见识有情感的女性为"才智过人，识见绝甚"。从这种尚情观出发，李贽批判视情为恶、唯理是尊的道学是说假话、做假事、作假文的伪君子，认为他们以"义礼""条教""禁约"扼杀感情、扭曲人性，最终导致"人而非真""不复有初"的人性异化和"其人既假""满场是假"的社会退化。

李贽的"童心说"所提出的尊情价值观，在当时产生了巨大的影响。汤显祖、袁宏道、冯梦龙等启蒙文学家，无不赞扬李贽，崇尚情感。以创作"临川四梦"而著称于世的汤显祖，是一位有叛逆性格和怀疑精神的文学家，他自称自己有"伉壮不阿"的"真气"和"以疑处为佳"的"矫厉"习气，就是说，在思维方式和价值观念上是不合世俗的。对于情感价值，汤显祖提出"至情说"予以弘扬。"至情"是指始终追求而不渝的、超越生死而不变的真情、深情，"情不知所起，一往而深，生者可以死，死者可以生。生而不可与死，死而不可复生者，皆非情之至也"（《汤显祖诗文集》卷三十三《牡丹亭记题词》）。他在《牡丹亭》中所塑造的杜丽娘，就是"至情"的艺术形象，"如丽娘者，乃可以谓之有情人耳"（《汤显祖诗文集》卷三十三《牡丹亭记题词》）。在汤显祖看来，这种"至情"丰富多彩，不可穷尽，"思欢怒愁，感于幽微，流乎啸歌，形诸动摇，或一往而尽，或积日而不能自休"；这种"至情"意义重大，价值崇高，它既是人生的动力，又是宇宙的法则；既是艺术的源泉，还是审美的尺度；既是"事道"的基础，也是"成圣"的根据。总之，"世总为情。情生诗歌，而行于神。天下之声音笑貌、大小生死，不出乎是"（《汤显祖诗文集》卷三十一《耳伯麻姑游诗序》）。"情致所极，可以事道，可以忘言；而终有所不可忘者，存乎诗歌序记辞辩之间。固圣贤之所不能遗，而英雄所不能晦也。"（《汤显祖诗文集》卷三十，《调象庵集序》）汤显祖把情与宇宙本体、人生本质统一起来，通过将情本体化来提高情的价值，就与理学家们将伦理道德本体化形成了尖锐的对立。面对这种对立，汤显祖旗帜鲜明地提出情重于"理"、情高于"性"、情贵于"法"的价值观念。他说，"情有者理必无，理有者情必无。真是一刀两断语"（《汤显祖诗文集》卷三十《寄达观》）。《牡丹亭》中柳梦梅与杜丽娘灵魂相会，若"以理相格"似不能理解，但若从情看来则完全可以成立，因为情不必受理的束缚，自有自己独立的价值和存在的权利，"第云理之所必无，安知情之所必有耶！"又说，理学家大谈体现天理的人性，并以此天命之性与人欲人情对立，这不但是荒谬的而且是虚伪的，他自己宁可通过写《牡丹亭》来言"真情"，也不愿去谈什么"伪性"。因为，"离情而言性，一家之私言；合情而言性，天下之公言"（程允昌《南九宫十三调曲谱序》）。还说，"世有有情之天下，有有法之天下"。"有法之天下"，"灭才情而尊吏法"，只能使豪杰之士如李白者"滔荡零落"、俯首低眉，而"有情之天下"却能使才情发挥，人才辈出，李白生活的时代是有情之天下，所以"君臣游幸，率以才情自胜"。正因为汤显祖认为情之价值在"理""性""法"之上，所以他甚至提出"情在而理亡"的主张（见《汤显祖诗文集》卷五十《沈氏弋说序》）。

与汤显祖同时的袁宏道，是公安派著名的文学家，他受李贽"童心说"的影响，提出了"独抒性灵"的文学主张。"性灵说"的价值内涵，包括崇尚个性和崇尚感情两个方面。关于情的价值，袁宏道的主要观点是：（1）情至而后诗真。他说，袁小修之诗"每每若哭若骂，不胜其哀生失路之感。……大概情至之语，自能感人，是谓真诗，可传也"（《袁宏道集》卷四《叙小修诗》）。又说，民间歌曲"不效颦于汉魏，不学步于盛唐，任性而发，尚能通于人之喜怒哀乐嗜好情欲"，"故多真声"。

在他看来，真情至情乃是"真诗""真声"的基础，也是"真诗""真声"的价值标准。（2）率性而为真人。情不但是文学作品的内在价值，而且还具有人格价值。袁宏道说："率性而行，是谓真人。"（《袁宏道集》《识张幼于箴铭后》）所谓"率性"就是任凭自己的感情自然流露，不受礼教的束缚桎梏，如"儿童"，如"山林之人"，"如愚、不肖之徒"。由于他们"率性而行""率行胸怀""任性而发"，所以，"无往而非真，无往而非趣"。这种人，与那种"身如桔""心如棘"的官场中人，不可同日而语。（3）民情即是法度。袁宏道继承了李贽"非情之外复有礼义可止"的观点，认为人世间的一切礼法、规范、天理都不在情感之外，而存在于情感之中，离开民众的真实情感，别无法度可言，民情即是法度。他解释孔子的"絜矩"（絜，度量；矩，法度）说："孔子所谓絜矩，正是因，正是自然。……夫民之所好好之，是以民之情为矩，安得不平？今人只从理上絜去，必至内欺己心，外拂人情，如何得平？夫非理之为害也，不知理在情内，而欲拂情以为理故去治弥远。"（《袁宏道集》卷四十四《德山尘谈》）这就把情的价值提高到了"矩""理"即人世法则和治世法度的高度。（4）遂情可谓真乐。袁宏道认为，人生的真正价值，并不在于立德、立功、立言，而在于"真乐"即"彻底快活"。而真乐的达到，绝不是"为名""为官"，而在于顺任自然情性去生活。他所谓的五种"真乐"，莫不是径情直遂、以情为本的生活方式。他说："真乐有五"而"士有此一者，生可无愧，死可不朽矣"（《袁宏道集》卷五《与龚惟长先生》）。这就不难看出，袁宏道已经把情感价值提升到文艺（审美）价值、人格价值、治世价值和人生价值的高度，所以他竭力批判理学家所推崇的"天理至上"价值观，他不但认为"天理"价值观"内欺己心，外拂人情"，"去治弥远"，不能作为治世之道，而且认为它会使人"如鸟之在笼，羽翼皆胶，动转不得"，丧失个性自由。

如果说袁宏道的尚情说是以情为"矩"的话，那么与他生约同时而晚卒于他近四十年的冯梦龙则要以情为"教"了。冯梦龙作为晚明通俗文学大师，其价值观的核心也是一个"情"字。他提出了"情教"这一前无古人的新概念，说"我欲立情教，教诲诸众生。"所谓"情教"，就是以情为宗教，以情为教化的意思。冯梦龙之所以主张"情教"，把"立情教"作为他的宗旨，是由于他对"情"的价值有着自己的独特认识。在冯梦龙看来，情的价值意义在于：其一，情是宇宙生化的根本。"天地若无情，不生一切物。一切物无情，不能环相生。生生而不灭，由情不灭故。四大皆幻设，惟情不虚假。"（《情史·序》）其二，情是人生命力的标志。"情亦人之生意也"（《情史》卷十五），"万物生于情，死于情，人于万物中处一焉。……故人而无情，虽曰生人，吾直谓之死矣！"（《情史》卷二十三）其三，情是维系社会的准则。"万物如散钱，一情为线索，散钱就索穿，天涯成眷属。……倒却情种子，天地亦混沌。"（《情史·序》）"王道本乎人情，不通人情，不能为帝王。"（《情史》卷十五）其四，情是人伦道德的基础。"自来忠孝节烈之事，从道理上做者必勉强，从至情上出者必真切。夫妇其最近者也，无情之夫必不能为义夫；无情之妇必不能为节妇。"（《情史》卷一）"子有情于父，臣有情于君。推此种种相，俱作如是观。"（《情史·序》）其五，情是儒家"六经"的宗旨。"六经皆以情教也。《易》尊夫妇，《诗》有关雎，《书》序嫔虞之文，《礼》谨聘奔之别，《春秋》于姬姜之际详然言之，岂非以情始于男女！凡民之所必开者，圣人亦因而导之，俾勿作于凉，于是流注于君臣、父子、兄弟、朋友之间而汪然有余乎！异端之学，欲人鳏旷以求清静，其究不至无君父不止。情之功效亦可知已。"（《情史·序》）其六，情是文艺作品的灵魂。"文之善达性情者，无如诗三百篇之可以兴人者，唯其发于中情自然而然故也。自唐人用以取士，而诗入于套；六朝用以见才，而诗入于艰；宋人用以讲学，而诗入于腐。而从来性情之郁，不得不变而之词曲。"（《太霞新奏序》）词、曲、杂剧、传奇，"固亦性情之所必至矣！"（《步初雪声序》）民歌乃"民间情性之响"，"借男女之真情，发名教之伪药"，"以是为情真而不可废也"（《序山歌》）。总之，情具有至高无上的价值。冯梦龙说："世儒但知理为情之范,孰知情为理之维乎?"(《情史》卷一)"情为理之维"可以说是冯梦龙对情的上述各种价值意蕴的高度概括。就是说,天理(宇宙本体)、人理(人生生机)、世理(社会秩序)、伦理(道德纲常)、儒理(六经宗旨)、文理(文艺灵魂),都是以情为纲、以情为本的。

正由于"情为理之维",所以冯梦龙才主张以情为"教",以情为"法","我欲立情教,教诲诸众生","愿得有情人,一齐来演法"。"情教"的目的就在于"使人知情之可久,于是乎无情化有,私情化公,庶乡国天下,蔼然以情相与,于浇俗冀有更焉"(《情史·序》)。亦即使天下成为有情之天下,乡国成为有情之乡国。

冯梦龙把情的价值提升为产生天地万物的宇宙本体,把对情的价值追求上升到"情教"的高度,虽然不过是一种心造的幻影,主观的想象,但对于"圣人千言万语,只是教人存天理灭人欲"的理学价值观,无疑是一个沉重的打击。

明代中、后期,尊情价值观蔚然成为一种时代思潮,澎湃激荡。除上述李、汤、袁、冯等人而外,周铨的"天下情聚"说,王世懋的"爱欲生人"说,朱健的"凡圣合情"说,闵景贤的"情为种子"说,吴季子的"情一分殊"说等,都是尊情潮流中的朵朵浪花。

到了明末清初,尚情价值观有了进一步的发展。这种发展,突出表现为对情与理关系的深沉反思。傅山极力抑理扬情,提出"理不足以平天下"(《读书笔记》手稿)而"情为天地生人之实"(《庄子批点》)的情理观,把情的价值提高到宇宙本体的崇高地位,从而,主张"尽情""复情",并以情为诗文之"机"。黄宗羲反对宋儒将"性"(理)、"情"对立的观念,认为情是性(理)的价值载体,性(理)在情中,"非情亦何从见性"(《明儒学案》卷十九《主事黄洛村先生宏纲》)。并以是否有"真情""至情"为诗文优劣高下的价值标准。他说:"情者可以贯金石,动鬼神"(《南雷集·黄孚先诗序》),"凡情之至者,其文未有不至者也"(《明文案》序)。根据这种价值观念,黄宗羲呼唤"文以情至"的"风雷"之文,创作"一写情真"的"逼真"之诗,以审美和艺术实践，体现他的尚情价值观念，表达他的"天若有情天亦老"的价值追求。王夫之明确从情与理的统一立论，来肯定情的价值意义。他说："天理人情，元无二致"（《读四书大全说·孟子梁惠王上》）。既然情与理是统一的，那么情的地位何在呢？王夫之认为：（1）情是天地生物的内在机能。"情者，阴阳之机也；物者，天地之产也。阴阳之机动于心，天地之产应于外。故外有物，内可有其情矣；内有其情，外必有物矣。"（《诗广传》卷一《邶风》）；（2）情是人与物交感的通道。人情"于物有所攻取"，"君子之心，有与天地同情者，有与禽兽草木同情者"，于是"临水而悠然自得其昭旷之怀"，"入山而怡然自遂其翕聚之情"（《周易内传》卷二《四书训义》卷十）；（3）情是人与人心灵沟通的桥梁。"人情者，君子小人所共有之情也"，"盖人与物相通者，心也。而君子之心，非小人所能有；小人之心，抑君子所不可无；小人之心而君子所不可无者，情也。"（《四书训义》卷二十六、二十四）；（4）情是贯通性与欲的中介。"情，上受性，下受欲"（《诗广传》卷一），它上受道德理性的支配，下受生理欲求的支撑，它既贯通性与欲又调节着性与欲。王夫之关于情的上述地位的肯定，为他追求情理的价值统一，奠定了基础。就是说，情既然是天地人共具的机能、属性，那就是不可灭不可弃的，只能通过引导和调节，使它趋向合理、达到善境，而"理"正是引导和制约情的价值规范。所以，他说："人之有情有欲，是天理之宜然"（《周易内传》卷四），"人情而通天下一理者，即天理也"（《四书训义》卷二十六）；"若犹不协于人情，则必大远于天理"（《四书训义》卷二）。这样，情的价值就在道德的指引下和制约中闪耀着光辉。可见，王夫之的情理观，既避免了晚明唯情主义者的价值偏颇，又突破了宋明理学灭绝情欲的价值桎梏，达到了对情理价值进行冷静反思的新水平。

清代中期的乾隆道光年间，尽管统治者的政治控制加强，思想观念的变革举步维艰，但尚情观念仍然在浓厚的乌云中放射着光辉。诗人袁枚继承晚明"天下为一情所聚"的观念，极力弘扬情的价值。他反对理学"尊性（理）而黜情"的观点，认为性是体，情是用，"性不可见，于情而见之"（《书〈复性书〉后》）；他认为情是人类的本性和动力，"使众人无情欲则人类久绝，而天下不必治；使圣人无情欲则漠不相关，而亦不肯治天下"（《清说》）；他认为情是造就圣贤豪杰之士的心源，"从古忠臣孝子，但知有情，不知有名"（《读胡忠简公传》），情也是诗歌创作的动力，"诗者，由情生者也"（《答蕺园论诗书》）。总之，在袁枚看来，"古圣贤未有尊性而黜情者"，"天下之所以丛丛然望治于圣人，圣人之所以殷殷然治天下者，何哉？无他，情欲而已矣"（《清说》）。此外，戴震提出"情之至于纤微无憾是谓理"，焦循提出"天下皆情""情与情相通则自不争"的观点。这些都是对晚明情感价值观的继承和发展。

"理存欲中""正谊谋利""合私成公""大公之我""情为理维"等价值观念的共同特征，是对以"天理"为标志的纲常伦理价值的背离，是对宋明时期封建统治者所倡导的主导价值观的动摇，它表明了中国传统价值观的又一次变革。如果沿着这一变革的方向继续前进，那么中华民族的价值观念就必然会从古代迈入近代，并促使中国社会向近代工业文明发展。然而，历史的道路并不平坦，当清朝统治集团稳定了政治局面、巩固了统治地位之后，实行闭关政策，强化文化专制，从而截断了中西文化的交流，阻塞了早期启蒙思潮的传播，价值观念又出现了"洄流"。于是，虽然在社会的下层和知识界，新的价值观念依然是"大地微微暖气吹"，但在统治阶级所建构的上层建筑意识形态中，程朱理学的"存理灭欲"观念，又得到强化，形成了"高天滚滚寒流急"的气势。

（三）"存理灭欲"价值观的"洄流"

清朝入关之后，政治上采取高压政策，随着社会趋于稳定，封建政治体制重建的完成，思想控制也日渐加强。为了巩固思想统治，清朝大力尊孔崇儒，崇尚程朱理学。顺治十年，颁谕礼部，提出"崇儒重道"

（程朱道学），但并未贯彻落实，康熙九年，重申"崇儒重道"的国策。康熙四十五年（1706）明确提出以朱熹学说为统治思想。康熙称颂朱熹说："朱子全书，凡天文、地理、乐律、历数，俱非泛然空论，皆能确见其所以然之故。朕常细加寻绎，欲求毫厘之差，亦未可得。"（《清圣祖圣训》卷五）又说："每见历代文士著述，即一字一句，于义理稍有未安者，辄为后人指摘。惟宋儒朱子，注释群经，阐发道理，凡所著作及编纂之书，皆明白精确，归于大中至正。经五百余年，学者毫无疵议，朕以为孔孟之后，有裨斯文者，朱子之功，最为弘钜。"（《清圣祖圣训》卷十二）他不但认为朱熹之书是无瑕的绝对真理，而且认为朱熹之道是治世的万灵法宝，"至于朱夫子，集大成而绪千百年绝传之学，开愚蒙而立亿万世一定之规，穷理以致其知，反躬以践其实。……非此不能知天人相与之奥，非此不能治万邦于衽席，非此不能仁心仁政施于天下，非此不能内外为一家"（《朱子全书御制序》）。为了尊崇朱熹，康熙敕令编辑《朱子全书》《性理精义》，并颁旨"宋儒朱子配享孔庙"，将朱熹由"东庑先贤之列"升于"大成殿十哲之次"。至此，朱熹学说重新登上意识形态的宝座。

清代统治者之所以以程朱理学为意识形态的理论基础，一方面是为了压抑盛行于明代中后期的阳明心学；另一方面是为了遏制明末清初兴起的早期启蒙思潮。邓之诚先生指出，清朝顺、康之时，尊崇朱子，"盖以明季讲学，多主阳明，清初孙奇逢、黄宗羲诸人，皆发王学余绪，故欲以朱子矫之，使皆主敬存诚，尊君亲上"①。

清朝政府为了维护和重振已经趋于衰败的程朱理学所主张的价值观念，使人们的价值意识退回到明代中叶以前的水平，采取了种种措施和办法：

1. 推行道德教化，普及理学的价值意识

康熙九年（1670）颁布了"圣谕十六条"，其内容是："敦孝悌以重

---

① 邓之诚：《中华二千年史》卷五第一分册，中华书局1983年版，第101—102页。

人伦，笃宗族以昭雍睦，和乡党以息争讼，重农桑以足衣食，尚节俭以惜财用，隆学校以端士习，黜异端以崇正学，讲法律以儆愚顽，明礼让以厚风俗，务本业以定民志，训子弟以禁非为，息诬告以全善良，诫窝逃以免株连，完钱粮以省催科，联保甲以弭盗贼，解仇忿以重身命。"（《清圣祖实录》卷三十四）这十六条的精神实质，就是"存天理灭人欲"，恢复和重建以三纲五常为核心的价值观念体系。雍正皇帝即位后，继续坚持以儒家思想和程朱理学进行道德教化，他一方面敕谕以朱注的"四书"作为科举取士的标准，并在科举中加试《孝经》。另一方面把康熙的"圣谕十六条"敷衍成《圣谕广训》一书，洋洋万言，全面系统地宣扬封建纲常伦理。并规定每月初一、十五两日在军民中宣讲，宣讲后，对村民进行善恶两类登记，以惩恶扬善。除颁布"圣谕十六条"、《圣谕广训》之外，清政府还大肆表彰"节烈"，对"节妇""烈女"由官府表彰，并免除其家的赋役，于是民间"以家有烈女节妇为荣"，迫使许多妇女自杀。

2. 编修大型图书，维护正统的价值取向

清王朝为了顺应文化大总结的历史需要和巩固思想统治的政治需要，采取官修的方式，集中群体的力量，编修大量图书。这些图书不但数量多、卷帙繁、规模大，而且门类全、领域广，几乎遍及各个思想文化领域。清代官修图书有双重目的：一是对传统文化进行总结，以推动文化事业的发展；二是罗致知识分子，禁锢人们的思想，强化思想统治。从价值观念的建构来看，清代的官修图书起到了维护和弘扬儒家特别是程朱理学价值观的作用。其一，系统修纂程朱理学著作。康熙五十二年（1713）命理学家熊赐履、李光地等修成《朱子全书》（66卷），五十六年又命刊正明成祖时命胡广等纂辑的《性理大全》一书，并亲自厘定，辑成《性理精义》（12卷）。其二，重视编纂儒家经典著作。康熙极重儒家经典，屡开经筵，召儒臣讲论五经四书之义，并命大臣将讲稿编辑成书，先后编成《日讲四书解义》等。又命编纂了《春秋传说汇纂》

（40卷）、《周易折中》（22卷）、《诗经传说汇纂》（21卷）和《书经传说汇纂》（24卷）。乾隆时期，继而编撰了《四书文》《三礼义疏》《周易述义》等书。其三，在编修思想上极力维护儒家正统和宋代理学，猛烈翦除"异端"人物及其思想。乾隆时《四库全书》及其《总目》的编纂，这种价值指向尤为鲜明。乾隆皇帝曾就该书的编辑，颁发二十五道"圣谕"，确立宗旨，申明标准。就收录的原则、评说的准则乃至改纂的要点作了详密指示。这些宗旨在《四库全书总目》中都有所体现，如《总目·凡例》宣布："马班之史，李杜之诗，韩柳欧苏之文章，濂洛关闽之道学，定论久矣，毋庸更赘一语。"《总目·儒家类小序》称："今所录者，大者以濂洛关闽为宗。"又如《总目·凡例》云："今所采录，惟离经畔道，颠倒是非者，掊击必严，怀诈挟私，荧惑视听者，屏斥必力。"根据这些原则，《总目》对违背封建伦理纲常的异端价值观严加批判，例如斥责李贽"非圣无法""狂悖乖谬"，批评祝允明"刻而戾，僻而肆"，指责焦竑"为人心风俗之害"。由此可见，编修图书，实际上是清朝统治者维护封建正统，推广纲常伦理价值观的重要手段。

3. 大兴文字冤狱，打击"异端"价值思想

为了加强思想控制，清政府一方面用科举考试笼络知识分子，引诱利禄之士，另一方面大兴文字狱，残酷镇压具有反清思想和反理学思想的知识分子。清朝文字狱次数之多，处罚之严，实为历代所罕见。从康熙到乾隆，前后约百二十年，文字狱案约90多起，尤以乾隆朝为最。文字狱打击的主要目标是反清思想，但其中也包含有打击反理学的"异端"价值观念的内容。例如，乾隆六年的谢济世注《大学》案，即由于谢济世的《大学注》中"毁谤程朱""抒写怨谤"而被定罪；乾隆七年陆生楠著《通鉴论》十七篇，因其中有批评封建专制的观点而被杀害；乾隆二十六年李雍和潜越呈词案，即以词中有"怨天""怨孔子"等语而被处死；乾隆四十四年五月程树榴序刻王沅诗案，即以其序中有"造物者之心，愈老而愈辣；斯者操之术，愈出而愈奇"等"怨谤上苍"之

语而被严惩。可见，清代的文字狱，在巩固其政治统治的同时，也助长了理学价值观的泗流。

4. 倡导族规族谱，强化封建价值规范

清代为了稳定社会，竭力维护宗族制度，承认并倡导宗族订族规、修族谱，把家法作为国法的补充，把族规、族谱中规定的思想行为规范，作为强化封建社会价值规范的重要手段。《圣谕广训》中明确号召"修族谱以联疏远"。清代的宗族组织大多明确规定对族人的要求，这种规定约有三类：一是规、约，是宗族要求族人共同遵守的强制性的行为规范；二是禁、戒，是对族人不许做的事和行的规定；三是训语，是教海族人如何做人的要求。这些规定的内容尽管十分庞杂，但大都明确体现了封建伦理道德和价值观念。例如强调孝悌之道，《慈南干溪章氏宗谱》的《族规》说："孝悌为万化之原……不孝固天理不容，不悌亦人情所不近，倘或灭绝天良，渐染敝俗，甚至双亲冻馁，同室操戈，如此之人，不待天诛神殛，在族人必须声罪共击，到祠杖竹，或鸣官治罪，以肃族约"；规定尊卑长幼的定序，要求族人"卑不犯尊，少不凌长"，"同族伯叔昆仲自有定序"；要求婚姻门当户对，良贱不婚。宁波卢氏族约规定"男女议亲，须门户相当及伦序不紊"，"若女失节为妻，自己失节也。子姓如有娶娟妇为妻，及良贱为婚者，俱不得入宗祠"；要求生活俭朴，反对奢华，甚至反对娱乐，无锡郑氏规定"欲食淡泊，衣服不尚浮华"，"看戏一事，亦属无益，博弈好饮酒，终非善类"，常州杨氏规定"不许习丝竹、唱词曲"；要求忠君主、做顺民，早完国课，按时缴纳赋税。除族规外，清代宗族多修有族谱，族谱的意义在于，本祖德、亲同性、训子孙、睦故旧、报国恩。为此，常常把皇帝的"圣谕"载入谱书，大量的是把康熙的"圣谕十六条"收入，有的甚至把雍正皇帝洋洋万言的"圣谕广训"抄入谱中。从清代族规、族谱的内容不难看出，清代统治者利用宗法、宗族制度，强化封建的价值规范，在家国一体的结构中，使统治者所提倡的价值观念，普及民间，深入人心。

5. 禁毁民间戏曲小说，遏制反理学的价值观念

清朝统治者对非儒家正统的文学作品，对于有反理学价值观的戏曲小说，一律斥之为"淫邪"，严行禁止。顺治九年（1652），清政府正式下令："严禁琐语淫词"。康熙二年，又颁布命令："如有私刻琐语淫词，有乖风化者"，必须查实议罪。康熙二十六年，重申禁令，四十八年再次下令禁"淫词小说"，并规定"地方官不实心查拿，……一并治罪"。五十三年下谕"严绝非圣之书"，并对治罪的量刑作了具体规定。大清律例明确规定："凡坊肆市买一应淫词小说，在内交与八旗都统察院、顺天府，在外交督抚等，转行所属官弁严禁，务搜板书，尽行销毁，有仍行选作刻印者，系官革职，军民杖一百，流三十里；市买者杖一百，徒三年；买看者杖一百。该管官弁不行查出者，交与该部按次数分别议处。"除查禁销毁之外，清统治者还推行阉割篡改的方法对不符合正统价值观的作品加以删节改写，歪曲或偷换原作的思想，代之以三纲五常、忠孝节义的封建纲常伦理。清人余治在《得一条》中说："抽换淫书一法，洵足以济毁禁之穷、标著作之准。宜约集同人，筹款设局，汇集各种小说，或续或增，或删或改，仍其面目，易其肺肝，使千百年来习传吟诵脍炙人口诸书，一旦去其芜秽，益以新奇。"清代禁毁的戏曲小说，固然确有一些低级趣味的庸俗之作，但不少是由于其不符合封建统治者的价值标准而遭到厄运的，例如李渔的《无声戏》《无声戏二集》、曹雪芹的《红楼梦》都曾被归入查禁之列。

清代统治者从巩固封建政治统治的需要出发，所采取的上述政策，围绕的价值核心是儒家长期坚持的、程朱理学进一步强化的三纲五常观念以及作为其理论基础的"存理灭欲"思想。康熙曾自称治世当"以讲学明理为先务"，他提出"圣谕十六条"的目的就在于通过"明伦纪，辨明分，正人心，端风俗"的说教，使"愚民感发天良，戾气消而和气聚"。康熙深知三纲五常是理学的核心观念，所以大力宣扬三纲五常，倡言"君主尊同天，亲同父"；标榜"孝治天下"，钦定《孝经衍义》；

伸张夫权，旌表节妇。从而，导致了"存理灭欲""三纲五常"价值观念的"洄流"。

然而，由于这种"洄流"从社会发展来看是逆历史潮流而动的，所以尽管在当时对巩固封建统治，维护正统儒家的价值观念，起了一定的作用，但并没有从根本上阻碍启蒙思潮的进程。从乾隆到道光年间，随着资本主义萌芽的较大发展，不仅在学术上有戴震、焦循对"以理杀人"的批判，有袁枚、郑燮对"真情""真意"的呼吁，有乾嘉考据学对程朱宋学的扬弃，而且在文艺界有俗文学的蓬勃兴起，有《儒林外史》《镜花缘》等批判性作品的出现，有"扬州八怪"叛逆精神的涌动，这表明，中国的封建社会已到了衰敝陵夷的"衰世"，中国的传统价值观念也面临着风雷激荡的变革，一个旧价值观念崩解、新价值观念絪缊的时代来到了。

八 "人权"的伸张

——近代的价值启蒙

1840 年鸦片战争的炮声，宣示着中国近代史的开端。从此，中国历史出现了"数千年未有之大变局"。相较于春秋战国第一次大转变时期而言，这次转变，程度更剧烈，进度更迅速，矛盾更复杂，范围更广大。它是中国社会由传统生产关系向近代生产关系的转变、由封建君主专制向民主共和制度的转变、由封闭向开放的转变。由于封建势力的统治和外来资本主义势力的侵略，这一转变历程十分艰难和曲折。清朝政府为了振作自强虽然勉强做了些枝节性的改变，但却顽固地拒绝根本性的变革；外国侵略者为了使中国永远成为他们的殖民地，用炮舰和商品侵蚀、破坏了中国的自然经济，但同时却束缚限制了中国民族资本主义的发展。于是，中国人民、新兴资产阶级和有志改革的志士，为了推动社会的近代化，不得不面临反帝反封建的双重斗争任务。尽管道路艰难而曲折，但中国社会由封建主义向资本主义、由传统社会向近代社会转变的趋势是不可阻挡的。为了适应社会的转变，推进历史的发展，追求民族的振兴和国家的富强，代表中国当时社会发展趋势的进步势力、促进旧社会制度解体的革新力量、支持新生产关系因素的开明人士，提出了新的价值观念以取代旧的价值意识。从鸦片战争到五四运动的近八十年间，新的价值观念层出不穷、复杂纷纭，但其能够体现中国近代社会的时代精神的观念，乃是民族资产阶级提出的"人权"价值观。用蔡元培先生的话说就是"尊人权"。在"人权"的总主题中，个性、平等、博爱、自由、民主、功利、独立等价值观念相互交织，构成了中国近代价值观念的启蒙思潮。而围绕着这些问题，也展开了激烈的价值观念争辩。

（一）大转变时代的价值主体

人类历史的发展，既有个性也有共性，就其个性言之，由于各个国家和民族的自然环境、生产力水平、传统文化等因素的差异，而呈现出历史发展阶段的不同步性和同一历史时期社会形态的多样性；就其共性言之，各个国度、民族和地区的历史发展大体上都经历着从古代奴隶社会，经中世纪封建社会，向近代资本主义社会过渡的历程。从 1840 年开始，中国社会迈入了近代的门槛，虽然从个性上看，它已比西欧的英国晚了两个世纪，但从共性而言，它所历经的社会转型却有一致之处，即由传统封建社会向近代资本主义社会转变。这种转变，从内容含义上说，包括生产方式的变化、阶级结构的变化、价值主体的变化和价值观念的变化；从逻辑次序上说，是生产方式的变化引起阶级结构的变化，阶级结构的变化引起价值主体的变化，价值主体的变化引起价值观念的变化。因此，要说明近代中国价值观念的变化，就必须分析生产方式、阶级结构和价值主体的变化。

1. 生产方式的变化与民族资本主义的发展

鸦片战争之前，中国封建社会的基本经济结构是自给自足的自然经济，虽然在一些商品经济发达的地区和城市，资本主义萌芽已开始出现，并有所发展，但从总体上看，这种发展仍然是微弱的、缓慢的。进入近代，随着帝国主义侵略势力的逐步深入，中国社会逐渐变成了半殖民地半封建社会。所谓半封建是指中国社会内部已经存在着自发地向资本主义发展的趋势。

鸦片战争以后，外国资产阶级恃仗他们攫取的特权，对中国进行经济侵略，把中国当作商品销售市场和原料榨取基地。同时，在中国设立的银行和工厂也日渐增多，19 世纪 60 年代以后，外资工厂有船舶修造业、砖茶、缫丝、轧花、制糖等加工工业和火柴、造纸、肥皂等轻工业。到 1894 年，外国资本主义国家在中国设立的工业企业已有一百多家，投资约 2800 万元。这表明，中国已经成了资本主义世界市场的一部分。

面临外国侵略的不断深入，清政府一些官员为了"自强""富国"，也于 60 年代开始兴办"洋务"。主张向西方资本主义学习一些军事和工业技术，在外国的支持下创办新式军事工业、民用工业，其用力最多的是军事工业。如曾国藩在安庆设立的军械所、李鸿章在上海成立的江南制造总局、左宗棠在福州设立的福州船政局、崇厚在天津设立的机械局。这些工厂尽管属于官办工业，还不具有资本主义性质，但为了供应军事工业所需要的原料、燃料和运输，从 70 年代开始，洋务派陆续创办资本主义工矿业和交通运输业，到 1894 年，这样的企业有二十几个。这些企业汲取了一部分地主、官员、商人的资本，是中国早期的官僚资本企业。

19 世纪 70 年代以后，有一部分官僚、地主、商人投资开办资本主义近代企业，主要是缫丝、棉纺、面粉、火柴等轻工业和采煤业。从 1872 年到 1894 年，开办的企业单位共有一百多家，投资总额五六百万元，雇工近三万人。这些民族资本近代企业，大都规模较小、力量微弱。甲午战后，商办工厂逐渐增加，1895—1913 年的十八年间，共设立厂矿 549 个，资本总额达 1.2 亿元，其中官办、官商合办、官督商办的企业 86 个，资本额约 3000 万元，其他均为商办的厂矿。民族资本主义工业，绝大部分是轻工业，尤以纺织业所占比重最大。其他则为矿冶、面粉、卷烟、金属加工等行业。这些近代企业的出现，标志着中国民族资本主义的诞生和发展。

资本主义近代工业的发展，不仅冲击了自给自足的自然经济结构，而且使物质生活的变动也日益近代化。自然经济条件下单调、简陋的物质生活，逐渐变为丰富、生动的物质生活，同时，物质生活的水平也有了提高。而物质生活的变迁又在一定程度上刺激了资本主义生产企业的发展。

然而，在半殖民地半封建社会里，中国民族资本主义的发展十分困难,它是在帝国主义和封建主义的双重压迫下,挣扎着发展壮大的。首先,它要与外国资本主义者恃强权在中国开设的工厂争夺原料和市场开展竞争,经常面临破产和被吞并的威胁;其次,它要不断地与清政府压抑和束缚民族工业的政策作斗争,承受苛捐重税的压力。这就决定了民族资本主义与外国资本主义、本国封建势力的尖锐矛盾。在面临双重压迫下,民族资本主义要发展自己,又不得不依赖于外国势力在机器和技术上的支持,不得不依赖于封建势力的保护,这又决定了它与外国资本主义、本国封建主义的密切联系。近代的中国民族资本主义就是在这种双重压迫和双向依赖下,缓慢而艰难地向前发展的。

2. 阶级结构的变动与民族资产阶级的兴起

地主阶级和农民阶级是中国近代以前传统社会最基本的阶级,这种阶级结构是由封建社会的生产方式决定的。进入近代,中国变为半封建半殖民地社会,随着社会经济关系的变化,阶级结构也相应发生了变动。

由于封建生产关系仍然是近代中国社会的重要成分,与之相联系,地主与农民两个社会阶级,仍然是近代基本的阶级成分。但是,由于新的资本主义生产关系的出现,新的阶级也应运而生,这就是资产阶级和无产阶级。于是,地主阶级与农民阶级、资产阶级与无产阶级这两大类社会阶级集团的兴衰及其结构变动,就反映着近代中国社会运动演进的历史进程,也体现着近代中国社会性质的基本特点。

中国近代资产阶级与无产阶级是在社会的阶级结构变动中逐步形成的。从19世纪40年代开始,英、美、法等帝国主义国家相继恃仗它们在中国取得的特权,在沿海通商口岸非法设立船坞、工厂。此时,中国一部分破产农民和手工业工人,受外国资本家雇用成为中国第一批产业工人。19世纪六七十年代以后,在洋务派创办的军事工业、民用工业中,在民族资本家创办的民营企业中,产生了更多的产业工人,70年代约有一万人,80年代增加到四万人,1894年增加到约十万人,甲午战后到1913年,民族资本主义企业迅速发展,比战前增长了36.6倍,近代产业工人人数达 200 万人左右。

随着中国民族资本主义的出现，民族资产阶级也产生了。19 世纪 70 年代以后，有一部分官员、地主、商人投资开办近代企业，主要是缫丝、棉纺、面粉、火柴等轻工业和采煤业。特别是 1894 年以后，此类近代企业迅速增加，由官员、商人、地主、买办转化为近代资本家的频率也逐步加快。他们以"救亡图存""实业救国"为口号，认为"经营企业是收回权利的最好手段，关系国家命运的兴衰"，于是十分踊跃地投资和经营近代企业。例如，士绅出身的张謇开始投资近代企业，带动了东南一批绅士向资本家、企业主流动，绅士朱仲甫说："我从政数十年，乏味得很，要做实业。"除从地主、官僚、商人、买办转化来的资本家之外，还有少部分从手工业作坊主、中小商人转化来的资本家。

中国近代的民族资本主义一方面受帝国主义和封建主义的压迫；另一方面又同帝国主义、封建主义保持着各种联系，对它们有各种依赖。这就决定了民族资产阶级对帝国主义、封建主义既对抗又依赖的两重性。

尽管如此，但民族资本主义毕竟是新的生产关系，民族资产阶级毕竟是新兴的阶级。他们没有地主阶级那样多的封建性，没有买办阶级那样多的买办性，它的出现，是中国社会进入近代史的阶级标志，是近代中国进步性社会力量的代表。

3. 近代中国的价值主体和主体需要

从近代中国社会的基本阶级结构演变可以看出，近代中国是封建社会阶级结构解体和近代新的阶级结构成长的时期。新与旧两种阶级关系都存在着，形成了新生的资产阶级、无产阶级与旧有的地主阶级、农民阶级错综复杂的阶级关系。这表明，近代中国社会不是一个独立、完全形态的社会，而是一个过渡性的社会历史阶段。在这个过渡性的动态性的历史过程中，社会的价值主体呈现出多元的格局，地主阶级、农民阶级、资产阶级、无产阶级都有自己的特殊利益，此外，侵略中国的帝国主义，也是近代中国的一支重要的社会势力。然而，在这多元的主体结构中，能代表中国社会发展趋向的，当属民族资产阶级。虽然，代表地主阶级利益的清政府，在被推翻前仍然掌握着中国的统治权；农民阶级人数最多，分布范围最广；由于在中国开办近代工业的外资早于华资，所以中国产业无产阶级比民族资产阶级产生得早。但是，由于近代化的发展已成为中国历史的必然趋势，而能够体现和推动这一历史趋势的主导力量非民族资产阶级莫属。马克思在《共产党宣言》中说，随着世界市场、商业、航海、交通和工业的发展，"资产阶级也在同一程度上发展起来，增加自己的资本，把中世纪遗留下来的一切阶级都排挤到后面去"①。近代社会历史是资本主义的历史，资产阶级是这个历史舞台上的主角。尽管中国是先有近代史然后才有民族资产阶级，尽管中国民族资产阶级有革命性和软弱性的二重性特征，与马克思所说的典型资本主义社会的资产阶级有所不同，但它毕竟是中国近代社会的主角，因而是多元价值主体结构中，占主导性的价值主体。所以，认识和把握中国近代社会的价值观念特征及其演变，就必须对民族资产阶级的主体需要进行分析。概括言之，近代中国民族资产阶级的需要是：

（1）发展资本主义。资本主义生产关系，是资产阶级形成的经济基础，在这种生产关系中占有生产资料和产品分配权的阶级就成为资产阶级，然而这只是资产阶级与资本主义生产关系二者之间关系的一个方面，即阶级产生的经济基础方面。恩格斯在《路德维希·费尔巴哈和德国古典哲学的终结》中说："资产阶级和无产阶级这两个阶级是由于经济关系发生变化，确切些说，是由于生产方式发生变化而产生的。"② 这里所说的，就是资本主义的生产关系是资产阶级和无产阶级产生的经济基础。资产阶级和资本主义生产关系之间的关系还有第二个方面，就是发展资本主义经济、建立和发展资本主义的生产关系，这是资产阶级从自身利益出发而主动追求的目标。"资产阶级除非对生产工具，从而对生产关

---

① 马克思、恩格斯：《共产党宣言》，人民出版社 2014 年版，第 29 页。
② 恩格斯：《路德维希·费尔巴哈和德国古典哲学的终结》，人民出版社 2018 年版，第 46 页。

系，从而对全部社会关系不断地进行革命，否则就不能生存下去。"① 这就是说，资本主义生产关系和资本主义经济既是社会生产方式客观运动和发展的产物，也是资产阶级作为能动社会主体为了自身生存而选择的结果。在近代中国，民族资产阶级形成的过程和民族资本主义生产关系发展的过程是统一的。在这个统一过程中，一方面资本主义生产关系的发展培植了民族资产阶级；另一方面民族资产阶级从自身需要出发，又努力建构了资本主义的生产关系。所以，从主体需要方面看，发展资本主义经济是中国近代民族资产阶级的需要，而且是为了保证其生存的根本需要。从太平天国的《资政新篇》到康有为维新派的《公车上书》，再到资产阶级革命派的革命纲领，都反映和表达了这种发展资本主义经济的要求。洪仁玕的《资政新篇》是一篇充满资本主义气息的文章，它主张发展工业，"兴器皿技艺"；发展交通，"兴车马之利""兴舟楫之利"；并主张开采矿藏，创办银行，发行纸币，准许私人投资，准许富者雇工，奖励发明创造，实行专利保护。康有为在《公车上书》中提出设通商院（或称工商总局）和废除厘金制度，他说："似宜特设通商院，派廉洁大臣长于理财者经营其事。令各直省设立商会、商学、比较厂，而以商务大臣统之，上下通气，通同商办，庶几振兴。……商会者何？一人之识未周，不若合众议，一人之力有限，不若合公股，故有大会、大公司，国家助之，力量易厚，商务乃可远及四洲。"并主张"广纺织以敌洋布，造用物以敌洋货"。又说，"若夫内地害商之政，莫甚于厘金一事，天下商人久困苦之"。对于这种阻碍商品流通，窒息工商业发展的税收勒索苛政，他主张坚决予以废除，"以嘉惠商民"。设通商院和废除厘金制度，都是康有为为了发展资本主义工商业而提出的重要经济主张。辛亥革命时期，孙中山提出了三民主义即民族主义、民权主义和民生主义主张，其中的民生主义就是在中国发展资本主义，他说：20 世纪是"民生主义跃跃欲动"的时代，"文明进步是自然所致，不能逃避"。

---

① 马克思、恩格斯：《共产党宣言》，人民出版社 2014 年版，第 30 页。

辛亥革命后在《建国方略之二：物质建设》中，他更是提出了一份全面发展资本主义经济的宏伟纲领，并主张以个人经营与国家经营相辅相成为发展经济的方针。由此不难看出，发展资本主义经济乃是中国近代民族资产阶级在不同的历史时期所提出的共同目标、共同主张，它反映了作为社会主体的民族资产阶级的根本利益和根本需要。

（2）建立民主政治。封建专制主义政治制度是维护旧的生产关系，阻碍新的资本主义生产关系的上层建筑，尤其是在中国，由于封建制度历史久远，积累深厚，势力强大，对于近代资本主义的发展，形成了巨大的阻力。因此，近代民族资产阶级为了发展资本主义，必须反对封建专制主义，建立与资本主义生产关系、生产方式相适应的民主政治。于是，建立民主政治就成为新兴的民族资产阶级的基本需要。虽然，资产阶级对这一问题的认识有一个由模糊到明确、由自发到自觉的过程，但对民主政治的追求，基本上贯穿着中国近代史的全过程。如果说，太平天国在定都南京后颁布的《天朝田亩制度》所描绘的理想社会结构，还不过只是体现了农民阶级的某些民主色彩的话，1859 年洪仁玕《资政新篇》所要建立的"太平一统江山"，也还不过是提出了笼统的仿效资本主义"宜立法以为准焉"的民主意向的话，那么，戊戌维新的志士们则把政治制度的变革作为维新变法的核心，他们反复强调"兴民权""开议院"的重要性，认为"中国败弱之由，百弊丛积，皆由体制尊隔之故"（康有为《上清帝第七书》），君主专制"收人人自主之权，而归诸一人，以一人而夺众人之权"（梁启超《论中国积弱由于防弊》）。因此，主张以君主立宪、君民共和的议会制代替君主专制政体。尽管维新失败了，但它把政治制度变革推向前台，把中国社会的理想化进程推进到制度层面，功不可没。至辛亥革命时期，民主革命的先行者孙中山在《兴中会入会誓词》中更为明确地提出"驱除鞑虏，恢复中国，创立合众政府"的政纲，并主张以暴力革命手段推翻清王朝的专制统治，高举民权主义的旗帜，创建西方式的资产阶级民主政治。在孙中山的民主政治蓝图中，民主权利已不是原则规定，而是可以操作化的运行机制，民主政体已不是口号式的呼吁，而是在实践中不断试行的制度程序。虽然，辛亥革命以"仅推翻了一个皇帝"的成果，并没有使民主政治在中国实现，但它追求民主政治的目标是极为明确的。从太平天国朦胧的民主意识（《资政新篇》），到戊戌变法软弱的民主改良，再到辛亥革命自觉的民主革命，反映了近代中国社会特别是民族资产阶级迫切的民主政治需要。

（3）变革文化教育。文化、教育是经济、政治的反映，又是为经济、政治服务的。要发展资本主义经济、建立民主政治，就必然要建设与之相适应的文化教育，变革旧的、妨碍资本主义和民主政治的传统文化、传统教育。中国民族资产阶级变革旧文化教育的需要，是在戊戌变法时期才被明确提出的。维新派为了为政治改革开路，也开展了对传统文化教育的批判，提出了改良主义的文化教育主张。谭嗣同发出了"冲决一切网罗"的呐喊，指出"三纲之慑人，足以破其胆，而杀其灵魂"（《仁学》）；梁启超反对八股取士，认为"变法之本，在育人才，人才之兴，在开学校，学校之立，在变科举"（《论变法不知本原之害》）；严复译介西方的进化论，并从文化上对中学西学作了比较，认为应该废除中国"重三纲""亲亲""孝治""尊主""一道同风""多忌讳""重节流""追淳朴""美谦屈""尚节文""夸多识""委天数"等文化观念和文化风习，而引进西方"明平等""尚贤""公治""隆民""党居州处""众讥评""重开源""求欢虞""务发舒""乐简易""尊知识""恃人力"等文化意识。这些都标志着资产阶级的主体需求已经上升到文化和教育层面。辛亥革命时期，以孙中山为代表的革命派，也明确提出了"心理建设"的任务，南京临时政府初立，以教育总长蔡元培为首的26人，组织"社会改良会"，发起《宣言》称："尚公德，尊人权。贵贱平等，而无所谓骄谄；意志自由，而无所谓徼幸；不以法律所不及而自恣，不以势力所能达而妄行。是皆共和思想之要素，而人人所当自勉者也。"并主张："以人道主义去君权之专制，以科学知识去神权之迷信。"还列举了革除社会陋习的诸多内容。临时政府还就改革教育制度和内容，颁布规定，改学堂为学校，改读经为开设诸门科学新课程。从而，把文化教育革新推进到了新的阶段。可见，变革旧的文化教育，也是中国近代民族资产阶级的重要追求目标。

民族资产阶级在近代中国，是社会进步势力的代表，也是中国近代历史发展方向的代表，它作为价值主体的需要，从历史趋向看，也是近代中国社会的需要。民族资产阶级从这些需要出发所追求的价值，并由此而形成的价值观念，乃是中国近代价值观念的主旋律。这一主旋律，就是崇尚人权的价值观。

（二）人权主题的价值意蕴

人权就是"一切人，或者至少是一个国家的一切公民，或一个社会的一切成员，都应当有平等的政治地位和社会地位"①。它包括的内容十分广泛，生存权、发展权、民主、自由、平等、财产权、劳动权、受教育权等都是人权的基本内容。人权作为每个人都应该享有的权利，包括法定权利和价值观念两层含义，作为法定权利，指它受到法律的认可和保障；作为价值观念，它标志着人的尊严和人的价值，也即满足人生存和发展的基本需要。在价值观念的意义上，人权所包括的基本权利（如自由、平等、民主、受教育），都是人所共同需要和共同追求的价值目标。人权的"权利"义和"价值"义，二者是形式和内容的关系，人及人所追求的基本价值内容，通过法的形式确认和规定下来，就是人权。

古代社会虽然有人权价值意识的萌芽，但还没有人权概念，人权概念起源于近代西方。1840年以后，伴随着西方洋枪洋炮的侵略，西方资产阶级的"天赋人权"观念，逐渐地渗透到中国，引起了国人尤其是知识界的震动。代表资产阶级要求的先进的知识分子和思想家们，从发展资本主义、建立民主政治和变革传统文化的基本需要出发，纷纷以个性、

---

① 《马克思恩格斯文集》第9卷，人民出版社2009年版，第109页。

自由、平等、博爱、民主、科学、功利等人权价值观念为武器，对传统的封建性的价值观念进行批判，使中国人的价值世界发生倾斜，逐渐向具有近代精神品格的价值观念转化。鸦片战争前夕，龚自珍等人呼吁个性"自我"，鸦片战争之后，太平天国提倡"平等""均平"，康有为等变法派宣传"天予人之权"，孙中山等革命派提出人类社会已进入"民权时代"，力主"一国之人皆有自由、平等、博爱之精神"，都是人权思想在不同时期展现的风貌。把近代中国的人权价值观综合论之，主要包括以下内容：

1. "尊人""举私"

鸦片战争前夕的中国社会已处于"万马齐喑"的时代，敏感的知识分子，比同时代的其他人更深刻地意识到了当时的价值危机，他们在走投无路的困境中，认真地进行价值反思，提出了具有近代意识的独到见解，龚自珍就是其中的佼佼者。龚自珍的价值反思，突出地表现在他对个体的尊重和对私心的肯定。中国传统的儒家价值观念中，群体高于个体，公利重于私利。明代中叶至清初时期，李贽、黄宗羲、戴震等人，已经对此进行了反思，在一定范围和一定程度上承认个体价值，承认"私"的地位。龚自珍在相当程度上继承了这种思想，强调个人的价值和自我的意义。他说："世界无尽，佛力无尽，众生无尽，一切法无尽，我愿亦无尽。"（《龚自珍集》《发大心文》，以下皆注篇名）借用佛教的思维框架，升华了"我愿"即自我的价值地位。又说："天地，人所造。众人自造，非圣人所造……众人之宰，非道非极，自名曰我。"（《壬癸之际胎观第一》）把宇宙发展的动力归因于众人，进而又把这种力量归结为"自我"。既然"我愿无尽""众人之宰，自名曰我"，因此他认为应该尊重个人的价值，"心尊则其官尊矣，心尊则其言尊矣。官尊言尊，则其人亦尊矣"（《尊史》）。这种"尊人"论，是近代社会来临前夕，对个性解放的第一声呐喊。与尊重个体价值密切相关，龚自珍肯定了"私"的意义，他认为私是人的天性，"天有私""地有私""日月有私",所以人也皆有私心。即使圣帝、哲人、忠臣、孝子、贞妇,也不例外。自私既符合自然之理,那么,统治者所倡导的"大公无私",事实上是不存在的,也是不可能的,唯一合理的价值选择是"先公后私"或"公私并举"。这显然是对理学家所倡导的"天理之大公"的鲜明批判。龚自珍的"自我""尊人"观,在当时也并非是一家独鸣,与龚齐名的魏源,也有类似的观点,他说,"人人心中,有无量寿佛"(《魏源集》,《观无量寿佛经叙》以下皆注篇名),人人都有"本觉灵明","人人可以为日,可以为月"(《默觚上·学篇五》)。因之,"凡夫"也可以自立造化,改变命运。由此,他提出"祈天永命,造化自我"(《默觚上·学篇二》)的命题,主张人人都应成为"造命之君子"(《默觚上·学篇八》)。到了戊戌变法时期,龚、魏关于尊重个体价值的微弱呼声,得到了更为响亮的回应。康有为提出"独立"论,认为每个人"各有自主独立之权","人人独立,人人平等,人人自主,人人不相侵犯,人人交相亲爱,此为人类之公理"(《孟子微》)。严复主张"自营"论,他说自私是人的本性,"利己""利人","两利为真利";只讲利己会影响群体价值使"群道将息",是错误的,但是讳言私利也是不对的,应该兼顾个体价值与群体价值,结合利己与利人。他把这种价值观称为"开明自营"即合理的利己主义。梁启超倡导"利己"论,也认为利己是人的本性,"人人求自乐""人人求自利"。他说,人之所以利群,是因为"非利群则不能利己";人之所以爱国,是因为爱国才能达到"为我"(《新民说·论国家思想》)。由此,他指出中国古代把"为我""利己""私"斥为恶德是错误的,也是有害的,"其不能利己者必劣而败"(《十种德性相反相成义》)。谭嗣同高扬"自主"说,主张"人人不失自主之权"(《仁学》三十六)。他说:"上观天文,下察地理,远观诸物,近取之身,能自主者兴,不能者败,公理昭然,罔无率此。"(《仁学》三十五)辛亥革命时期,资产阶级革命派中一些宣传家更是为个人价值、私己之念大唱赞歌,并以此对封建统治者虚伪的"尚公"说展开批判。他们认为:自私是人类的本性,"私之一念,由天赋而非人为者也，故凡可以入人类界中者，……自其生时已罔不有自私自利之心存"（《公私篇》）；利己是社会的基础，"人人有利己之心而后有世界"，社会、国家"无不基于人类利己之一心"（《公私篇》）；利己是进化合群的动力，"惟利己故不得不竞争，竞争剧斯进化速矣；惟利己故不得不排外，排外力斯合群固矣"（《公私篇》）；利己是道德的根源，"惟利己故不得不求助于人，求助于人斯不得不有以助人矣。世之所谓道德，察其实际，孰非自利己之心而生者乎？"（《公私篇》）据此，他们指出，历代圣贤以私为恶，是"不近人情之言"（《教育泛论》），杨朱倡导"为我"之说，是"颠扑而不可破"之理（剑男《私心说》）。在他们看来，人的为公、保国等价值观念，都是建立在自私利己价值观基础之上的，"私之云者，公之母也；私之至焉，公之至也"（《公私篇》）。这些看法，虽然属于资产阶级利己主义范围，但在当时对于提升个体价值，却有一定的积极意义。可见，在近代社会的整个历史时期，"尊人""举私"的个体本位价值观，一直是人们着力宣扬的重要观念。

2. "均平""平等"

如果说重视个体价值是对重群价值观的背离的话，那么，推崇人与人社会地位的平等，则是对传统等级特权价值观的反动。中国封建社会，首重"三纲"，崇尚等级，认为君权、父权、夫权是天经地义的特权，尊卑贵贱是恒久不易的法则，到了近代，这种传统观念受到了严峻的挑战。首先举起平等之旗的，是太平天国的农民英雄，当近代史的帷幕一拉开，就听到"山中之民，有大声音起"。他们以"公天下""均贫富"为理想，提出了一整套平等主张，以对抗封建的等级关系和等级秩序。基于"天父上帝人人共"和"普天之下皆兄弟"的基督教义，他们追求"有田同耕，有饭同食，有衣同穿，有钱同使，无处不均匀，无人不饱暖"的经济平等；向往"为上者不可以贵凌贱，不可以大压小"的政治平等；祈望"天下多男人，尽是兄弟之辈；天下多女子，尽是姊妹之群"的社会平等；主张"凡分田照人口，不论男妇"和妇女可以"任官

为将"的男女平等。这些均平、平等观念，尽管未完全落实，但表现了
农民阶级希图将当时的"乖漓浇薄之世"改造为"公平正直之世"的美
好愿望，也为近代资产阶级的平等价值追求开拓了道路。

到了戊戌维新时期，资产阶级的平等观就正式登场。维新志士们明
确地赋予平等以人权意义，认为"男女平等"，"此天予人之权也"（康
有为《大同书》）；"人人平等"，"此为人类之公理"（康有为《孟子
微》）；"人权者，出于天授者也，故人人皆有自主之权。人人皆平等"
（《梁启超选集》第98页）。为什么平等是天赋人权呢？维新派还从哲学
上作了论证，谭嗣同说："仁为天地万物之源。"仁的根本属性是"通"，
"仁以通为第一义"；而通的价值意义即是平等，"通之象为平等"（《仁
学》上）。"仁——通——平等"就是谭嗣同从本体论推出价值论的思维
逻辑。基于平等是天赋人权和平等源于宇宙本体的这种认识，维新派对
平等的具体内容、平等的重要价值和实现平等的途径进行了前所未有的
充分论述。关于平等的内容，他们提出的主要有男女平等，"男女同为
天地之菁英，同有无量之盛德大业，平等相均"（谭嗣同《仁学》）；君
臣平等，"生民之初，本无所谓君臣，则皆民也"（谭嗣同《仁学》）；
父子平等，"子为天之子，父亦为天之子，父非人所得而袭取也，平等
也"（谭嗣同《仁学》）；人人平等，"人人平等，无有臣妾奴隶，无有
君主统领，无有教主教皇"，"又无官爵"（康有为《大同书》）；众生平
等，"天地生物，人物皆为同气""众生皆为平等"（康有为《大同
书》）。在康有为看来，平等的这些内容，形成了一个由初级到高级的序
列，最初级的为男女平等，最高层次者为众生平等，"始于男女平等，
终于众生平等，必至是而吾爱愿始毕"（康有为《大同书》）。"众生平
等"即所谓"大平等"。关于平等的价值，他们认为：第一，平等是社
会文明的尺度，"人道稍文明则男女稍平等，人道愈野蛮则妇女愈遏抑"
（康有为《大同书》）。第二，平等是国家富强的条件，西方"首明平
等"，"其国政教之施，以平等自由为宗旨"，"人人得其意，申其言，上
下之势不相悬隔，君不甚尊，民不甚贱，而联合一体"，所以富强。（严

复《原强》）第三，平等是克服自私的法宝，"惟平等然后无我，无我然后无所执所而名为诚"（谭嗣同《仁学》）。第四，平等是社会大同的标志，"当太平之世，既无帝王、君长，又无官爵、科第，人人皆平等"（康有为《大同书》）。关于平等价值的实现，他们的主张是：（1）"去人之家。"康有为认为，家庭使人"强合"，结果是女受制于男，子受制于父，少受制于长，从而使平等丧失殆尽，因此，只有取消家庭才能实现男女平等，确保人人平等。（2）"禁止独尊。"康有为认为，如果社会上存在"首领独尊"，则必定"渐不平等，渐成专制，渐生争杀"，"其祸害不可胜言"。所以"凡有独尊之芽，宜众共锄之，不许长成"。（3）"友道贯伦。"谭嗣同认为，君臣、父子、夫妇、兄弟、朋友五伦中只有朋友一伦体现了平等、自由精神，其他四伦皆是不平等的关系，因此，他主张以友道"为四伦之圭臬"。四伦"咸以朋友之道贯之"，才能有益平等，实现平等。（4）"必尊灵魂。"谭嗣同认为，人与人之间所以不平等，是因为彼此间有亲疏、分别，而亲疏、分别则是"泥于体魄"的结果。所以，要实现平等，必须"超出体魄之上而独任灵魂"，即破除我相，发挥人的精神功能、精神作用，所谓"通之象为平等""通则必尊灵魂"（《谭嗣同仁学》）。（5）"新民。"严复、梁启超都认为，中国所以贫弱不振，缺乏平等、自由精神，是由于国人素质太差，具体表现为"民力茶""民智卑""民德薄"，所以实现平等价值的根本途径在于"新民"，即"鼓民力、开民智、新民德"，主要是"新民德"。只有如此，才能达到人人平等，实现国富民强。总之，维新派企图主要依靠精神灵魂和伦理道德的途径来实现平等价值。戊戌变法虽然失败了，他们的平等理想也随之破灭了，但他们对平等的向往和追求却产生了深远的影响。随之而起的资产阶级革命派，继续把平等价值观作为其革命理念的重要组成部分。

革命派平等价值观的突出特征是：

（1）平等价值的系统化和纲领化。维新派们讲平等，还是把平等视为一种孤立的价值因素，就平等本身而言，在讨论平等时，尚未能将其与其他价值如自由等联结为一个价值系统。而资产阶级革命派则明确地把"自由、平等、博爱"作为一个价值系统,作为人权价值观的三个相关要素而一并提出,并将其视为最高的价值原则。早在 20 世纪初,孙中山先生就宣布:"我等今日与前代殊,于驱除鞑虏、恢复中华之外,国体民生尚当与民变革,虽经纬万端,要其一贯之精神,则为自由、平等、博爱。"① 他还把这个口号,融合于三民主义之中。蔡元培则云:"何谓公民道德?曰法兰西之革命也,所标揭者曰自由、平等、亲爱。道德之要旨,尽于是矣。"②

(2) 平等价值的政治化。平等在维新派看来,基本上是一种道德价值,而在革命派看来,既是一种道德价值,更是一种政治价值。作为道德价值,革命派提出,平等和自由、博爱一起。是"天然之道德""真道德",并且是"道德要旨""道德根源"。作为政治价值,革命派认为,平等是基本的政治原则之一,并鲜明地提出了"政治平等"的口号,以实现"政治上的地位平等"为民权革命的重要纲领。孙中山说:"我们主张民权革命,便铲除那些阶级,要政治上人人都是平等,就是男女也是平等。"③

(3) 平等价值的权利化。资产阶级革命派具有比维新派更鲜明更强烈的权利意识,认为"人生活于天地之间,自有天然之权利",人人的权利是平等的。真正的平等,就是"爱重人我权利","我不侵害人之权利,人亦不侵害我之权利"。男女平等即男女平权,"男女同生天地间,同有天赋之权利,同有争存之能力",女子之权利不容剥夺、不容侵犯(竹庄《论中国不兴女学之害》);父子平等即父子平权,"子幼不能自立,父母养之,此乃父母之义务,子女之权利。父母衰老,不能动作,子女养之,此亦子女之义务,父母之权利。故父母子女之义务平、权利

---

① 《军政府宣言》,载《孙中山选集》,人民出版社 1956 年版,第 77 页。

② 《对于教育方针之意见》,载《蔡孑民先生言行录》,北京大学出版社 1920 年版,第 191 页。

③ 《在广东第一女子师范学校校庆纪念的演说》,载《孙中山全集》第 10 卷,中华书局 1980 年版,第 31 页。

等。"［真（李石曾）《三纲革命》］

关于平等价值的实现，资产阶级革命派旗帜鲜明地提出，以革命的途径实现平等。他们所谓的革命，包括道德革命、政治革命两个方面，而以政治革命为主。就道德革命而言，其对象是废除封建的纲常礼教，恢复平权。他们指出"中国伦理政治，皆以压制为要义"（柳亚子《哀女界》）。"定上下贵贱之分，言杀言等"。因此，只有"去礼法，复权利"，进行"三纲革命"（有人甚至提出"不婚""毁家"），才能彻底实现平等。就政治革命而言，其指向是推翻封建专制制度，争得民权。孙中山认为，封建专制造成了"人为的不平等"，因此，必须通过民权革命，推翻封建君主专制，"打破人为的不平等"，才能实现"政治上的地位平等"。他说："争得了民权，人民方有平等、自由的事实，便可以享平等、自由的幸福。所以平等、自由，实在是包括于民权之内"，"民权发达了，平等、自由才可以长存"（《三民主义·民权主义》）。更为可贵的是，孙中山指出，民权革命所实现的政治平等，只是"始初起点的地位平等"，还不是完全、真正的平等。"因为各人聪明才力有天赋的不同"，就造成了"天生的"不平等。这种实际上的不平等，即使在实现政治平等之后，也会依然存在。因此，他主张发扬为他人服务的道德心，对"先知先觉""后知后觉""不知不觉"三等人的不平等，进行调和，以实现真正的平等。"要调和三种的人，使之平等，则人人应该以服务为目的，不当以夺取为目的。……虽天生人之聪明才力有不平等，而人之服务道德心发达，必可使之成为平等了，这就是平等之精义。"（《三民主义·民权主义》）尽管孙中山先生把人们事实上的不平等说成是天赋的"聪明才力"，并把克服这种不平等的途径归结为"道德心"，有着唯心史观的严重局限，但他的深刻之处在于，看到了资本主义制度下人们之间事实上的不平等，认识到了政治平等并不是人们追求的最终价值目标。在这一点上，他不但超越了中国资产阶级改良派，而且也超过了西方资产阶级革命派，因为西方资产阶级革命所提出的平等要求也仅仅局限于消灭阶级特权的政治平等。

作为人权价值因素之一的平等价值观，在中国近代史上，始于太平天国农民起义的朴素财产平等观，中经戊戌维新改良派的空想道德平等观，完成于辛亥革命派的现实政治平等观。它的最高水平体现于孙中山的民主革命纲领和理论之中，它的深远影响一直延续到现代中国。

3. "仁爱""博爱"

"仁爱"是中国传统的道德价值，是儒家价值观的核心。在近代中国，这一价值观念随着社会的演变，其内涵也具有了新意。人们以西方传入的"博爱"思想，对"仁"进行解释，以实现传统价值观向近代的转换。这一转换可以说是由太平天国开其端的，太平天国把基督教的基本教义与传统"仁爱"观结合起来，宣扬"普天之下皆兄弟"的思想，提倡"同心同德""齐心合力""有无相恤""爱人如己"的"和傩"精神。其颁布的《天情道理书》说："我们蒙天父生养以来，异体同形、异地同气，所谓四海之内皆兄弟也。今者深沐天恩，共成一家，兄弟姊妹皆是同胞，共一魂爷所生，何分尔我，何分异同？有衣同衣，有食同食。凡有灾病，必要延医调治，提理汤药。若有孤子孤女，以及年岁衰迈者，更宜小心看待，与其盥浴身体，洗换衣服，斯不失休戚与共、疴养相关之义。"他们意在依靠这种精神，把"所爱所憎一出于私"的世界，改造为"有无相恤，患难相救"，"天下一家，共享太平"的世界。太平英雄们的这种价值理想，既含有传统道德精神，又有浓厚的基督教宗教道德的色彩，与中国古代儒家宣扬的"爱有差等"的"仁爱"已有显著区别。

戊戌时期，维新派思想家们继续弘扬"仁爱"道德价值，但已与西方资产阶级革命时期"天赋人权论"中"自由、平等、博爱"的口号接轨了。梁启超在《南海康先生传》中提出，康有为的哲学是"博爱派哲学"。他说："先生之哲学，博爱派哲学也。先生之论理，以仁字为唯一之宗旨。以为世界之所以立，众生之所以生，国家之所以存，礼义之所以起，无一不本于仁。苟无爱力，则乾坤应时而灭矣。"康有为之所以以仁为哲学宗旨，是因为在他看来，仁爱是人类的天性，"不忍人之心，仁也，电也，以太也，人人皆有之，故谓人性皆善"（《孟子微》）。他又将这种"不忍人"的"仁心"，释为"爱力""爱质"，认为只要将这种爱力、爱质不断扩充，社会就会进化，人类就会"极于大同"。理想的大同世界，就是一个"人人相亲""大仁盎盎""视人如己""无有畛域"的"至仁"社会。为变法而壮烈牺牲的谭嗣同，不但认为仁是人性之本，而且认为"仁为天地万物之源"。他说，墨家的"兼爱"、佛家的"慈悲"、基督教的"爱人如己"、格致家的"爱力"，其共同的本质就是"仁"。而仁的根本属性是"通"，它能将天地、万物、人我，通为一身，化为一体。进而他指出，仁爱之德应该以平等的义务、对等的责任为原则，封建纲常名教宣扬的忠、孝、节、廉都是单向的片面的"专责于下"的道德规范，是统治者进行专制统治的"箝制之器"，完全不符合"仁"的原则。因此，仁是天地间唯一的道德价值，"天地间亦仁而已矣"。可见，谭嗣同"仁爱"观的基本特点是将仁与平等结合起来。作为谭嗣同好友的唐才常则提出"爱力"来论证仁爱之价值，他说爱力乃是固群强国的根本动力，"爱力绵，斯国力固""人人出其爱力以保国权，而国不富强者，未之有也"（《论公私》）。西方所以富强，"无他，有爱力以绵之也"（《论公私》）。爱力之所有如此重大作用，是由于"爱力"会产生"热力"，即产生对国家群体、对社会公务和对他人的热情、热忱。这种热情、热忱是一种巨大的感情力量，"热力速而涨者，其民必智，其国必新；热力大而神者，其民必仁，其国必群"（《论热力》下）。

资产阶级革命派关于仁爱、博爱的价值，比维新派更进一步，他们已直接、明确地用"博爱"来解释"仁爱"，而且更自觉地注意了博爱价值与中国传统价值的区别。孙中山说："我国古代，若尧、舜、禹之博施济众，孔丘尚仁，墨翟兼爱，有近似博爱者。然皆狭义之博爱，其爱不能普及于人人。"① 又说，中国古代学者，言仁者甚多，但唯韩愈所

---

① 孙中山：《在上海中国社会党的演说》，载《孙中山全集》第2卷，中华书局1981年版，第510页。

说:"博爱之谓仁"最为适当,"博爱云者,为公爱,而非私爱"。那么,这种以"公爱"为特征的"博爱",其具体内涵是什么呢?孙中山指出,博爱的实质内容就是为人民谋福利,社会主义就是体现这种博爱精神的理想社会:"社会主义为人类谋幸福,普遍普及,地尽九州,时历万世,蒸蒸芸芸,莫不被其泽惠。此社会主义之博爱,所以得博爱之精神者也。"[①] 朱执信还把博爱(互助与爱)与献身精神相联结,认为博爱主义"于必要之际,牺牲自己以图全人类之进步是也"[②]。他进而把博爱价值上升为处理民族之间与国家之间的关系准则:"然而相爱这一事,总算是人生一件紧要的事。不特一个人对一个人是如此,就是一个民族对一个民族,也可以用相爱的精神,行互助的手段,……这个相爱的精神,就是国家间的人道主义。"[③] 可见,资产阶级革命派的博爱价值观,其核心内容是为国家、为天下人谋幸福。其意义远远超出了改良派以"人人相亲""人我相通"为内涵的"仁爱"观。

从太平天国的"和傩"精神,到变法派的"仁爱"精神,再到资产阶级革命派的"博爱"精神,呈现了近代中国仁爱、博爱价值观的发展历程。这一历程是中国传统的"仁爱"与西方近代的"博爱"相融合的过程,也是传统"仁爱"观向近代"博爱"观转变的过程。这一转变过程的实质内容是淡化和消除传统仁爱观中"爱有差等"的封建等级性,而赋予爱以平等性内涵;突破和超越传统仁爱观中人伦关系的狭隘范围,而扩展爱的社会性、国际性领域。由此而使博爱价值观具有鲜明的近代色彩,使博爱价值观成为人权价值系统中的有机组成部分。

4. "自主""自由"

自主、自由,是主体的一种生存状态。这种生存状态的特点是人能

---

① 孙中山:《在上海中国社会党的演说》,载《孙中山全集》第2卷,中华书局1981年版,第510页。

② 朱执信:《侵害主义与人道主义》,载《朱执信集》,中华书局1979年版,第403页。

③ 朱执信:《睡的人醒了》,载《朱执信集》上册,中华书局1979年版,第325页。

够按照自己的欲求、愿望和目的来决定和选择自己的行为，获取自己的对象、支配客观事物。自由是人的本质特征和内在需要，马克思说，人的活动是使自然界和自己的生命活动本身变成"自己的意志和意识的对象"，"仅仅由于这一点，他的活动才是自由的活动"①。从价值论的角度来看，自主和自由乃是标志人的尊严和人的存在意义的一种崇高的价值。如果一个人没有自由，他就失去了自己应有的尊严和价值。正因如此，历代的哲人们和诗人们，都以震撼人们心灵的语言，赞美自由、讴歌自由。马克思说：自由是生命的灵魂，"没有自由对人来说，是种真正的致命的危险。"匈牙利诗人裴多菲诗云："生命诚可贵，爱情价更高；若为自由故，两者皆可抛。"

中国古代的思想家们，很早就提出了自由的思想。孔子的"七十而从心所欲不逾矩"、老子的"无为而无不为"、孟子的"上下与天地同流"、荀子的"制天命而用之"，都是对自由价值的肯定和追求。然而，这种自由思想的萌芽，其含义是笼统的，其地位是低弱的，其取向是人生意义上的。远远未达到近代自由价值观的水平。

把自由看作人道、人权发展的重要标志的近代西方自由观，是鸦片战争以后才逐渐传入中国的。从戊戌变法到辛亥革命，社会政治范畴的自由，受到了特别的重视。

康有为提出了"人各自主"论。康有为虽然还没有明确地用自由概念表达自己的价值追求，但他已经有了比较明确的自由意识。这种价值意识，他是用"人有自主之权"的命题来表达的。② 在康有为看来，天地生人，千差万别，个性不同，气质不一，这是宇宙间的"公理"。他说："人各合天地原质以为人。""人各具一魂，故有知识所谓智也。然灵魂之性，各各不同。"③ 既然如此，那么，任何人生来都是自立自主的，都应该有"自主之权"。康氏所谓的"自主"并不等于"自由"，但

---

① 《马克思恩格斯全集》第3卷，人民出版社2002年版，第273页。
② 《康有为全集》第1卷，上海古籍出版社1987年版，第279页。
③ 《康有为全集》第1卷，上海古籍出版社1987年版，第279页。

却是自由的内涵之一。康有为认为，"自主"之所以重要和可贵，就在于它合乎"公理"、有益"人道"。可见，康有为的自由价值观，是从"公理"推导出来的，其内涵甚为稀薄，其根据也甚为软弱。

梁启超提出了"自由权利"论。梁启超认为，自由就是"排除他力之妨碍，以得己之所欲"（《自由书·论强权》）。但自由有真与伪、全与偏、文明与野蛮之分。所谓真的、全的、文明的自由，乃是"团体之自由，非个人之自由也"（《新民说·论自由》）。只有确保团体之自由，"然后个人之自由始固"。同时，自由要"以不侵人之自由为界"，而"不侵人之自由"必须服从法律，"自由于法律之下"（《新民说·论自由》）。梁启超本着对自由的这种理解，高唱自由的赞歌："于戏，璀璨哉，自由之花！于戏，庄严哉，自由之神！"（《新民说·论自由》）在他看来，自由的价值在于：自由是天下之公理，"自由者，天下之公理，人生之要具"（《新民说·论自由》）；自由是权利的表征，"凡人之所以为人者，有二大要件：一曰生命，二曰权利。二者缺一，时乃非人"，而权利包括交通之自由、居住行动之自由、置管产业之自由、信教之自由、书信秘密之自由、集会言论之自由，等等（《十种德性相反相成义》）。自由是矫正奴性的工具，"中国数千年之腐败。其祸极于今日，推其大原，皆必自奴隶性而来，不除此性，中国万不能立于世界万国之间。而自由云者，正使人自知其本性，而不受箝制于他人。今日非施此药，万不能愈此病"[1]。自由是宪政的基础，自由精神乃是"欧美诸国民所以立国之本原也"（《新民说·论自由》）。正由于自由有如此崇高之价值，梁启超大力呼吁中国人的自由精神，"今日欲救精神界之中国，舍自由美德外，其道无由"（《十种德性相反相成义》）。并特别强调自由竞争，特别是丧失权利的弱者务求自强以向侵夺权利的强者进行竞争。由此可见，梁启超的自由价值观是以团体自由为内涵的权利价值观。他把自由的主体由个人移向群体，把自由的价值由人性引向权利，把自由竞

---

[1] 丁文江、赵丰田：《梁启超年谱长编》，人民出版社 1983 年版，第 306 页。

争的功能由激发个人活力转向增强国家实力。突出表现了他的自由价值观是以国家和民族的自强为宗旨的。

严复提出了"自由为体"论。他说，西方之所以富强，其根本原因在于"以自由为体，以民主为用"（《原强》）。自由乃是西方资本主义的实质和根本，是西方人最根本的价值。那么，什么是自由呢？严复认为，所谓自由就是"不为外物拘牵""自主而无挂碍"（《群己权界论·译凡例》）。但同时，自由还包括自觉的自我约束之含义，并不等于是"放诞、恣睢、无忌惮"。因此，自由必须以"毋相侵损"为准则（《论世变之亟》），即"人得自由而必以他人之自由为界"，从而达到"我自由者人亦自由"的境界。他指出，如使自由"无限制约束，便入强权世界而相冲突"（《群己权界论·译凡例》）。根据对自由是自主与自觉相统一的这种理解，严复高度弘扬了自由的价值：（1）自由是天赋人权："民之自由，天之所畀也"（《辟韩》），"唯天生民，各具赋畀，得自由者乃为全受，故人人各得自由，第务令毋相侵损而已，侵人自由者，斯为逆天理，贼人道"（《论世变之亟》）；（2）自由是社会平等的条件："人人得其意、申其言，上下之势不相悬隔，君不甚尊，民不甚贱，而联合一体"（《原强》）；（3）自由是社会进步的动力：西人"以自由为体，以民主为用，一洲之中，散为七八，争驰并进，以相磨砻，始于相忌，终于相成，各殚智虑，此既日异，彼亦月新"（《原强》）；（4）自由是维护真理的保障。"须知言论自由，只是平实地说实话，求真理，一不为古人所欺，二不为权势所屈而已。使真理事实，虽出于仇敌，不可废也。使理谬事诬，虽以君父，不可以也。此之谓自繇。"[①] 不难看出，严复的自由价值观着眼于以天赋自由伸张个体价值，以政治自由破除专制政体，以经济自由推动经济发展，以言论自由开发民智民识，总之是以自由为实现国家富强的工具。从对自由价值的这种理解出发，严复尖锐地批判了中国传统价值观中缺乏自由意识的缺陷，"夫自由一言，

---

① 《严复集》第 1 册，中华书局 1986 年版，第 134 页

真中国历古圣贤之所深畏，而从未尝立以为教也。"（《论世变之亟》）。并强烈地疾呼中国真要求富强，就"必自皆得自由始"（《原强》）。

孙中山提出"国家自由"论。作为一位伟大的资产阶级革命家，孙中山非常重视自由之价值，他说，国民革命"虽经纬万端，要其一贯之精神，则为自由、平等、博爱"（《军政府宣言》）；三民主义"皆为平等、自由主义"（《军人精神教育》）。然而，中山先生所说的自由，其内涵却是多重的。其一，自由泛指社会生活中的自由原则；其二，自由指一个民族国家的独立、自主；其三，自由指极端自由化和无政府主义。对于前两种自由，孙中山是肯定的，尤其是对民族国家的自由更是他大力倡导和竭力追求的价值。而对于后一种"自由"，孙中山是坚决反对的，认为它是一种"打破政治力量、分散政治团体"的负价值。在孙中山看来，对于作为国民在资产阶级民主制度下所享有的权利的自由应该努力争取，因为，只有争取中国"亿兆国民之自由权利"，使人民享有言论、信仰、集会、结社等自由，才能使人民摆脱专制之苦，破除"盲目附和"的"奴性"，重建"天赋之人权"。他说，代表"自由、平等、博爱"的人权是否存在，乃是国家兴亡、贫富、强弱的根本，"人权颓敝者，其民多恭弱，祸害倚伏，无由而绝"[1]。对于以民族、国家、团体为主体的自由，应该竭力追求，"因为中国受列强的压迫，失去了国家的地位，不只是半殖民地，实在已成了次殖民地，比不上缅甸、安南、高丽。缅甸、安南、高丽不过是一国的殖民地，只做一个主人的奴隶；中国现在是做十多个主人的奴隶，所以现在的国家是很不自由的。"[2] 可见，孙中山所谓的"国家自由"其实指的是中国国家的独立。为了实现国家独立这种自由，孙中山主张实行民族主义，他说："实行民族主义就是为国家争自由"（《军人精神教育》）；"民族主义是提倡国家自由的"[3]。孙中山把国家自由置于崇高的价值地位，于是主张为了国家的大

---

① 《孙中山全集》第1卷，中华书局1981年版，第296页。
② 《孙中山全集》第9卷，中华书局1981年版，第282—283页。
③ 《孙中山选集》，人民出版社1981年版，第723页。

自由，个人自由在必要时应该作出牺牲。从这种价值取向出发，他竭力反对那种"放荡不羁"的无节制的个人自由。他说，中国的这种自由不是少了而是太多了，早已成了国家和民族发展的祸害，它既使民族失去了凝聚力，又使国家失去了抵抗力，"人人有自由，人人都把自己的自由扩充到很大，所以成了一片散沙"①。据此，他决然宣称，中国所需要的不是个人自由，而是"国家自由"，"在今天，自由……如果用到个人，就成一片散沙，万不可再用到个人上去，要用到国家上去。"② 与孙中山这种自由价值观相呼应，邹容、陈天华等革命党人，也都把自由的价值准星定在国家和民族的独立之上，激昂地呼喊"竖独立之旗，撞自由之钟"（邹容《革命军》）；明确地表示"吾侪求总体之自由者也，非求个人之自由者也"（陈天华《论中国宜改创民主政体》）。由此可见，孙中山提出的"国家自由"价值观，乃是辛亥革命志士们的共识。这种价值观反映了当时人们对国家和民族独立的强烈要求，也表现了中国民族资产阶级对个人自由权利之价值重视不够的局限。从认识上说，则是对国家独立与个体自由的辩证关系缺乏全面的理解。

自由作为人权价值体系中的重要内容，从戊戌变法到辛亥革命，已成为中国人着力追求的目标，尽管人们对这一价值的认识有宽狭、全偏、深浅之异，对实现这一价值的途径和方式有激进和渐变之别，但对它的崇尚和追求，标志着中华民族价值观念的重大变革。

5. "民权""民主"

民权、民主是政治价值，也是人权价值的基本内容之一，公民权在政治方面就是自由和民主的权利。在封建时代，中国的政治制度是专制主义，广大民众没有民主权利。古代的民本思想，虽然源远流长，但其性质仍然是对君主专制的补充。它诚然肯定了"民为贵"的价值地位，但这种价值是从属于、依附于君权的。它只是表明，君主权利和权力的

---

① 《孙中山全集》第 8 卷，中华书局 1981 年版，第 267 页。
② 《孙中山全集》第 9 卷，中华书局 1981 年版，第 281 页。

命运对民众的地位和价值有很大的依赖性。鸦片战争以后，随着西方民主政治思想的传入，中国的价值观念中才逐步确立了民主的地位。在这一过程中，传统的民本意识曾经作为西方民主观念与中国传统思想的一个契合点而发挥了积极的作用。

对民主价值的初步体认，于鸦片战争后不久，就在早期启蒙思想家的言论中表达出来了。马建忠有"得民心为要""议院立而下情可达"之言，薛福成、邓观应有"君民共主"之说，陈炽有"合君民为一体，通上下为一心"之议，王韬有"天下之治以民为先"之论。然而，真正明确提出民权主张的是何启、胡礼垣。他们认为，中国贫弱的根源在于"民无权"，泰西富强之根本在于"兴民权"。"民权"之价值，首在"立国"，民是国家的命脉所系，"国之根本在于民"，"国之所立者惟民"（《曾论书后》）；次在"强国"，"民权愈盛，其国愈强"（《劝学篇书后》）；亦在"人权"，权乃人人天生具有，而"天下之权唯民是主"（《正权篇辩》）。实现民权的政治形式则在设议院，"议院者，合人人之权以为一国之用者也"，所以，"民权之复，首在设议院，立议员"（《正权篇辩》）。其观点尽管简略，但却是近代中国比较早的民主呼声。

时至戊戌维新时期，对民权、民主的认识进一步深化。康有为、梁启超、谭嗣同、严复等维新思维的鼓动者，继承了明清之际早期启蒙主义思想家如黄宗羲、唐甄等人的思想，对君权进行了激烈的批判；又发展了鸦片战争时期邓观应、何启、胡礼垣等人的观点，提倡民权，主张"君民共主"。在他们看来，民权、民主的价值在于：（1）民是社会的真正主人。严复在《辟韩》一文中，批判了韩愈的君权理论，指出韩愈所谓的"君者，出令者也。臣者，行君之令而致之民者也。民者，出粟米麻丝，作器皿，通货材以事其上者也"（《师说》）的观点，完全颠倒了民与君的本末关系，君既是民"择其公且贤者立而为之"，那么，君应事民而不是民事君；民既然将自己的劳动果实分出一部分给君，那么，君应当承担为民的义务，若不能为民则应废除。由此看来，民才是社会的真正主人，"斯民也，故斯天下之真主也"。严复的"民为真主"论，从价值观上言之，就是对韩愈的君民价值地位的颠倒，把"尊君"变成了"隆民"。谭嗣同也认同严复的观点，明确提出了"民本君末""民贵君轻"论。他说："生民之初本无所谓君臣，则皆民也。民不能相治，亦不暇治，于是共举一民为君。夫曰共举之，则非君择民，而民择君也。夫曰共举之，则因民而后有君。君，末也；民，本也。"（《仁学》下）由此，他竭力主张消灭君主专制，实行民主主义。（2）民主是人治的最高准则。梁启超在同严复讨论议院民主问题时，也激烈地抨击君权，推崇民主。他认为，"君主"与"民主"是两种根本对立的政治价值，"君主"的价值内涵是"私"，"民主"的价值意蕴是"公"，而"公固为人治之极则"。这实际上是把"民主"看成最高的政治价值。（3）民主是太平之世的标志。康有为通过发挥《春秋》的三世说，提出人类历史的演进是由"据乱"世到"升平"世，再至"太平"世。据乱之世则多君为政，升平之世则一君为政，太平之世则民为政。民为政则无君，无君即是民主。后来，他在《大同书》中描绘大同世界的美好景象时说："人人平等，无有臣妾奴隶，无有君王统领，无有教主教皇"是"治之至也"。梁启超接受了这种社会理想，也认为民主乃是太平世——大同世界的政治标志。（4）民主是国家富强的重要途径。康有为等维新志士所追求的直接价值目标并非大同世界，而是现实中国的富强。从致富致强的目标看，民主乃是一种工具价值，是实现富强的手段和途径。康有为说："人君与千百万之国民合为一体，国安得不强？"（《请定立宪开国会折》）严复也认为，西方国家之所以强盛，关键在于对民权的尊重，中国要强盛，必须改变封建君主专制，学习西方"以自由为体，以民主为用。"可见，维新派无论从社会理想的追求言，还是从中国现实的改革言，都认识到了民主政治的重要价值。那么，如何实现民主价值呢？他们提出的方略和措施有两条：一是通过改良，建立君主立宪，实行"君民共主"的政治制度。维新派中除谭嗣同主张消灭君主专制，其他如康、梁、严等，都把兴议院、开国会，改良君臣隔绝、上下阻塞的现状，作为实现政治民主的重要措施和步骤。在康有为看来，"无君"的民主政治尽管美好，但在当时的中国，只能言"小康"，不能求"大同"；只能实行"君民合治"，不能实现"悉由民公举自治"。如果超越阶段，"则陷天下于洪水猛兽"。所以，走维新道路，行君主立宪，乃是现实的改革办法。二是革新教育，更新文化，以鼓民力、开民智、新民德，提高民族素质。严复、梁启超等人，都把"新民"视为当今第一要务，认为要实现民主政治，必须以民族的文化素质、精神素质为基本条件，而当时的中国，"民力已荼，民智已卑，民德已薄"，还不具备民主政治的人的素质基础，因此，他们提出了一系列废除科举，革新教育，兴办学校，增进民智，提高民德的改革主张。康有为说："立国必以议院为本，议院又必以学校为本。"（《日本变政考》卷十一按语）梁启超说："今日策中国者，必曰兴民权。兴民权斯固然矣，然民权非可以旦夕而成也。权者，生于智也，有一分之智，即有一分之权。……昔之欲抑民权，必以塞民智为第一义，今日欲伸民权，必以广民智为第一义。"（《古议院考》）严复说："善治如草木而民智如土田。民智既开，则下令如流水之源，善政不期举而自举"；"君权之轻重，与民智之深浅成例"（《天演论》导言八按语《中俄交谊论》）。由此，他提出"今日要政，统于三端，一曰鼓民力，二曰开民智，三曰新民德"（《原强》）。

百日维新的失败，使改良主义者的"君民共主""君主立宪"的政治体制设计成了泡影，以孙中山为代表的革命派继续为民主政治的实现浴血奋斗。革命派无论在民主的价值含义上还是在民主的价值实现上，都提出了比改良派更激进的观点和主张。关于民主的价值意义，革命派认为：（1）民主是最美最宜之政体。革命理论家陈天华认为民主政体既优于专政政体，又优于无政府主义。专制政体桎梏着中国的生机，窒息着神州的生命，导致了国家危机、民族危亡，而无政府主义追求个人的绝对自由和放任，崇尚恐怖活动和暗杀，不利于秩序之维持。他说通过比较，就可以看出"求乎最美最宜之政体，亦莫宜共和若"，"欲救中国，惟有兴民权，改民主"（《论中国宜改创民主政体》）。孙中山也认为，民主政治是当今地球上最文明的政治制度，我们"总要择地球上最文明的政治法律来救我们中国"[①]。（2）民主是世界潮流。针对保皇派提出的今日中国宜为君主立宪而不应行民主共和的谬论，孙中山站在时代高度予以批驳，高瞻远瞩地指出"世界的潮流，由神权流到君权，由君权流到民权""主张民权，就是顺应世界的潮流"（《三民主义·民权主义》）。他慷慨激昂地说："世界潮流，浩浩荡荡，顺之则昌，逆之则亡。"（3）民主是实现国家富强的工具。孙中山等革命党人虽然在民主政治的政体价值、时代价值的认识上异于改良派，但对民主政治的工具价值的认识，与改良派的思路并无根本区别。他们的民主理想也是安置于迅速改变中国，使其成为富强国家这一大目标之下的。孙中山先生主张在政治体制上"取法乎上"，即采取美国的民主共和体制，其原因就在于美国是快速暴发起来的世界上最强大的国家，中国取法民主共和，也会较快地富强起来。康、梁当年主张学习英国的君主立宪，也是由于英国是当时最强大的国家。

关于民主价值的实现，革命派的主张十分明确，就是进行革命，推翻清朝专制政府，建立民主共和。具体说来，其内涵包括诸多方面：一曰废除帝制。孙中山指出，改革派所谓各国政体皆由野蛮而专制，由专制而君主立宪，由君主立宪而始共和的演变次第是荒谬的，社会变革，应顺应时代，取法乎上，不应亦步亦趋地进行，中国改革必须推翻帝制，"由平民革命以建民国政府，凡为国民皆平等以有参政权"（《中国民主革命之重要》）。二曰直接民权。孙中山认为欧美的代议制不是真正的民权，因此不能作为中国民主政治的标准。中国必须实行直接民权，"直接民权才是真正民权"。他提出，把政权放在人民掌握之中，让人民运用手中掌握的选举、罢免、创制、复决"四权"，去控制政府所被授予

---

① 孙中山：《在东京留学欢迎大会上的演说》，载《孙中山全集》第1卷，中华书局1981年版，第28页。

的立法、行政、司法、考试、监察"五个治权"。这样，人民手中有"政"权（权），政府手里有"治"权（能），权能区分，彼此平衡。三曰循序渐进。为了使民主政治建设在坚实的基础之上，孙中山提出在革命之后，实施民主政治应分为军政时期（以武力扫除一切障碍，奠定民国政府）、训政时期（督率国民，建设地方自治）、宪政时期（由国民选举代表，组织宪法委员会，创制宪法）三个时期，三大步骤，循序渐进。辛亥革命的领导者们构想的这一幅"兴民权，改民主"的民主政治建设蓝图，尽管有许多不足，但毕竟标志着中华民族政治价值观念的重大变革，是价值观念史上的里程碑。

近代中国的价值观念，以尊个性、崇博爱、尚平等、求自由、兴民主为主要内涵，共同构成人权观念体系。它既体现了时代精神又维系于传统文化的根脉，既表现了西方价值观的传入又保留着中国固有观念的烙印。从而使中国从鸦片战争到辛亥革命的七十年间的价值观念演变历程，显得坎坷曲折、错综复杂，充满了矛盾和冲突、延续和间断、趋同和变异。这是一幅世界史上少有的价值观念的演变图景。

（三）价值观念上的中西古今之辨

近代中国人权价值观的兴起，并不是一个自然而然的过程，更不是一个风平浪静、平稳和谐的过程。随着西方文化的涌入，随着具有时代精神的新思想的传播，中与西、古与今的价值观念冲突愈演愈烈。于是，如何对待西方传入的价值观，如何对待中国固有的价值观；如何对待方兴未艾的新观念，如何对待延续已久的旧观念，就成为中国寻求救国方案的仁人志士们无法回避而且必须回答的时代课题。由此而形成了价值观念上的中西古今之辨。中西古今之辨从鸦片战争时期到辛亥革命期间，延续七十年之久，其中有太平天国农民革命派与代表封建势力的守旧派的争辩、有洋务派与顽固派的争辩、有改良派与保守派的争辩、有革命派与保皇派的争辩，一波未平，一波又起。争论的问题有华夷之辨、道器之辨、体用之辨、君主立宪与民主共和之辨等，内容繁复，头绪纷纭，意见驳杂，歧义迭出。现择其要者，予以论述：

1. "尊夏"与"师夷"之辨

鸦片战争的失败，使朝野震惊、上下惶恐。如何对待船坚炮利的西方列强，如何抵御外侮以挽救民族危机，成了当时人们思考和讨论的中心话题。长期以来，满清政府严守夷夏之界，用虚骄来维护天朝尊严，用保守来防止以夷变夏，从最高统治者，到整个知识界，都沉酣于"天朝上国""尽善尽美"的自满自傲心态之中。鸦片战争的炮声，警醒了这种"徒知侈张中华，未睹寰瀛之大"的迷梦。一些士大夫开始逐步改变了妄自"尊夏"的观念，冲破了"严夷夏大防"的思想牢笼，自觉地放眼世界，"悉访夷情"。林则徐、魏源、徐继畬、姚莹就是其中的杰出代表。他们认为，为了"制夷"，必须"悉夷情"；通过洞悉夷情，他们面对现实，承认了敌强我弱、敌长我短的基本事实。在此认识的基础上，林则徐、魏源明确主张"师夷长技以制夷"。魏源说："以夷制夷，以夷款夷，师夷之长技以制夷。"（《海国图志》）又说："今西洋器械，借风力、水力、火力，夺造化，通神明，无非竭耳目心思之力，以利民用。因其所长而用之，即因其所长而制之；风气日开，智慧日出，方见东海之民，犹西海之民！"（《海国图志》）可见，魏源提出"师夷"论，其原因在于"夷有所长"；其目的在于"富国强兵"，抵御外侮；其内容在于"长技"，包括战舰、枪炮、火器等军工技术和其他一些工业技术。此说一出，很快在舆论界引起波澜，遭到非难，把中西文化的讨论推向论坛。守旧派人士在尊夏鄙夷和重道轻器观念的支配下，极力反对，大力抨击。他们认为，第一，"师夷"颠倒了华夷的尊卑地位，有失国家体统。梁廷枏虽然主张了解外国情况，但却坚决反对"师夷"，他说："既资其力，又师其能，延其人而受其学，失体孰甚"（《夷氛闻记》）；其二，"长技"是夷狄的

"奇技淫巧""形器之末","师夷长技"有违上国"圣道"。针对这些观点,"师夷"论者明确地指出:"古今时势不同,当务为亟。今日事势可忧可惧如此,似不宜守拘墟之见,犹以复辙为美谈也。"① 在夷夏问题上,应该看到,华夏有其所短,夷狄有其所长,如果"徒知侈张中华,未睹寰瀛之大","坐井观天,视四裔如魑魅,暗昧无知,怀柔乏术"就会"坐致其侵陵","误天下国家"。而且,在当今世界大势中,中国已处于和海外诸国平等竞争之中,不能再囿于"尊夏鄙夷"的观念之中以上国自恃了。王茂荫说:"方今海外诸国,日起争雄。自人视之,虽有中外之分;自天视之,殆无彼此之异。"(《治法治人之本在明德养气折》)在道器问题上,应该知道,"古之圣人,刳舟剡楫以济不通,弦弧剡矢以威天下,亦岂非形器之末?……有用之物,即奇技而非淫巧"。西洋器械,也如中国古代圣人制器一样,是为了便于民用的。俄国的彼得大帝,学习西洋技艺,励精图治,振兴国家,由此而"其兴勃然"。中国"师夷长技",也能"足国足兵",使"东海之民"勃兴,赶上"西海之民"(魏源《海国图志》)。

由此看来,"尊夏"与"师夷"的争辩,不仅是对西方列强的实情的了解和认识问题,而是一场价值观念的论争。其中的价值观念内涵,包括诸多次层:是以平等的态度对待西方还是以尊卑观念区分"夏夷";是重伦理纲常之"道"还是重技艺形器之"器";是闭关自守还是对外开放;是革新变古还是泥古不化。尽管以魏源为代表的"师夷"论者还没有摆脱"夷夏之别"的旧传统,还把"师夷"确定在"长技"的范围之内,更没有对儒家的纲常礼义提出挑战。但他的"师夷长技以制夷"的价值命题中,已体现着尊平等、重技术、崇功利、主开放、求改革的价值追求。这种价值追求,揭开了近代中国价值观念变革的序幕,为以后洋务运动、戊戌变法,以至辛亥革命的价值观念的进一步近代化,开启了路径。而围绕它开展的价值观念争辩,也成为近代史上价值观念争

① (清)姚莹:《复光律原书》,载《东溟文后集》卷8,第10—11页。

论的开篇。

2. "均平"与"纲常"之辨

太平天国起义是近代史开篇中与鸦片战争同等重要的大事。太平军虽然是农民军，但它借助了西方基督教的宗教形式，把经过改造的基督教教义引入了价值意识，所以在与清朝统治者进行刀光剑影厮杀的同时，也伴随着文化价值观念上的争论。而且，这种争论也蕴含着中西之辨的因素。

太平天国价值观念的核心是"均平"，它希望把世界改造成"公平正直之世"。洪秀全说："普天之下皆兄弟，灵魂同自天上来，上帝视之皆赤子"（《原道救世歌》）；"天下多男人，尽是兄弟之辈；天下多女子，尽是姊妹之群"（《原道醒世训》）；"天下总一家，凡间皆兄弟"（《原道觉世训》）。这种人人都是同胞兄弟的平等思想，一方面是农民固有的朴素平等意识的表现；另一方面则是基督教"上帝面前人人平等"观念的影响。由于太平天国毕竟是小生产者的集团，不可能彻底摆脱封建意识的束缚，所以在他们提出朴素的均平、平等要求的同时，也在宣扬君君、臣臣、父父、子子、夫夫、妇妇的封建伦常。从而，使他们的价值观念具有两重性、矛盾性。

尽管如此，太平天国的平等价值观念，也不能见容于封建统治者，代表清政权武装力量的湘军统帅曾国藩在与太平军作战时，就对太平天国的价值观进行过批判。他说："自唐虞三代以来，历世圣人扶持名教，敦叙人伦；君臣父子上下尊卑，秩然如冠履之不可倒置。粤匪窃外夷之绪，崇天主之教，自其伪君伪相，下逮兵卒贱役，皆以兄弟称之，惟天可称父，此外凡民之父皆兄弟也，凡民之母皆姊妹也。……举中国数千年礼义人伦，诗书典则，一旦扫地荡尽，此岂独我大清之变，乃开辟以来名教之奇变，我孔子孟子之所痛哭于九泉。"（《讨粤匪檄》）曾国藩明确指出，太平天国的价值观念核心是平等意识，并认为这种观念的来源是"窃外夷之绪，崇天主之教"，而他批判这种观念所用的思想武器则是孔孟之道、纲常名教，特别是尊卑等级观念。

以此看来，曾国藩与太平天国在价值观念上的冲突、斗争，也具有中西古今之辨的意义。由于价值观念上的斗争是从属于军事斗争的，斗争的主战场是军事战线而不是思想战线，所以并没有形成价值观念上影响很大的激战局面。而且，由于太平天国对传统价值观的叛逆并不彻底，对西方价值观念的引进也不很自觉。虽然洪仁玕曾著有仿行资本主义制度的《资政新篇》，可是这部堪称中国近代史上第一部资本主义的建国纲领，并未付诸实践，只沦为一纸空文。因此，以曾国藩为代表的封建势力与太平天国的价值观念之辨，诚然内蕴着中西古今之辨的含义，但其政治意义远重于文化意义，并没有引起文化价值观念上的重大震荡。

3. "道器""本末"之辨

19 世纪 60 年代初兴起的以"富强"为目标的洋务运动，是清政府中的开明务实派掀起的一场自我更新和自我振作的社会活动。这场绵延30 多年的"自强新政"，是从实践和观念两个层面展开的。从社会实践层面言，洋务派兴办军事工业、民用企业，创办新式文化事业（如设同文馆、译西方书、派留学生、建新学堂、办出版业等）。从思想观念层面言，洋务派的思想家和实践家们著书立说，介绍西学，奏章撰文，宣传新政，阐述自己的主张。其中洋务派思想家如冯桂芬、王韬、薛福成、郑观应、马建忠等，他们的思想，集中代表了洋务思潮的最高水平，也反映了当时中国先进知识分子新的思想认识和价值观念。

他们认为，世界局势已发生了前所未有的变化，已进入一个新的时代。过去各国"划疆自守""闭关而治"，不相往来，而今"百货流通，各商云集"，互相联属；过去人们"耕牧"为业，和平安定，而今工商勃兴、技术进步、激烈竞争、弱肉强食；过去工具笨拙、生活简朴，而今"人心由拙而巧，风气由朴而华"。总之，这是一个开放的时代、工商的时代、竞争的时代、追求富强的时代。从这种认识出发，他们指出，中国如果继续"闭关独治"，安于现状，盲目排外，自成天下，就终难逃脱衰落灭亡的命运，鸦片战争的失败就是深刻的教训。而要摆脱贫穷衰弱、受人侵夺的局面，必须改弦更张，树立新的目标，探求新的道路。

据此认识，洋务派思想家们提出了新的价值观念：

（1）"自强"。冯桂芬在《校邠庐抗议》中指出，中国在诸多方面不如西方，"人无弃材不如夷，地无遗利不如夷，君民不隔不如夷，名实必符不如夷"，"船坚炮利不如夷，有进无退不如夷"（《制洋器议》）。如果不尽快谋"自立"之策、"自强"之道，就会陷于"为天下万国所鱼肉"的悲惨结局。因此，应该抓紧机遇，急起直追，谋"自强之道"。在他看来，树立和实现"自强"的价值目标，具有深远的意义："不自强而有事，危道也；不自强而无事，幸也，而不能久幸也。""自强而有事，则我有以待之"，"自强而无事，则我不为祸始"（《善驭夷议》）。总之，筹谋自强，无论有事无事，都会处于主动地位，有备无患，无往不胜。

（2）"制器"。为了自强，必须向西方学习技术，制造机器，自造轮船枪炮，这是洋务派提出的又一价值取向。冯桂芬说，自强之道，关键在于"师夷长技"制造"洋器"，"能造，能修，能用，则我之利器也。不能造，不能修，不能用，则仍人之利器也"。如果学会了制造洋器，"夫而后内可以荡平区宇，夫而后外可以雄长瀛寰，夫而后可以复本有之强，夫而后可以雪从前之耻，夫而后完然为广运万里，地球中第一大国。……而我中华始可自立于天下"。（《制洋器议》）李鸿章说："中国欲自强，则莫如学习外国利器；欲学习外国利器，则莫如觅制器之器。"（《李鸿章致总理各国事务衙门函》）重利器观念，显然是对魏源"师夷长技"观念的继承和发展。

（3）"求富"。洋务运动初期，冯桂芬等人虽然有时"富""强"并举，但重点强调"自强"。到了19世纪70年代，洋务派逐步认识到"强"与"富"不可分割，明白了西方之所以"强"，是由于"富"，中国之所以"弱"，是因为"贫"。"富乃强本"，"贫为弱因"。以这种认识为前提，他们明确地把"求富"作为价值目标列入了行动纲领，主张走“寓强于富”“先富后强”的道路。李鸿章说：“欲自强必先裕饷，欲浚饷源莫如振兴商务。中国积弱，由于患贫。西洋方千里数百里之国，岁入财赋动以数万万计，无非取资于煤铁五金之矿，铁路、电报、信局、丁口等税。酌度时势，若不早图变计，择其至要者，逐渐仿行，以贫交富，以弱敌强，未有不终受其敝者。”① 又说：“古今国势，必先富而后强，尤必富在民生，而国本乃可益固。”② 马建忠也说：“治国以富强为本，而求强以致富为先。”（《富民说》）时至80年代，“求富”已成为洋务派普遍认同的价值观念。

（4）“重商”。随着“求富”“致富”思潮的勃兴，用什么方法才能致富，就成为议论的重心。于是，重商观念应运而起。洋务派当时所谓的“重商”“兴商”，其含义不限于商业，而是包括工矿、贸易、交通、电讯、金融等实业在内的广义范畴。关于重商的价值意义，洋务人士作了相当充分的阐发。首先，他们认为，商业是西洋立国的重要支柱，兴商是学习西洋的基础。郭嵩焘在《条议海防事宜》中最先提出“西洋立国有本有末，其本在朝廷政教，其末在商贾”。中国要“循西洋之法以求日进于富强”，当前还无力学其“本”，而应先“姑务其末”，即振兴商业，“以立循用西法之基”。这显然是要以兴办商业为“致富强”的基础步骤。其次，他们指出，重商是中国富强的关键。湖广道监察御史李璠在奏折中说：“泰西各国，谓商务之盛衰关乎国运，故君民同心，利之所在，全力赴之。”故中国因之受害，唯一的对策是“以商敌商”，商务盛则国势强。贵州候补道罗应旒也奏道：“西人以商为国，……国家之用常足，商与兵相依互进。”“吾中国之所以为治者，在乎礼乐教化，富强所不屑为也。然今我被其害也。”当今之道，只有重商富民，“富强之道胥不外是矣！”③ 薛福成也上疏说：“生财大端在振兴商务”，此乃

---

① 《李鸿章全集》第3册，海南出版社1997年版，第1220页。
② 《李鸿章全集》第3册，海南出版社1997年版，第1339页。
③ 中国史学会主编，中国近代史资料《洋务运动》（一），1959年印，第165—168、179—181页。

"利用厚生之政，探本握要之图"。① 再次，他们认为，商业是国民经济的主导。集重商思想之大成的郑观应，在《盛世危言》中说："士无商则格致之学不宏，农无商则种植之类不广，工无商则制造之物不能销。"因此，商"握四民之纲领"，是国民经济的主导部门。（《盛世危言·商务二》）薛福成也持相同的见解："夫商为中国四民之殿，而西人则恃商为创国造家、开物成务之命脉，迭著神奇之效者何也？盖有商则士可行其所学而学益精，农可通其所植而植益盛，工可售其所作而作益勤，是握四民之纲者商也。"② 这种观念已远远超出了洋务派仅以兴商为富国政策的见解，而达到了从资本主义经济运行规律的高度确认商业价值地位的水平。从重商观念出发，洋务派思想家郑观应等提出了著名的"商战论"。郑氏把资本主义侵略概括为军事侵略和经济侵略两种，并认为经济侵略比军事侵略更严重、更危险。为此，他主张以"兵战"对"兵战"，以"商战"对"商战"。并且认为，在反侵略斗争中，"无形"的"商战"比"有形"的"兵战"更重要，因为"兵战"仅能"治其标"而"商战"才能"固其本"。所以，"习兵战不如习商战"。

概而言之，洋务派的价值观念是"制器"以"求强"，"重商"以"致富"。这既是他们价值观念的构成要素，也是其价值观念的发展历程。前期（19世纪60年代）以"制器求强"为主，后期（19世纪80年代）以"重商致富"为主。在三十余年中，正是这种价值纲领在指导着洋务运动的实践。也正是这些观念引起了相当激烈的争辩。

洋务派与顽固守旧派的价值观之争，围绕的问题主要是崇道还是重器、商本还是农本。19世纪60年代，当洋务派在"中国欲自强，则莫如学习外国利器"的价值观指导下，兴办军事工业，并提出创立同文馆和增设天文算学馆的方案时，很快引起了轰动效应。守旧派人士张盛藻、倭仁、杨廷熙等人先后发难反对此项决策。虽然从表面上看，他们不过是对朝廷的某项决策提出异议，但实质上却蕴含着价值观上的重大分歧。

---

① 中国史学会主编，中国近代史资料《洋务运动》（一），1959年印，第260—261页。

② 《英吉利用商务辟荒地说》，载《薛福成选集》，上海人民出版社1987年版，第127页。

他们认为"正途科甲人员"的责任是"读孔孟之书，学尧舜之道，明体达用，规模宏远"，"何必令其习为机巧，专用制造轮船洋枪"（张盛藻）；"立国之道，尚礼义不尚权谋；根本之图，在人心不在技艺"（倭仁）。由此，他们主张，自强之道在于"整纪纲""明政刑""严赏罚""养气节"，"以尧舜孔孟之道为教""以礼义人心为本"；自强之策"必求之忠信之人""必谋之礼义之士"。总之，"修德行政则自强之本也"（强汝询）。可见，守旧派提出的价值观是"重道轻器""重礼轻技"。

19 世纪七八十年代，当洋务派在"致富生财大端在振兴商务"观念的指导下，兴办经济实业、开展商业贸易之时，保守人士如刘锡鸿、奎润、丁立钧、盛昱等又对这种"重商富民"思潮提出了责难。他们认为，西洋重商立国的方略，"未可施诸中国也"，因为中西"情形迥不侔也"。中国数千年以"天下为家"，"政令统于一尊，财富归诸一人，尊卑贵贱体制殊严，士农工商品流各别"，"农为本，商为末"，"逐末之人何得妄参国是""市侩之贱何得擅蓄甲兵"（刘锡鸿《读郭廉使论时事书偶笔》）。"故古来圣君贤相讲富强之道者，率皆重农抑商，不务尽山林之利"（《丁立钧敬陈管见》）。正由于"中国立国之本在安民，外国立国之本在利商"，因之，中国欲致富强，"开源之计惟在于农"（强汝询《海防议》）；"国以民为本，民以食为天，耕牧者本富也。……本富，则乡与国均，均则国势可久"（盛昱《书〈铁路述略〉后》）。不难看出，守旧派固持的是中国传统的"农本商末""重农抑商"价值观。

无论是重道轻器还是重农抑商，二者的共同价值观基础则是传统儒家的纲常礼教。因此，守旧派对洋务派的批判，实质上是价值观念上的中西古今之辨。它关系到如何对待西方文化，如何对待中国传统文化，特别是如何对待中西文化的核心——价值观问题。

为了驳斥守旧派的观点，推行"自强新政"，洋务派人士不但对重道轻器、农本商末的传统观念进行了针对性的驳斥，反复申明"师夷技""采西学""制洋器"和"兴商务""开商战"对于"富国强兵"的重要意义，切实指出"空谈道义"，以"忠信为甲胄、礼义为干橹"和

"农本商末""重农抑商"等迂腐陋见的不合时宜和不利于国，而且，对如何处理中西文化关系和如何协调中西价值观念，提出了独到的见解。冯桂芬提出了"中本西辅"说："以中国伦常名教为原本，辅以诸国富强之术"（《采西学议》）；郭嵩焘提出了"先末后本"说："西洋立国有本有末，其本在朝廷政教，其末在商贾"。中国学习西洋"先欲通商贾之气，以立循用西法之基，所谓其本未遑而姑务其末者"（《福建按察使郭嵩焘条议海防事宜》）；李鸿章提出了"中道西器"说："中国所尚者道为重，而西方所精者器为多。……欲求御外之术，唯有力图自治，修明前圣制度，勿使有名无实；而于外人所长，亦勿设藩篱以自隘，斯乃道器兼备，不难合四海为一家。"（《庸庵全集文编》卷二）薛福成提出了"以器卫道"说："今诚取西人器数之学，以卫吾尧舜禹汤文武周孔之道，俾西人不敢蔑视中华。"（《筹洋刍议·变法》）郑观应提出了"中本西末"说："以西学言之，如格致制造等学，其本也；……语言文字，其末也。合而言之，则中学其本也，西学其末也。主以中学，辅以西学。"（《盛世危言·西学》）迨至19世纪90年代末，上述这些主张才被明确地统括在"中学为体，西学为用"的命题之中。

本末、道器、体用，是中国传统哲学的重要范畴，其内涵十分丰富。洋务派借用这些范畴，赋予特定的内涵，以表达他们的价值观纲领和处理中、西文化关系的主张。在他们看来：第一，中国的纲常、礼义、政教是本、是道、是体，西方的技艺、器物、工商是末、是器、是用；第二，中学的本、道、体和西学的末、器、用，是可以协调，能够结合的；第三，在中西文化结合中，中学之本、道、体处于主体地位，发挥主导作用；西学之末、器、用处于从属地位，发挥工具作用。从价值观上分析，"中本西末""中道西器""中体西用"的模式，旨在把中国传统的价值理性与西方近代的工具理性统合起来。而在这种统合中，洋务派人士虽然承认和肯定中国价值理性的主体地位和主导意义，但是，他们强调的重点却是西方的工具理性对于中国走向富强的迫切必要性和极端重要性。由此可见，"中本西末""中道西器""中体西用"论的中心思想是在维护儒家纲常名教的基础上吸收西方先进科学技术，有相当的保守性，但是，这一口号毕竟在中国传统价值观体系上打开了一个缺口，对汲取西方近代文明起了积极作用，而且它是一个改革派和保守派都可以接受的说法，既有助于改革派去"师夷技""采西学""制洋器""兴商务"，又承认了保守派的"整纲纪""尚礼义""求忠信"，从而缓解了顽固派对西学的全面拒斥和对改革的全力阻止。然而，由于它"以中学为体"，越不出封建文化体系的框架；"以西学为用"，摆不脱中"体"与西"用"间的矛盾，所以它没有真正解决中国的近代化问题。

4. "体用"之辨

甲午战争的失败，宣告了洋务派的失败。"师夷长技""学制洋器"并没有使中国富强，日本胜利的严酷事实，使惨淡经营了三十年的洋务运动，成为人们怀疑、批评的对象。通过对洋务派的批评和反思，维新派提出了新的救国方略，这就是"变法"以"求强"。当以康有为、梁启超等人为代表的变法派提出新的政治主张、举起新的思想旗帜的时候，一场严酷的政治斗争和一场激烈的文化论战，随即而起。由于维新派的变法主张是以一种思想理论为依据的，所以引起的论争较前几次要深刻得多、广泛得多。

戊戌变法时期的思想文化争论和其中蕴含的价值观念争论，是在变法派与保守派之间、变法派与洋务派之间、变法派与激进派之间展开的，其争论的诸多问题，可以"体用"来概括。因为，洋务运动时期的价值观念模式，主要是用"道器""本末"等范畴来表示的，虽然其含义与"体用"相当，但却未明确使用"体用"范畴。甲午战后，"中体西用"的命题才流行起来。梁启超在《清代学术概论》中说："甲午丧师，举国震动。年少气盛之士疾首扼腕言'惟维变法'，而疆吏李鸿章、张之洞辈，亦稍和之。而其流行语，则有所谓'中学为体，西学为用'者，张之洞最乐道之，而举国以为至言。""体用"作为整合中西文化、中西价值观念的原则流行之后，就成为戊戌变法时期价值观念争论的课题。

其主要流派为：

（1）"中体西用"派。据史料载，"中体西用"是 1896 年 4 月沈寿康在《匡时策》明确提出来的："中西学问本自互有得失，为华人计，宜以中学为体，西学为用。"1897 年初，受命主办京师大学堂的孙家鼐详言"中体西用"："今中国创立京师大学堂，自应以中学为主，西学为辅；中学为体，西学为用。中学有未备者，以西学补之；中学有失传者，以西学还之；以中学包罗西学，不能以西学凌驾中学。"[①] 1898 年 5 月，张之洞在《劝学篇·设学》中称："新旧兼学，四书五经、中国史事、政书、地图为旧学；西政、西艺、西史为新学，旧学为体，新学为用。"又《劝学篇·序》云："旧者不知通，新者不知本。不知通则无应敌制变之术，不知本则有非薄名教之心。"至此，"中体西用"之说，遂成体系。如果说，戊戌变法之前洋务派用"中道西器""中本西末"等术语所表达的"中体西用"思想，是形式上重"体"、事实上重"用"的话，那么在康梁等人提出变法主张时，以张之洞为代表的洋务派，则是以维护"中体"的价值地位即中国封建纲常伦理的价值地位为重点了。张之洞说："不可变者，伦纪也，非法制也；圣道也，非器械也；心术也，非工艺也。"又说："民权之说无一益而有百害，……使民权之说一倡，愚民必喜，乱民必作，纲纪不行，大乱四起。"（《劝学篇》）可见，在形式上持中的"体用"价值结构中，洋务派的观念重点则是推崇纲常、反对民权。就是说，通过宣布"三纲为中国神圣相传之至教，礼政之原本"的价值绝对性，来驳斥和反对维新派鼓吹民权的"离经叛道之弊"。这说明，当变法思潮兴起，在面对新的价值观念威胁中国传统儒家的价值系统时，洋务派则一变而为保守派了。尽管张之洞并不像极端守旧派那样反对"西用"，而且还在重"中体"的前提下倡导"西学"，批评守旧派对西学的拒斥，但是其推崇"中体"反对变法的价值宗旨却与守旧派基本一致。

---

① 《中国近代史资料丛刊：戊戌变法（二）》，上海人民出版社 1957 年版，第 426 页。

（2）"中体中用"派。比洋务派反对变法更为强烈的，是极端守旧派。戊戌时期的守旧派的文化价值取向，与其以前反对洋务运动时的观点并无二致，但他们在重弹老调时的严厉蛮横态度更加强烈。这可从百日维新夭折之后，守旧派为清算维新派罪状所编的言论汇编《翼教丛编》中充分展现出来。这部以"祛邪说，正人心"为宗旨的集守旧派价值观之大成的书，所鼓吹的核心观念，就是"纯务中学"。"中学"的内容即是"圣道""伦常""礼义""忠孝"。根据这一价值准则，他们反对"中体西用"的价值统合，力主"纯务中学"的价值统一，监察御史高赓恩说："近年以来，嗜西学者恐专言百学之难逃指斥也，因诡言中学为体西学为用，中学为本西学为末，以中学兼通西学乃为全才。此欺人之谈也。如大逆康有为等，皆以中学兼通西学者，自应体用兼备，本末兼赅矣，称全才矣。乃以所通之西学，变我祖法，乱我圣道，结党谋叛，罪通于天。向使纯务中学而不通西学，世间无此种全才，焉有此非常之祸！"[①] 侍读学士恽毓鼎说："向使今日者宋学盛行，异端不作，人习忠孝之训，家传礼义之型，士皆壹志圣贤，束身规矩，康有为虽逞其悖乱不经之论，早已不齿于公评，何至煽惑士林，从风响应哉！"[②] 湖南守旧派首领苏舆批评康有为说"伪六籍，灭圣经也；托改制，乱成宪也；倡平等，堕纲常也；申民权，无君上也"（《翼教丛编》序）。他还提出，为了实现价值观念的一元化，必须回归严控言论的传统，即实行清初的文化专制主义。不难看出，守旧派的价值观念毫无新意，只是竭力维护已经开始崩解的以"三纲五常"为核心的传统价值观念系统而已。如果借用"体用"模式来表述他们的价值主张，实乃"中体中用"论耳！在他们看来，不仅"贱中贵西""化中为西"的康、梁维新派有"蔑伦常"之罪，即使"中体西用"的洋务派也有"乱圣道"之祸。因此，一切西学皆在拒斥之列，在价值观念上只能复旧不能"维新"，只能排外不能"务洋"。

---

① 《戊戌变法档案史料》，中华书局1958年版，第484页。
② 《戊戌变法档案史料》，中华书局1958年版，第506页。

（3）"西体西用"派。尽管"纯务中学"派极力攻击康、梁，其实康、梁的价值观并非当时最激进的观念，在变法期间还有一些人士其观念比康、梁激进得多。他们极力崇尚西方的自由、民主、平等思想，不同意甚至批评康、梁的价值取向。例如，着力介绍西学的严复，一方面对中国的传统观念猛烈抨击；另一方面对西方观念备加推崇。他认为，中西文化价值观差异的根源在于有无"自由"。西方崇自由而中国无自由，"自由既异，群异丛然以生"。这些"群异"包括："中国最重三纲，而西人首明平等；中国亲亲而西人尚贤；中国以孝治天下，而西人以公治天下；中国尊主，而西人隆民；中国贵一道而同风，西人喜党居而州处；中国多忌讳，而西人重讥评。其财用也，中国重节流，而西人重开源；中国追淳朴，而西人求欢虞。其接物也，中国美谦屈，而西人务发舒；中国尚节文，而西人乐简易。其于为学也，中国夸多识，而西人尊新知。其于祸灾也，中国委天数，而西人恃人力。"① 进而，严复指出，正是这些差异而导致了西方富强、中国贫弱。因此，要使中国走向富强，唯一的出路是学习西方特别是学习西方"以自由为体，以民主为用"的价值体系。他认为"中学有中学之体用，西学有西学之体用，分之则并立，合之则两亡"，学习西方不能舍"体"而取"用"，而应是"体用"兼学。显然他的主张是"西体（自由）西用（民主）"。根据这一价值选择原则，严复抨击"守祖宗之死法制"的守旧主张，是"丧心而已"，批判"中体西用"的洋务路线是"以牛为体，以马为用者也"，批评康、梁借助尊君重道的儒学来进行改良是"牵合虚造"。尽管严复与康梁观念有异，但基本上没有与康梁公开论战，当时用"西体西用"公开批判康、梁的是香港的何启、胡礼垣。他们认为康、梁的"托古改制""托古学"以"学西学"的改革思路是有内在矛盾的，因为"古法"正是"改制"的障碍，"经义"（中学）正是"西学"的对头，二者"必扞格而不相合矣"。"中国之不能变，盖经义之累也""外洋诸国唯不用经义，

---

① 《严复集》第 1 册，中华书局 1986 年版，第 3 页。

故能为所当为"。康有为欲变中国，却"使今学牵于古法，时事蔽于陈言"，只会招致失败。[①] 他们还尖锐批评了"中体西用"论，他们认为体用是统一的，是不能分离的，"本小则末亦小，本大则末亦大；体弱则用亦弱，体强则用亦强""泰西之学之有是末也，由其有是本也；泰西之才有是用也，由其有是体也"[②]。张之洞《劝学篇》所鼓吹的"中体西用"，在理论上割裂了体用，是错误的；在实践上阻碍了改良，是保守的。按照他们的逻辑，要使中国富强，应该既学西学之体又学西学之用，这种观点与严复是一致的，他们都是当时激进思潮即全盘西化的代表人物。

鼓吹"中体西用"的洋务派，固持"中体中用"（"纯务中学"）的守旧派，主张"西体西用"的激进派，都把矛盾指向了维新派。那么，维新派的文化主张及其价值观念是什么呢？在洋务派、守旧派看来，他们是西化派，而在激进派眼里，他们却是保守派。究其实，以康、梁为代表的维新派，在形式上认同"中体西用"，在内容上则接近"西体西用"。他们的价值观念核心，一曰"平等"；二曰"民权"，本质上都是西方的价值观。但他们一则把这种价值观渊源说成是中国古已有之，此之谓"托古改制"，二则把这种价值的实现寄托于开明君主，即所谓"君主立宪"。这就导致了其价值观上的内在矛盾：既中既西、非中非西。于是洋务派、守旧派指斥其丢掉了"纲常"，激进派批评其保存了"经义"。以"体用"言之，洋务派、守旧派认为他们崩解了"中体"（张之洞、苏舆认为"纲常"是中体），激进派认为他们舍弃了"西体"（严复认为"自由"是西体）。由此看来，康梁的"体用"观是中体与西体、中用与西用的调和物。梁启超评论康有为说："其思想恒穷于极大极远，其行事恒践乎极小极近，以是为调和，以是为次第。"（梁启超《康有为传》）其实，康有为的调和，不只表现在价值理想与价值实现方面，即就其价值观念本身而言，也有明显的调和色彩。

---

① 参见《书保国会第一集演说后》，载《新政真诠》四编，辽宁人民出版社1994年版。
② 《新政安行》，载《新政真诠》四编，辽宁人民出版社1994年版，第18—19页。

5. 君主立宪与民主共和之辨

戊戌维新以改良志士们的鲜血宣告了失败，但又促成了新的民族觉醒，从此，主张民主共和的革命思想日趋成为时代思潮的主流，西学深入中国社会的程度也超过了以往任何一个时期。价值观念的变化归根结底是由社会历史决定的，在新的历史条件下，中西古今之辨又包含着新的内容。随着革命成为时代的主流，原先的维新派则打起立宪的旗号，成为与革命派对峙的政治力量。从而揭开了革命与改良的大论战。20 世纪初的价值观念之辨，主要存在于这两种政治理想的争论中。虽然，革命与改良两派都取法于西方观念，都冲击着中国旧学中的传统观念，但它们在同一性中存在着不同一性，所以才有 20 世纪前十年中的价值冲突。

（1）共和与立宪之辨。以康有为、梁启超为代表的改良派，主张通过改良的途径，建立君主立宪的政体。在他们看来，君主立宪是最适宜的政治价值取向。因为，第一，君主立宪符合中国国情。改良派认为，中国专制历史悠久，专制主义根深蒂固，社会难容共和；特别是中国民智、民力、民德低下，"爱国心薄弱""独立心柔脆""公共心缺乏""自治力欠阙"只有"部民"资格而无"国民"资格。一旦失去君主，消失权威，必然心理失衡，矛盾纷起，动乱不止。因此，实现君主立宪，既可通过宪政，普及国家思想，养成自治能力，又可保留君主，作为国家象征，以调和矛盾、稳定民心。第二，君主立宪符合时代潮流。立宪党人认为，西方世界，既有民主政体，也有立宪政体，而且立宪国占大多数，全球十余个强国中，除了俄国为专制政体，美、法为共和政体外，其余皆为君主立宪国家。从优越性来看，诚然有民主国胜于立宪国的，如美与德，但大多立宪国都国泰民安，优胜于"大乱无已"的民主国。由此看来，君宪政体为大多数近代国家所接受，更符合世界潮流。第三，君主立宪符合历史进化历程。立宪派认为，人类社会的政体进化，是由君主专制而君主立宪而民主共和，每个环节都是不能逾越的进化阶段，中国社会如果没有经历君主立宪，就不可能达到民主共和。甚至在梁启超看来，就"今日之中国"的国情言，连实行君主立宪的条件尚未具备，因之"与其共和，不如君主立宪。与其君主立宪，又不如开明专制"（梁启超《开明专制论》）。

针对改良派这种价值观念，以孙中山为首的革命派则大力论证和宣传民主共和政体的优越性。首先，他们认为，民主共和是现世最文明的政体。孙中山说，中国文明有数千年，但已成为"过代之文明"，而西洋文明乃"今世之文明"，中国只有学习和取法西人文明，才能易旧为新，转弱为强。而且在学习西人文明时应"取法乎上"，即"取法他现世最文明的"。民主共和就是当今现世最文明的政体，所以，中国的政体，应是不求"不完不备之立宪"，而求"直截了当之共和"（孙中山《在东京留学生欢迎会上的演说》）。其次，他们指出，民主共和是人人平等的制度。革命党人对民主共和政体的价值体认，核心是人人平等。他们说，在民主共和的政体下，"人人同守此公平之法律，即君主、官吏亦当同立于此法律之下而不能或越。国家之问题，当使平民与闻之；平民己身之权利，能对国家请求之。君主如此，官吏亦如是。是之谓政治上之平等。"［鸿飞（张钟瑞）：《对于要求开设国会者之感喟》］进而，有人甚至认为由政治平等即可实现"平民事实上平等"，即"把田地改作大家公有财产，也不准富豪们霸占；使得我们四万万同胞，并四万万同胞的子孙，不生出贫富的阶级，大家安安稳稳享福有饭吃"（陶成章《龙华会章程》）。总之，推翻君主专政、实现共和之后，"凡我同胞，均从奴隶跃处主人翁之地位，则一切可以自由，对于国家一切事物，亦有自主权矣"①。最后，他们认为，民主共和符合中国国民的社会心理。针对立宪党人所谓的国民资格问题，革命党人为了论证民主共和的可行性，盛赞中国国民的优良性。他们不但认为自由、平等、博爱是人类的普遍性精神，而且指出"中国人民的程度比各国还要高些"，早就"禀有民权之性质""自由之性质"和自治的

---

① 《孙中山全集》第2卷，中华书局1981年版，第537页。

传统。① 中国国民之义务感和勇武精神不亚于甚至还优于其他国家②；中国国民之权利义务思想也为"民族所固有"，与西方断无质的区别。因此，并非如立宪派所言，中国人不具有实现共和之国民资格，而是"必能有为共和国民之格者也"（汪兆铭《驳〈新民丛报〉最近之非革命论》）。

可见，革命派从民主共和的文明性、平等性和中国国民的优越性三个方面，来论证民主共和的价值。他们的论证在很大程度上不是立足于中国现实而是出之于价值理想。正如孙中山所言："余以人群自治为政治之极则，故于政治之精神，执共和主义。"③ 之所以要以此为理想，根本理由在于民主共和比君主立宪更先进、更文明，"我们为志士的总要择地球上最文明的政法法律来救我们中国"④。孙中山把这种价值选择原则称之为"取法乎上"。

不难看出，在共和与立宪的辩论中，立宪派虽趋于保守，但却较重实际；革命派虽相当激进，但却偏于理想。而政体价值的选择，既要树立理想，也应顾及现实。双方的争论，都给我们留下了宝贵的思想启示。

（2）革命与改良之辨。与政体的选择相联系，改革道路的选择也是双方争论的重要问题之一。

康、梁等人主张以改良的方式实现君主立宪政体，同时主张以君主立宪的方式徐图改良。由此，竭力反对在中国进行政治革命。他们认为：①中国古老文明经历了数千年，虽物质文明逊于欧美，但道德教化远在欧美之上；平等自由先于地球万国。而且，社会组织优越，财富分配均匀，赋税极轻，"极贫极富之阶级，无自而生"。既然"吾文明之本皆具，自由平等之实久得"，因此，无须进行革命。法国革命之所以发生，完全在于法欧诸国长期野蛮落后，无平等自由可言，故不得不以流血革

---

① 《孙中山全集》第 1 卷，中华书局 1981 年版，第 235—236、280 页。
② 《辛亥革命前十年时论选集》第 2 卷上册，生活·读书·新知三联书店 1963 年版，第 122—123 页。
③ 《孙中山全集》第 1 卷，中华书局 1981 年版，第 172 页。
④ 《孙中山全集》第 1 卷，中华书局 1981 年版，第 287 页。

命争取自由平等。中国人从汉时已获自由，今日若还倡言革命，无异于"骑牛觅牛，不知何求"。②光绪皇帝有救民变法之志，若其掌握实权即可"立行变法自强，立与民权议政，立与国民自主"。通过这种自上而下的改革，"不待流血，不待力争"，民众就可以得到"国民自由民权之大利"（康有为：《答南北美洲诸华侨论中国只可行立宪不可行革命书》）。因此，不必革命。③革命会引起内乱，从而给外国列强干涉造成可乘之机，甚至会造成亡国灭种的惨剧。康有为说：当今之世"方列强竞争，虎视眈眈，其欲逐逐，今方一统，犹危殆岌岌，若吾同胞相残毁，……鹬蚌相持，渔人得利，必先为外人有矣"。其结果是，"始为变法自强而来，终为内乱自亡而去；始为救国保种而来，终为鬻民灭国而去"（《答南北美洲诸华侨论中国只可行立宪不可行革命书》）。梁启超也说，革命必定造成大破坏，结局只能是亡国灭种。④革命必然造成西方资本主义那样的社会弊端。在康、梁看来，西方自工业革命以来，"日处竞争之中，如沸汤盘马"，经济危机严重，劳资矛盾尖锐，贫富对立，列强争夺，革命惨烈，战争频仍。这正是"前度之革命"（工业革命）所造成的恶果。而这种恶果又是引起"再度革命"（社会革命）的原因。中国如果实现革命必然重蹈欧美各国之覆辙，而如果不进行"前度之革命"，就可以避免"再度之革命"，这样消患于未然，就不会产生欧美资本主义的弊端。梁启超说："我以本质较良之社会，而采行先事预防之方针，则彼圆满社会主义家所希望之黄金世界虽未可期，而现在欧美社会阴风惨雨之气象，其亦可以免矣。"（《社会革命必为今日中国所必要乎》）总之，在立宪派看来，在中国进行革命，既是"骑牛觅牛"的多余之举，更是"因药受毒"的致祸之行；而走改良道路不但是有益的，而且是可能的。

针对立宪派的改良有益论和革命有害论，以孙中山为代表的革命派尖锐地予以批判和抨击。首先，革命派明确划分革命与保皇的界限，尖锐指出，这是根本对立的两条道路。孙中山1903年12月在《敬告同乡书》中明确指出："革命、保皇二事决分两途，如黑白之不能混淆，如东西之不能易位。革命者志在扑满而兴汉，保皇者志在扶满而臣清，事理相反，背道而驰，互相冲突，互相水火，非一日矣。"虽然，这种划分仅以是否排满兴汉为标尺，但明确地将二者作为对立的两条路线，旗帜鲜明地表达了革命派的革命决心和价值选择方向。其次，革命派充分论述了革命的意义，反复申明，只有革命才能使中国走上独立、富强、平等、自由之路。邹容在《革命军》中激昂陈词曰："呜呼！我中国今日不可不革命。我中国今日欲脱满洲人之羁缚，不可不革命；我中国欲独立，不可不革命；我中国欲与世界列强并雄，不可不革命；我中国欲长存于二十世纪新世界上，不可不革命；我中国欲为地球上名国、地球上之主人翁不可不革命。"并认为，只有革命，推翻清朝专制政府，才能"光复我声明文物之祖国""收回我天赋之权利""挽回我有生以来之自由""购取人人平等之幸福"。总之，在革命派看来，革命是使中国起死回生的唯一道路，"革命！革命！得之则生，不得则死。"（《革命军》）最后，革命派针对保皇派反对革命的理由，强调指出，革命不会引起内乱，不会引起列强干涉，也不会产生欧美社会那样的弊端。孙中山等人认为，革命的目的是建立共和，不同于历史上争夺帝位的斗争，因此不会内乱；革命是推翻清朝专制政府，不是盲目排外，所以不会招致列强干涉；革命后即实行平均地权、发展生产的民生主义，解决社会贫富不均问题，故可以实现既效法欧美文明"善果"，又避免欧美文明"恶果"的社会理想。此外，针对保皇派的中国人"学识幼稚""未有可以行议院政治之能力"的论调，革命派一方面指出人民完全"有民权立宪能力"；另一方面则特别强调，革命正是开发民智、申明公理之绝好途径。章太炎在《驳康有为论革命书》中说："人心之智慧，自竞争而发生，今日之民智，不必恃他事以开之，而但恃革命以开之""公理之未明，即以革命明之；旧俗之俱在，即以革命去之。"

革命派与改良派关于革命与改良的争论，是关于选择何种道路在中国实现资本主义的争论。在这场论战中，尽管改良派对中国现实的思考和对西方资本主义弊端的认识颇具见地；尽管革命派对中国革命后形势的估计和对克服资本主义弊端的构想，尚过乐观，但总体来说，在腐朽无能的清朝专制政府的统治下，指望通过改革道路使中国实现现代化，实属梦想，选择革命道路以告别传统社会，是唯一现实的抉择。因此，革命派的价值取向，是符合中国社会发展必然性的正确选择。历史事实已给这种价值选择作出了不容更改的回答。

九 "个性"的解放

——五四运动时期的价值重估

　　五四新文化运动发生在戊戌维新失败和辛亥革命流产之后不久。当时的先进知识分子，面对革命失败和民族危机的严峻形势，为了在茫茫黑夜中探寻出路，不得不对戊戌变法和辛亥革命的失败进行深刻的反思，以总结经验教训。他们看到，那些反对维新、维护封建专制的人，在革命后阴谋复辟帝制的人，以及那些窃取革命成果借共和之名行专制之实的人，都热衷于宣扬孔教，维护封建的纲常伦理。他们还看到，提倡变法维新的康有为，虽然开始在中国宣传资产阶级民权思想，主张发展资本主义，但却借"孔圣人"来"托古改制"，希望自己成为孔教中之马丁·路德；民主革命领袖孙中山虽然在政治上坚决主张以西方的共和国取代君主专制，建立资产阶级共和国，但仍力图在思想上把三民主义归宗于儒家文化，对封建思想作了妥协。无论是维新和革命的反对者，还是维新和革命的领导者，都没有摆脱封建传统思想的束缚。用陈独秀的话说，就是不但反对共和的人"脑子里实在装满了帝制时代的旧思想"，即使"数年以来，创造共和再造共和的人物……脑子里不装着帝制时代旧思想的能有几人"。（陈独秀《旧思想与国体问题》）他们认为这是维新和革命失败的根本原因。于是他们总结出两条教训："一是主张尊孔，势必立君，立张立君，势必复辟"，此乃"理之自然"；二是共和政治和君主时代的旧思想，"万万不能调和"。根据这个经验教训，五四新文化运动的健将们提出："要巩固共和，非先将国民脑子里所有反对共和的旧思想,——洗刷干净不可""否则不但共和政治不能进行,就是这块共和招牌,也是挂不住的。"(陈独秀《旧思想与国体问题》)于是他们就把反对封建文化思想作为新文化运动的基本任务,以"打倒孔家店"为口号、以个性解放为核心的价值重估应运而生。

(一)价值重估的思想背景

五四新文化运动把传统价值的重估作为思想启蒙的基点,绝不是书斋里的空想,而是有着强烈的现实针对性。从19世纪末开始,资产阶级维新派特别是革命派,虽然对封建思想没有从根本上触动,但对旧的价值观念还是进行过一些批判,使中国人的价值观念确实发生了一定的变化。对此,封建势力的维护者们,痛心疾首,极度仇视,诚惶诚恐。他们惊呼"教化衰息,纪纲扫荡,道揆凌夷,法守隳斁,礼俗变易",致使中国"几成土匪禽兽之国"。他们认为,"纲常名教"为核心内容的封建价值观念是"中国数千年相传之国粹""立国之大本""中国之灵魂","有之则人,无之则兽;崇之则治,蔑之则乱"。他们主张,即使确立共和国体,也必须维护旧的价值观念而不使变更,所谓"国体虽更而纲常未变"。为此,他们掀起了一阵阵的尊孔逆浪,演出了一幕幕的尊孔闹剧,成立了一个个的尊孔组织,以维护和挽救开始崩解的传统价值。五四志士们正是针对这种现实,认识到和提出了价值重估的重大意义的。

(二)价值重估的内容和核心

封建文化思想的内容甚多,"孔家店"里的旧货不少,五四运动主要批判什么呢?1919年1月15日陈独秀在《〈新青年〉罪案之答辩书》一文中说,《新青年》创刊三年来,社会上反对它的人列举了它许多"罪案","无非是破坏孔教,破坏礼法,破坏国粹,破坏贞节,破坏旧

伦理（忠孝节），破坏旧艺术（中国戏），破坏旧宗教（鬼神），破坏旧
文学，破坏旧政治（特权人治）这几条罪案"。这里列举的九大"破
坏"，基本概括了新文化运动批判封建文化的领域和方面。在这广泛的
范围内，中心是对封建伦理道德的批判。陈独秀说自西洋文明传入中国
后，思想界最初觉悟者为学术，其次为政治，现在需要的是伦理的觉悟。
欲求"政治根本解决问题"必有待于"吾人最后之觉悟"，"伦理的觉
悟，为吾人最后觉悟之最后觉悟"（《吾人最后之觉悟》）。因此，他主张
在思想领域、道德领域进行一场"大激战"。由此可见，新文化运动归
结到一点就是要在思想文化的深层次上进行价值重估，实现价值观念的
更新。

为了进行价值重估，实现价值观念的翻转。《新青年》派先后提出
了六条要义和两面旗帜与传统的旧价值相对立。六条要义是：①自主
的而非奴隶的；②进步的而非保守的；③进取的而非退隐的；④世界的
而非锁国的；⑤实利的而非虚文的；⑥科学的而非想象的。① 两面旗帜
就是民主和科学，即"德赛二先生"。这就是五四运动所主张建立的新
价值。

这个价值系统的主体是民主和科学，"六义"均可概括到民主和科
学中去。所以到1919年1月，陈独秀发表《〈新青年〉罪案之答辩书》
时，明确指出"追本溯源，本志同人本来无罪，只因为拥护那德莫克拉
西和赛因斯两位先生，才犯了这几条滔天的大罪。"并坚决表示"我们
现在认定只有这两位先生，可以救治中国政治上道德上学术上思想上一
切的黑暗。若因为拥护这两位先生，一切政府的压迫，社会的攻击笑骂，
就是断头流血，都不推辞"。

民主是和封建专制对立的政治价值，科学是与封建迷信对立的思想
价值，二者是紧密联系、相辅相成的。那么联系和贯通此二者的轴心是
什么呢？就是个性解放。在五四新文化运动的领导者和健将们看来，尊

---

① 见1919年9月《新青年》1卷1号《敬告青年》。

重个性还是摧残个性，乃是新价值观念与旧价值观念的分水岭，也即善与恶的水分岭。《新潮》的一篇文章写道："善定是要跟着'个性'来的。所以破坏个性的最大势力就是万恶之源。"如果说，民主和科学是进行价值重估的两面旗帜的话，个性解放就是价值重估的关键。

五四运动之所以把个性解放作为价值重估的关键问题，这是由新文化运动的倡导者们对中国传统封建文化及其价值观的认识所决定的。1915年陈独秀在《新青年》一卷第四号发表《东西民族根本思想之差异》一文，文中说"西洋民族以个人为本位，东洋民族以家族为本位"乃是东西方文化的根本差异之点。西洋民族，自古迄今，"举一切伦理、道德、政治、法律、社会之所向往，国家之祈求，拥护个人之自由、权利与幸福而已"，而东洋民族，属宗法社会，"以家族为本位，而个人无权利""尊家长重阶级，故教孝；尊元首重阶级，故教忠"。将东西文化作一比较，可见宗法社会有四大恶果："一曰损坏个人独立自尊之人格。一曰窒碍个人意思之自由。一曰剥夺个人法律上平等之权利（如尊长卑幼同罪异罚之类）。一曰养成依赖性戕贼个人之生产力。东洋民族社会中，种种卑劣不法惨酷衰微之象，皆以此四者为之因。"这就是说，尊重个性是西方文化一切价值的总目标，而扼杀个性是东方文化一切罪恶的总根源。为此，他主张"欲转善因，是在以个人本位主义，易家族本位主义"。

五四运动的另一主要倡导者李大钊，于1918年在《言论季刊》发表的《东西文明根本之异点》也持类似观点。他说西洋人奉行"个性价值保存之哲学"，而东洋人却追求"打破个人主义与人间本位之价值哲学"。"不尊重个性之权威与势力""视个人仅为一较大单位中不完全之部分，部分之生存价值为单位所吞没"。乃是东洋文明的重要短处。他认为，为了改变东洋文明的"屈败之势"，必须"以异派之所长补本身之所短"。因此，"个性自由之不能不要求"。

鲁迅是以文学为武器参加新文化运动宣传的，他一出现就对中国传统文化的价值观进行了彻底地批判。当时他的主导思想也是"进化论和个性主义"①。他说封建礼教的本质是"吃人"，"中国人向来就没有争到过'人'的价格，至多不过是奴隶，到现在还如此，然而下于奴隶的时候，却是数见不鲜的"。一部中国史不过是在"想做奴隶而不得的时代"和"暂时做稳了奴隶的时代"二者之间循环。② 他指出，要根除国民性的劣点"首在立人，人立而后凡事举，若其道术，乃必崇个性而张精神"；"国人之自觉至，个性张，沙聚之邦，由是转成人国。"③ 鲁迅是从剖析愚劣的国民性入手而提出张扬个性这一灼见的。

胡适当时也是《新青年》的主要编撰人之一，他通过宣扬易卜生主义来鼓吹个性解放。他说，易卜生主张"须要充分发展自己的个性""最要紧的还是救出自己"。中国腐朽的封建社会犹如"海上撞沉了的船"，个人不应该心甘情愿地和它一起"陆沉"，而不肯"救出自己!"胡适认为"社会是个人组成的，多救出一个人便是多备下一个再造新社会的分子"。因此，他尖锐地提出："现在有人对你们说：牺牲你们个人的自由，去救国家的自由。我对你们说：争你们个人的自由，便是为国家争自由! 争你们自己的人格，便是为国家争人格! 自由平等的国家不是一群奴才建造得起来的!"正是在这个意义上，他把个性自由、为我主义说成是"有益于社会"的"最有价值的利人主义"（《易卜生主义》）。

由此可见，这些新文化运动的鼓动者们，正是基于对中国传统封建文化及其价值观的特征和弊病的认识才提出个性解放问题的。在他们看来，传统价值观的要害是扼杀个性，因此要将这种价值观颠倒过来，建立新的价值，就必须弘扬个性，实现个性解放。

五四新文化运动以个性解放作为新价值观的核心，并没有停止在一般的口号宣传上，他们对这一价值观的内容作了许多论述。从当时发表

---

① 瞿秋白：《〈鲁迅杂感选集〉序言》，载《瞿秋白文集》第 2 卷，人民文学出版社 1953 年版，第 998 页。

② 《灯下漫笔》，载《鲁迅全集》第 1 卷，人民文学出版社 1981 年版，第 217—218 页。

③ 《文化偏至论》，载《鲁迅全集》第 1 卷，第 58—59 页。

的文章来看，倡导者们赋予个性解放的内涵主要包括四个方面：

1. 理性精神。解放个性首先要求人们不受各种权威、圣人和偶像的束缚，不盲从和迷信，以个人的理性分析事物、区别是非、指导行为。"使人间之思想云为，一遵理性，而迷信斩焉，而无知妄作之风息焉"（陈独秀《敬告青年》）。对事物，"诉之科学法则，以定其得失从违"；对传统，凡"无常识之思维，无理由之信仰，欲根治之"（《敬告青年》）；对学术，"勿尊圣""勿尊古""勿尊国""只当论其是不是，不当论其古不古；只当论其粹不粹，不当论其国不国"（陈独秀《学术与国粹》）；对人生，"一切操行，一切权利，一切信仰，唯有听命各自固有之智能，断无盲从他人之理"（《敬告青年》）。总之，对一切都要"综合客观之现象，诉之主观之理性"，达到"宇宙间实在的真理与吾人心坎儿里彻底的信仰"的统一（陈独秀《偶像破坏论》）。可见，新文化运动所倡导的理性精神，就是用与客观事实符合的真理衡量一切、判断一切、指导一切。他们认为只有树立这种"宇宙人生真正契合"的精神，才能把个人从盲从、迷信和偶像崇拜的束缚下解放出来，才能高扬个性之价值，发扬科学之精神。

2. 权利意识。权利意识是确定个性在社会上、在法律上的地位的重要价值观念，它是和义务观念相对应的。与宗法制度相适应的中国传统文化，为了压抑个性、扼杀个性，"剥夺个人法律上平等之权利""以家族为本位而个人无权利"，只讲尽忠、行孝的义务观念，摒弃个人权利，"以牺牲自己为人生之本务。"因此，要重估价值、解放个性，新文化运动的先驱们竭力主张"法律之前个人平等"，将"个人之自由权利，载诸宪章，国法不得而剥夺之"①；"个人生活必要之维持，必不可以贪鄙畺之"②。他们还认为个人的权利意识与竞争意识相联系，因此欲确立个

---

① 陈独秀：《东西民族根本思想之差异》，载《陈独秀著作选》第 1 卷，上海人民出版社 1993 年版，第 166—167 页。

② 陈独秀：《质问〈东方〉杂志记者》，载《陈独秀著作选》第 1 卷，上海人民出版社 1993 年版，第 402 页。

性之价值，必须打破"无论何物皆无竞争之价值"的陈腐观念，建立"事事一本自力以为创造"的新观念。如西方人那样"在与自然奋战中所养成之自我观念与人间中心之思想"。从而也使社会政治"随各个人之意向与要求、聚集各个势力以为发展"（李大钊《东西文明根本之异点》）。

3. 自由意志。新文化运动倡导者们认为自由是个性的内在要求，自由的发展和个性的发展是一致的。陈独秀说："自唯心论言之，人间者性灵之主体也，自由者性灵之活动力；自心理学言之，人间者意思之主体，自由者意思之实现力也；自法律言之，人间者权利之主体也，自由者权利之实行力也。所谓性灵，所谓意思，所谓权利，皆非个人以外之物。"（《东西民族根本思想之差异》）在他看来，自由实质上是人的本性，也是实现权利的力量所在。因此，国家和社会必须"拥护个人之自由"，承认"个人之自由权利"，并实现"思想言论之自由"；对于"窒碍个人意思之自由"的旧观念，必须彻底清除。有的人还把自由作为苦乐的标准，说"苦乐云者，以吾人之自由意志为其根本，凡顺吾人之意志，从心所欲者，快乐；逆吾人之意志，不能如愿者，痛苦也"（李一民《人生唯一之目的》）。这就把自由与追求快乐的人生目的统一起来了。总之，无自由则无权利，无自由则无快乐，无自由则无人生，自由意志乃个性解放的内在因素之一。

4. 自主人格。由个性解放而铸成的理想人格是新文化运动的鼓荡者们讨论的一个重要问题。他们认为体现个性解放的人格特征是与奴隶人格相反的"自主自由之人格"，或"个人独立自尊之人格"。对此，陈独秀、李大钊、鲁迅都有论述，陈独秀指出必须改变宗法制度"损坏个人独立自尊之人格"的恶果，"以独立之生计，成独立之人格"（《东西民族根本思想之差异》）。李大钊说"东方特质，则在自贬以奉人；西方特质，则在自存以相安"（《厌世心与自觉心》），中国之病"全在惰性太深，奴性太深，总是不肯用自己的理性，维持自己的生存"（《新旧思潮之激战》）。他主张形成"昂首阔步，独往独来""以特立独行之我，立于行健不息之大机轴"（《青年》）这样的独立自主人格。鲁迅先生深刻剖析了中国传统文化使人"极容易变成奴隶"的弊端，指出奴隶人格是封建专制制度的必然产物，"专制者的反面就是奴才"（《南腔北调集·谚语》）；奴隶"自然是受强者的蹂躏所致的"（《坟·杂记》）。阿Q就是缺乏内在自我的悲剧型人格的典型。他对这种奴隶人格的态度是"哀其不幸""怒其不争"（《摩罗诗力说》）。他主张应该锻铸一种"不看轻自己""也不看轻别人"的自主型人格。人格是个性特征的综合体，自主型人格就是个性解放所要求的理性精神、权利意识、自由意志的综合表现。是五四新文化运动所追求的理想人格价值。

以上个性解放的四方面内容有着内在的联系，理性精神是其前提，权利意识和自由意志是其核心，而自主人格则是其理想目标，形成了一个价值观念系统。这个价值观是科学和民主的内在根据，而科学和民主则是以个性解放及其所含的四方面内容为核心的外在表现。

（三）价值重估的局限和意义

五四弘扬的个性解放从性质上说基本上属于资产阶级的价值观。虽然新文化运动的不少倡导者和参加者在宣传个性解放的过程中注意反对那种极端的、狭隘的个人主义，主张把"为己"和"为群"、"自利"和"利他"、"小己心"与"公共心"结合起来，明"群己相维之理"。具体地说就是："欲使一己之利益着着落实，非特不害他人之利益，且以之赞助他人之利益"；"欲尊重一己之自由，亦必尊重他人之自由"；欲"追求个人自身之快乐""不可不兼顾社会公众之快乐"；自己既摆脱奴隶地位，但决不"奴隶他人"等（高一涵《共和国家与青年之自觉》）。甚至，有些文章还对"只知有己不知有人"，为了个人私利去"破坏社会之组织"的"极端自利主义"进行了批判。但是，第一，并不是所有的宣传者都注意到了这一点，有的人把"为我"与"利人"混同起来，认为"为我"就是"利人"。如胡适在《易卜生主义》一文中所说："这种为我主义，其实是最有价值的利人主义。"提出实行"纯粹的为我主义"。第二，即使主张"自利"和"利他"结合的人，也认为"自利利他主义即以小己主义为之基"。说"先有小己，后有国家""不谋一己之利益，即无由达社会之发达"，甚至明确反对"损一己以利社会"的"牺牲主义"。① 这就在个性解放的宣传上造成了一定的片面性，在价值观的重估中带来了混乱。使个性解放，在当时没有超出资产阶级价值观的范围。

而且，由于新文化运动的领导者们在五四时期还没有真正实现由唯心史观向唯物史观的转变，所以他们过分夸大了价值重估和道德革命在社会变革中的作用，具有价值观念决定论的倾向。他们还不清楚价值观念、道德意识属于社会意识领域，中国传统文化的价值观念是建立在封建的经济基础之上的，是以整个封建制度为其依据的。它的变更固然有助于推动社会制度、经济基础的变革，但却不是社会变革的最终的决定力量，而且它本身变更还依赖于社会经济基础和政治制度的变革。正因为五四启蒙者对此问题的认识还未达到自觉的唯物史观的科学水平，所以他们以为只要个性解放的观念一确定，民主和科学的旗帜一高举，新的价值观取旧的价值观而代之，封建专制制度就会在中国大地上彻底土崩瓦解，民主共和的大厦就能稳固矗立于世界东方。这种想法显然不符合实际，事实上，五四运动后中国仍然是帝国主义、封建主义统治下的贫穷、落后的半殖民地半封建社会，中华民族的解放运动还走了一段相当曲折的路。

但是尽管如此，五四新文化运动重估传统价值观的勇猛精神和彻底性大大超过了戊戌维新与辛亥革命。它宣扬的个性解放为核心的新价值观，在当时的历史条件下，发挥了翻转价值观念的巨大作用。它对中国封建社会中长期束缚人们头脑的重义轻利、重德轻智、重群轻己、重静

---

① 高一涵：《共和国家与青年之自觉（二）》，载张宝明主编《新青年》百年典藏4社会教育卷，河南文艺出版社2019年版，第14页。

轻动等价值观念，是一次猛烈的进攻；对以这种价值观念为内核的旧思想、旧道德、旧文化以至旧政治，是一次沉重的打击；它对激发青年从封建价值观的桎梏下解放出来，进行独立思考，不依附古人，不盲从权威，不做习惯势力的奴隶，勇敢地去争取个人独立自主的权利，大胆地去发挥个人的个性特长，是一次巨大的思想启蒙。正由于这一点，它当时就受到那些旧价值观念维护者的攻击和诬蔑，说什么新文化运动的危害是"功利昌而廉耻丧，科学尊而礼义亡，以放荡为自由，以攘夺为责任"①。这虽含诬蔑，但从反面说明了这次价值重估的巨大作用和积极成果。以这次价值重估为起点，一些先进的知识分子开始了新的探索，他们在运动的发展中逐渐突破了资产阶级个性解放的局限，找到了马克思主义，以马克思主义为指导，探寻中国革命的道路，选择新的价值观念。这就为建立体现马克思主义精神的新的价值观体系开辟了道路。五四新文化运动揭开了中国价值观念演变史上新的一页。

　　五四新文化运动的价值重估启示我们，价值观的变革在实现人的革新、进行社会改革中具有重要的意义。如果说，五四运动的价值重估其特征是主张以西方近代文化的价值观念取代中国传统的价值观念，其锋芒所向直指阻碍中国社会前进的封建主义的价值观念的话，那么在改革开放、实现现代化的新的历史条件下，我们进行价值观念的更新，就要在继续批判人们心理上、思想上积淀的传统价值观的同时，把重点放在对五四以后八十多年来中国人价值观念的反思上。当代中国人的价值观念虽然还因袭着传统的重担，但与五四时比较已经发生了巨大的甚至根本性的变化。一方面，人们思想中存在的传统价值观念的内容虽然在一定程度上还保留着，但其外在表现已发生了变形，它以"旧酒新瓶"的形式存在并发生作用；另一方面，新中国成立五十多年以来，形成的一些稳定性观念，虽然不一定是封建传统观念，但却是落后于社会实践发展的保守观念，例如"阶级斗争至上""思想改造第一""政治工作挂

————————

① 《国故月刊社成立会纪事》，《北京大学日刊》1919 年 1 月 28 日。

帅"观念等。近几十年来，在革命和建设中形成的稳定的价值观念，虽然以马列主义和毛泽东思想为形式，但却往往可以从封建传统价值观中找到它的源头。这就要求我们在新的历史时期，实现价值观念的更新，必须把对封建价值观念的再批判和对五四后近几十年来形成的僵化价值观的重新反思结合起来；把批判传统价值观的糟粕和弘扬传统价值观的精华统一起来；把破除旧观念和建构新观念结合起来。在继承发扬五四新文化运动重估的传统价值观精神的同时，超越五四，重新建构适合于现代化要求的价值观系统。

后　　记

　　中国传统哲学是一座智慧的大宝库，蕴含着丰富的人生智慧和价值智慧。可以说，中国传统哲学本质上是一种价值哲学，这是我对中国传统哲学特征的基本看法。

　　基于这种认识，我从 20 世纪 80 年代初开始，重点研究中国传统哲学的价值论问题，1989 年申请了国家社科基金项目，荣获批准。于 1991 年出版了该项目的最终研究成果：《中国传统哲学价值论》（陕西人民出版社），此后，继续在这一领域不断探索。这种探索，从两个维度上展开：一是深化对中国传统哲学中价值理论之特征的研究，撰写和发表了一系列探讨中国哲学中本体论、认识论、历史观与价值论相融通的论文，以及关于中国传统价值观的现代意义的论文。这些论文于 2002 年编为《中华智慧的价值意蕴》一书，由中国政法大学出版社出版。二是从历史角度探索中国传统价值观的历史演变，形成的著作就是这部《价值的历程》。

　　这部书的写作历时数年之久，其间，思今思古，浮想联翩；劳心劳力，甘苦自知。根据自己对价值和价值观念的埋解，以及通过研究中国传统哲学价值思想所形成的基本看法，我力求按社会变迁—主体变化—观念变更的逻辑路径论述中国历史上的价值观念演变；力求从每一时期纷纭复杂的价值观念中选择出占主导性的或具有时代意义的价值观作为这一时期价值观念的标志，并具体分析这种价值观念的丰富内涵；力求分析每一时期主导价值观念与非主导价值观之间的分歧、争论和矛盾冲突，以呈现此一时期价值观念的全貌。于是，就形成了每一章内部的结构层次，即价值观演变根源的探索、主导价值观内涵的分析和不同价值观之间矛盾态势的展现。

尽管自己在思考和写作过程中，努力去贯彻这一预设的研究思路和研究方式，但如同做任何事情一样，主观上"力不从心"的状态是常有的，有时候出现"事与愿违"的结果也是难免的。因此，希望读者多多批评指正。

这部书稿是陕西省哲学社会科学基金资助项目成果，也是西北政法学院的科研基金资助项目成果，这次出版又得到了西北政法学院的经费资助，为此，我对陕西省社科基金办公室和西北政法学院深表谢忱。中国社会科学出版社的编辑同志为此书的编辑出版付出了辛勤的劳动，对此，我谨表示衷心的感谢！

赵馥洁

2004 年 9 月 10 日于西北政法学院静致斋